国家级特色专业
国家一流本科专业建设

会计学教学用书

基础会计学

主　编 ◎ 吴国萍

副主编 ◎ 胡静波　苗　淼　阮　磊

BASIC ACCOUNTING

上海财经大学出版社
SHANGHAI UNIVERSITY OF FINANCE & ECONOMICS PRESS

图书在版编目(CIP)数据

基础会计学 / 吴国萍主编. -- 上海 : 上海财经大学出版社, 2025. 2. -- (国家级特色专业、国家一流本科专业建设・会计学教学用书). -- ISBN 978-7-5642-4577-1

I. F230

中国国家版本馆 CIP 数据核字第 2024ME9692 号

□ 责任编辑　袁　敏
□ 封面设计　贺加贝

基础会计学

主　编　吴国萍
副主编　胡静波　苗　淼　阮　磊

上海财经大学出版社出版发行
（上海市中山北一路 369 号　邮编 200083）
网　　址：http://www.sufep.com
电子邮箱：webmaster@sufep.com
全国新华书店经销
上海新文印刷厂有限公司印刷装订
2025 年 2 月第 1 版　2025 年 2 月第 1 次印刷

787mm×1092mm　1/16　18 印张　416 千字
（习题集　6 印张　139 千字）
印数：0 001—4 000　定价：56.00 元
（本教材免费赠送习题集，请直接向售书单位索取）

前言

Foreword

“基础会计学”是会计学专业的入门课，也是经济管理其他各专业的必修课，主要研究会计的基本理论、基本方法和基本技能，为进一步学习其他会计课程奠定基础。全书共分11章：第一章阐述会计的基本理论问题，主要包括会计的含义、职能、对象、会计基本假设、会计一般原则、会计核算方法；第二章至第九章以工业企业为例系统阐述了设置账户、复式记账、填制和审核凭证、登记账簿、成本计算、财产清查和编制会计报表等会计核算方法；第十章会计核算形式，主要阐述各种会计凭证和各种账簿结合使用的方式；第十一章会计工作组织，主要阐述会计机构设置、会计人员配备和会计法规制度的制定和执行。

本书作为国家级特色专业和国家一流本科专业建设用书，其特色在于紧贴会计实务，充分考虑企业会计准则的变化及会计学专业和经济管理类其他各专业学生的特点，强调内容与方法的实用性、体系和观点的科学性，力求做到由浅入深、循序渐进。为便于教学和自学，每章前都配有“本章内容引言”，“本章要点提示”，章后附有“本章小结”和“复习思考题”。此外，本书还附有与教材配套的习题集和教学用PPT。

本书由东北师范大学经济与管理学院吴国萍担任主编，胡静波、苗森和阮磊担任副主编。全书分工如下：第一、第五、第六、第十章，吴国萍；第二、第七章，阮磊；第三、第四章，苗森；第八、第九章，胡静波；第十一章，吴国萍、魏延鹏。

本书以高等院校会计学、财务管理、审计学专业本科生为对象，也照顾到财经类其他专业本、专科学生学习基础会计学的需要，可作为本、专科学生学习基础会计学的教材；同时，还可以作为会计人员业务进修之用。

感谢上海财经大学出版社领导和编辑老师的大力支持和帮助。由于编者水平所限，书中难免存在疏漏和不妥之处，恳请会计界同仁和广大读者批评、指正。

编 者

2024年12月

目录

Contents

第一章
总　论

本章内容引言

本章主要阐述会计的基本理论问题，包括会计的含义、会计的基本职能、会计对象及其在工业企业的具体体现、会计基本假设、会计核算基础、会计计量属性、会计信息质量要求和会计核算方法，旨在让初学者了解最基本的会计知识，懂得什么是会计、会计能够做什么、从哪些方面去做、应该怎样去做，从而领会会计工作在经济管理中的作用，提高学习的积极性和自觉性，为后续各章的学习奠定基础。

本章要点提示

- 会计的基本职能
- 工业企业的会计对象
- 会计基本假设
- 会计核算基础与计量属性
- 会计信息质量要求
- 会计核算方法

第一节　会计概述

一、会计的产生和发展

(一)会计的产生

会计是基于人类社会生产活动的需要而产生的。生产活动是最基本的实践活动，它是决定其他一切活动的因素。人类要生存，就得从事生产活动，以满足衣、食、住、行方面的需要。生产活动一方面能创造出物质财富，另一方面要发生各种耗费，包括人力、物力和财力的耗费，而劳动耗费的多少以及劳动耗费与劳动成果之间的关系如何是人们共同关心的问题。以尽可能少的劳动耗费取得尽可能多的劳动成果，是人们的共同愿望。为了实现这一愿望，必须在采用先进生产技术的同时，加强对生产活动的管理，也就是对劳动耗费和劳动成果进行观察、计量、记录和比较，以便掌握生产活动的过程和结果。会计就是在这种要求的基础上产生的。

人们对劳动耗费和劳动成果的关心，首先表现在物质生产的数量方面。为了取得所需的资料，最初人们只凭头脑记忆。随着生产的发展，生产力水平不断提高，劳动耗费与劳动成果的种类、数量不断增多，单凭头脑记忆已不能满足生产发展的需要。为了更好地考核生产过程，需要借助于一定的方式、方法，把有关的活动记录下来，于是便出现了会计的萌芽——原始的记录、计量行为，如“结绳记事”“刻契记数”等。原始的记录、计量行为是一种综合的行为，是在生产活动之外附带进行的。随着生产的发展和商品经济的确立，每个商品生产者或经营者在生产经营过程中都有许多不同的甚至千差万别的劳动耗费与劳动成果发生，要统一计算各自的总和并对比结果，就必须利用价值形式，于是人们开始指派专人用货币量度来记录、计算生产过程，使会计从生产职能中分离出来，成为独立的职能。根据马克思的考证，在远古的印度公社中，已经有了农业记账员，其职责是登记农业项目，记录与此有关的一切事项。在我国，西周时期已设有掌管全国财政收支核算与监督工作的官职。

可见，会计是人类社会生产发展到一定历史阶段的产物，是为了适应生产发展过程中人们提高经济效益的需要而产生的。随着生产活动的进行，会计也不断完善和发展，并经历了由简单到复杂、由低级到高级的漫长发展过程。

（二）会计的发展

会计的发展经历了古代会计和近代会计两个阶段。古代会计包括官厅会计和民间会计。官厅会计是各级官府所运用的会计。在奴隶社会和封建社会，虽然商品经济不发达，农业和手工业又分散经营，生产规模较小，但各级官府仍通过贡、赋、租、税等多种形式剥夺劳动人民的财富，为了把钱粮、出纳等财政收支记录下来并加以考核，官厅会计被使用并发展成古代会计的中心。民间会计是在家庭核算的基础上发展而来的。在原始公社解体的过程中，部落首领成为私有财产占有者，随着国家的确立，他们对奴隶进行残酷的剥削并发家致富，从而由家庭经营发展到庄园经营，会计由附带工作发展为专职的工作，民间会计由此产生。古代会计的特点是比较简单，主要采用单式记账法对财务收支进行数量反映。

近代会计又可分为两个阶段。第一个阶段是欧洲产业革命之后，随着生产的发展，资本主义企业开始大量使用机器设备，使得产品的数量增多、质量提高，同时，企业主通过扩大销售市场获取了巨额利润。为了适应这种新的变化，如实反映并指导企业的经济活动，资本家更加重视企业会计工作，对固定资产的核算更加重视，定期会计报表开始被编制，企业会计逐渐发展成近代会计的中心。一般认为，1494 年意大利数学家卢卡・帕乔利所著的《算术、几何、比及比例概要》一书的出版，使人们开始从理论上认识在意大利银行业出现的以“借”“贷”为记账符号的复式记账方法，它标志着近代会计的开始。自 20 世纪以来，随着生产的进一步发展，资本主义企业采取了一种新的组织形式——股份公司，这是近代会计发展的第二个阶段。股份公司的基本特征是所有权与经营权分离，企业的股东以及与企业有利害关系的集团和个人要求企业定期提供有关企业财务状况和经营成果的财务报告，并须经过第三者（注册会计师）的审查。经过审查的财务报告被认为是真实、准确的，可以取信于股东及其他与企业有利害关系的集团和个人，财务会计便应运而生了。到了 20 世纪 50 年代，西方经济发展到突飞猛进的阶段,跨国公司的不断涌现使资本主义企业之间的竞争不断加剧。资本家为了战胜对手、垄断市场,必须不断降低成本,同时还须把握市场行情、预测经济前景、确定发展目标,这就要求会计部门为其提供更为详尽的资料,以便其进行管理和决策。于是,向企业内部提供报告的管理会计出现了。财务会计和管理会计是企业会计的两大分支,管理会计的出现使会计工作广泛采用数学方法,参与预测和决策,在计算技术方面由手工操作向机械化、电子化方向发展。

近代会计与古代会计相比,具有以下特点:一是广泛采用以借贷记账法为主的复式记账法,能全面、系统地记录各项经济业务[①],可将账簿记录进行核对,检查记账工作的正确性。二是广泛使用货币计量单位进行价值核算。货币量度具有综合性,可以进行比较、汇总,较古代会计中的实物量度大大前进了一步。三是运用了管理会计方法,能预测经济前景,参与经济决策。

通过以上分析我们可以看出,会计的产生是必要的,会计的发展是必然的。那么,会计出现以后以及在其漫长的发展过程中,人们用它来做什么?这便是会计的职能问题。

二、会计的职能和作用

(一)会计的职能

会计的职能是指会计在经济管理中所具有的功能,即人们运用会计干什么。会计职能伴随会计的产生而出现,并随着会计的发展而发展。马克思曾指出,会计是对生产过程的"控制和观念总结",这是对会计职能进行的科学概括。所谓"控制和观念总结",一般被理解为监督和反映。会计对任何社会的再生产过程都具有反映和监督两大职能。随着生产活动日趋复杂,生产经营管理不断对会计提出新的要求,会计职能的具体内容不断拓展,反映和监督已不能概括会计的全部职能,参与预测、决策、控制和考核等在会计职能中显得越来越突出,逐渐成为新的会计职能。但是,反映和监督仍然是会计的基本职能。

1.会计的反映职能

会计的反映职能又称会计的核算职能,是指通过确认、计量、记录、报告反映客观经济活动情况,提供历史信息的功能。从会计工作的现状看,会计的反映职能主要是从数量方面综合反映各单位已经发生或已经完成的各项经济活动;而且,会计反映本身具有完整性、连续性和系统性。

首先,会计主要是从数量上综合反映经济活动。任何单位的经济活动,如资金的取得、劳动的耗费、产品的生产和销售,都可以从数量方面进行确认、计量、记录和报告,求得一定的数量指标,以便在一定程度上说明经济活动的效果。会计从数量方面反映经济活动,可以采用三种量度,即劳动量度、实物量度和货币量度。劳动量度是按劳动时间来衡量劳动耗费与劳动成果的量度,如天、小时等;实物量度是按物质的自然属性来衡量劳动耗费与劳动成果的量度,如千克、件等;货币量度是按物质的价值符号来衡量劳动耗费与劳动成果的量度,如元、角等。以上三种量度中只有货币量度具有综合性,它可以把各种性质相同或不同的经

① 2014年7月修订的《企业会计准则——基本准则》将其称为"交易或事项"。

济活动进行综合和汇总，求得各种综合的价值指标。因此，会计除了利用劳动量度和实物量度外，还要广泛运用货币量度，在会计凭证、会计账簿和会计报表上反映经济活动的数量。

其次，会计必须以会计凭证为依据来反映经济活动。由于会计所提供的数据是会计信息使用者进行宏观管理、投融资决策及内部经营管理的依据，因而会计反映必须以能记录经济业务、明确经济责任的会计凭证为依据，使会计信息具有可验证性和真实性，以便了解并考核经济活动的过程和结果，保证宏观管理、投融资决策以及内部管理的有效性。对已完成的经济活动能够取得证明其发生和完成的合理合法的会计凭证，所以，会计主要反映这一内容。

最后，会计对经济活动的反映具有完整性、连续性和系统性。完整性是指凡属于会计对象应该反映的内容，必须毫无遗漏地反映在会计核算资料中，以保证会计资料的完整性；连续性是指按经济业务发生的时间顺序不间断地记录，以便取得经济活动的动态指标；系统性是指对复杂多样的会计对象按科学的方法进行分类、汇总，进行系统的加工和整理，以便取得分门别类的指标，保证会计资料的科学性。

2. 会计的监督职能

会计的监督职能是指会计按一定的目的和要求对经济活动的合理性、合法性和有效性进行控制，以达到预期目标的功能。会计的监督职能主要包括以下两项内容：一是在宏观方面，以国家的财经政策、财经制度和财经纪律为准绳，对即将进行或已经进行的经济活动的合理性和合法性进行监督，以协调局部利益与整体利益之间的关系，提高宏观经济效益。二是在微观方面，对经济活动的有效性进行事前、事中、事后的监督。事前监督是指用预测的方法审查经济业务的可行性，据以编制计划；事中监督是指在经济活动进行的过程中，运用审核的方法进行考核、分析，以便调整经济活动，及时纠正偏差；事后监督是指运用检查的方法对已结束的经济活动加以总结和分析，以便改进今后的工作。

以上两项会计基本职能是密切联系、相辅相成的。其中，反映是监督的基础，没有反映所提供的会计信息，监督将成为无源之水；反之，没有监督作为保障，就不能提供真实可靠的会计信息。只有把反映和监督结合起来，才能充分发挥会计在经济管理中的作用。

拓展阅读：会计职能与会计目标

会计的职能是会计在经济管理中所具有的功能；会计目标亦称“会计目的”，是指会计工作应达到的标准和要求或应完成的任务。会计职能具有客观性和相对稳定性；会计目标随着会计所赖以存在的外在环境的变化而变化，带有主观性，体现了设定者的意愿；会计目标的设定不能脱离，也不能超越会计的职能。会计职能是会计目标设定的客观依据。现代会计包括财务会计和管理会计，其基本职能，也是首要的职能为会计反映，即通过确认、计量、记录和报告反映客观经济活动情况，提供历史信息。正因为如此，学者在研究会计目标时直接从财务会计目标（也称为财务会计报告目标）入手展开讨论。我国《企业会计准则——基本准则》第四条明确指出，财务会计报告的目标是向财务报告使用者提供与财务状况、经营成果和现金流量等有关的会计信息，反映企业管理层受托责任履行情况，有助于财务会计报告使用者做出经济决策。可见，我国财务会计目标带有双重性，一方面反映企业的受托责任，另一方面要满足财务会计报告使用者的决策需求。学术界将这两种观点概括为受托责任观和决策有用观。有关这两种观点的具体内容，将在后续的“财务会计”课程中研究。

（二）会计的作用

会计的作用是指实现会计职能所产生的影响。就会计的基本职能而言，会计通过确认、计量、记录和报告，能够为投资者、债权人、政府管理部门、内部管理当局提供有关企业财务状况和经营成果的会计信息，使经济决策和宏观经济管理工作更加有效；通过对经济活动的合理性、合法性和有效性的控制，能够贯彻落实国家的财经法规制度，保护财产安全。随着会计职能的不断拓展，会计所产生的影响将越来越大，“经济越发展，会计越重要”。会计的作用可概括为以下几个方面：

1. 增强投资者、债权人投资决策的有效性

会计通过特定程序和专门方法所提供的会计信息，是包括投资者和债权人在内的各方面进行投资决策的依据。在选择投资对象时，通过反映企业财务状况、经营成果和现金流量情况的会计信息，投资者可以分析企业的盈利能力和未来的发展趋势，并与同行业的其他企业进行比较，从而做出投资决策；债权人可以分析企业的短期偿债能力和长期偿债能力，衡量投资风险大小，从而做出投资决策。通过确认、计量、记录和报告环节所提供的且经会计人员严格审核的会计信息，使投资决策更加有效。

2. 提高政府部门的宏观经济管理水平

承担社会经济管理工作的各级政府部门，如财政、税务、证券监管等部门，需要借助会计信息实施宏观管理。在制定经济政策前，要通过汇总后的会计信息，从总体上掌握企业的资产负债结构、损益状况和现金流量情况，以分析经济运行的发展趋势，进行宏观经济管理。会计监督对会计法规、制度贯彻落实的保证作用，使会计信息的客观性、相关性、可比性等质量特征日益明显，从而提高了宏观经济管理水平。

3. 加强内部管理，提高经济效益

企业管理当局利用会计反映所提供的信息，可以全面、系统地了解企业的财务状况、经营成果和现金流量情况，据以分析过去的经济活动所存在的问题，找出原因，提出解决问题的具体办法，并利用相关会计信息分析、预测经济前景，选择最佳的经营或投资方案，提高决策的有效性和未来经济活动的效益。

三、会计的含义

根据以上对会计产生及发展过程的分析，以及对会计职能的阐述，可以了解与概括什么是会计。会计是以货币为主要计量单位，对再生产过程中的经济活动进行完整、连续、系统的反映和监督，旨在提高经济效益的一种管理活动。这一概念包含以下 5 个基本要点：

1. 会计的特点——以货币为主要计量单位(基本特征),具有完整性、连续性和系统性(一般特性)。

2. 会计对象——再生产过程中的经济活动(具体内容详见本章第二节)。

3. 会计的基本职能——反映和监督。

4. 会计的必要性——提高经济效益。

5. 会计的本质——一种管理活动。

对于会计的本质,可从以下三个方面来理解:

第一,会计是人们管理生产过程的一种实践活动。会计是为了适应生产发展过程中人们提高经济效益的客观需要而产生和发展起来的,它不是对生产过程的理论概括,而是由会计人员亲自观察、计量和记录,从而取得信息,并据以调节和干预生产活动的实践活动。

第二,会计既为管理提供信息,又直接履行管理的职能。管理的重心在决策,决策的关键在信息。近代会计包括财务会计和管理会计两个部分:财务会计通过事后反映提供会计信息;管理会计通过预测、参与决策,直接履行管理的职能。

第三,会计方法的变革和发展本身就体现着管理的要求。在古代,生产活动只要求会计对财务收支进行实物数量方面的记录和计算,会计主要运用了简单的单式记账法;到了近代,生产的发展要求会计以货币为主要计量单位对其进行全面、综合的反映和监督,会计运用了以借贷记账法为主的复式记账方法;自 20 世纪 50 年代以来,生产的发展要求会计参与预测、决策,于是出现了管理会计方法。

第二节 会计对象

一、会计对象的一般概念

会计对象是指会计所反映和监督的内容,它决定了会计的任务和方法。只有了解会计所反映和监督的内容,进而明确会计任务,才能有针对性地采用适当的方法,充分发挥会计在经济管理中的作用。

如前所述,会计对象是再生产过程中的经济活动。经济活动大体可分为能用货币表现的经济活动和不能用货币表现的经济活动。能用货币表现的经济活动被称为会计事项或经济业务,如物资的进出、货币的收付;不能用货币表现的经济活动一般无法计量,如制订计划、签订合同。由于会计以货币为主要计量单位,因而它只反映能用货币表现的经济活动;又由于再生产过程中财产物资的货币表现(包括货币本身)被称为资金,资金在不停地运动,会计必须如实加以反映和监督,因而会计对象也可以概括为再生产过程中的资金运动。

再生产过程中的资金运动是对会计对象的一般描述,比较抽象。由于社会再生产过程包括生产、交换、分配和消费四个环节,各个企业、行政事业单位分置于不同的环节,有其特定的资金运动形式,从而形成各自的会计具体对象。

二、工业企业的会计对象

工业企业是指按照市场经济的要求，依法成立、自主经营、自负盈亏、自我约束、自我发展的产品生产经营单位。工业企业的会计对象是其生产经营过程中的资金运动。工业企业的资金运动和其他物质运动一样表现为相对静止和显著变动两种状态。

资金运动的静态是指资金在某一时点的存在状态。具体表现为资金占用（又称为资产）和资金来源（也称为权益，包括负债和所有者权益）两个方面。有关资金占用和资金来源的具体内容，参见第二章第一节“会计要素”。

资金运动的动态表现为资金投入企业、资金在企业内部循环和周转、资金退出企业三个阶段的运动。

资金投入企业会使资产和权益同时等量增加。例如，企业接受投资人投资、向银行取得借款等。

资金在企业内部循环和周转表现为资金依次经过供应过程、生产过程和销售过程不断改变自己的存在状态。在供应过程中，由于用库存现金或银行存款购买原材料，使货币资金转化为储备资金。在生产过程中，资金主要发生两次形态变化：当企业将原材料投入生产，生产工人将其加工成在产品时，储备资金转化为生产资金；当在产品被进一步加工成产成品时，生产资金又转化为成品资金。除了这两次主要形态变化外，生产过程中的资金还因支付生产人员工资和其他费用，由货币资金转化为生产资金；由于计提固定资产折旧，固定资金也转化为生产资金。在销售过程中，因为企业出售产成品、收取货款，成品资金又转化为货币资金。工业企业的资金从货币形态开始，依次经过储备资金、生产资金和成品资金，最后又回到货币资金的一次形态变化，称为资金循环。资金周而复始不停滞、不间断地循环，称为资金周转。

资金退出企业表现为资产和权益的等量减少，如清偿债务、归还借款、缴纳税金、发放红利等。

上述工业企业资金的运动过程如图 1—1 所示。

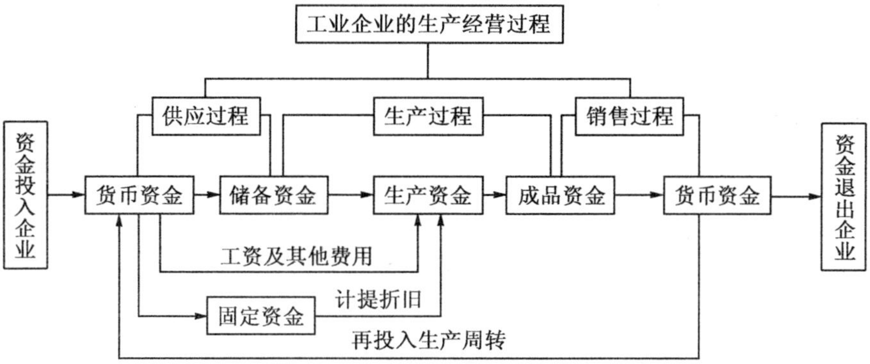

图 1—1 工业企业资金的运动过程

综上所述,工业企业资金运动的静态表现为资产、负债和所有者权益三个项目;在资金运动动态的资金投入企业阶段和资金退出企业阶段,所引起的是资产、负债和所有者权益三方面的变化;而资金在企业内部循环和周转阶段将使企业发生费用、取得收入并形成利润。资产、负债、所有者权益、收入、费用和利润的变化可以概括工业企业资金运动的全过程,它们的增减变动就是工业企业会计所要反映和监督的内容,也称为会计要素。会计要素在符合确认条件时要按照一定的计量属性确定其入账和列报金额。计量属性是所计量的某一会计要素的特性,它是会计要素金额的确定基础,主要包括历史成本、重置成本、可变现净值、现值和公允价值。

第三节　会计基本假设

会计反映又称为会计核算,主要是向有关方面提供决策所需的会计信息。由于使用者对会计信息的需求是多方面的,这就要求会计在一定的时间和空间范围内,按一定的程序和方法予以提供。会计基本假设也称会计核算的基本前提,是为保证会计信息质量和会计工作的正常进行而对会计核算的范围、内容以及基本程序与方法所做的限定。会计基本假设包括会计主体、持续经营、会计分期和货币计量 4 项内容。

一、会计主体

会计主体是会计工作为之服务的一个特定单位。每个特定单位的会计核算都应当以企业发生的各项经济业务为对象,记录和反映企业本身的各项经营活动。作为会计主体,必须具备以下条件:一是具有一定数量的经济资源;二是独立经营、自负盈亏;三是独立核算,有完整的账簿体系,定期编制会计报表。凡具备上述条件的单位都应按会计主体这一基本前提的要求,反映自身的经济业务,而不是其他主体或所有者的经济业务。会计主体不等同于法律主体,通常法律主体就是会计主体,但会计主体不一定是法律主体。

会计主体假设界定了会计核算的空间范围,并为持续经营、会计分期和会计原则的建立奠定了基础。

二、持续经营

持续经营是指会计主体的生产经营活动将按照既定的目标持续下去,在可以预见的未来不会面临破产清算。在这一基本前提下,企业可按原定用途去使用现有的经济资源,按原承诺的条件清偿债务,对经济业务仍进行完整、连续、系统的反映和监督,并向有关方面提供会计信息。

持续经营假设明确了会计工作的时间界限。只有在持续经营的前提下,企业的资产才区分为流动资产和长期资产;企业才有必要确立会计分期假设,选择权责发生制或收付实现制原则。如果企业面临破产清算,那么持续经营这一前提就不再成立,会计核算则应改用破产清算的会计程序和处理方法。

三、会计分期

会计分期是指把企业连续不断的生产经营过程人为划分为较短的等距会计期间，以便定期反映经营成果和财务状况，向有关方面提供信息。会计分期是持续经营的必要补充。会计主体是持续经营的，从理论上讲，其经营成果和财务状况只有在各单位停止经济活动以后才能完全、准确地确定下来；但在各单位全部经济活动的过程中，企业经营管理者、投资者、债权人以及政府监管部门等利益相关者都需要按一定的时间段对企业的经营成果、财务状况进行全面的考核、检查和监督，以便及时发现问题，改进经营管理和投资决策。为此，人们假定经济活动有一定期间，到一定时间就停止，这种人为划定的时段便是会计期间。会计期间通常有月份、季度和年度之分，年度会计期间也称会计年度。按照《会计法》的规定，我国的会计年度为日历制年度，即每年 1 月 1 日至 12 月 31 日。

会计期间的划分对会计核算产生了重要影响，正因为有了会计分期，才出现了本期与非本期的区别，才产生了权责发生制和收付实现制。每个企业都应按要求正确划分会计期间，准确提供财务状况和经营成果等会计信息，并据以进行横向或纵向的比较。

四、货币计量

货币计量是指会计所提供的信息应以货币为主要计量单位，并假定币值不变。会计从数量上反映经济活动时可以采用三种量度，即实物量度、劳动量度和货币量度。由于作为一般等价物的货币具有综合性，可以把企业拥有的不同形态的经济资源用同一尺度计量，因而企业在确认、计量、记录和报告经济业务时要以货币为主要计量单位。当会计核算中有两种或两种以上货币量度时，必须确定记账本位币。我国一般以人民币作为记账本位币。

需要指出的是，货币的价值受供求关系等因素的影响，难免发生增减变动，使会计核算中确认、计量、记录和报告的资产、负债和所有者权益等会计要素的数额受到影响。如果对这一影响数额做出调整，势必会加大会计核算的工作量，并造成会计信息的不可比。因此，在运用货币量度时，要假定币值不变。如果发生恶性通货膨胀，再采用特殊会计方法处理。

货币计量对完整、连续、系统地反映各会计主体的经济活动，综合汇总会计信息，分析、比较和评价不同时期、不同部门的会计信息，具有重要意义。

第四节　会计一般原则

会计一般原则是国家为规范会计确认、计量和报告等会计核算行为所提出的基本要求，是处理会计事项的基本依据。我国企业会计一般原则涉及会计核算基础、会计计量属性和会计信息质量要求 3 个方面。

一、会计核算基础

（一）会计核算基础的产生

会计期间划定以后，为了比较准确地计算各期盈亏，以揭示企业的经营成果，就需要研究收入和费用的收支期与归属期是否一致的问题。收入和费用的收支期是实际上收到收入或支付费用的会计期间，收入和费用的归属期是在权利和责任上应获得收入和应负担费用的会计期间。一个是已收到或已支付的期间，一个是应获得或应支付的期间。一般情况下，两者是一致的，这使收入和费用在相互适应的基础上得到合理的配比，但在某些情况下，收入和费用的收支期与归属期并不一致，具体可归纳为以下两种情况：第一，收支在前，归属在后，如预收账款、预付费用；第二，归属在前，收支在后，如应收账款、预提费用等。

跨期收入和费用究竟应归属于哪一期，划分的方法将会直接影响各期成本和利润的数额。不同类型的会计主体，由于其提供会计信息的目的以及会计对象的具体内容不同，所采用的划分方法也不同。每个会计主体都应在会计核算前选定划分跨期收入和费用的方法，即选定会计核算基础。会计核算基础是会计主体进行会计确认的时间基础，专门解决何时确认收入和费用的问题。我国可供选择的会计核算基础有权责发生制和收付实现制。

（二）会计核算基础的内容

1.权责发生制

权责发生制又称应计制、应收应付制，是以“应收应付”为标准来确认当期收入和费用的方法。采用权责发生制，凡是当期已经实现的收入和已经发生或应负担的费用，无论款项是否收付，都应作为当期收入和费用处理；凡是不属于当期的收入和费用，即使款项在当期已经收付，也不能作为当期的收入和费用处理。我国《企业会计准则——基本准则》规定，企业应当以权责发生制为会计核算基础。采用权责发生制，能使企业同一会计期间的收入和费用之间存在相对合理的比例关系，能较为准确地计算各期的成本和利润指标，而且各期指标之间具有可比性。

2.收付实现制

收付实现制又称现金制或实收实付制，是以“款项的实际收付”为标准来确定本期收入和费用的方法。采用收付实现制，凡是本期收到的款项，无论是否归属本期，都作为本期收入处理；凡是本期付出的款项，无论是否归属本期，都作为本期费用处理。在收付实现制下，企业各期指标忽高忽低，不能准确衡量各期的经营业绩，但由于其核算手续简单的特点，现仍被一些行政事业单位所采用。

3.两种会计核算基础的比较

权责发生制与收付实现制之间既有联系又有区别，两者之间的联系和区别如表1－1所示。

表 1—1　　**权责发生制与收付实现制的比较**

序 号	经济业务	本期会计处理	
		权责发生制	收付实现制
1	本期应收的收入本期收款	确认	确认
2	本期应付的费用本期付款	确认	确认
3	本期不应收的收入本期收款	不确认	确认
4	本期不应付的费用本期付款	不确认	确认
5	本期应收的收入本期未收款	确认	不确认
6	本期应付的费用本期未付款	确认	不确认

为了更好地说明权责发生制和收付实现制下对收入和费用的不同确认原则，以及对利润的影响，特举例说明，见【例 1—1】。

【例 1—1】 假设某企业 20××年 7 月发生下列经济业务：

1. 销售产品 40 000 元，货款存入银行。
2. 用银行存款支付本月水电费 9 000 元。
3. 预收销货款 120 000 元，从本月末起分 3 个月各按三分之一交货。
4. 预付 7—12 月份的租金 60 000 元。
5. 销售产品 200 000 元，货款尚未收到。
6. 本月应计提银行借款利息 10 000 元。

分别按权责发生制与收付实现制计算企业当月的收入和费用，结果如表 1—2 所示。

表 1—2　　**权责发生制与收付实现制的处理结果计量**　　单位：元

业务号	权责发生制		收付实现制	
	收 入	费 用	收 入	费 用
1	40 000		40 000	
2		9 000		9 000
3	40 000		120 000	
4		10 000		60 000
5	200 000			
6		10 000		
合 计	280 000	29 000	160 000	69 000

从表 1—2 中可以看出，在权责发生制与收付实现制下，企业当期的收入和费用是不同的，在扣除产品成本之后，势必得出不同的利润。

二、会计计量属性

企业在将符合确认条件的会计要素登记入账并列报于财务报告时，应当按照规定的会计计量属性进行计量，确定其金额。计量属性是指所计量的某一要素的特性方面，如桌子的长度、铁矿石的重量、楼房的高度等。从会计角度，计量属性是会计要素金额的确定基础，主要包括历史成本、重置成本、可变现净值、现值和公允价值等。

（一）历史成本

历史成本又称实际成本，是取得或制造某项财产物资时所实际支付的现金或者现金等价物。在历史成本计量下，资产按照购置时支付的现金或者现金等价物的金额，或者按照购置资产时所付出的对价的公允价值计量。负债按照因承担现时义务而实际收到的款项或者资产的金额，或者承担现时义务的合同金额，或者按照日常活动中为偿还负债预期需要支付的现金或者现金等价物的金额计量。

由于历史成本最容易确定，且通常有原始凭证作支撑，因而具有客观性、可验证性和明晰性等优点，现行会计普遍采用历史成本计量属性；但是历史成本也有局限性，容易受到物价水平或币值波动的影响。

（二）重置成本

重置成本又称现行成本，是指按照当前市场条件，重新取得同样一项资产所需支付的现金或现金等价物的金额。在重置成本计量下，资产按照现在购买相同或者相似资产所需支付的现金或者现金等价物的金额计量。负债按照现在偿付该项债务所需支付的现金或者现金等价物的金额计量。在实务中，重置成本多应用于盘盈固定资产的计量。

将重置成本与现行收入比较，可增强期间收入与费用相配比的可比性和可靠性，有助于正确评价管理层的经营业绩。但重置成本受市场因素影响，客观性较差，如在计量重置成本之日，如果市场上没有与该类资产相同甚至相似的资产，或即使有相同或相似资产，也很可能因销售条件等因素的差异导致价格不同，在确定具体数额时不可避免地带有判断者的主观色彩。

（三）可变现净值

可变现净值，是指在正常生产经营过程中，以预计售价减去进一步的加工成本和销售所必需的预计税金、费用后的净值。在可变现净值计量下，资产按照其正常对外销售所能收到现金或者现金等价物的金额，扣减该资产至完工时估计将要发生的成本、销售费用以及相关税费后的金额计量。可变现净值通常应用于存货减值情况下的后续计量。

（四）现值

现值，是指对未来现金流量以恰当的折现率进行折现后的价值，是考虑货币时间价值等因素的一种计量属性。在现值计量下，资产按照预计从其持续使用和最终处置中所产生的未来净现金流入量的折现金额计量；负债按照预计期限内需要偿还的未来净现金流出量的折现金额计量。现值通常用于非流动资产可收回金额和以摊余成本计量的资产价值的确定等。

（五）公允价值

公允价值，是指市场参与者在计量日发生的有序交易中出售一项资产所能收到或者转移一项负债所需支付的价格。在公允价值计量下，资产和负债按照市场参与者在计量日发生的有序交易中出售资产所能收到或者转移负债所需支付的价格计量，即以“脱手价格”计量,而不是“进入价格”。

企业以公允价值计量相关资产或负债,应当考虑该资产或负债的特征。相关资产或负债的特征,是指市场参与者在计量日对该资产或负债进行定价时考虑的特征,包括资产状况及所在位置、对资产出售或者使用的限制等。

我国引入公允价值是适度、谨慎和有条件的,并且企业需要将公允价值计量所使用的输入值划分为三个层次:第一层次输入值是在计量日能够取得的相同资产或负债在活跃市场上未经调整的报价;第二层次输入值是除第一层次输入值外相关资产或负债直接或间接可观察的输入值;第三层次输入值是相关资产或负债的不可观察输入值。首先使用第一层次输入值,其次使用第二层次输入值,最后使用第三层次输入值。

实务中,一般对于金融市场的许多金融产品采用公允价值计量,如对以公允价值计量且其变动计入当期损益的金融资产和金融负债的计量;在估计资产可收回金额时,也经常采用公允价值进行计量。

需要说明的是,企业在选择会计计量属性时,须遵循《企业会计准则——基本准则》第四十三条的规定,即企业在对会计要素进行计量时,一般应当采用历史成本,采用重置成本、可变现净值、现值、公允价值计量的,应当保证所确定的会计要素金额能够取得并可靠计量。这是对会计计量属性选择的一种限定性条件。历史成本计量依然是基础,在某些情况下,为了提高会计信息质量和实现财务报告目标,《企业会计准则》允许采用重置成本、可变现净值、现值和公允价值计量,但是应当保证所确定的会计要素金额能够取得并可靠计量,如果这些金额无法取得或者无法可靠地计量,则不允许采用这些计量属性,而只能采用历史成本计量属性。

【例 1—2】 吉春公司 2023 年 1 月 1 日购买一台设备,以银行存款支付 80 000 元,预计使用 10 年,截至 2024 年 12 月 31 日该设备使用的计量属性如表 1—3 所示。

表 1—3 **外购设备使用的计量属性** 计量单位:元

经济业务内容	金额	计量属性
2023 年 1 月 1 日,用银行存款 80 000 元购进设备一台	80 000	历史成本
2024 年 12 月 31 日,如果重新购买一台已使用 2 年的该设备,预计应支付的全部款项为 64 000 元	64 000	重置成本
2024 年 12 月 31 日,如果将该设备出售,预计售价为 60 000 元,出售时支付的各项费用合计为 3 500 元	56 500	可变现净值
该设备可以继续使用 8 年,预计每年带来的收益为 10 500 元, 将未来的收益折算为 2024 年 12 月 31 日的价值为 75 600 元	75 600	现值
该设备在类似的市场上,双方自愿交易的价格为 65 000 元	65 000	公允价值

三、会计信息质量要求

会计信息质量要求是指会计工作中从事会计账务处理、编制会计报表应满足的基本要求,它是会计核算的一般规则和准绳。会计信息质量要求是经过长时间的实践检验最终形成的，并随着会计实践的发展而发展。2014 年修订的《企业会计准则——基本准则》将会计信息质量要求分为客观性、相关性、明晰性、可比性、实质重于形式、重要性、谨慎性、及时性 8 个方面。

（一）客观性

客观性又称真实性，是指企业应当以实际发生的交易或者事项为依据进行会计确认、计量和报告，如实反映符合确认和计量要求的各项会计要素及其他相关信息，保证会计信息真实可靠、内容完整。客观性原则是对会计核算工作的基本要求，如果会计信息不能真实地反映企业的经济活动，就无法满足会计信息使用者的要求，影响其决策的有效性。

客观性包括三方面的含义，即真实性、可靠性和可验证性。真实性是指会计反映的结果应当与企业实际的财务状况和经营成果相一致，每一项会计记录都要有合法的依据。可靠性是指对于经济业务的记录和报告，应当以客观的事实为依据，而不能受主观意志左右。可验证性是指会计信息要经得起复核检验，凡是过去发生的经济业务，都应当有合理合法的会计凭证供事后检查。

（二）相关性

相关性又称有用性，是指企业提供的会计信息应当与财务会计报告使用者的经济决策需要相关，有助于财务会计报告使用者对企业过去、现在或者未来的情况做出评价或者预测。

由于会计信息的使用者是多方面的，他们对会计信息的要求也不尽相同，这就要求会计核算在提供信息时既要考虑企业加强内部经营管理的需要，又要满足有关各方了解企业财务状况和经营成果的需要，还应符合国家宏观经济管理的需要。

（三）明晰性

明晰性又称清晰性，是指企业提供的会计信息应当清晰明了，便于财务报告使用者理解和使用。由于会计信息的使用者是多方面的，既有会计专业工作者，又有与企业有利害关系的集团和个人，其中有些人并不了解会计知识，也不熟悉会计业务，这就要求会计在提供信息时尽量少用专业术语，要用抽象事物具体化、专业问题大众化的表述方法；对复杂的经济业务用规范的文字加以表述，对需要解释的问题做出必要的说明，减少不确定性，做到通俗易懂、清晰明了。

（四）可比性

可比性是指会计信息应当相互可比，具体包括以下两层含义：

1. 横向可比

横向可比是指不同企业发生的相同或者相似的交易或者事项，应当采用规定的会计政策，确保会计信息口径一致、相互可比，以便于不同地区和行业间企业会计信息的比较、分析和汇总。强调会计信息的横向可比，可为国家进行宏观调控和管理、投资者做出正确决策提供必要的依据。

在市场经济条件下，各会计主体均以平等的身份共处于统一的大市场中，并按等价交换的原则进行商品交换，这就要求会计信息打破所有制、部门、行业的界限，所有会计核算都按照国家统一的会计制度进行。统一可比的会计信息便于比较不同企业的财务状况、经营成果和现金流量，可使企业站在同一起跑线上竞争，促进资源的合理流动与重新配置。

2.纵向可比

纵向可比是指同一企业不同时期发生的相同或者相似的交易或者事项，应当采用一致的会计政策，不得随意变更。纵向可比并非绝对不变，随着经济情况的变化，当原来的会计程序和处理方法不再适用，确需变更的，应当将变更的情况、变更的原因及其对企业财务状况和经营成果的影响在会计报表附注中予以说明。坚持纵向可比，可以制约会计主体通过会计政策和会计估计的变更来操纵利润、粉饰报表。

（五）实质重于形式

实质重于形式是指企业应当按照交易或者事项的经济实质进行会计确认、计量和报告，不应仅以交易或者事项的法律形式为依据。在会计核算过程中，如遇到一些经济实质与法律形式不吻合的业务或事项时，应依据经济业务的实质进行确认和计量。例如，融资租入固定资产业务，在租期未满之前，从法律形式上讲，所有权并没有转移给承租方，但是从经济实质上讲，与该项固定资产相关的风险和收益已经转移给承租人，承租人实际上也能实施对该项资产的控制，因此，承租人应该将其视同自有的固定资产来核算，并计提折旧。

（六）重要性

重要性是指企业提供的会计信息应当反映与企业财务状况、经营成果和现金流量等有关的所有重要交易或者事项。也就是说，对于影响经营决策的重要经济业务分别核算、分项反映，并作重点说明；对于次要的经济业务，在不影响会计信息真实性的情况下，可适当简化或合并反映。坚持重要性主要是出于对成本效益原则的考虑，企业的经济情况纷繁复杂，会计不可能将所有的经济数据转化为会计信息。强调重要性，一方面可以提高核算的效率、减少不必要的工作量，另一方面可以使会计信息分清主次、突出重点。

重要性包括质和量两个方面的内容。从性质上看，如果会计事项的发生可能对决策产生重大影响，则该事项属于具有重要性的事项；从数量上看，如果某会计事项的发生达到一定数量或比例，可能对决策产生重大影响，则该事项属于具有重要性的事项。

（七）谨慎性

谨慎性又称稳健性，是指企业对交易或者事项进行会计确认、计量和报告应当保持应有的谨慎，不应高估资产或者收益、低估负债或者费用。市场经济条件下，风险在所难免，企业必须对所面临的风险与可能发生的损失和费用做出合理预计，以避免损失发生时对正常经营产生严重影响。

谨慎性要求对企业存在的经营风险加以合理的估计，对防范风险起到预警作用，有利于企业做出正确的经营决策，保护投资者和债权人的利益，提高企业在市场上的竞争力。但是，企业不能滥用谨慎性原则计提各种秘密准备，人为调节企业利润，否则势必会造成会计工作秩序的混乱。

（八）及时性

及时性是指企业对于已经发生的交易或者事项，应当及时进行会计确认、计量和报告，不得提前或者延后。任何信息的使用价值不仅要求其真实可靠，还在于必须保证时效，在信息使用者需要时及时提供；否则，时过境迁，就不能充分发挥会计的作用。

及时性主要体现在三个方面，即及时收集会计信息、及时加工会计信息、及时传递会计信息。

会计作为一种管理活动，除具有技术属性之外，还具有社会属性。会计的社会属性表明会计核算工作不能随意进行，要体现管理者的意志。我国财政部作为全国会计工作的管理机关，为规范企业会计确认、计量和报告行为，保证会计信息质量，在其制定的《企业会计准则——基本准则》中对企业会计核算工作提出了总体要求，包括会计基本假设、会计核算基础、会计计量属性和会计信息质量要求。企业会计核算总体要求的分类如图 1—2 所示。

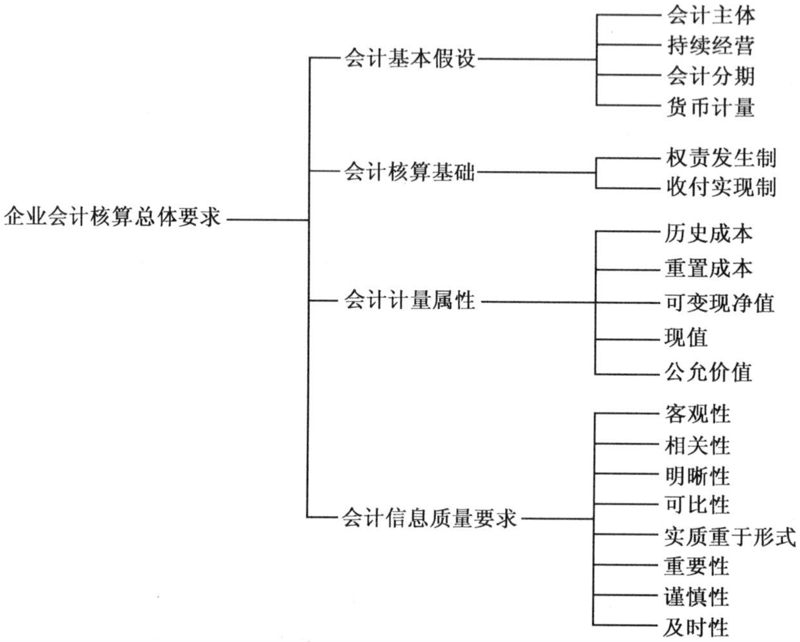

图 1—2 企业会计核算总体要求的分类

第五节 会计核算方法

会计方法是用来反映和监督会计对象、完成会计任务的手段。会计方法是在长期会计工作实践中不断总结、建立并逐步完善起来的，现已具有一整套严密的方法体系，包括会计核算方法、会计分析方法、会计检查方法、会计预测和决策方法。正确运用会计方法，对提高会计工作质量、完成会计任务具有重要意义。会计分析方法和会计检查方法将分别在第十章和后续课程中详细讲解。

基础会计学主要研究会计的最基本方法，即会计核算方法。会计核算方法是对会计对象进行完整、连续、系统的反映和监督所应用的方法，主要包括设置账户、复式记账、填制和审核凭证、登记账簿、成本计算、财产清查和编制会计报表。下面简要说明各种会计核算方法的意义和它们之间的相互关系。

一、设置账户

设置账户是对会计对象的具体内容进行分类反映和监督的一种专门方法。会计对象的具体内容是复杂多样的，要对它们进行系统的反映和监督，就必须进行科学的分类，将会计对象划分为若干个项目，即设置不同的账户，以便取得各种不同性质的核算指标。因此，对各项资产、负债、所有者权益、收入、费用、利润的增减变化，都要分别在一定的账户中归集登记，以便取得经济管理所需要的分类核算资料。

二、复式记账

复式记账是指对发生的每项经济业务都以相等的金额，在相互联系的两个或两个以上账户中进行登记的一种记账方法。由于对每项经济业务都在相互联系的账户中做双重记录，不仅可以了解资金运动的来龙去脉，而且在把全部经济业务都登记入账后，可以通过账户记录完整、系统地反映经济活动的过程和结果，便于检查经济业务的合理性、合法性。同时，由于对每项经济业务都以相等的金额进行登记，因此，可以对记录的结果进行试算平衡，检查账户记录的正确性。

三、填制和审核凭证

会计凭证是记录经济业务、明确经济责任，并作为登记账簿依据的书面证明。任何一项经济业务的发生，都须由经办人员或有关单位填制凭证，并签名盖章；所有凭证都要经过会计部门的审核，只有经过审核并认为正确无误的凭证，才能作为记账的依据。可见，填制和审核凭证是会计核算工作的第一步，它可为经济管理提供真实可靠的资料，也是实行会计监督的一个重要方面。

四、登记账簿

账簿是由具有一定格式、相互联系的账页所组成的，以会计凭证为依据，用于全面、系统、序时、分类记录各项经济业务的簿籍。登记账簿是完整、连续、系统地记录和反映企业经营活动的专门方法。企业应以审核无误的会计凭证为依据，运用复式记账方法，在具有规定格式的簿记中，把全部经济业务既序时又分类地反映出来，以便提供系统、分类的核算资料，为编制会计报表提供依据。

五、成本计算

成本计算是把经营过程中所发生的费用，按一定的对象进行归集和分配，以确定各个对象的总成本和单位成本的一种专门方法。通过成本计算可以提供实际成本资料，借以考核成本计划的执行情况，确定实际与计划的差异，分析原因、挖掘潜力、降低成本；通过成本计算所提供的实际成本资料，还可以对比收支、计算盈亏，并为国家制定价格政策提供依据。

六、财产清查

财产清查是通过盘点实物、核对账目，查明各项财产物资、货币资金、往来款项的实存数，并将实存数与账存数比较，看其是否相符的一种专门方法。通过财产清查，可以保证会计记录的正确性，做到账实相符；同时，还可以查明各项财产物资的保管和使用情况以及往来款项的结算情况，以便对积压或残损的财产物资和逾期未收回的款项及时采取措施进行清理，从而挖掘物资潜力、强化资产管理、加速资金周转。

七、编制会计报表

会计报表是企业对外提供的反映企业某一时点财务状况和一定时期经营成果、现金流量的文件。编制会计报表是对日常会计核算资料的总结。由于会计报表是以账簿记录为主要依据、经过加工整理而产生的报告文件，因而它提供的各项指标不仅是企业分析、检查和编制计划的依据，也是投资者、债权人决策的重要依据，更是进行国民经济综合平衡所必需的参考资料。

以上各种会计核算方法相互联系、紧密结合，形成了一个完整的会计核算方法体系。其中设置账户和复式记账是核心方法，其他方法基本都用到这两种方法。七种会计核算方法之间的基本关系可归纳如下：对于日常发生的经济业务，要填制和审核凭证，按规定的账户，运用复式记账法登记有关账簿；月末进行成本计算和财产清查，在账实相符的基础上编制会计报表。可见，从填制和审核凭证到编制会计报表是一个会计循环，其中填制和审核凭证是起点，编制会计报表是终点，其余各环节是中间点。会计核算方法之间的关系如图 1—3 所示。

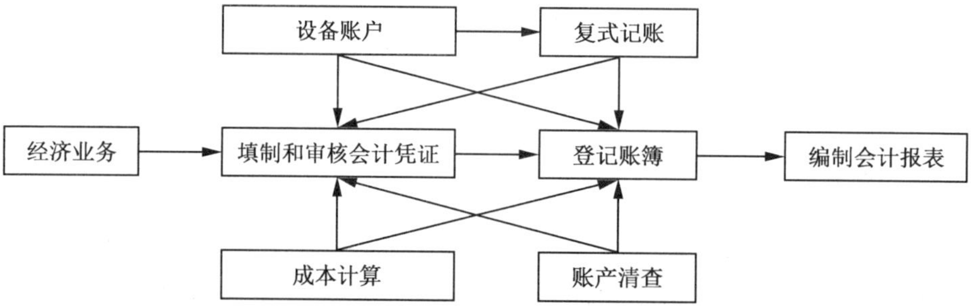

图 1—3 会计核算方法之间的关系

本章小结

本章从会计的产生和发展入手，界定了会计的概念，重点阐述了会计的职能、工业企业的会计对象以及会计基本假设、会计核算基础、会计计量属性和会计信息质量要求，并概括介绍了会计核算方法。通过学习，要求着重理解会计的基本职能和特点，掌握会计对象的具体内容，了解会计基本假设、会计核算基础、会计计量属性和会计信息质量要求，明确会计核算方法的组成内容及彼此间的相互关系。

复习思考题

1. 如何理解会计的含义？
2. 说明会计的基本职能及其特点。
3. 什么是会计对象？工业企业的会计对象有哪些具体内容？
4. 企业会计核算的前提条件有哪些？
5. 会计计量属性有哪些？企业在选择会计计量属性时应注意哪些问题？
6. 会计信息质量要求有哪些？
7. 权责发生制与收付实现制是如何产生的？两者区别何在？
8. 会计核算有哪些专门方法？它们之间的相互关系如何？

主要参考文献

1. 中华人民共和国财政部:《企业会计准则 2019 年版》,立信会计出版社 2019 年版。
2. 朱小平、周华、秦玉熙:《初级会计学》(第 9 版),中国人民大学出版社 2019 年版。
3. 陈国辉、迟旭升:《基础会计》(第 7 版),东北财经大学出版社 2021 年版。
4. 徐泾长、孙蔓莉、周华:《会计学》(第六版),中国人民大学出版社 2019 年版。
5. 徐泓:《基础会计学》,中国人民大学出版社 2014 年版。
6. 陈少华:《会计学原理》(第五版),厦门大学出版社 2017 年版。
7. 中国注册会计师协会:《会计》,中国财经出版传媒集团、中国财政经济出版社 2024 年版。

第二章

会计科目与账户

本章内容引言

本书的第一章主要阐述了会计的基本理论问题，明确了会计对象为再生产过程中的资金运动。那么，会计要以什么方式来反映和监督会计对象？这便是会计方法问题。本章开始将对会计最基本的方法——会计核算方法进行详细和具体的阐述。本章专门研究设置账户的专门方法，主要内容是围绕着对企业会计对象的具体内容按照其经济特征所作的基本分类，即会计要素而展开的。各会计要素之间的内在经济联系形成了会计等式，对会计要素的具体内容进行分类核算的项目形成了会计科目，对会计要素的具体内容进行分类核算的工具则形成了会计账户。

本章要点提示

- 会计要素及其分类
- 会计等式及其含义
- 会计科目及其设置原则
- 账户及其基本结构

第一节　会计要素

会计对象是指会计所反映和监督的内容，即再生产过程中的资金运动。但是这一概念界定过于宽泛和抽象，为了会计实践中分类核算的进行，就必须对会计对象的具体内容进行适当的分类，从而形成会计要素。会计要素是对会计对象的具体内容按照其经济特征所作的基本分类。我国《企业会计准则——基本准则》将资产、负债、所有者权益、收入、费用和利润确立为六大会计要素，并对每一要素的含义及确认条件做出明确规定。其中，资产、负债和所有者权益三个项目表现资金运动的相对静止状态，即反映企业财务状况的会计要素；收入、费用和利润三个项目表现资金运动的显著变动状态，即反映企业经营成果的会计要素，具体如图 2—1 所示。

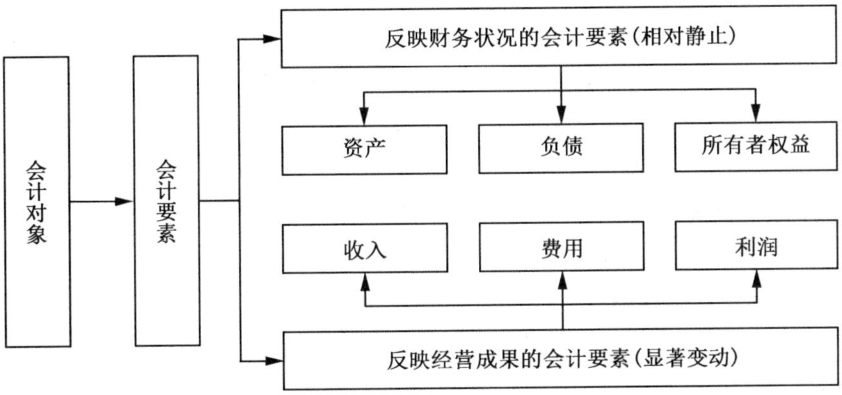

图 2—1　六大会计要素

一、资产

根据《企业会计准则——基本准则》第二十条的规定，资产是指企业过去的交易或者事项形成的、由企业拥有或者控制的、预期会给企业带来经济利益的资源。拥有或控制一定数量的资产，是企业进行生产经营活动的前提条件。资产包括各种财产、债权和其他权利等，例如企业中以实物形态存在的房屋、机器设备、商品、现金等，以债权形式存在的应收账款、应收票据等，以特殊权利形态存在的土地使用权、专利权、商标权等都是企业的资产。

（一）资产的特征

1. 资产只能是由过去的交易或者事项所形成。企业过去的交易或者事项包括购买、生产、建造行为或其他交易或者事项。预期在未来发生的交易或者事项不形成资产。例如，企业已经购入的原材料应计入企业资产，而企业已经签订合同，将在下月购入的原材料，则不能计入本月企业资产。

2. 资产必须是由企业拥有或控制的经济资源。拥有是指企业在法律上对其有所有权，控制则是指企业在实际上具备控制力，能够掌握某项资产的实际未来利益和风险。前者泛指企业所拥有的各种财产、债权和其他权利等，后者则指企业只具备使用权而没有所有权的各项经济资源，例如以融资租赁方式租入的固定资产等。

3. 资产预期能够给企业带来未来的经济利益，这是资产的本质特征。即通过对资产的有效使用，能够在未来直接或间接地导致现金和现金等价物流入企业的潜力。例如，向客户赊销商品而形成的应收账款，可以在未来一定时期内增加企业的现金流，因此可以确认为企业的资产。但是一旦有证据表明，客户发生财务危机，无力还款，应收账款收回的可能性已经很小，这项应收账款在未来不能够产生经济利益的流入，就不应该再被确认为资产，应该从资产项目中转出，记入相应的费用科目。

（二）资产的分类

资产通常按其流动性(变现能力)的大小分为流动资产和非流动资产。

1.流动资产

流动资产是指可以在一年或超过一年的一个营业周期内变现或者耗用的资产，主要包括货币资金、应收及预付款项、交易性交融资产、存货、其他流动资产等。

货币资金是指可以立即用于支付的资金，主要包括库存现金、银行存款及其他货币资金。其中，库存现金是指企业持有可随时用于支付的现金限额，存放在企业财会部门由出纳人员经管的现金，包括人民币现金和外币现金；银行存款是企业存放在银行或其他金融机构的货币资金。企业的银行存款主要来自投资者投入资本的款项、负债融入的款项和销售商品的货款等；其他货币资金是指企业除库存现金、银行存款以外的各种货币资金，主要包括银行汇票存款、银行本票存款、信用卡存款、信用证保证金存款、外埠存款、存出投资款等。然而，那些原本属于货币资金，但在资产负债表日已经失去货币资金特征的资产项目，如被冻结的银行存款等，则应该从货币资金项目中被排除。

应收及预付款项是指企业在日常生产经营过程中发生的各项债权，包括应收款项和预付款项。应收款项是指各种应收而未收的结算款项，主要包括应收账款、应收票据和其他应收款等。其中，应收账款是指一般商业信用销售过程中所形成的客户欠企业的购货款；应收票据是指在票据结算方式下所形成的客户欠企业的购货款或其他款项；其他应收款是指客户以外的其他单位或个人所欠企业的款项。预付款项是指在采购货物或接受服务之前预先支付给供应商的款项。

交易性金融资产主要是指企业为了在近期内出售而持有的金融资产，如企业以赚取差价为目的从二级市场购入的股票、债券、基金等。

存货是指企业在日常活动中持有的以备出售的产成品或商品、处于生产过程中的在产品、在生产过程或提供劳务过程中耗用的材料和物料等。由于行业的不同，存货的内容也不尽相同。制造企业的存货有原材料、半成品、产成品等；商品流通企业的存货有库存商品、材料物资等；服务企业则有少量的存货，如物料用品、办公用品等。

其他流动资产是除货币资金、短期投资、应收票据、应收账款、其他应收款、存货等流动资产以外的流动资产。

2.非流动资产

非流动资产是指不能在一年或超过一年的一个营业周期内变现或者耗用的资产，主要包括长期股权投资、投资性房地产、固定资产、生产性生物资产、无形资产、其他非流动资产等。

长期股权投资通常是指企业长期持有的其他企业的股权和其他投资，该股权或投资不能变现或不准备随时变现。企业进行长期股权投资的目的，是为了获取较为稳定的投资收益或者对被投资单位实施控制或重大影响。

投资性房地产是指为赚取租金或资本增值，或两者兼有而持有的房地产，包括已出租的土地使用权、持有并准备增值后转让的土地使用权及已出租的建筑物。

固定资产是指供企业为生产商品、提供劳务、出租或经营管理而持有的，且使用年限超过一年，并在使用过程中能够保持其原有实物形态的资产，包括房屋及建筑物、机器设备、运输设备、工具器具等。

生产性生物资产是指为产出农产品、提供劳务或出租等目的而持有的生物资产，包括经济林、薪炭林、产畜和役畜等。

无形资产是指企业拥有或者控制的没有实物形态的可辨认非货币性资产。主要包括专利权、非专利技术、商标权及著作权等。

其他非流动资产是指除资产负债表上所列非流动资产项目以外的其他周转期超过一年的长期资产。

资产的分类如图 2—2 所示。

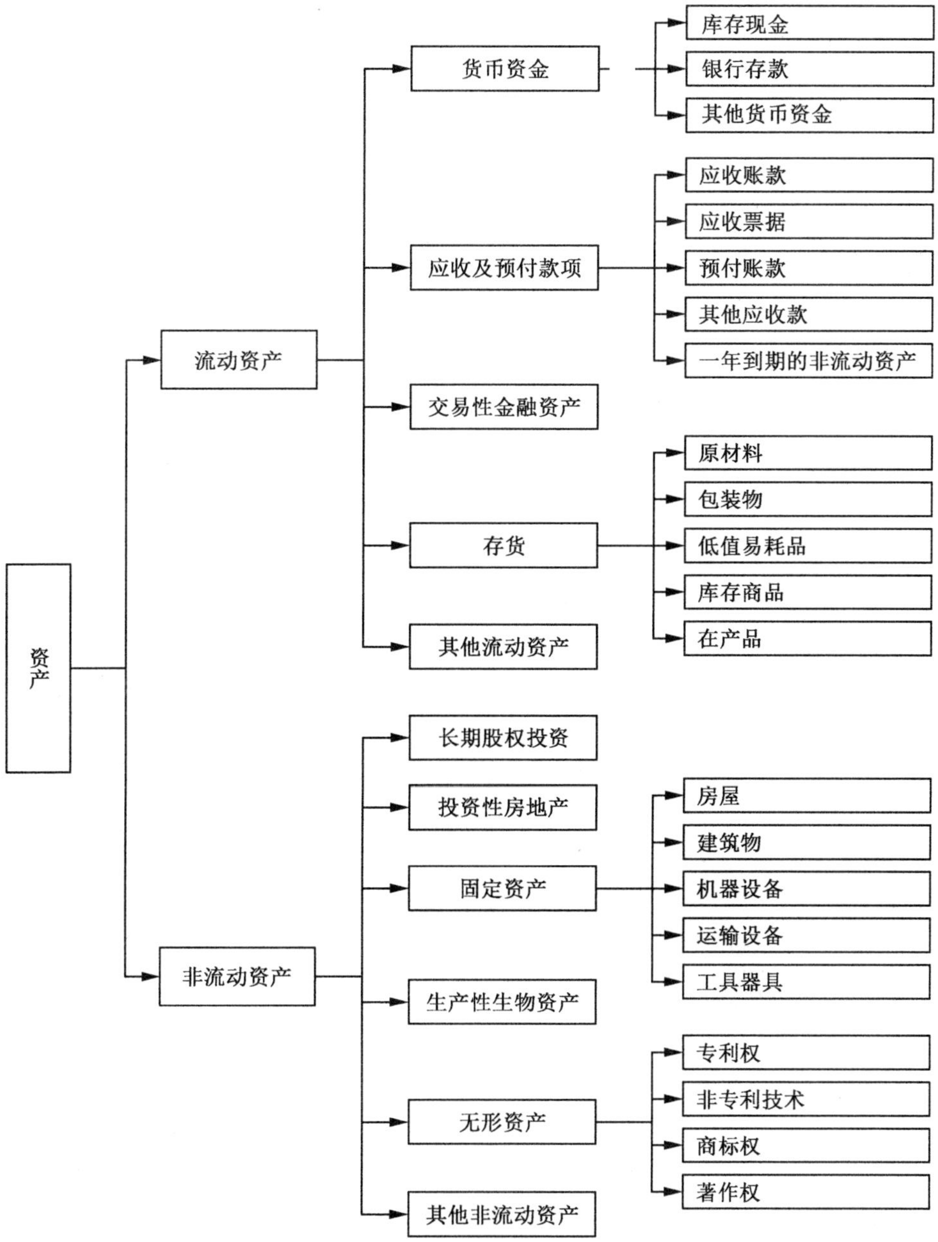

图 2—2 资产的分类

二、负债

根据《企业会计准则——基本准则》第二十三条的规定，负债是指企业过去的交易或者事项形成的、预期会导致经济利益流出企业的现时义务。现时义务是指企业在现行条件下已承担的义务。未来发生的交易或者事项形成的义务，不属于现时义务，不应当确认为负债。

（一）负债的特征

1. 负债是由企业过去的交易或者事项形成的。即只有过去发生的交易或者事项才形成负债，企业将来的交易或者事项尚未发生，不构成企业的负债。例如，企业购买原材料尚未支付的款项，就会形成企业的负债。但是已签订合同，承诺未来以赊购形式购买的原材料款项，则本期不能形成企业负债。

2. 负债是企业承担的现时义务，而不是潜在义务，它是负债的一个基本特性。现时义务是指企业在现行条件下已承担的义务。如果企业预期在将来要发生的经济业务可能产生债务，就不是现时义务，不能作为企业的负债。

3. 负债预期会导致经济利益流出企业。清偿负债须在未来通过转让资产或提供劳务来履行债务责任，会导致企业未来经济利益的流出。企业负债的履行有多种形式，如用现金或实物资产清偿，或提供劳务清偿，或同时转让资产和提供劳务等。

（二）负债的分类

负债通常按其流动性（变现能力）的大小分为流动负债和非流动负债。

1. 流动负债

流动负债指将在一年或者超过一年的一个营业周期内偿还的债务。主要包括短期借款、应付票据、应付账款、预收账款、应付职工薪酬、应交税费、应付利息、应付股利、其他应付款、其他流动负债等。

短期借款是指企业为维持正常生产经营周转所需而向银行或其他金融机构借入的偿还期限在一年以内（含一年）的各种借款。主要包括一般性的从银行取得的、用来进行经营周转的借款等。

应付票据是指企业因赊购货物或接受劳务所发生的、应于约定日期支付一定金额给持票人的书面证明，一般包括商业承兑票据和银行承兑票据。

应付账款是指因购买材料、商品或接受劳务供应等而发生的债务，这是买卖双方在购销活动中由于取得物资与支付货款在时间上不一致而产生的负债，代表了供应商的要求权。与应付票据相比，应付账款不涉及书面承诺，而且通常不要求支付利息。

预收账款是指提供商品或劳务之前从采购方那里收取的款项。企业预收的货款待实际出售商品、产品或者提供劳务时再行冲减。

应付职工薪酬是指企业为获得职工提供的服务或解除劳动关系而给予各种形式的报酬以及其他相关支出。职工薪酬一般包括短期薪酬、离职后福利、辞退福利和其他长期职工福利。企业提供给职工配偶、子女、受赡养人、已故员工遗属及其他受益人等的福利，也属于职工薪酬。

应交税费是指应交而未交的各种税款，主要包括应交增值税和应交所得税等。

应付利息是指企业按照合同约定应支付的利息，包括预提短期借款利息、分期付息到期还本的长期借款、分期付息到期还本的企业债券等应支付的利息。

应付股利是指企业应支付给投资者的利润，通常表现为公司宣告分配但尚未支付的现金股利或利润。

其他应付款是指企业除应付账款、应付票据、预收账款、应付职工薪酬、应交税费、应付利息、应付股利等经营活动以外的其他各项应付、暂收的款项。例如，出租或出借包装物向客户收取的押金等。

其他流动负债是指企业除短期借款、应付票据、应付账款和预收账款等常见流动负债以外的其他需要在一年内或超过一年的一个营业周期内偿还的债务。

2. 非流动负债

非流动负债是指偿还期在一年或者超过一年的一个营业周期以上的债务。主要包括长期借款、应付债券、长期应付款、其他非流动负债等。

长期借款是指企业向银行或其他金融机构借入的、偿还期在一年以上的各种借款。长期借款的主要目的是为了满足长期工程项目资金的需求。

应付债券是指企业为筹集长期资金而发行的、约定于某一特定日期还本付息的书面证明。

长期应付款是指各种期限在一年以上的应付而未付的款项，主要包括企业融资租入固定资产和以分期付款方式购入固定资产时应付的款项及偿还情况等。

其他非流动负债是指企业除长期借款、应付债券等项目以外的其他非流动负债。

负债的分类如图 2—3 所示。

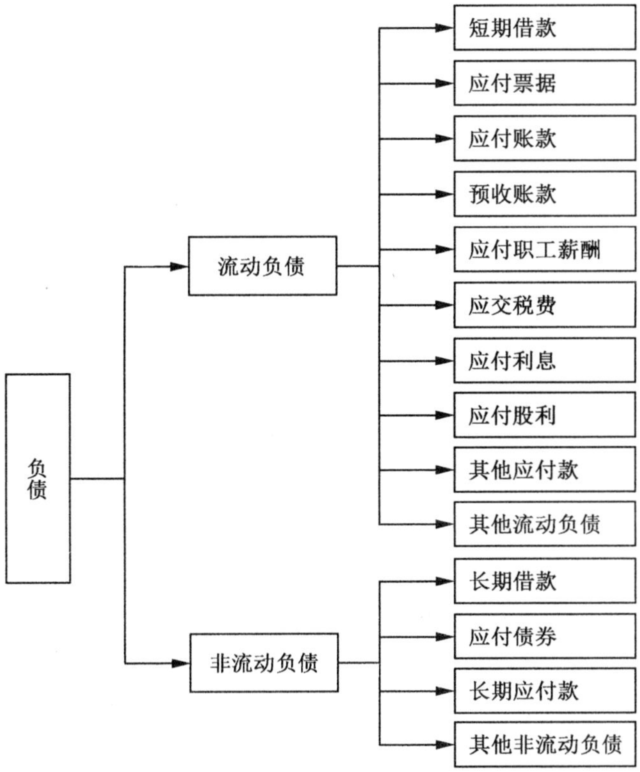

图 2—3　负债的分类

三、所有者权益

根据《企业会计准则——基本准则》第二十六条的规定，所有者权益是指企业资产扣除负债后由所有者享有的剩余权益。对于公司来说，所有者权益又称为股东权益，其实质是企业从投资者手中所吸收的投入资本及其增值。

（一）所有者权益的特征

1. 所有者权益在企业生产经营期间不需要归还，企业不必向投资人返还资本金，这是所有者权益和负债的一个主要区别。负债是企业对外所承担的经济责任，企业负有还本付息的义务，而所有者权益一般情况下并不需要归还投资者。

2. 所有者权益在日常使用过程中不需要支付费用，但在会计期末会参与企业的利润分配。而负债只能按照约定的条件取得利息收入，不能参与企业利润分配。

3. 所有者权益是所有者对企业资产的剩余索取权，是企业资产扣除债权人权益后所有者应享有的部分，既能反映所有者投入资本的保值增值，又能体现保护债权人权益的理念。

4. 所有者权益不能单独计量，其金额的确定取决于资产和负债的计量。

（二）所有者权益的分类

所有者权益的来源包括所有者投入的资本、直接计入所有者权益的利得和损失、留存收益等。所谓直接计入所有者权益的利得和损失，是指不应计入当期损益、会导致所有者权益发生增减变动的、与所有者投入资本或向所有者分配利润无关的利得或损失。按照我国《企业会计准则第 30 号——财务报表列报》的规定，资产负债表中的所有者权益类至少应当单独列示反映下列信息的项目：实收资本（或股本）、资本公积、盈余公积、未分配利润。

实收资本是指投资者按照企业章程，或合同、协议的约定，实际投入企业的资本总额，包括货币、实物、无形资产等各种形式的投入。按投资主体可分为国家资本、法人资本、个人资本、外商资本等。

资本公积是指来源于盈利之外的公共性的资本积累。所谓公共性的资本积累，是指这部分权益属于公司所有股东的共同权益。例如，企业在资本投入过程中所产生的溢价等。同时，资本公积可以按照法定程序转增资本。

盈余公积是指企业按照法规要求和自身发展需要从税后净利润中提取的利润积累，包括法定盈余公积和任意盈余公积两部分。企业的盈余公积可以用来补亏、转增资本。符合相关规定条件的企业，也可以用盈余公积来分配现金股利。

未分配利润是指企业历年已实现利润中留于以后年度分配或待分配的部分。未分配利润与盈余公积一起构成了企业的留存收益。

所有者权益的分类如图 2－4 所示。

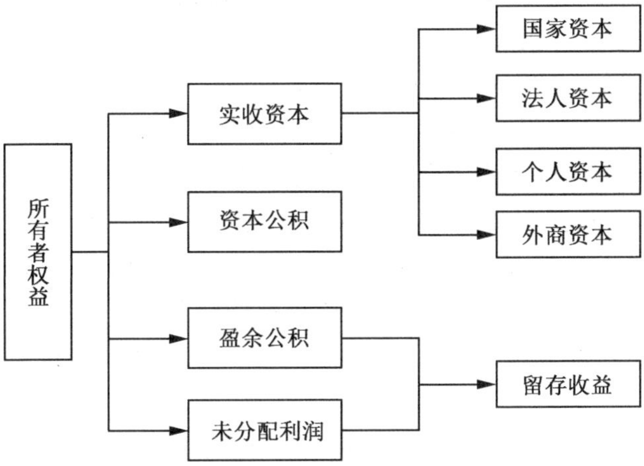

图 2—4　所有者权益的分类

四、收入

根据《企业会计准则——基本准则》第三十条的规定，收入是指企业在日常活动中形成的、会导致所有者权益增加的、与所有者投入资本无关的经济利益的总流入。这里的日常活动包括销售商品、提供劳务及让渡资产使用权等。

（一）收入的特征

1. 收入是从企业日常活动中产生的，而不是从偶发的交易或事项中产生的。日常活动是指企业为完成其经营目标而从事的经常性活动，以及与之相关的其他活动。

2. 收入可能表现为企业资产的增加或负债的减少，或两者兼而有之。当企业发生销售行为时，可能导致企业库存现金、银行存款或应收账款的增加，从而增加企业资产。也有可能导致企业的预收账款减少，从而减少企业负债。也有可能是既增加了企业银行存款，同时也减少了企业预收账款，导致资产和负债的一增一减。

3. 收入能引起企业所有者权益的增加。由于收入能够导致资产增加或者负债减少，或是两者兼而有之，因此，根据资产、负债和所有者权益之间的关系，企业取得的收入最终一定会导致所有者权益的增加。

4. 收入是与所有者投入资本无关的经济利益的总流入，但不包括为第三方或客户代收的款项。收入只包括本企业的经济利益流入，企业代国家收取的增值税、企业代客户收取的运杂费等不属于企业的收入。

（二）收入的分类

收入有广义和狭义之分。《企业会计准则——基本准则》第三十条所定义的收入为狭义收入，是指企业在日常活动中形成的、会导致所有者权益增加的、与所有者投入资本无关的经济利益的总流入。主要包括主营业务收入、其他业务收入、投资收益和其他收益等内容。

而广义的收入则是指企业经济活动形成的经济利益的总流入，包括狭义的收入加上直接计入当期利润的利得，即营业外收入①。

主营业务收入是指企业经常性的、主要业务活动中所产生的收入。例如，工商企业的商品销售收入、建筑业企业的工程结算收入、服务业企业的劳务收入等。

其他业务收入是企业确认的除主营业务活动以外的其他日常经营活动实现的收入，包括出租固定资产、出租无形资产、出租包装物和商品、销售材料等实现的收入。

投资收益是指企业对外投资所得的收入(所发生的损失为负数)，如企业对外投资取得股利收入、债券利息收入以及与其他单位联营所分得的利润等。

其他收益主要指与企业日常活动相关的政府补助，以及其他与日常活动相关且计入其他收益的项目。

营业外收入是指与企业生产经营活动没有直接关系的各种收入。主要包括非流动资产处置利得、捐赠利得、罚款收入等。营业外收入并不是由企业经营资金耗费所产生的，不需要企业付出代价，实际上是一种纯收入。

收入的分类如图 2—5 所示。

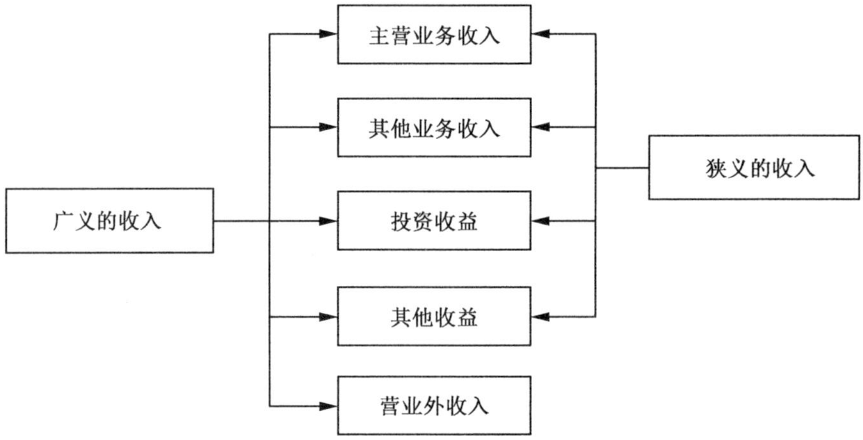

图 2—5　收入的分类

五、费用

根据《企业会计准则——基本准则》第三十三条的规定，费用是指企业在日常活动中发生的、会导致所有者权益减少的、与向所有者分配利润无关的经济利益的总流出。费用是与收入范畴相对应的一个概念，是企业为取得收入而付出的代价。

① 直接计入当期利润的利得，是指应当计入当期损益的、会导致所有者权益发生变动的、与所有者投入资本或向所有者分配利润无关的利得。通常情况下，此利得包括资产处置收益、营业外收入和公允价值变动收益三个方面，但在本教材中将只探讨营业外收入部分。

(一)费用的特征

1. 费用是从企业日常活动中发生的,而不是从偶发的交易或事项中产生的。这里的“日常活动”同收入中的含义。

2. 费用可能表现为企业资产的减少或负债的增加,或两者兼而有之。

3. 费用能引起企业所有者权益的减少。由于费用能够导致资产减少或者负债增加,或是两者兼而有之,因此,根据资产、负债和所有者权益之间的关系,企业发生的费用最终一定会导致所有者权益的减少。

4. 费用是与向所有者分配利润无关的经济利益的总流出。

(二)费用的分类

费用同样有广义和狭义之分。《企业会计准则——基本准则》第三十三条所定义的费用为狭义费用,是指企业在日常活动中发生的、会导致所有者权益减少的、与向所有者分配利润无关的经济利益的总流出。主要包括主营业务成本、其他业务成本、税金及附加、销售费用、管理费用和财务费用等内容。而广义的费用则是指企业经济活动形成的经济利益的总流出,包括狭义的费用加上直接计入当期利润的损失,即营业外支出①。

主营业务成本是指企业经常性的、主要业务活动中所发生的支出。例如,在企业销售商品、提供劳务等过程中发生的材料成本、人工成本等。该支出通常与主营业务收入存在直接的因果关系,是企业为获得相应的业务收入而付出的代价。

其他业务成本是指企业确认的除主营业务活动以外的其他日常经营活动所发生的支出。这些支出包括销售材料的成本、出租固定资产的折旧额、出租无形资产的摊销额、出租包装物的成本或摊销额等。

税金及附加是指企业因从事生产经营活动按税法规定应缴纳的消费税、城市维护建设税、资源税、教育费附加、房产税、城镇土地使用税、车船税、印花税等相关税费。

销售费用是指企业销售商品和材料、提供服务的过程中发生的各种费用,包括企业在销售商品过程中发生的保险费、运输费、装卸费、广告费等。

管理费用是指企业行政管理部门为组织和管理生产经营活动而发生的各种费用。包括管理人员薪酬、办公费用、培训费用、差旅费用、咨询费用等。

财务费用是指企业为筹集生产经营所需资金等而发生的筹资费用,包括利息支出(减利息收入)、汇兑损益以及相关的手续费、企业发生或收到的现金折扣等。

营业外支出是指企业发生的与日常活动无直接关系的各项损失,主要包括非流动资产处置损失、公益性捐赠支出、非常损失、罚款支出等。

费用的分类如图2—6所示。

---

① 直接计入当期利润的损失,是指应当计入当期损益的、会导致所有者权益发生变动的、与所有者投入资本或向所有者分配利润无关的损失。通常情况下,此损失包括资产处置损失、营业外支出、资产减值损失、信用减值损失和公允价值变动损失几个方面,但在本教材中将只探讨营业外支出部分。

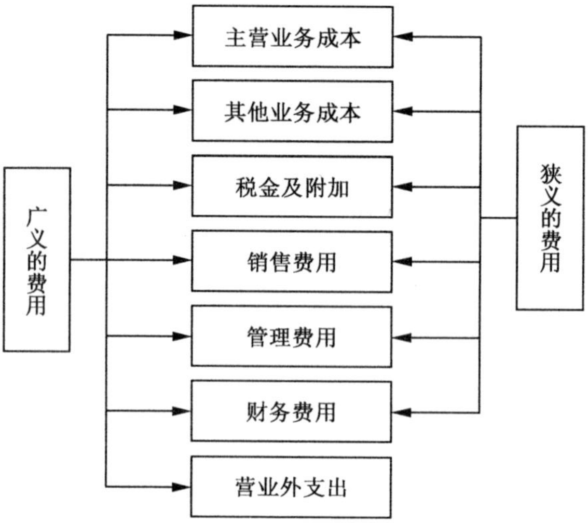

图 2—6 费用的分类

六、利润

根据《企业会计准则——基本准则》第三十七条的规定,利润是指企业在一定会计期间的经营成果。利润包括收入减去费用后的净额(经营业务带来的利润)、直接计入当期利润的利得和损失(非经营业务带来的利润)等。

(一)利润的特征

1. 利润是企业在一定期间的经营成果。可能是盈利,也可能是亏损。

2. 利润是企业在一定期间所有收入与所有费用之间的差额。日常经营活动形成的收入与费用之间有因果关系,具有可重复性。而非日常经营活动产生的利得与损失之间没有因果关系,因此不用进行配比,且不具有可重复性。

3. 利润不单独计量。利润金额的确定取决于收入和费用、直接计入当期利润的利得和损失金额的计量。

(二)利润的分类

利润是一个综合性指标,按其构成的不同层次可分为营业利润、利润总额和净利润。

营业利润包括企业日常经营活动产生的利润和投资活动产生的投资收益。日常经营活动主要是指销售商品和提供劳务获取的利润,投资活动带来的投资收益是投资净收益额。利润表将公允价值变动损益、资产减值损失、资产处置损益、其他收益等也列入了营业利润。

利润总额包括来自日常经营活动的利润和非日常活动的利润,即利润总额等于营业利润加上营业外收入,减去营业外支出的金额。

净利润是企业总利润减去所得税费用后的差额。是广义的收入和广义的费用配比的结果。

利润的分类如图 2—7 所示。

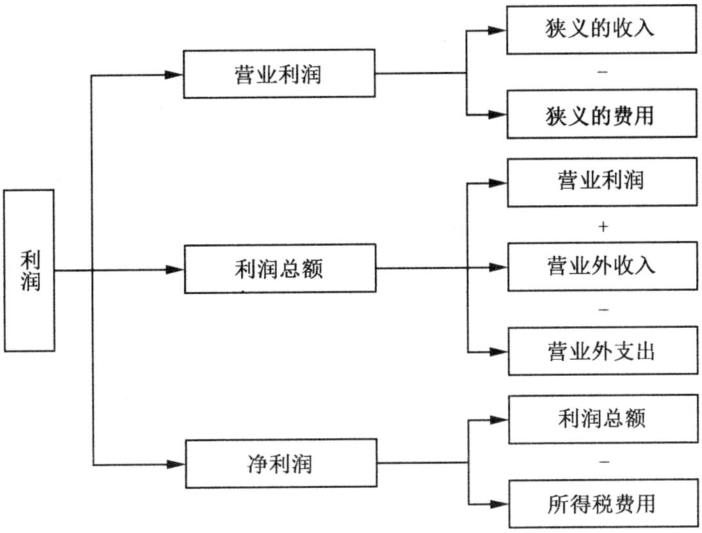

图 2—7　利润的分类

第二节　会计等式

一、会计等式的含义

会计等式也称为会计恒等式，是根据会计要素之间的相互依存关系建立的数学方程表达式。会计等式揭示了各会计要素之间的相互联系，是设置账户、复式记账和编制资产负债表的理论依据。

（一）基本会计等式

任何企业都必须拥有一定数量的资金，作为其从事生产经营活动的基础。这些资金在企业生产经营过程中表现为不同的资金占用形式（实物资产或非实物的无形资产），如房屋、机器设备、原材料、半成品、产成品、货币资金、商标权等。这些资金的不同占用形式统称为资产。这些资产都是从一定的来源渠道取得的，有来自投资者的，也有来自债权人的，会计上对于资金来源的渠道，前者称为所有者权益，后者称为债权人权益，统称为权益。资产、负债和所有者权益是同一资金的两个不同侧面，因而必然存在相等的关系。资产表明了企业所拥有的经济资源，权益则表明了资产的来源。从数量关系上看，有一定数量的资产，必定有相等数量的负债和所有者权益。同理，有一定数量的负债和所有者权益，也必定有相等数量的资产。这种数量关系用公式表示称为会计等式或会计恒等式，即：

资产＝权益
　　＝债权人权益＋所有者权益
　　＝负债＋所有者权益

这一平衡公式是最基本的会计等式，也称为静态会计等式、存量会计等式，既表明了某一会计主体在某一特定时点拥有的各种资产,同时也表明了这些资产的归属关系。因此,它是设置账户、复式记账和编制资产负债表等会计核算方法建立的依据,在会计核算体系中占据着非常重要的地位。

(二)动态会计等式

企业的资产投入运营后,随着生产经营活动的进行,企业会取得收入,同时也会产生各种各样的费用。将一定会计期间的收入和费用进行配比,就可以确定该会计期间企业所实现的经营成果。收入大于费用则为利润,收入小于费用则为亏损,收入、费用和利润三个会计要素之间的数量关系可以用如下的会计等式表示:

收入－费用＝利润

该等式反映了收入、费用和利润三个会计要素之间的联系和数量关系,表明企业在一定会计期间的经营成果,因此该等式也被称为动态会计等式、增量会计等式。该等式是企业计算确定经营成果、设计和编制利润表的理论依据。

(三)扩展会计等式

上述两个会计等式之间存在着密切的联系。随着企业生产经营活动的开展,一方面,企业取得收入,因此会增加企业资产或者减少企业负债;另一方面,企业产生各种费用,因此会减少企业资产或者增加企业负债。收入大于费用产生的利润会增加企业的所有者权益,收入小于费用产生的亏损则会减少所有者权益。根据业主权理论,利润或亏损最终由企业的所有者分享或承担。因此,基本会计等式在加入收入、费用和利润会计要素之后仍然保持平衡关系。它们之间的逻辑关系如下:

资产＝负债＋所有者权益＋利润
　　＝负债＋所有者权益＋收入－费用

也可将上述关系表达为:

资产＋费用＝负债＋所有者权益＋收入

由此可以看出,在一定会计期间内,“资产＝负债＋所有者权益”的平衡关系并未被打破,而且扩展的会计等式把企业的财务状况和经营成果联系起来,将六大会计要素纳入同一分析框架内,说明了企业经营成果对资产和所有者权益的影响。

二、经济业务对会计等式的影响

企业的资金并非静止不动的,随着经济活动的不断进行,经济业务不断发生,如购买机器设备、支付工资、销售产品、分配利润等。企业的生产经营活动必然引发会计要素及其具体项目发生增减变动。整体上看,经济业务的发生对资产、负债、所有者权益的影响共有以下九种类型:

1. 一项资产增加,一项所有者权益增加;
2. 一项资产增加,一项负债增加;
3. 一项资产增加,另一项资产减少;
4. 一项资产减少,一项负债减少;
5. 一项负债减少,另一项负债增加;

6. 一项负债减少,一项所有者权益增加;

7. 一项所有者权益减少,一项负债增加;

8. 一项所有者权益减少,一项资产减少;

9. 一项所有者权益减少,另一项所有者权益增加。

这九种类型的经济业务可用图 2—8 来表示。

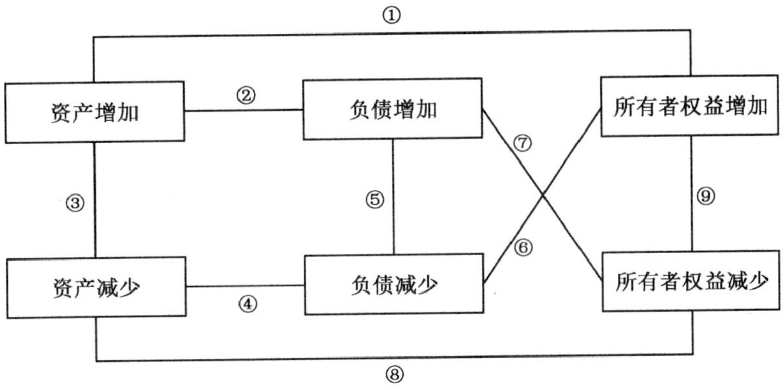

图 2—8 经济业务的类型

以上九种类型的经济业务,虽然都将引起资产、负债、所有者权益的有关项目发生增减变动,但无论在哪个时点上观察,资产、负债、所有者权益之间的数量关系都不被破坏,即任何经济业务的发生都不会破坏会计基本等式所体现的平衡关系。

下面以吉春公司 2024 年 12 月发生的有关业务为例说明经济业务对会计等式的影响:

【例 2—1】 收到投资者投入资本 800 000 元,款项已经收到,并存入银行。

这是一项资产和所有者权益同时增加的经济业务。该项经济业务的发生,一方面使企业资产(银行存款)增加了 800 000 元;另一方面使企业所有者权益(实收资本)增加了 800 000 元,负债没有受到影响。因此,该业务使会计等式左右两边以相等的金额增加,不改变会计等式的平衡关系。

【例 2—2】 购入不需要安装的机器设备一台,价款 300 000 元。该设备已投入使用,款项尚未支付。

这是一项资产和负债同时增加的经济业务。该项经济业务的发生,一方面使企业资产(固定资产)增加了 300 000 元;另一方面使企业的负债(应付账款)增加了 300 000 元,所有者权益没有变化。因此,该项经济业务使会计等式左右两边以相等的金额增加,不改变会计等式的平衡关系。

【例 2—3】 购入原材料一批,买价 30 000 元,运输费 200 元;材料已验收入库,买价以银行存款支付,运输费以现金支付。

这是一项资产内部此增彼减的经济业务。该项经济业务的发生,一方面使企业一项资产(原材料)增加了 30 200 元;另一方面使企业另外两项资产(银行存款和库存现金)减少了 30 200 元,没有影响到负债和所有者权益。这仅使资产内部项目此增彼减,资产总额不变,仍不改变会计等式的平衡关系。

【例 2—4】 用银行存款 20 000 元偿还到短期借款本金。

这是一项资产和负债同时减少的经济业务。该项经济业务的发生，一方面使企业资产（银行存款）减少了 20 000 元；另一方面使企业负债（短期借款）减少了 20 000 元，没有影响到所有者权益。因此，该业务使会计等式左右两边以相等的金额减少，不改变会计等式的平衡关系。

【例 2—5】 假定从银行取得期限为六个月的短期借款 70 000 元，直接偿还前欠购货款。

这是一项负债内部一增一减的经济业务。该项经济业务的发生，一方面使企业一项负债（短期借款）增加了 70 000 元；另一方面使企业另外一项负债（应付账款）减少了 70 000 元，没有影响到资产和所有者权益。这仅使负债内部项目一增一减，增减变化的金额相等，负债总额不变，因此不改变会计等式的平衡关系。

【例 2—6】 供应商将企业前欠购货款 200 000 元转作对企业的投资。

这是一项负债减少、所有者权益增加的经济业务。该项经济业务的发生，一方面使企业所有者权益（实收资本）增加了 200 000 元；另一方面使企业负债（应付账款）减少了 200 000 元，没有影响到等式左边的资产。这仅使等式右边发生了一增一减变化，增减变化的金额相等，权益总额不变，因此也不改变会计等式的平衡关系。

【例 2—7】 经股东大会批准，向投资者宣告分配现金股利 500 000 元。

这是一项负债增加、所有者权益减少的经济业务。该项经济业务的发生，一方面使企业负债（应付股利）增加了 500 000 元；另一方面使企业所有者权益（利润分配）减少了 500 000 元，没有影响到等式左边的资产。这仅使等式右边发生了一增一减变化，增减变化的金额相等，权益总额不变，因此也不改变会计等式的平衡关系。

【例 2—8】 由于经济形势变化，按法定程序，以银行存款退还投资者投资 100 000 元。

这是一项资产和所有者权益同时减少的经济业务。该项经济业务的发生，一方面使企业资产（银行存款）减少了 100 000 元；另一方面使企业的所有者权益（实收资本/股本）减少了 100 000 元，负债没有变化。因此，该项经济业务使会计等式左右两边以相等的金额减少，不改变会计等式的平衡关系。

【例 2—9】 按法定程序报经批准，将资本公积 100 000 元、盈余公积 50 000 元转增为资本。

这是一项所有者权益内部此增彼减的经济业务。该项经济业务的发生，一方面使企业一项所有者权益（实收资本）增加了 150 000 元；另一方面使企业另外两项所有者权益（资本公积和盈余公积）减少了 150 000 元，没有影响到资产和负债。这仅使所有者权益内部项目此增彼减，所有者权益总额不变，仍不改变会计等式的平衡关系。

以上九种类型的经济业务对会计等式的影响如表 2—1 所示。

表 2—1 **经济业务对会计等式的影响**

题　号	资产	=	负债	+	所有者权益	=	资金总额
例 2—1	+				+		增加
例 2—2	+		+				增加

续表

题　号	资产	=	负债	+	所有者权益	=	资金总额
例2—3	+—						不变
例2—4	—		—				减少
例2—5			+—				不变
例2—6			—		+		不变
例2—7			+		—		不变
例2—8	—				—		减少
例2—9					+—		不变

从上述九种经济业务类型对会计等式的影响结果，可以得出如下结论：

1. 企业发生的各种经济业务活动，都不会破坏会计等式的平衡关系。

2. 等式左边资产增加，等式右边的负债或者所有者权益必然会等额增加。

3. 等式左边资产减少，等式右边的负债或者所有者权益必然会等额减少。

4. 资产、负债、所有者权益要素内部的一增一减，或者等式右边负债和所有者权益要素之间的一增一减，等式两边金额依然保持不变。

第三节　会计科目

如前所述，各会计主体经济业务的发生势必会引起会计要素发生增减变动，为了分门别类地反映和监督这些经济业务的发生情况和所引起的会计要素增减变动的结果，以便为会计信息使用者提供信息，就必须设置账户。账户是根据会计科目开设的。

一、会计科目的含义

会计科目是对会计要素的具体内容进行分类核算的项目，是会计要素的具体化。比如将资产分为用于结算的库存现金、银行存款等，用于销售的库存商品，用于生产加工使用的原材料、固定资产等。

会计上为了记录经济业务、提供会计信息，需要将会计对象按照一定的标准划分为若干个项目，这些项目便是会计要素。会计要素是对会计对象的初次分类，也是基本分类，能够让会计信息的使用者了解企业所拥有或控制的经济资源、承担的负债、投资人的权益、一定时期形成的收入、发生的耗费以及实现的利润等。但是会计要素主要提供概括性的资料，难以满足信息使用者对更详细信息的要求，为此还必须将六项会计要素再划分成各个会计科目。会计科目就是在会计对象划分为会计要素的基础上，对会计要素的具体内容所做的进一步分类。根据会计科目可以设置账户，以分类、连续地记录经济业务增减变动情况，再通过整理和汇总等方法，反映会计要素的增减变动及其结果，从而提供各种有用的数据和信息。例如，为了核算和监督各项资产的增减变动，需要设置“库存现金”“银行存款”“原材料”“固定资产”等账户；为了核算和监督负债及所有者权益的增减变动，需要设置“短期借款”“应付账款”“长期借款”“实收资本”“资本公积”“盈余公积”等账户；为了核算和监督收入、费用和利润的增减变动，需要设置“主营业务收入”“生产成本”“管理费用”“本年利润”“利润分配”等账户。在会计核算体系中，会计科目是通过会计制度设计预先规定的，它是会计核算的基本记账单位，决定着会计账户的开设和会计报表的项目内容等，在会计核算体系中占据着重要的地位。

二、会计科目的设置原则

（一）必须结合会计对象的特点，全面反映会计对象的内容

会计科目作为对会计对象具体内容即会计要素进行分类核算的项目，其设置应能够全面、系统地反映会计对象的全部内容，不能有任何遗漏。同时，会计科目的设置必须结合会计对象的特点，除各行各业通用的会计科目外，还应根据各行各业会计对象的特点设置相应的会计科目。例如，工业企业的主要经营活动是制造工业产品，因而必须设置反映生产耗费、成本计算和生产成果的会计科目。商品流通企业的基本经营活动是购进和销售商品，因而必须设置反映商品采购、商品销售以及在购、销、存环节发生的各项费用的会计科目。行政、事业单位则应设置反映经费收支情况的会计科目。

（二）既要满足对外报告的要求，又要符合内部经营管理的需要

如前所述，企业提供的会计信息应当符合政府部门加强宏观调控、制定方针政策的要求；满足投资人、债权人及有关方面对企业经营和财务状况作出准确判断的需要；满足企业内部加强经营管理的需要。因此，在设置会计科目时要兼顾对外报告信息和企业内部经营管理的需要，并根据需要提供数据的详细程度，分设总分类科目和明细分类科目。总分类科目提供的是总括性指标，这些指标基本上能满足企业外部有关方面的需要；明细分类科目是对总分类科目的进一步分类，它提供的明细核算资料主要为企业内部管理服务。例如，在应收账款总分类科目下按欠款单位设置明细科目。

（三）既要适应经济业务发展的需要，又要保持相对稳定

会计科目的设置要适应社会经济环境的变化和本单位业务发展的需要。例如，随着技术市场的形成和专利法、商标法的实施，为了反映和监督企业拥有的非专利技术、专利权、商标权等无形资产的价值及其变动情况，专门设置了“无形资产”科目。再例如，随着商业信用的发展，为了核算和监督商品交易中的提前付款或延期交货而形成的债权债务关系，核算中应单独设置“预付账款”和“预收账款”账户，即把预收、预付货款的核算从“应收账款”和“应付账款”账户中分离出来。但是，会计科目的设置应保持相对稳定，以便在一定范围内综合汇总和在不同时期对比分析其所提供的核算指标。

（四）做到统一性与灵活性相结合

所谓统一性，是指在设置会计科目时，应根据提供会计信息的要求，对一些主要会计科目及其核算内容进行统一的规定，以保证会计核算指标在一个部门乃至全国范围内综合汇总和分析利用。所谓灵活性，是指在保证提供统一核算指标的前提下，各单位可以根据本单

位的具体情况和经济管理要求，对统一的会计科目作必要的增补或合并。例如，财政部颁布的《企业会计准则应用指南》附录中列示的会计科目，未设置“其他往来”科目，但企业如果沿用实务中的惯例，仍可以保留这个账户，即以此取代“其他应收款”和“其他应付款”账户。

（五）会计科目要简明、适用，并要分类、编号

每一个会计科目都应有特定的核算内容，在设置会计科目时，对每一个科目的特定核算内容必须严格、明确地界定。会计科目的名称应与其核算的内容相一致，并要含义明确、通俗易懂。科目的数量和粗细程度应根据企业规模大小、业务的繁简和管理的需要而定。

三、会计科目的经济内容和级次

会计科目作为一个体系包括科目的经济内容和科目的级次。科目的经济内容反映各科目之间的横向联系，科目的级次反映科目内部的纵向联系。

（一）会计科目的经济内容

会计科目的经济内容是指在设计会计制度时，要规定会计科目反映的经济内容和登记方法，要依据会计要素各组成内容的客观性质划分，并要适应宏观和微观经济管理的需要。

为了便于掌握和运用会计科目，使记账工作正常进行，需要按照会计科目设置的原则，将会计科目名称标准化。标准化的工作由财政部会计司负责组织设计，按照资产、负债、所有者权益、成本、损益进行细分，确定统一的会计科目名称并通过《企业会计准则——应用指南》的方式发布。

表2—2是财政部2006年印发的《企业会计准则应用指南——会计科目和主要账务处理》及随后发布或修订的会计准则中制造业常用的会计科目表。

表2—2　　**常用会计科目表**

编号	会计科目	编号	会计科目
	一、资产类	2221	应交税费
1001	库存现金	2231	应付利息
1002	银行存款	2232	应付股利
1101	交易性金融资产	2241	其他应付款
1121	应收票据	2501	长期借款
1122	应收账款	2502	应付债券
1123	预付账款	2701	长期应付款
1131	应收股利	2801	预计负债
1221	其他应收款		三、所有者权益类
1231	坏账准备	4001	实收资本
1401	材料采购	4002	资本公积
1402	在途物资	4101	盈余公积
1403	原材料	4103	本年利润

续表

编号	会计科目	编号	会计科目
1404	材料成本差异	4104	利润分配
1405	库存商品		四、成本类
1411	周转材料	5001	生产成本
1471	存货跌价准备	5101	制造费用
1511	长期股权投资		五、损益类
1512	长期股权投资减值准备	6001	主营业务收入
1601	固定资产	6051	其他业务收入
1602	累计折旧	6101	公允价值变动损益
1603	固定资产减值准备	6111	投资收益
1604	在建工程	6115	资产处置损益
1606	固定资产清理	6301	营业外收入
1701	无形资产	6401	主营业务成本
1702	累计摊销	6402	其他业务成本
1703	无形资产减值准备	6403	税金及附加
1801	长期待摊费用	6601	销售费用
1901	待处理财产损溢	6602	管理费用
	二、负债类	6603	财务费用
2001	短期借款	6701	资产减值损失
2201	应付票据	6702	信用减值损失
2202	应付账款	6711	营业外支出
2203	预收账款	6801	所得税费用
2211	应付职工薪酬		

（二）会计科目的级次

会计科目的级次要体现提供核算指标的详细程度，即要兼顾各类会计信息使用者的需求。会计科目按照其提供信息的详细程度，可以分为总分类科目和明细分类科目。

总分类科目，又称总账科目或一级科目，是对会计要素不同经济内容作总括分类核算的科目，它提供的会计信息较为概括，反映总括核算指标。如“固定资产”“原材料”“应付账款”等均为总分类科目。

明细分类科目又称明细科目，是对总分类科目所含内容作进一步分类，核算详细、具体情况的科目，它提供的会计信息更具体，反映详细核算指标。如“应付账款”科目下按具体单位分设明细科目，具体核算应付哪个单位的账款。

为了适应管理上的需要，当总分类科目下设置的明细分类科目太多时，可在总分类科目和明细分类科目之间增设二级科目。二级科目所提供指标的详细程度介于总分类科目和明细分类科目之间。例如，在“原材料”总分类科目之下，可开设“原料及主要材料”“辅助材料”“燃料”等二级明细科目；在二级明细科目之下，根据材料品种、规格分设三级明细科目，提供各种材料的详细核算指标。根据会计管理和核算需要，必要时还可以设置四级明细科目。明细分类科目的设置因总分类科目的不同而异。但是会计科目是否要设置得这样细化，取决于信息使用者所需不同信息的详细程度。

会计科目按提供指标详细程度的分类如表 2—3 所示。

表 2—3　　会计科目按提供指标详细程度分类

总分类科目（一级科目）	二级与明细分类科目	
	二级科目（子目）	明细分类科目（三级科目、细目）
原材料	原料及主要材料	铁矿石 焦炭
	辅助材料	石灰石 白云石
	燃料	汽油 柴油
生产成本	第一车间	A 产品 B 产品
	第二车间	C 产品 D 产品

第四节　账户及其基本结构

一、设置账户的必要性

账户是根据会计科目设置的，具有一定格式和结构，用于分类反映会计要素增减变动情况及其结果的载体。

设置账户的意义在于方便记录企业经济业务的增减变化，并随时可以获取各项经济业务分门别类、连续系统的信息，以对企业的财产物资和债权债务的增减变化及其结果进行管理。从这个意义上说，账户是对会计对象的具体内容进行分类核算和监督的一种工具。同时，账户的开设也与科目的级次有关，即根据总分类科目开设总分类账户，根据明细分类科目开设明细分类账户。由于总分类账户提供的是总括分类核算指标，因而一般只用货币计量；明细分类账户提供的是明细分类核算指标，因而除用货币量度外，有的还用实物量度（件、千克、吨等）辅助计量。

会计科目与账户是两个既相区别又有联系的不同概念。共同点在于：都是对会计要素的具体分类，说明同一项经济内容。不同点在于：会计科目只是账户的名称，是账户设置的依据；账户是会计科目的具体运用，具有一定的结构和格式，并通过其结构反映某项经济业务的增减变动及其余额。由于账户按照会计科目命名，两者代表的经济内容完全一致，因而在实际工作中，会计科目与账户常被作为同义词来理解，互相通用，不加区别。

二、账户的基本结构

经济业务的发生势必引起会计要素发生变动，把这些变动情况归纳起来不外九种类型，两种变化——增加和减少。为此账户首先应划分为左右两个基本部分，分别记录增加和减少的数额，至于哪一方记增加、哪一方记减少，取决于所采用的记账方法和账户的性质。账户的基本结构可用“T”型表示，如图2－9所示。

图2－9 “T”型账户的基本结构

账户是用来记录会计要素增减数额的。一定时期内记入某个账户左方或右方的数额合计叫作本期发生额，本期发生额有增方发生额和减方发生额之分，它反映各会计要素在一定时期增减变动的情况（动态），所以是动态资料。而账户增减两方发生额相抵后的差额叫余额，余额一般与增加额在同一方向，且有期初、期末之分，它反映各会计要素在一定时期增减变动的结果，所以是静态资料。

可见，账户中所记录的金额有期初余额、本期增方发生额、本期减方发生额和期末余额之分，它们之间的关系可用下列等式表示：

期末余额＝期初余额＋本期增方发生额－本期减方发生额

在实际工作中，账户的格式并非如此简单，而是根据实际需要来设计账户的具体格式。账户除了有“增加额”“减少额”两个基本部分外，还应分别列出“日期”“凭证”“摘要”和“余额”等部分。我国实际工作中常用的账户基本格式如表2－4所示。

表2－4　　账户的基本格式

会计科目：

年		凭　证		摘　要	增加额	减少额	余　额
月	日	字	号				

本章小结

本章主要阐述了六大会计要素的组成及其各要素之间的数量关系，进而阐述设置会计科目和账户的原理。通过本章学习，要求学员掌握资产、负债、所有者权益、收入、费用和利润的概念、分类以及它们之间的数量关系；理解经济业务的发生不会破坏会计等式的恒等关系以及会计科目与账户的关系；了解会计等式保持平衡原理以及设置账户的意义，为后续复式记账法、编制会计报表等会计核算方法的学习奠定基础。

复习思考题

1. 什么是会计要素？我国企业会计准则中对会计要素是如何划分的？
2. 什么是资产？资产有哪些特征？
3. 什么是负债和所有者权益？两者有何区别？
4. 收入、费用各有哪些特点？广义和狭义的收入、费用各包括哪些内容？
5. 什么是会计等式？其一般表达式有哪些？
6. 经济业务发生引起会计要素变化有几种类型？为什么不会影响会计等式的平衡关系？
7. 什么是账户？账户与会计科目是什么关系？
8. 账户的基本结构是什么？账户能提供哪四项指标，它们之间的关系如何？

主要参考文献

1. 朱小平、周华、秦玉熙:《初级会计学》(第 10 版)，中国人民大学出版社 2019 年版。
2. 吴国萍:《基础会计学》(第 5 版)，上海财经大学出版社 2019 年版。
3. 中华人民共和国财政部:《企业会计准则》(2024 年版)，立信会计出版社 2024 年版。
4. 陈国辉、迟旭升:《基础会计》(第 7 版)，东北财经大学出版社 2021 年版。
5. 徐经长、孙蔓莉、周华:《会计学》(第 7 版)，中国人民大学出版社 2023 年版。
6. 陆正飞、祝继高、许晓芳:《会计学》(第 5 版)，北京大学出版社 2023 年版。

第三章

复式记账

本章内容引言

本书第二章阐述了设置账户的专门方法，这仅仅为反映和监督经济业务提供了“场所”。接下来需要解决的问题是，应采用何种方式在账户中记录经济业务，即确定记账方法的问题。本章首先介绍了单式记账和复式记账两种记账方法的概念和特点，其次阐述了借贷记账法的记账符号、账户结构、记账规则和试算平衡原理，以及账户对应关系与会计分录的编制，为后续会计核算方法的学习奠定基础。

本章要点提示

- 复式记账及其原理
- 借贷记账法的账户结构
- 借贷记账法的记账规则
- 账户对应关系及会计分录
- 借贷记账法的试算平衡

第一节　记账方法概述

记账方法是会计方法体系中的专门方法之一，是指按照一定的记账规则、使用一定的记账符号、采用一定的计量单位，借助会计科目和账户，在账簿中记录各项经济业务的技术方法。随着会计的发展，记账方法从无到有、从单式记账法逐渐完善发展为复式记账法。

一、单式记账法

单式记账法是指一项经济业务发生后，只在一个账户中进行登记，而不是在两个或两个以上账户中进行登记的记账方法。采用单式记账法，一般只设置“库存现金”“银行存款”“应收账款”“应付账款”等账户，通常只记录现金、银行存款的收付业务，以及债权债务的往来业务，对实物资产的收付业务一般不予登记。例如，用银行存款购买原材料，只在“银行存款”

账户中登记银行存款的减少,而不登记原材料的增加。涉及债权债务的现金收付业务,即使在两个或两个以上账户中进行登记,但两个账户也是分别登记的,彼此之间没有直接的联系。例如,用现金偿还欠款,一方面会在"库存现金"账户中登记现金的减少,另一方面会在"应付账款"账户中登记负债的减少,但这两个账户是分别登记的。单式记账法是一种比较简单且不完整的记账方法,具有四个基本特征:一是不需要设置完整的账户体系;二是不需要对所有的经济业务进行反映和记录;三是账户之间的记录没有直接联系;四是账户之间的记录无法进行相互核对。因此,单式记账法不能全面、系统地反映经济业务的来龙去脉。例如,用银行存款购买原材料,企业只在"银行存款"账户中记录了银行存款的减少,没有登记原材料的增加,无法反映这笔资金的用途和去向。另外,由于没有完整的账户体系,不是所有的经济业务都进行记录,因此对资金运动的反映是不完整的,也不能利用账户之间的对应关系来对账户记录的正确性进行相互核对和全面检查。

由于单式记账法本身固有的缺点,单式记账法已逐渐被复式记账法替代。

二、复式记账法

(一)复式记账法的概念

复式记账法是指任何一项经济业务发生后,都必须同时在两个或两个以上相互联系的账户中以相等的金额进行登记的记账方法。例如,上述用银行存款购买原材料的业务,在复式记账法下,不仅要在"银行存款"账户中登记银行存款的减少,也要在"原材料"账户中登记原材料的增加,且两个账户中记录的金额相等。由此,"银行存款"账户和"原材料"账户之间形成了一种对应关系,从而能够清楚地反映出银行存款和原材料增减变化之间的关系。

(二)复式记账法的理论依据

首先,会计对象是资金运动,每一项经济业务都是资金运动的具体过程。在资金运动过程中,无论是资金数量的增减还是资金形态的转变,都有其相应的资金来源和资金去向。因此,每一项经济业务发生后都需要进行相应的记录,才能完整地反映企业资金运动的全貌和全过程。

其次,资产和权益之间存在平衡关系。任何一项经济业务的发生都会引起资产、负债和所有权益之间或其内部两个或两个以上项目发生增减变化,且其增减变化金额相等。也就是说,任何经济业务发生并不会破坏会计等式的平衡关系,会计等式两端的金额永远保持相等。这意味着,每一项经济业务发生都将影响会计要素中的两个或两个以上的项目,且无论是同增、同减,还是一增一减,增减变化的金额都相等。

因此,每一项经济业务发生后,都需要在对应的两个或两个以上账户中进行登记,且登记金额相等的复试记账法,其理论依据就在于资金运动的规律及会计等式的恒等性。

(三)复式记账法的特点

与单式记账法相比,复式记账法具有以下四个特点:一是需要设置完整的账户体系;二是对每一项经济业务都要进行反映和记录;三是每一项经济业务都要在相互关联的两个或两个以上账户中进行双重登记;四是每一项经济业务都要以相等金额登记。

具体而言,复式记账法下需要设置完整的账户体系,不仅需要设置"库存现金""银行存款”“应收账款”“应付账款”等账户，还需要设置各种实物性资产，如“固定资产”“原材料”等账户，以及收入、费用和各种权益类账户；复式记账法不只记录现金、银行存款的收付业务以及债权债务的往来业务，而要记录所有财产和全部权益的增减变化，对经营过程中发生的费用和实现的收入也要进行全面、系统的记录，以反映资金运动的全貌和资金增减变化的来龙去脉；另外，复式记账法在两个或两个以上账户中进行等额的双重记录，因此可以根据账户之间的对应关系和会计等式的恒等性，对一定时期发生的全部经济业务的账户记录进行综合试算，以检查账户记录是否正确。

总之，复式记账法可以全面、系统地反映经济业务的来龙去脉。例如，企业用银行存款购入原材料，需要在“原材料”账户中记录原材料的增加，同时要以相等金额在“银行存款”账户中登记银行存款的减少，这既能够反映材料的来源，也能反映银行存款的去向，从而能够全面、系统地反映资金运动的过程和结果。同时，由于复式记账法要求在两个或两个以上账户中以相等的金额登记，因此可以通过账户的相互对应关系检查账户记录是否正确，有助于及时发现和纠正记账错误，有利于加强内部控制。

复式记账法是当今世界最广泛使用的一种记账方法，在会计核算方法体系中占据着核心和基础的地位，也是企业日常会计核算工作的基础。它不仅为会计专业人士提供了准确记录和报告财务信息的手段，也为投资者、管理者、税务机关等利益相关者提供了重要的决策支持信息。

（四）复式记账法的种类

复式记账法自产生后，曾有“借贷记账法”“增减记账法”“收付记账法”等多种具体方法。其中，借贷记账法是历史上产生的第一种复式记账法，是当前世界各国普遍采用的一种记账方法。

在分行业会计制度下，我国会计实务中曾广泛使用过不同种类的复式记账法。其中，增减记账法在商业企业中被广泛应用，收付记账法在行政事业单位中被广泛应用，借贷记账法则在工业、建筑施工等企业中被广泛应用。1992 年 11 月 30 日，财政部颁布了《企业会计准则》（财政部令第 5 号），明确提出了“会计记账采用借贷记账法”，并规定了会计核算的一般原则，资产、负债、所有者权益、收入、费用、利润这会计六要素，以及财务报告的基本内容，构成了我国会计制度的总体框架。自此，“增减记账法”退出了企业会计领域。1997 年和 1998 年，财政部又先后颁布了《事业单位会计准则（试行）》第八条和《行政单位会计制度》，其中均规定，会计记账采用借贷记账法。自此收付记账法退出了非营利组织会计领域。

目前，借贷记账法是我国各个领域的会计的法定记账方法。

拓展阅读：增减记账法与收付记账法

增减记账法是以“增”“减”作为记账符号的复式记账方法，其理论基础是“资金占用＝资金来源”。增减记账法下，凡涉及资产和权益两类账户的经济业务，同时记增或记减，同增或同减的金额相等；凡涉及资金来源或资金占用一类账户的经济业务，记有增有减，增减金额相等。

收付记账法是以“收”“付”作为记账符号的复式记账方法。收付记账法下，账户分为资金来源、资金运用和资金结存3类。资金来源类或资金运用类账户和资金结存类账户发生对应关系，引起资金结存增加或减少时，要同时记收或同时记付，且同收或同付金额相等；资金来源类账户和资金运用类账户或同类各账户之间发生对应关系，不涉及资金结存增减变化时，要分别记收和付，收付金额相等。

第二节 借贷记账法

一、借贷记账法的产生

借贷记账法起源于13—14世纪的意大利，最初由佛罗伦萨的借贷资本家所使用。借贷记账法中“借”“贷”二字的含义，与借贷资本家的经营活动紧密联系。借贷资本家的主要经营活动是资金借入和贷出，借入资金时，将借入的款项记在贷主的名下，表示自身债务的增加；贷出资金时，将贷出的款项记在借主的名下，表示自身债权的增加。因此，“借”“贷”二字分别用来表示借贷资本家的债务(应付款项)和债权(应收款项)的增减变化。这种被佛罗伦萨借贷资本家用于记录其与贷主和借主之间债权债务关系的记账方法，也被称为佛罗伦萨式簿记。

之后，借贷记账法由借贷行业逐渐推广至商业等更广泛的领域，不仅记录债权和债务的增减变化，还记录商品、损益和资本等更广泛的经济业务内容的增减变化情况。因此，借贷记账法的“借”“贷”二字在长期实践应用中经过演变逐渐远离了其字面意思，变成了纯粹的记账符号，并广泛应用于各行各业，成为世界通行的记账方法。

二、借贷记账法的记账符号

借贷记账法以“借”“贷”为记账符号，但是“借”“贷”二字已不再具有实质含义，只是用于指代一定账户所反映的经济内容的增减变化过程和结果。

1. 在每一个账户中，都包括“借”和“贷”两个不同的部分，并统一规定账户的左方为借方、右方为贷方，以分别反映一定经济内容的增减变化。

2. “借”和“贷”表示增加还是减少，需结合具体账户，根据账户的性质进行判断。例如，“借”在资产类账户中表示资产增加，但在负债类账户中则表示负债减少。

三、借贷记账法的账户结构

借贷记账法下，账户的基本结构为：左方为借方，右方为贷方。但是，借贷没有实质含义，只是用来登记账户金额的增减，至于是增加还是减少，则需要根据账户的性质，即账户所反映的经济业务内容来决定。

在“资产＝负债＋所有者权益”这一会计等式中，资产反映的是资金的占用，而负债和所有者权益反映的是资金的来源，即等式两边分别反映的是资金的两个对立面。因此，对于资产和负债及所有者权益的增减变化，按照相反的方向在账户中进行登记能够更好地反映账户之间的对应关系。具体而言，资产类账户的增加额登记在借方，减少额登记在贷方；负债和所有者权益账户的增加额登记在贷方，减少额登记在借方。

另外，按照"资产＝负债＋所有者权益＋收入－费用"这一会计等式，收入的增加可视为所有者权益的增加，费用的增加可视为所有者权益的减少。因此，损益类账户中收入类账户的记账方向则与所有者权益相似，即增加额登记在贷方，减少额或转出额登记在借方；成本费用类账户的记账方向则与所有者权益相反，与资产类账户结构相似，即增加额登记在借方，减少额或转出额登记在贷方。

（一）资产类账户的结构

资产类账户中，借方登记资产的增加额，贷方登记资产的减少额，账户如有余额，一般在借方，表示期末（期初）资产的结存额。资产类账户结构如图 3－1 所示。

借方	资产类账户		贷方
期初余额	×××		
增加额(1)	×××	减少额(1)	×××
增加额(2)	×××	减少额(2)	×××
…		…	
本期发生额	×××	本期发生额	×××
期末余额	×××		

图 3－1 资产类账户的结构

资产类账户期末余额的计算公式为：

资产类账户期末借方余额＝期初借方余额＋本期借方发生额－本期贷方发生额

（二）负债类账户的结构

负债类账户的结构与资产类账户的结构相反，贷方登记负债的增加额，借方登记负债的减少额，账户如有余额，一般在贷方，表示期末（期初）负债的结存额。负债类账户结构如图 3－2 所示。

借方	负债类账户		贷方
		期初余额	×××
减少额(1)	×××	增加额(1)	×××
减少额(2)	×××	增加额(2)	×××
…		…	
本期发生额	×××	本期发生额	×××
		期末余额	×××

图 3－2 负债类账户的结构

负债类账户期末余额的计算公式为：

负债类账户期末贷方余额＝期初贷方余额＋本期贷方发生额－本期借方发生额

(三)所有者权益类账户的结构

所有者权益类账户的结构与负债类账户的结构相同,贷方登记所有者权益的增加额,借方登记所有者权益的减少额,账户如有余额,一般在贷方,表示期末(期初)所有者权益的结存额。所有者权益类账户结构如图 3—3 所示。

借方　　所有者权益类账户　　贷方

		期初余额	×××
减少额(1)	×××	增加额(1)	×××
减少额(2)	×××	增加额(2)	×××
…		…	
本期发生额	×××	本期发生额	×××
		期末余额	×××

图 3—3　所有者权益类账户的结构

所有者权益类账户期末余额的计算公式为:

所有者权益类账户期末贷方余额=期初贷方余额+本期贷方发生额—本期借方发生额

(四)成本类账户的结构

成本类账户的结构与资产类账户的结构相同,借方登记成本的增加额,贷方登记成本的减少额或转出额,账户如有余额,一般在借方,表示期末(期初)未完工资产的成本。成本类账户结构如图 3—4 所示。

借方　　成本类账户　　贷方

期初余额	×××		
增加额(1)	×××	减少额或转出额(1)	×××
增加额(2)	×××	减少额或转出额(2)	×××
…		…	
本期发生额	×××	本期发生额	×××
期末余额	×××		

图 3—4　成本类账户的结构

成本类账户期末余额的计算公式为:

成本类账户期末借方余额=期初借方余额+本期借方发生额—本期贷方发生额

(五)损益类账户的结构

损益类账户包括收入类账户和费用类账户。

1. 收入类账户的结构

收入类账户的结构与所有者权益类账户的结构相似,贷方登记收入的增加额,借方登记收入的减少额或转出额。由于各项收入要在期末结转到利润账户计算利润,因此收入类账户期末没有余额。收入类账户结构如图 3—5 所示。

借方	收入类账户		贷方
减少额或转出额(1)	×××	增加额(1)	×××
减少额或转出额(2)	×××	增加额(2)	×××
…		…	
本期发生额	×××	本期发生额	×××

图 3—5　收入类账户的结构

2. 费用类账户的结构

费用类账户的结构与资产类账户的结构相似，借方登记费用的增加额，贷方登记费用的减少额或转出额。由于各项费用要在期末结转到利润账户计算利润，因此费用类账户期末也没有余额。费用类账户结构如图 3—6 所示。

借方	费用类账户		贷方
增加额(1)	×××	减少额或转出额(1)	×××
增加额(2)	×××	减少额或转出额(2)	×××
…		…	
本期发生额	×××	本期发生额	×××

图 3—6　费用类账户的结构

结合各主要账户结构，总结各类账户借贷指代的增减含义，以“＋”号表示增加，以“－”号表示减少或转出，如表 3—1 所示。

表 3—1　借贷记账法下各类账户的结构

账户类别	借　方	贷　方	余额方向
资产类账户	＋	－	借方
负债类账户	－	＋	贷方
所有者权益类账户	－	＋	贷方
成本类账户	＋	－	(借方)①
收入类账户	－	＋	无余额
费用类账户	＋	－	无余额

四、借贷记账法的记账规则

根据复式记账法的基本原理和借贷记账法的记账符号，借贷记账法的记账规则是“有借必有贷，借贷必相等”。

① 一般无余额，如果有余额一定在借方，如“生产成本”账户。

具体而言，在借贷记账法下，对于每一项经济业务都需要在两个或两个以上账户中进行双重登记，其中既要在一个(或几个)账户的借方登记，又要在另一个(或几个)账户的贷方登记，即“有借必有贷”；同时，记入账户借方的金额必然等于记入账户贷方的金额，即“借贷必相等”。

现举例说明借贷记账法记账规则的具体应用。

【例题 3—1】 收到投资者投入资本 800 000 元，款项已经收到，并存入银行。

该项经济业务的发生，一方面使企业资产(银行存款)增加了 800 000 元；另一方面使企业所有者权益(实收资本)增加了 800 000 元。资产增加，应记入“银行存款”账户借方；所有者权益增加，应记入“实收资本”账户贷方。

该项经济业务在账户中登记的结果，如图 3—7 所示。

借方　银行存款	贷方
(1)800 000	

借方　实收资本	贷方
	(1)800 000

图 3—7　该项经济业务在账户中登记的结果

【例题 3—2】 购入无需安装的机器设备一台，该设备价款为 300 000 元。该设备已投入使用，但款项尚未支付。(假定不考虑增值税)

该项经济业务的发生，一方面使企业资产(固定资产)增加了 300 000 元；另一方面使企业的负债(应付账款)增加了 300 000 元。资产增加，应记入“固定资产”账户借方；负债增加，应记入“应付账款”账户贷方。

该项经济业务在账户中登记的结果，如图 3—8 所示。

借方　固定资产	贷方
(2)300 000	

借方　应付账款	贷方
	(2)300 000

图 3—8　该项经济业务在账户中登记的结果

【例题 3—3】 购入原材料一批，价款为 30 000 元，运输费用为 200 元。材料已验收入库，价款以银行存款支付，运输费用以现金支付。(假定不考虑增值税)

该项经济业务的发生，一方面使企业一项资产(原材料)增加了 30 200 元(30 000＋200)；另一方面使企业的一项资产(银行存款)减少了 30 000 元，另一项资产(库存现金)减少了 200 元。一项资产增加，应记入“原材料”账户借方；两项资产减少，应分别记入“银行存款”和“库存现金”账户贷方。

该项经济业务在账户中登记的结果，如图 3—9 所示。

借方	原材料	贷方
(3)30 200		

借方	银行存款	贷方
		(3)30 000

借方	库存现金	贷方
		(3)200

图 3—9　该项经济业务在账户中登记的结果

【例题 3—4】 以银行存款 20 000 元偿还短期借款本金。

该项经济业务的发生，一方面使企业资产（银行存款）减少了 20 000 元；另一方面使企业负债（短期借款）减少了 20 000 元。资产减少，应记入"银行存款"账户贷方；负债减少，应记入"短期借款"账户借方。

该项经济业务在账户中登记的结果，如图 3—10 所示。

借方	短期借款	贷方
(4)20 000		

借方	银行存款	贷方
		(4)20 000

图 3—10　该项经济业务在账户中登记的结果

【例 3—5】 从银行取得期限为 6 个月的短期借款 70 000 元，直接偿还前欠购货款。

该项经济业务的发生，一方面使企业一项负债（短期借款）增加了 70 000 元；另一方面使企业另外一项负债（应付账款）减少了 70 000 元。一项负债增加，应记入"短期借款"账户贷方；另一项负债减少，应记入"应付账款"账户借方。

该项经济业务在账户中登记的结果，如图 3—11 所示。

借方	应付账款	贷方
(5)70 000		

借方	短期借款	贷方
		(5)70 000

图 3—11　该项经济业务在账户中登记的结果

【例 3—6】 供应商将企业前欠的购货款 200 000 元转作对企业的投资。

该项经济业务的发生，一方面使企业所有者权益（实收资本）增加了 200 000 元；另一方面使企业负债（应付账款）减少了 200 000 元。所有者权益增加，应记入"实收资本"账户贷方；负债减少，应记入"应付账款"账户借方。

该项经济业务在账户中登记的结果，如图 3—12 所示。

借方	应付账款	贷方
(6)200 000		

借方	实收资本	贷方
		(6)200 000

图 3—12　该项经济业务在账户中登记的结果

【例题 3—7】　经股东大会批准，向投资者宣告发放现金股利 500 000 元。

该项经济业务的发生，一方面使企业所有者权益(利润分配)减少了 500 000 元①；另一方面使企业负债(应付股利)增加了 500 000 元。所有者权益减少，应记入“利润分配”账户借方；负债增加，应记入“应付股利”账户贷方。

该项经济业务在账户中登记的结果，如图 3—13 所示。

借方	利润分配	贷方
(7)500 000		

借方	应付股利	贷方
		(7)500 000

图 3—13　该项经济业务在账户中登记的结果

【例 3—8】　由于经济形势的变化，按法定程序，以银行存款退还投资者投资 100 000 元。

该项经济业务的发生，一方面使企业资产(银行存款)减少了 100 000 元；另一方面使企业所有者权益(实收资本)减少了 100 000 元。资产减少，应记入“银行存款”账户贷方；所有者权益减少，应记入“实收资本”账户借方。

该项经济业务在账户中登记的结果，如图 3—14 所示。

借方	实收资本	贷方
(8)100 000		

借方	银行存款	贷方
		(8)100 000

图 3—14　该项经济业务在账户中登记的结果

【例 3—9】　按法定程序报经批准后，将资本公积 100 000 元、盈余公积 50 000 元转增资本。

该项经济业务的发生，一方面使企业一项所有者权益(实收资本)增加了 150 000(100 000+50 000)元；另一方面使企业一项所有者权益(资本公积)减少了 100 000 元，另一项所有者权益(盈余公积)减少了 50 000 元。一项所有者权益增加，应记入“实收资本”账户贷方；两项所有者权益减少，应分别记入“资本公积”和“盈余公积”账户借方。

该项经济业务在账户中登记的结果，如图 3—15 所示。

① “利润分配”账户用来核算企业一定时期内净利润的分配(或亏损的弥补)和历年分配(或弥补)后结存的未分配利润(未弥补亏损)情况，利润分配导致所有者权益减少，因此应登记在账户的借方。利润分配业务的核算举例详见第四章第六节中“利润分配业务的核算”。

借方	资本公积	贷方
(9)100 000		

借方	实收资本	贷方
		(9)150 000

借方	盈余公积	贷方
(9)50 000		

图 3—15 该项经济业务在账户中登记的结果

通过【例 3—1】至【例 3—9】可以看出，在运用借贷记账法时，每项经济业务发生后，无论经济业务的类型如何，都要在两个或两个以上账户中进行登记，账户记账方向一定有借有贷，而且借贷方登记的金额必然相等，即"有借必有贷，借贷必相等"。

五、账户对应关系及会计分录

在借贷记账法中，每一项经济业务都需要在至少两个账户中进行记录，从而在这些账户之间建立了应借应贷关系。这种在不同账户间形成的应借应贷关系，被称为账户的对应关系。发生对应关系的账户，互为对应账户。例如，用银行存款购买原材料这项业务，需要分别在"原材料"账户的借方和"银行存款"账户的贷方进行登记，"原材料"和"银行存款"这两个账户之间就形成了对应关系，这两个账户互为对应账户。

为保证账户对应关系的准确，便于正确地记账，在将经济业务记入账户之前，应先根据经济业务所涉及的账户及其记账方向和金额编制会计分录，然后根据会计分录登记相关账户。

会计分录，简称分录，是指对每一项经济业务，按照借贷记账法的记账规则，分别列示应借、应贷账户的名称及金额的一种记录方式。每一项会计分录应包括 3 项要素：(1)记账符号，即记账方向，表明应记入账户借方或贷方；(2)会计科目，即经济业务应登记的账户名称；(3)记账金额，即应登记的增加或减少的金额。

编制会计分录是一项技术性较强的工作，一般应按以下步骤进行：

第一步，分析经济业务所涉及的账户；

第二步，确定所涉及账户的性质，即该账户属于资产、负债、所有者权益、收入或成本费用中的哪一类；

第三步，分析经济业务对账户的影响，即增减变化及金额；

第四步，确定账户的记账方向，是借方登记还是贷方登记；

第五步，按照格式编制会计分录。

会计分录是会计特有的记录方式，在实务中需要将其填写在具有一定格式的记账凭证中。[①] 在教学过程中，为便于理解，会计分录基本格式要求如下：

1. 先写借，后写贷，在借和贷后面加冒号"："；

---

① 记账凭证的相关内容详见本书第六章。

2. 借贷要分行和错格书写(一般错后一格);

3. 借方和贷方总金额相等。

基本格式规范如下:

借:会计科目1　　　　×××

　　贷:会计科目2　　　　×××

根据经济业务的复杂程度,企业编制的会计分录有简单会计分录和复杂会计分录两种。简单会计分录是由两个账户,即一个借方账户与一个贷方账户所组成的会计分录,即"一借一贷";复合会计分录是由两个或两个以上账户,即一个借方账户和多个贷方账户、多个借方账户和一个贷方账户或多个借方账户和多个贷方账户所组成的会计分录,即"一借多贷""多借一贷"或"多借多贷"。

根据【例3—1】至【例3—9】,编制会计分录如下。

【例3—1】

借:银行存款　　　　800 000

　　贷:实收资本　　　　800 000

【例3—2】

借:固定资产　　　　300 000

　　贷:应付账款　　　　300 000

【例3—3】

借:原材料　　　　30 200

　　贷:银行存款　　　　30 000

　　　　库存现金　　　　200

【例3—4】

借:短期借款　　　　20 000

　　贷:银行存款　　　　20 000

【例3—5】

借:应付账款　　　　70 000

　　贷:短期借款　　　　70 000

【例3—6】

借:应付账款　　　　200 000

　　贷:实收资本　　　　200 000

【例3—7】

借:利润分配　　　　500 000

　　贷:应付股利　　　　500 000

【例3—8】

借:实收资本　　　　100 000

　　贷:银行存款　　　　100 000

【例 3—9】

借:资本公积 100 000

盈余公积 50 000

贷:实收资本 150 000

其中,除【例 3—3】和【例 3—9】外,均为“一借一贷”的简单会计分录;【例 3—3】为“一借两贷”的复合会计分录,【例 3—9】为“两借一贷”的复合会计分录。

复合会计分录是由若干个简单会计分录组成的。【例 3—3】和【例 3—9】的复合会计分录就是由下面 2 笔简单会计分录组成的:

【例 3—3】

(1)借:原材料 30 000

贷:银行存款 30 000

(1)借:原材料 200

贷:库存现金 200

【例 3—9】

(1)借:资本公积 100 000

贷:实收资本 100 000

(2)借:盈余公积 50 000

贷:实收资本 50 000

多借多贷会计分录对应的是较为复杂的经济业务,本书中暂不涉及,在后续专业课程中会涉及。在实务中,可以根据实际情况编制简单会计分录或复合会计分录。但不允许将不同类型的经济业务合并在一起编制复合会计分录。同时,由于复合会计分录可能导致账户之间的对应关系较为复杂,在实务中一般并不提倡。

六、借贷记账法的试算平衡

试算平衡是指根据借贷记账法的记账规则与“资产=负债+所有者权益”这一会计等式的恒等关系,通过对一定时期内所有账户的发生额和余额进行汇总计算和比较,检查账户记录是否正确的一种方法。借贷记账法的试算平衡包括发生额试算平衡和余额试算平衡两种。

(一)发生额试算平衡

发生额试算平衡是根据本期所有账户借方发生额合计与贷方发生额合计的恒等关系,检查本期账户发生额记录是否正确的方法。发生额试算平衡公式可表达为:

全部账户本期借方发生额合计=全部账户本期贷方发生额合计

(二)余额试算平衡

余额试算平衡是根据本期所有账户借方余额合计与贷方余额合计的恒等关系,检查本期账户发生额记录是否正确的方法。根据余额时间不同,又可分为期初余额试算平衡和期末余额试算平衡两类。余额试算平衡公式可表达为:

全部账户本期期末(初)借方余额合计=全部账户本期期末(初)贷方余额合计

(三)试算平衡表的编制

实务中,试算平衡一般是通过编制试算平衡表来加以验证,可以分别编制本期发生额试算平衡表和期初(末)余额试算平衡表,也可以合并编制一张三栏式试算平衡表。三栏式试算平衡表分期初余额、本期发生额和期末余额三栏,各栏下再设借方和贷方两个小栏,各大栏中的借方合计和贷方合计均应各自平衡相等,否则便意味着可能存在记账错误。

【例题 3—10】 现以【例 3—1】至【例 3—9】所列举的经济业务为例,说明本期发生额及余额试算平衡表的编制。

(1)假设该企业各总分类账户期初余额如表 3—2 所示。

表 3—2　　**期初余额**　　单位:元

资　产	金　额	负债及所有者权益	金　额
库存现金	100 000	短期借款	200 000
银行存款	500 000	应付账款	300 000
应收账款	100 000	应付股利	0
原材料	700 000	实收资本	1 000 000
库存商品	200 000	资本公积	300 000
固定资产	800 000	盈余公积	400 000
无形资产	400 000	利润分配	600 000
合计	2 800 000	合计	2 800 000

(2)将期初余额及按【例 3—1】至【例 3—9】发生的经济业务编制的会计分录登记到各账户并计算各账户期末余额,如图 3—16 所示。

库存现金

借方	贷方
期初余额： 100 000	
	(3)200
本期发生额： 0	本期发生额： 200
期末余额： 99 800	

短期借款

借方	贷方
	期初余额： 200 000
(4)20 000	
	(5)70 000
本期发生额： 20 000	本期发生额： 70 000
	期末余额： 250 000

银行存款

借方	贷方
期初余额： 500 000	
(1)800 000	
	(3)30 000
	(4)20 000
	(8)100 000
本期发生额： 800 000	本期发生额： 150 000
期末余额： 1 150 000	

应付账款

借方	贷方
	期初余额： 300 000
	(2)300 000
(5)70 000	
(6)200 000	
本期发生额： 270 000	本期发生额： 300 000
	期末余额： 330 000

应收账款

借方	贷方
期初余额： 100 000	
本期发生额： 0	本期发生额： 0
期末余额： 100 000	

应付股利

借方	贷方
	期初余额： 0
	(7)500 000
本期发生额： 0	本期发生额： 500 000
	期末余额： 500 000

原材料

借方	贷方
期初余额：700 000	
(3)30 200	
本期发生额：30 200	本期发生额：0
期末余额：730 200	

库存商品

借方	贷方
期初余额：200 000	
本期发生额：0	本期发生额：0
期末余额：200 000	

固定资产

借方	贷方
期初余额：800 000	
(2)300 000	
本期发生额：300 000	本期发生额：0
期末余额：1 100 000	

无形资产

借方	贷方
期初余额：400 000	
本期发生额：0	本期发生额：0
期末余额：400 000	

实收资本

借方	贷方
	期初余额：1 000 000
	(1)800 000
	(6)200 000
(8)100 000	
	(9)150 000
本期发生额：100 000	本期发生额：1 150 000
	期末余额：2 050 000

资本公积

借方	贷方
	期初余额：300 000
(9)100 000	
本期发生额：100 000	本期发生额：0
	期末余额：200 000

盈余公积

借方	贷方
	期初余额：400 000
(9)50 000	
本期发生额：50 000	本期发生额：0
	期末余额：350 000

利润分配

借方	贷方
	期初余额：600 000
(7)500 000	
本期发生额：500 000	本期发生额：0
	期末余额：100 000

图 3—16　各项经济业务在账户中登记的结果

(3)根据上述各账户的期初余额、本期借方发生额、本期贷方发生额和期末余额编制试算平衡表，如表 3—3 所示。

表 3—3　　某企业总分类账户发生额及余额试算平衡表

20××年×月×日　　单位：元

会计科目	期初余额		本期发生额		期末余额	
	借方	贷方	借方	贷方	借方	贷方
库存现金	100 000		—	200	99 800	
银行存款	500 000		800 000	150 000	1 150 000	
应收账款	100 000		—	—	100 000	
原材料	700 000		30 200	—	730 200	
库存商品	200 000		—	—	200 000	
固定资产	800 000		300 000	—	1 100 000	
无形资产	400 000		—	—	400 000	
短期借款		200 000	20 000	70 000		250 000
应付账款		300 000	270 000	300 000		330 000

续表

会计科目	期初余额		本期发生额		期末余额	
	借方	贷方	借方	贷方	借方	贷方
应付股利		0	—	500 000		500 000
实收资本		1 000 000	100 000	1 150 000		2 050 000
资本公积		300 000	100 000	—		200 000
盈余公积		400 000	50 000	—		350 000
利润分配		600 000	500 000	—		100 000
合计	2 800 000	2 800 000	2 170 200	2 170 200	3 780 000	3 780 000

需要注意的是，通过编制试算平衡表，如果试算不平衡，即借方发生额(余额)合计不等于贷方发生额(余额)合计，则肯定存在账户记录或计算错误。但是，如果试算平衡，即借方发生额(余额)合计等于贷方发生额(余额)合计，也不意味着账户记录一定正确无误。因为有些错误并不影响借贷双方的平衡。

不影响借贷平衡关系的错误通常包括以下几种情况：

(1)一项经济业务在相关账户的借贷方同时重复登记或同时漏记，或同时多记或少记，且金额一致；

(2)一项经济业务记错账户，但记账方向无误；

(3)一项经济业务应借应贷账户相互颠倒；

(4)某账户金额错误登记，但错误金额一多一少、相互抵销等。

由于账户记录可能存在上述不能通过试算平衡发现的错误，因此仍然需要加强会计核算日常或定期的复核。

本章小结

本章主要阐述了复式记账原理及借贷记账法的记账符号、账户结构、记账规则、试算平衡方法；同时阐述了会计分录的编制方法及账户的对应关系。通过本章学习，要求学生掌握借贷记账法的账户结构、记账规则和会计分录的编制；理解试算平衡原理；了解账户对应关系的意义。

复习思考题

1. 单式记账法和复式记账法的主要区别是什么？
2. 复式记账的理论依据是什么？有哪些特点？
3. 简述借贷记账法下各类账户结构的期末余额的计算方法。
4. 举例说明借贷记账法的记账规则。

5. 举例说明账户的对应关系。
6. 什么是会计分录？会计分录有几种？如何编制会计分录？
7. 什么是试算平衡？试算平衡方法有哪些？
8. 试算平衡可以检查记账是否正确吗？

主要参考文献

1. 吴国萍:《基础会计学》,上海财经大学出版社 2019 年版。
2. 朱小平、秦玉熙、袁蓉丽:《基础会计》(第 11 版),中国人民大学出版社 2021 年版。
3. 陈文铭:《会计学原理》,高等教育出版社 2022 年版。
4. 万仁新、唐国平:《复式记账借贷符号奥秘的训释》,《财会月刊》,2021 年第 17 期,第 55—62 页。

第四章

账户和复式记账法的应用

本章内容引言

本书在此前章节中介绍了会计的基本理论问题，以及设置账户和复式记账等会计核算方法。其中，设置账户和复式记账是七种会计核算方法的核心。本章将以工业企业主要经济业务为例，阐述账户和借贷记账法的应用问题，并对会计核算方法中的成本计算方法进行简要的介绍。

工业企业的主要经济业务包括资金筹集、生产准备、产品生产、产品销售和利润形成与分配等内容，本章将综合运用此前章节中掌握的基本理论与基本方法，阐述上述每类经济业务核算应设置的主要账户和经济业务核算方法，并阐述材料采购成本和产品生产成本的构成及其计算方法。

本章要点提示

- 资金筹集业务核算设置的主要账户及核算方法
- 生产准备业务核算设置的主要账户及核算方法
- 产品生产业务核算设置的主要账户及核算方法
- 销售业务核算设置的主要账户及核算方法
- 利润形成与分配业务核算设置的主要账户及核算方法
- 材料采购成本和产品生产成本的构成及计算方法

第一节　企业主要经济业务与成本计算的内容

企业是依法成立的以营利为目的，自主经营、自负盈亏的经济组织，是国民经济的基本单位。根据所处的行业不同，企业可以分为工业企业、农业企业、商业企业和金融企业等；根据规模不同，企业可以分为大型企业、中型企业和小型企业等；根据企业所有制形式不同，企业可以分为国有企业、集体企业、私营企业和外商投资企业等；根据组织形式不同，企业可以分为独资企业、合伙企业和公司制企业等。

《企业会计准则》(2006)颁布之前,我国执行的是分行业的会计制度,即根据不同行业的特点和需求,制定并执行相应的会计制度。除行业差异外,不同地区和部门也有各自的会计规定。会计制度的多样性严重影响了会计信息的可比性,难以满足市场经济和国际化发展的需要。为此,我国于 2006 年颁布了统一的《企业会计准则》,逐步实现了会计制度的统一。但是,由于不同行业、不同类型的企业在业务特点、经营模式、风险状况等方面存在差异,因此不同行业、不同类型企业在会计实务上不可能完全相同。

作为经济活动基本单位之一的工业企业,其业务涵盖范围广、业务流程完整、成本核算复杂,在账户设置和会计核算上具有较强的典型性和综合性。因此,本章以工业企业为例,对其账户设置和借贷记账法的具体应用以及主要成本计算问题进行阐述。

一、工业企业主要经济业务概述

工业企业作为社会生产的直接承担者,主要经济活动是通过对各种资源的组合、加工和处理,进而向其他单位或个人提供其所需要的产品。从经营过程来看,工业企业主要经济业务包括资金筹集、生产准备、产品生产、产品销售和利润形成与分配等内容,涵盖了采购、生产、销售、成本计算等多个方面。

为了进行生产经营,企业必须拥有一定数量的资金。因此,企业要从不同渠道运用不同方式筹集生产经营所需要的资金。企业筹资渠道主要包括接受投资者投资和向债权人借入各种款项,具体筹资方式则包括吸收直接投资、发行股票、金融机构贷款、发行债券、租赁、商业信用等。资金筹集业务是企业拥有或控制足够的经济资源开展日常运营和扩大生产规模的前提与保证。

企业筹集的资金最初一般表现为货币资金形态。为了确保生产活动的顺利开展,企业需要用筹集的货币资金购买机器设备等劳动资料和购买原材料等劳动对象,形成企业的生产能力,即开始生产准备业务。通过生产准备业务,企业的资金从货币形态转化为机器设备、建筑物等固定资金形态和原材料等储备资金形态。

产品生产业务是工业企业最为核心的经济业务。在产品生产过程中,企业需要雇用工人(劳动者),利用机器设备(劳动资料)对原材料(劳动对象)等材料物资进行加工,从而形成产品实体。生产过程既是产品实体的制造和形成过程,同时也是机器设备、原材料等物化劳动和活劳动的耗费过程,即费用、成本的发生过程。在这一过程中,企业的资金从固定资金、储备资金和货币资金等形态转化为生产资金的形态。随着生产过程的不断进行,直至产品完工并验收入库,生产资金又转化为成品资金(产成品占用的资金)形态。生产耗费的发生、归集和分配以及完工产品生产成本的计算等构成了工业企业产品生产业务核算的基本内容。

产品销售业务是企业产品价值的实现环节。通过将生产的产品对外销售并收取对应价款,企业将资金从成品资金形态再次转化为货币资金形态,从而回到资金运动的起点,完成了一次资金的循环。产品销售业务主要包括产品实体的交付(即成品资金的流出)和款项的收取(即货币资金的流入)两个方面。其中,货币资金的流入既是对成品资金流出的补偿,也是对生产过程中物化劳动和活劳动耗费的补偿。另外,企业在销售过程中还要发生各种广告费、包装费等销售费用，计算并缴纳各种销售税金及附加等经济业务活动。

对于工业企业而言，生产和销售产品是其主要的经营业务，即主营业务。除主营业务外，企业可能还会发生一些诸如销售原材料、出租机器设备等其他经营业务，以及股票或债券等对外投资业务。主营业务、其他业务和投资业务构成了工业企业的全部经营业务。在经营业务之外，企业还有可能发生一些非营业业务，从而获得营业外的收入或发生营业外的支出。企业经营业务中获得的各项收入按照配比原则抵偿各项成本、费用之后的差额，加上营业外收支净额，形成企业的利润。利润是企业在一定时期内通过各种经济活动获得的最终财务成果。企业实现的利润，一部分要以所得税的形式上缴国家财政；另一部分即税后利润，则要按照规定的程序在各有关方面进行合理的分配（如果发生了亏损，则需要按照规定的程序进行弥补）。通过对利润的分配，一部分资金将退出企业，另一部分资金则继续留存在企业，进入下一个资金循环过程。

二、成本计算的内容

（一）成本计算的概念与作用

成本是补偿生产耗费的重要尺度，是决定产品价格的基础和企业进行生产经营决策的重要依据，也是计算企业损益、考核企业经营成果、评价企业经营管理水平的重要经济指标。根据《企业会计准则——基本准则》中关于会计计量的有关规定，企业在对会计要素进行计量时，一般应当采用历史成本。历史成本又称实际成本，是企业取得某项资产时实际支付的现金或现金等价物的金额。

企业在取得某项资产时，需要对该项资产在取得过程中所发生的各项耗费进行归集和分配，从而确定该项资产的总成本和单位成本，即进行成本计算。成本计算是会计核算方法之一，是企业生产经营过程中非常重要的一个环节，对于加强企业经营管理、提高经济效益具有重要意义。

一方面，通过成本计算，可以确定企业的实际成本资料，并据以确定实际成本与计划成本的差异，考核成本计划的执行和完成情况，分析成本升降的原因，以进一步挖掘成本降低的可能与潜力，提高企业的经济效益。另一方面，通过成本计算，可以确定企业本期各项成本费用的支出水平，并将其与其他会计期间的成本费用水平进行对比，发现企业经营管理中存在的问题，并及时采取有效措施，改善企业经营管理。

另外，通过成本计算，可以为企业预测未来的成本和收益提供必要参考与重要依据，从而为企业决策制定提供数据支持。

总之，成本计算是企业进行有效管理、提高经济效益、确保企业长期可持续发展的重要工具之一。

（二）成本计算基本程序

不同类型的企业，其成本计算的内容不尽相同。例如，商业企业成本计算主要是商品销售成本的计算，工业企业成本计算则包括材料采购成本的计算、产品生产成本的计算及产品销售成本的计算。不同的成本计算内容需要采用不同的成本计算方法，但其成本计算程序大体相同，一般包括以下几个方面。

1. 确定成本计算对象

成本计算对象，指成本费用承担和归集的对象，即资金耗费的受益对象。确定成本计算对象是计算成本的前提。在成本计算过程中，需要先将相关的资金耗费归集并分配到一定成本计算对象的成本之中，再计算其总成本和单位成本。

工业企业材料采购成本计算一般按材料采购的批次、品种、类别确定成本计算对象。工业企业产品生产成本计算对象的确定相对比较复杂，最常见的产品生产成本计算对象有产品品种、产品生产批别和产品生产步骤三种。其中，以产品品种为成本计算对象，主要适用于大量、大批、单步骤生产的企业，如发电、采掘、冶炼等企业；以产品生产批别为成本计算对象主要适用于单件、小批量生产的企业，如船舶制造、重型机械、精密仪器等企业；以产品生产步骤为成本计算对象主要适用于大量、大批、连续式、多步骤生产的企业，如纺织、冶金、造纸企业等。企业应根据自身的生产特点和管理要求来确定合适的成本计算对象。工业企业产品销售成本计算对象的确定相对比较简单，一般是以已销产品的品种为成本计算对象。在成本计算过程中，只需将已销某种产品的数量乘以该种产品的单位生产成本即可得出该种产品的销售成本。①

2. 确定成本计算期

成本计算期是指成本计算对象资金耗费承担的起止时间。确定成本计算期，主要解决的是在什么时候计算、多长时间计算一次成本的问题。

一般而言，工业企业材料采购成本计算期是从材料采购活动开始直至材料验收入库、采购活动业已完成为止，与采购周期保持一致。工业企业产品生产成本计算期则与企业产品的生产特点密切相关。如果企业是大量、大批生产，由于产品生产的不间断性和品种的单一性，必然造成在每个月都有一部分产品完工、一部分产品尚未完工的现象，为了能及时计算完工产品成本，并按期计算产品销售利润，必须按月进行成本计算，这就使成本计算期具有定期的特点，与会计期间保持一致。对于单件、小批生产的情况，不论生产周期的长短，往往都是投入一批产品，要求一次全部完工、整体对外出售、整体结转已销产品生产成本，为了能正确计算某一批次或某一订单的销售利润，只能等某一批产品全部完工后才能计算成本，这就使成本计算期具有不定期的特点，与其生产周期保持一致。工业企业产品销售成本计算期，一般是指产品销售实现的当期。未实现销售的产品不涉及计算销售成本的问题。

3. 确定成本项目

成本项目是指计入成本的资金耗费按经济用途所做的分类项目。通过成本项目，可以反映成本的经济构成以及企业在各项经营活动中的资金耗费情况。

工业企业材料采购成本计算，一般包括买价和采购费用两个成本项目。其中，买价是指企业采购材料时按发票价格支付的货款；采购费用是指企业在采购材料过程中所支付的各项费用，包括材料的运输费、装卸费、保险费、包装费、仓储费、运输途中的合理损耗以及入库前的整理挑选费用等。

---

① 产品销售成本的计算将在本书第八章“财产清查”中进行介绍。本章将主要围绕工业企业材料采购成本计算和产品生产成本计算的内容进行阐述。

工业企业产品生产成本计算，一般包括直接材料、直接人工和制造费用三个成本项目。其中，直接材料是指产品生产过程中直接消耗的、能构成产品实体或有助于产品形成的各种材料；直接人工是指企业直接从事产品生产人员的工资及福利费等各项薪酬费用；制造费用是指产品生产过程中发生的不属于直接材料和直接人工的其他各项资金耗费。除上述三个成本项目外，工业企业也可以根据成本构成的特点和成本管理的要求，设置停工损失、废品损失等其他成本项目。

工业企业产品销售成本项目一般只有一个，即已销产品生产成本。另外，企业还可以根据管理的需要，按已销产品品种或按内销、外销产品成本设置成本项目。

4.归集和分配各种费用

确定成本计算对象及成本项目后，企业应将生产经营活动中发生的各种资金耗费归集和分配于各成本计算对象中。

工业企业材料采购过程中，应将直接为某种（批次或类别）材料支付的价款及采购费用直接计入该种（批次或类别）材料的采购成本；将为多种（批次或类别）材料共同支付的采购费用按一定标准分配计入各种（批次或类别）材料的采购成本。

工业企业产品生产过程中，发生的各项生产费用，能直接计入某产品成本的，直接计入该产品的相关成本项目之中；不能直接计入某产品成本的，则应先归集，然后按一定标准分配计入各产品的成本项目之中。会计期末，还应将各有关产品的生产成本总额按一定标准在完工产品和在产品之间进行分配，以分别计算出本期完工产品成本和期末在产品成本。

工业企业产品销售过程中，则应将已销产品的生产成本归集和分配于各种产品的销售成本之中。

5.计算总成本和单位成本

工业企业在其生产经营过程中发生的各种资金耗费，通过上述一系列的归集和分配之后，应于会计期末分别计算各入库材料的采购成本总额、各完工入库产品的生产成本总额、已售产品的销售成本总额。同时，还应将各项总成本分别除以相应的采购数量、产品产量和销售数量，计算出各入库材料的单位采购成本、各完工产品单位生产成本和各已销产品的单位销售成本，从而全面、系统地反映各成本指标的经济构成和形成情况。

本章将围绕上述工业企业资金筹集、生产准备、产品生产、产品销售和利润形成与分配等主要经济业务活动，以吉春公司为例，对工业企业主要经济业务的账户设置、借贷记账法的具体应用，以及相关材料采购和产品生产成本计算问题进行阐述。

吉春公司基本信息如表 4—1 所示。

表 4—1　　吉春公司基本信息

企业名称	吉春公司
企业类型	有限责任公司
主要产品	甲产品、乙产品
主要原材料	A 材料、B 材料

第二节 资金筹集业务的核算

如前所述，一个企业设立和开展生产经营活动，首先必须筹措一定数量的资金。从资金来源的角度来看，筹资渠道可以分为内部渠道和外部渠道。其中，内部渠道指的是企业利用税后利润的自我积累；外部筹集渠道主要有吸收投资者的投资和向债权人借入各种款项。但是，内部渠道筹资高度受限于企业的盈利能力，难以支撑企业快速成长的资金需求和大规模的融资需求。此时，外部筹资渠道便成为企业获取所需资金的关键途径。

外部渠道筹资主要有两种方式：一是出让企业的所有权，即接受投资者的资金，这种方式通常被称为投入资本业务或权益筹资业务，会影响企业所有者权益；二是从银行等金融机构取得贷款或通过发行债券的方式筹集资金，这种方式通常被称为借入资金业务或债务筹资业务，会影响企业负债。

因此，资金筹集业务的核算主要包括投入资本业务的核算和借入资金业务的核算。

一、投入资本业务的核算

投入资本是投资者在企业注册资本的范围内实际投入企业生产经营活动的各种经济资源。所谓注册资本，是指企业在设立时向工商行政管理部门登记的资本总额，也就是全部出资者认缴的出资总额。注册资本是企业运营的基础，也是企业承担民事责任的财力保证。根据《中华人民共和国公司法》的有关规定，所有者可以一次性足额缴纳出资，也可以分期出资；出资方式可以是现金、银行存款等货币形态的资金，也可以是存货、固定资产等实物形态的资金，还可以是专利权、商标权、有价证券等无实物形态的资金。按其投资主体不同，投入资本可分为国家投入资本、法人投入资本、个人投入资本和外商投入资本等。

拓展阅读：投入资本的表现形式

不同类型企业投入资本的表现形式有所不同。

投入资本在股份有限公司被称为股本，是股东为了获取公司股份而投入的资金。股份有限公司将公司的资本总额平分为金额相等的股份，通过公开发行股票的方式进行资金筹集。投资者只要认购公司的股票并支付股款，就可以成为公司的股东。股东认购的股票数量决定了其持有的股份数和股权比例，并以其认购持有的股份享受权利、承担义务。股票作为证明投资者的股东身份和权益，并据以获取股息和红利的凭证，可以转让和买卖，但不能要求公司返还其出资。

投入资本在非股份有限公司中被称为实收资本。其中，在独资企业中，投入资本即业主本身投入的资本；在合伙企业中，投入资本为两个或两个以上的合伙人共同投入的资本；在有限责任公司中，投入资本是全体所有者实际投入的资本。但是，与股份有限公司不同，有限责任公司不能通过公开发行股票的方式进行资金筹集，其资金的筹集只能通过私下募集的方式进行。投资者以经律师认可的出资证明书作为其股权证明。有限责任公司的股东之间可以相互转让其全部或部分股权，向股东之外的人转让股权则需征得其他股东超过半数(企业也可自行规定)的同意。

(一)设置的主要账户

1."实收资本"账户

为反映企业收到所有者投入资本的数量及其变化情况，应根据企业类型不同设置不同的所有者权益账户。

具体而言，股份有限公司中，投入资本表现为实际发行股票的面值，需要设置"股本"账户进行核算；非股份有限公司中，投入资本表现为所有者在注册资本范围内的实际出资额，需要设置"实收资本"账户进行核算。

(1)账户的性质：所有者权益类。

(2)账户的用途：用来核算企业投资者按照企业章程、合同或协议的约定实际投入企业的资本金，以及按有关规定由资本公积、盈余公积等转增资本的资本金的增减变动情况及其结果。

(3)账户的结构：贷方登记投资者根据注册资本中所占份额实际投入企业的资本额和由资本公积等转增的资本额；借方登记企业按法定程序批准后减少的注册资本和归还投资者的投资等；期末余额在贷方，表示企业资本的实有数额。

"实收资本"账户的结构如图 4—1 所示。

借方　　　　　　实收资本	贷方
投资者投入的资本减少	(1)收到投资者投入的资本 (2)由资本公积、盈余公积转增的资本
	余额：期末实收资本总额

图 4—1 "实收资本"账户的结构

(4)明细分类账户的设置：该账户应根据投资主体不同设置明细分类账户，进行明细核算。

2."资本公积"账户

资本公积是投资者或他人投入企业、所有权归属于投资者并且金额上超过注册资本(法定资本)部分的资本，是企业所有者权益的重要组成部分。投资者投入的资金，以投资者占被投资企业注册资本比例计算的部分记入"实收资本"账户，超过注册资本比例计算部分，则应作为资本溢价或股份溢价记入"资本公积"账户。除所有者投入资本中超过注册资本(法定资本)份额的部分外，资本公积的来源还包括直接记入资本公积的各种利得和损失以及其他业务产生的资本公积。

资本公积的主要用途是转增资本，即企业在办理增资手续后用资本公积转增实收资本。

但是，资本公积转增资本后，所留存的该项资本公积不得少于转增前公司注册资本的25%。资本公积转增资本并不会增加企业所有者权益的规模，但会改变企业所有者权益的结构；对股份有限公司而言，会增加股东持有的股份，从而给企业和股东带来一定的财务效应。

(1)账户的性质：所有者权益类。

(2)账户的用途：用来核算企业投资者出资超出其在资(股)本中所占份额的部分，以及其他资本公积的增减变动情况及其结果。

(3)账户的结构：贷方登记不同来源形成的资本公积增加额；借方登记资本公积转增资本的减少额；期末余额在贷方，表示企业资本公积的结余额。

"资本公积"账户的结构如图4—2所示。

借方　　　资本公积	贷方
资本公积的减少额	(1)资本溢价或股本溢价 (2)其他资本公积
	余额：期末资本公积总额

图4—2 "资本公积"账户的结构

(4)明细分类账户的设置：该账户按资本公积的来源不同，设置"资本溢价"(非股份有限公司适用)或"股本溢价"(股份有限公司适用)、"其他资本公积"等明细分类账户，进行明细核算。

拓展阅读：我国的资本制度

资本制度是公司法中关于公司资本的筹集、使用和管理的一系列规则和制度的总称，是公司存在和运营的基础，也是保护公司债权人利益、维护交易安全的重要机制。根据不同的法律传统和公司治理需要，资本制度分为注册资本制(法定资本制)和授权资本制两种类型。

注册资本之下，公司在设立时必须明确规定公司的注册资本总额，并且全部注册资本必须在公司成立时由发起人全部缴纳或认购。授权资本制下，公司设立时，发起人只需认缴部分资本，未认缴的部分可授权董事会根据公司经营发展的需要随时发行，不必经股东会决议，也无需变更章程。

根据2023年12月29日通过的新《中华人民共和国公司法》，我国在保持注册资本制基本特征的基础上，对注册资本的缴纳方式和时间进行了调整，但是公司资本一经确定，非依法定程序，不得随意改变。

因此，对于一般企业投资者以货币或非货币形式投入的资本，实际收到或存入企业开户银行的货币资金价值超过其在该企业注册资本中所占份额的部分，不能记入实收资本，而应作为资本溢价记入资本公积；股份有限公司超过股票面值发行股票取得的收入，也作为股本溢价记入资本公积，不能记入股本。

（二）核算举例

【例 4－1】 吉春公司收到地方政府通过国有资本投资基金的投资 2 800 000 元，并接受长春公司投资 1 200 000 元，两笔投资款均已通过银行划转。

该项经济业务引起企业银行存款和实收资本同时增加 4 000 000 元，银行存款增加应记入“银行存款”账户的借方；国家资本和长春公司法人资本分别增加 2 800 000 元和 1 200 000 元，应记入“实收资本”账户的贷方。

编制会计分录如下：

借：银行存款　　　　　　　　　　　　　　　4 000 000
　　贷：实收资本——国家资本　　　　　　　　　　2 800 000
　　　　　　　　——法人资本（长春公司）　　　　1 200 000

【例 4－2】 吉春公司收到吉林公司投入的一台不需要安装的全新设备，双方确认的价值为 1 000 000 元，该设备已办理交接验收手续，投入使用。

该项经济业务引起企业固定资产和实收资本同时增加 1 000 000 元，固定资产增加应记入“固定资产”账户的借方；实收资本增加应记入“实收资本”账户的贷方。

编制会计分录如下：

借：固定资产　　　　　　　　　　　　　　　1 000 000
　　贷：实收资本——法人资本（吉林公司）　　　　1 000 000

【例 4－3】 吉春公司接受松原公司以一项专利技术作为投资，双方协商确认的价值为 150 000 元，已办完各种手续。

该项经济业务的发生，引起企业无形资产和实收资本同时增加 150 000 元。无形资产增加应记入“无形资产”账户的借方；实收资本的增加应记入“实收资本”账户的贷方。

编制会计分录为：

借：无形资产　　　　　　　　　　　　　　　150 000
　　贷：实收资本——法人资本（松原公司）　　　　150 000

【例 4－4】 吉春公司接受四平公司投资 6 500 000 元，其中 5 000 000 元为四平公司按注册资本份额应出资的部分，剩余 1 500 000 元为超过份额的部分，款项已通过银行划转。

该项经济业务为接受投资但涉及超过注册资本份额的业务。其中，注册资本份额内的出资应记入实收资本，超出部分则应记入资本公积。因此，该项经济业务的发生，引起企业银行存款增加 6 500 000 元，实收资本增加 5 000 000 元，资本公积增加 1 500 000 元。银行存款增加应记入“银行存款”账户的借方；实收资本的增加应记入“实收资本”账户的贷方；资本公积的增加记入“资本公积”账户的贷方。

编制会计分录如下：

借：银行存款　　　　　　　　　　　　　　　6 500 000
　　贷：实收资本——法人资本（四平公司）　　　　5 000 000
　　　　资本公积——资本溢价　　　　　　　　　　1 500 000

【例 4－5】 经股东大会批准，并遵照相关法定程序，吉春公司将 1 200 000 元资本公积金转增资本。

该项经济业务为所有者权益内部转化的业务。该项经济业务的发生，引起企业实收资本增加 1 200 000 元，资本公积减少 1 200 000 元。实收资本增加应记入“实收资本”账户的贷方；资本公积的减少应记入“资本公积”账户的借方。

编制会计分录如下：

借：资本公积——资本溢价　　　　　　　　　　1 200 000

　贷：实收资本　　　　　　　　　　　　　　　　1 200 000

上述各项投入资本业务账户对应关系如图 4—3 所示。

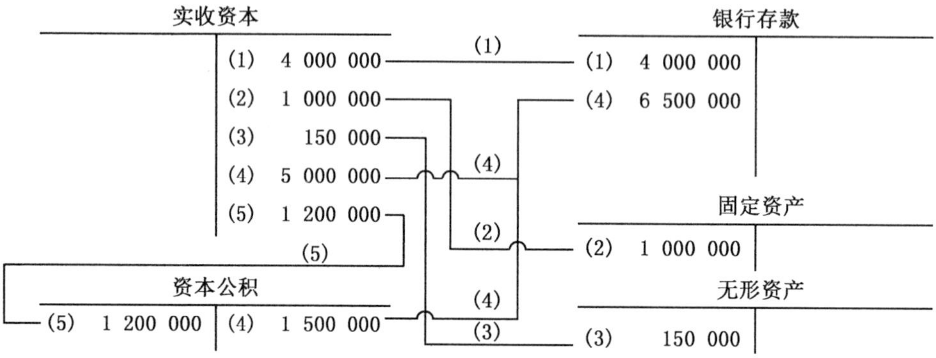

图 4—3　投入资本业务账户对应关系图

二、借入资金业务的核算

借入资金是企业按照约定的代价和用途，向银行等金融机构借入或以发行债券等方式向社会公众筹集的、需要按期付息还本的资金。通过借入方式筹集资金会形成企业的负债，反映企业债权人对企业资产的要求，即债权人权益。

拓展阅读：银行借款的主要形式

按有无担保，银行借款可以分为担保借款和无担保借款两种形式。担保借款又分为保证借款、抵押借款、质押借款。保证借款是以第三人承诺在借款人不能偿还银行借款时，按约定承担责任和连带责任的借款；抵押借款是以借款人或第三人的财产作为抵押物的借款；质押借款是以借款人或第三人的动产或权利作为质物的借款。银行对财务状况较差的公司贷款时，一般都要求有担保。银行一般仅对规模大、信誉好的企业提供无担保借款。

借入资金筹集方式包括从银行或其他金融机构借款、发行债券、商业信用以及租赁等。其中，从银行或其他金融机构借款因资金来源稳定、融资成本相对较低、灵活性较高、手续相对简便，成为企业借入资金筹资的常见且重要方式之一。根据偿还期限的不同，企业从银行等金融机构获取的借款分为短期借款和长期借款两大类。短期借款，是指那些偿还期限在一年以内(含一年)的借款,一般用于满足企业营运资金周转的资金需求或应对突发性的财务状况,主要包括周转借款、临时借款、结算借款等。长期借款,是指那些偿还期限超过一年的借款,一般用于满足企业扩大生产规模、固定资产购置、研发新产品等长期资金需求,主要包括基本建设贷款、专项贷款等。

本书仅介绍短期借款业务的账户设置与核算,长期借款业务的账户设置与核算将在后续的会计专业课程中学习。

企业短期借款业务主要包括借款本金的取得、借款利息的计算与支付以及借款本金的偿还等内容。借款利息支出属于企业为了筹资活动发生的一项耗费,一般将其确认为企业的财务费用(费用化),在满足一定条件的情况下也可以将其计入有关资产的取得成本(资本化)。但是,无论是费用化还是资本化,均要按照权责发生制的要求对当期产生的利息费用进行确认。

关于短期借款利息的支付,在实务中一般采用分次付息(如按月、季度、半年等)或借款到期日一次性付息等方式。短期借款利息的支付方式和支付时间不同,其会计处理方法也有一定的区别。

(1)如果短期借款利息按季度、半年或到期日一次性支付,需要按月预提借款利息(确认为应付利息),计入期间费用(或计入有关资产的取得成本);待利息实际实付时,再冲销应付利息这项负债。

(2)如果短期借款利息按月支付,或虽然利息到期日一次性支付,但利息数额不大,企业也可以在收到银行的计息通知或实际支付利息时,直接将发生的利息支出计入当期的财务费用(或计入有关资产的取得成本)。

短期借款利息的计算公式为:

短期借款利息=借款本金×利率×时间

其中,利率一般为年利率。在计算当月利息费用时,应将年利率除以12计算得到月利率;如果需要计算日利率,则需要将年利率除以360或将月利率除以30计算得到日利率。

(一)设置的主要账户

1.“短期借款”账户

(1)账户的性质:负债类。

(2)账户的用途:用来核算企业从银行或其他金融机构借入的期限在一年以下(含一年)的各种借款本金的增减变动及其结余情况。借入的期限在一年以上的各种借款属于“长期借款”账户核算的内容,不在该账户核算。

(3)账户的结构:贷方登记借入的各种短期借款本金的增加额;借方登记各种短期借款本金的减少额(偿还额);期末余额在贷方,表示企业尚未归还的各种短期借款的本金。

“短期借款”账户的结构如图4—4所示。

借方　　短期借款	贷方
归还的短期借款本金	取得的短期借款本金
	余额:期末尚未归还的短期借款本金

图4—4　“短期借款”账户的结构

(4)明细分类账户的设置:该账户应按债权人、贷款种类和币种等设置明细分类账,进行明细核算。

2."财务费用"账户

(1)账户的性质:损益类。

(2)账户的用途:用来核算企业为筹集资金而发生的各种筹资费用,包括利息支出(减利息收入)、汇兑损失(减汇兑收益)及相关的手续费等。企业为购建固定资产而筹集长期资金所发生的借款利息支出等费用,满足资本化条件的,应记入有关固定资产的取得成本,不在该账户进行核算;不满足资本化条件的,则应记入该账户核算。

(3)账户的结构:借方登记发生的财务费用;贷方登记发生的应冲减财务费用的利息收入、汇兑收益及期末结转"本年利润"账户的财务费用净额①;期末结转后,该账户没有余额。

"财务费用"账户的结构如图 4—5 所示。

借方　　财务费用　　贷方

借方	贷方
发生的财务费用: 利息支出、汇兑损失、手续费等	(1)利息收入、汇兑收益等 (2)期末结转"本年利润"账户的财务费用净额

图 4—5 "财务费用"账户的结构

(4)明细分类账户的设置:该账户应按费用项目设置明细分类账,进行明细核算。

3."应付利息"账户

(1)账户的性质:负债类。

(2)账户的用途:用来核算企业已经发生但尚未实际支付的属于流动负债性质(在一年或一年以内支付)的利息。

(3)账户的结构:贷方登记预先按一定标准计算提取的应由本期负担的利息费用;借方登记实际支付的利息费用;期末余额在贷方,表示已经计算提取但尚未支付的利息费用。

"应付利息"账户结构如图 4—6 所示。

借方　　应付利息　　贷方

借方	贷方
实际支付的利息费用	预先计算提取的利息费用
	余额:期末已预提尚未支付的利息费用

图 4—6 "应付利息"账户的结构

(4)明细分类账户的设置:该账户应按存款人或债权人设置明细分类账,进行明细核算。

(二)核算举例

【例 4—6】 20×4 年 5 月 1 日,吉春公司从工商银行借入周转借款 200 000 元,期限为

① 一般情况下,企业财务费用支出大于财务费用收入,即财务费用为正数,为借方余额,则期末结转时应从账户贷方转出;但也有可能企业财务费用收入大于财务费用支出,即财务费用为负数,为贷方余额,则期末结转时应从账户借方转出。

六个月。

该项经济业务的发生，引起企业银行存款和短期借款同时增加 200 000 元。银行存款增加应记入“银行存款”账户的借方；短期借款增加应记入“短期借款”账户的贷方。

编制会计分录如下：

借：银行存款　　　　200 000

　　贷：短期借款　　　　200 000

【例 4—7】 承【例 4—6】，假定上述周转借款年利率为 6%，利息按季度结算，计算并提取吉春公司 5 月应负担的借款利息。

该项经济业务的发生，一方面使企业的利息费用（财务费用）增加 1 000 元（200 000×6%/12×1），另一方面因为利息并不在本月实际支付，导致企业负债（应付利息）增加 1 000 元。利息费用增加应记入“财务费用”账户的借方；应付利息增加应记入“应付利息”账户的贷方。

编制会计分录如下：

借：财务费用　　　　1 000

　　贷：应付利息　　　　1 000

20×4 年 6 月计提当月利息费用的金额和应编制的会计分录同上。

【例 4—8】 承【例 4—7】，假设吉春公司于 20×4 年 6 月末以银行存款支付本季度的借款利息。

吉春公司 5 月和 6 月已提取但未支付的借款利息共计 2 000 元（1 000+1 000），已记入“应付利息”账户贷方。该项经济业务发生，一方面使得企业的银行存款减少了 2 000 元，另一方面使得企业的负债“应付利息”减少了 2 000 元。银行存款减少应记入“银行存款”账户贷方；应付利息减少应记入“应付利息”账户借方。

编制会计分录如下：

借：应付利息　　　　2 000

　　贷：银行存款　　　　2 000

20×4 年 7 月、8 月和 9 月计提当月利息费用的金额和应编制的会计分录与【例 4—6】相同，9 月支付季度借款利息应为 3 000 元，会计分录与【例 4—7】相同。

【例 4—9】 20×4 年 10 月末，吉春公司以银行存款偿还到期的周转借款本金 200 000 元，并支付 10 月份当月的借款利息 1 000 元。

该项经济业务的发生，一方面使企业的银行存款减少了 201 000 元（200 000+1 000），另一方面使公司的短期借款减少了 200 000 元，利息费用（财务费用）增加了 1 000 元。银行存款减少应记入“银行存款”账户贷方；短期借款减少应记入“短期借款”账户借方；利息费用由本月负担应记入“财务费用”账户借方。

编制会计分录如下：

借：短期借款　　　　200 000

　　财务费用　　　　1 000

　　贷：银行存款　　　　201 000

上述各项借入资金业务账户对应关系如图 4—7 所示。

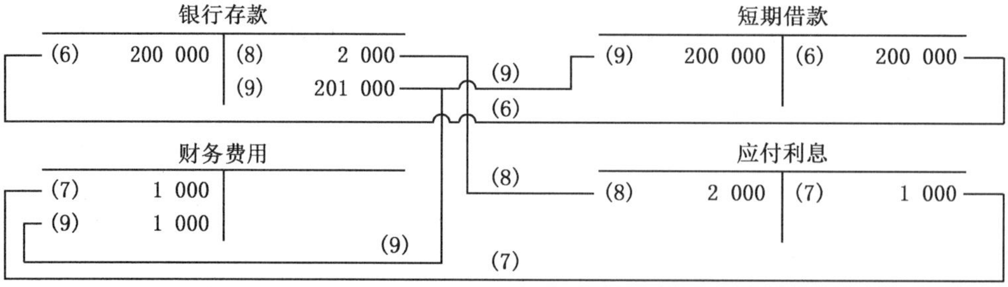

图 4—7 借入资金业务账户对应关系图

第三节 生产准备业务的核算

工业企业为了开展生产活动，需要做好各方面的准备工作，其中最主要的就是劳动资料（厂房、机器设备等固定资产）和劳动对象（原材料等存货）的准备。

一、固定资产外购业务的核算

固定资产是企业经营过程中使用的长期资产，包括房屋建筑物、机器设备、运输车辆及工具器具等。根据我国《企业会计准则第 4 号——固定资产》中对固定资产的定义，固定资产具有三个特征：(1)具有实物形态，是一种有形资产；(2)为生产商品、提供劳务、出租或经营管理而持有，其持有目的不是为了出售或对外投资；(3)使用寿命超过一个会计年度。不能作为固定资产管理的工具、器具等，应纳入低值易耗品的核算范围。

固定资产取得业务核算的主要内容是固定资产取得成本（原始价值）的确定。固定资产取得成本指的是企业购建固定资产达到预定可使用状态前发生的一切合理的、必要的支出，即为使固定资产达到预定可使用状态所发生的实际成本。企业可以通过外购、自行建造、投资者投入、非货币性资产交换、债务重组、企业合并和租赁等方式取得固定资产。固定资产的取得方式不同，固定资产取得成本（原始价值）的具体构成内容及其确定方法也不尽相同。

本书仅介绍外购固定资产业务的核算，其他方式取得固定资产业务的核算将在后续课程中介绍。工业企业通过外购方式取得固定资产的成本包括购买价款，进口关税和其他税费，使固定资产达到预定可使用状态前所发生的可归属于该项资产的运输费、装卸费、安装费，以及专业人员服务费等。其中，关于外购固定资产支付的增值税，区分三种情况进行不同的会计处理：(1)小规模纳税人外购固定资产支付的增值税税额，不能抵扣销项税额，应记入固定资产成本；(2)一般纳税人购买生产经营的固定资产，在符合一定条件下，支付的增值税可以作为进项税额抵扣销项税额，不记入固定资产成本；(3)一般纳税人购买用于非生产经营的固定资产，支付的增值税不抵扣销项税额，记入固定资产成本。

(一)设置的主要账户

为了核算企业外购固定资产的过程与结果,需设置"固定资产""在建工程"账户及"应交税费——应交增值税"账户。

1."固定资产"账户

(1)账户的性质:资产类。

(2)账户的用途:用来核算达到预定可使用状态的固定资产取得成本(原始价值)的增减变动过程及结存情况。

(3)账户的结构:借方登记增加的固定资产的原始价值;贷方登记减少的固定资产的原始价值;期末余额在借方,表示期末结存固定资产的原始价值。

"固定资产"账户结构如图 4—8 所示。

借方　　　　固定资产	贷方
增加固定资产的原始价值	减少固定资产的原始价值
余额:期末结存固定资产的原始价值	

图 4—8　"固定资产"账户的结构

(4)明细分类账户的设置:该账户应按固定资产类别、使用部门和每项固定资产设置明细分类账,进行明细核算。

2."在建工程"账户

(1)账户的性质:资产类。

(2)账户的用途:用来核算企业进行固定资产的基建、安装、技术改造及大修理等工程而发生的全部支出(包括需要安装设备的价值),并据以计算各工程成本。

(3)账户的结构:借方登记在建工程的实际支出;贷方登记工程支出的减少额和工程竣工结转到"固定资产"账户的实际支出数额;期末余额在借方,反映企业期末未完工工程的实际支出。

"在建工程"账户结构如图 4—9 所示。

借方　　　　在建工程	贷方
实际发生的各种工程支出	(1)冲减的工程支出 (2)工程竣工转出的实际支出
余额:期末未完工工程的实际支出	

图 4—9　"在建工程"账户的结构

企业购入不需要安装的固定资产,可以直接记入"固定资产"账户;购入需要安装的固定资产,应先按规定将有关购买支出及安装成本等记入"在建工程"账户,待安装完毕交付使用时,再由"在建工程"账户转入"固定资产"账户。

(4)明细分类账户的设置:该账户应按在建工程类别、内容等设置明细分类账户,进行明细核算。

3."应交税费"账户

(1)账户的性质:负债类。

(2)账户的用途:用来核算企业按照税法规定应缴纳的各种税费,反映企业与税务机关之间有关税金的结算情况,如增值税、消费税、所得税、资源税、土地增值税、城市维护建设税、教育费附加、房产税、土地使用税、车船使用税、防洪保安基金、文化建设基金等的结算情况等。

(3)账户的结构:贷方登记应缴纳的各种税费;借方登记已缴纳的各种税费;期末余额如在贷方,则表示应缴未缴的税费;如在借方,则表示多缴的税费。

"应交税费"账户结构如图 4—10 所示。

借方　　　　　　应交税费	贷方
实际已缴纳的各种税费 (增值税进项税额)	应缴纳的各种税费 (增值税的销项税额)
余额:期末多缴的税费	余额:期末应缴未缴的税费

图 4—10 "应交税费"账户的结构

(4)明细分类账户的设置:该账户应按税费种类设置明细分类账户,进行明细核算,如"应交增值税""应交消费税""应交城市维护建设税""应交所得税"等。其中,"应交税费——应交增值税"明细分类账户用于企业增值税相关业务的核算。该账户借方登记企业因购进货物或接受劳务等而缴纳并准予抵扣的增值税进项税额和实际缴纳的增值税等;贷方登记企业因销售产品或提供劳务等而向购货单位收取的增值税销项税额。

拓展阅读:增值税

增值税是对销售货物、服务、无形资产、不动产,以及进口货物的单位和个人就其实现的增值额征收的一个税种,是我国第一大税种。

征税对象:在中华人民共和国境内销售货物、服务、无形资产、不动产,以及进口货物的单位和个人,为增值税纳税人。

计税方法:由于商品新增价值或附加值在生产和流通过程中是很难准确计算的。因此,我国采用国际上普遍采用的税款抵扣的办法。即企业在销售商品或提供服务时,按照规定的税率计算并向购买方收取增值税销项税额;购买原材料、商品或接受服务时支付增值税进项税额,当期销项税额抵扣当期进项税额后的差额即为增值部分应交的税额。当期销项税额小于当期进项税额不足抵扣时,其不足部分可以结转下期继续抵扣或申请退还。

应纳税额=当期销项税额-当期进项税额

进项税额=买价×增值税税率

销项税额=销售额×增值税税率

进项税额需凭票抵扣,即纳税人在取得增值税专用发票或海关进口增值税专用缴款书后,可以在规定的时间内进行认证,并在认证通过后进行抵扣。

由于实行税款抵扣,要求纳税人应具备较高的会计核算水平,能够准确核算销项税额、进项税额和应纳税额。因此《中华人民共和国增值税法》将纳税人按经营规模大小以及会计核算是否健全划分为一般纳税人和小规模纳税人。一般纳税人的应纳税额按当期销项税额抵扣当期进项税额的差额确定应纳税额。小规模纳税人则直接按销售额和征收率确定应纳税额,不能抵扣进项税额。

小规模纳税人应纳税额=销售额×征收率

税率:一般纳税人增值税税率包括13%、9%、6%和0%四档税率,适用于不同的项目。

需要注意的是,并非所有固定资产的进项税额都可以抵扣。固定资产进项税额能否抵扣在于企业是否获得了相应的增值税专用发票并且具有可抵扣的进项税额权益。具体规定应以相关法律法规为准。

(二)核算举例

【例4-10】 吉春公司购入一台无需安装的生产设备,设备价款为60 000元,增值税额为7 800元,包装和运输费为600元。全部款项通过银行转账支付。

该生产设备不需要安装,购买完成就意味着达到了预定可使用状态,可以直接记入“固定资产”账户。设备购置支出合计为68 400元(60 000+7 800+600)。其中,固定资产取得成本为60 600元(60 000+600),可抵扣的增值税进项税额为7 800元,不计入固定资产取得成本。该项经济业务的发生,一方面使企业的固定资产增加60 600元,应记入“固定资产”账户的借方;应交增值税进项税额增加了7 800元,应记入“应交税费——应交增值税”账户的借方;另一方面使企业的银行存款减少68 400元,应记入“银行存款”账户的贷方。

编制会计分录如下:

借:固定资产	60 600	
应交税费——应交增值税(进项税额)	7 800	
贷:银行存款		68 400

【例4-11】 吉春公司购入一台需要安装的生产设备,设备价款为120 000元,增值税额为15 600元,包装和运输费用为1 200元。全部款项均已通过银行转账支付。

该生产设备需要安装,在安装完成预定可使用状态前不能确认为固定资产,应记入“在建工程”账户。该项经济业务的发生,一方面使企业在建工程成本增加121 200元(120 000+1 200),应记入“在建工程”账户借方;应交增值税进项税额增加了15 600元,应记入“应交税费——应交增值税”账户的借方;另一方面使企业的银行存款减少136 800元,应记入“银行存款”账户的贷方。

编制会计分录如下:

借:在建工程	121 200	
应交税费——应交增值税(进项税额)	15 600	
贷:银行存款		136 800

【例4-12】 承【例4-11】,吉春公司在安装上述生产设备的过程中,发生安装费用2 000元,款项已通过银行转账支付。

在安装生产设备时发生安装费用，一方面使企业在建工程成本增加 2 000 元，应记入“在建工程”账户借方；另一方面使企业银行存款减少 2 000 元，应记入“银行存款”账户贷方。

编制会计分录如下：

借：在建工程　　　　2 000

　贷：银行存款　　　　2 000

【例题 4－13】 承【例 4－12】，上述设备安装完工后，验收合格，达到可使用状态。

该设备安装完毕，达到预定可使用状态，应结转工程总成本为 123 200 元（121 200＋2 000），确认为固定资产。该项经济业务发生，一方面使企业固定资产增加 123 200 元，应记入“固定资产”账户借方；另一方面使企业在建工程减少 123 200 元，应记入“在建工程”账户贷方。

编制会计分录如下：

借：固定资产　　　　123 200

　贷：在建工程　　　　123 200

上述各项固定资产外购业务账户对应关系如图 4－11 所示。

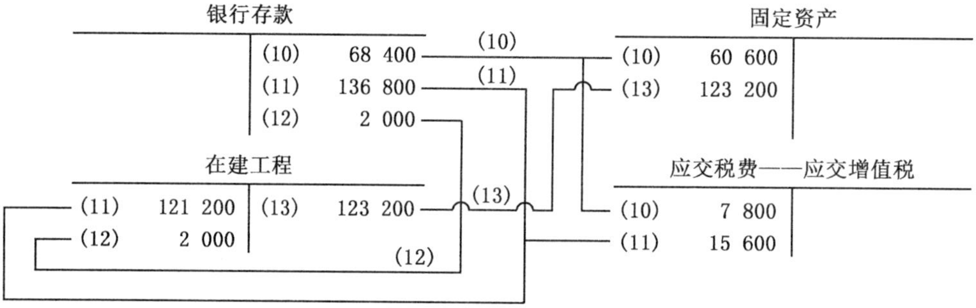

图 4－11　固定资产外购业务账户对应关系图

二、材料采购业务的核算

企业为了开展生产经营活动，必须储备一定品种和数量的材料，包括原料及主要材料、辅助材料、外购半成品、修理用备件、包装材料、燃料等，这些都是工业企业生产过程中用来制造产品或完成工程的重要基础物质。材料可以来源于天然资源（如矿石、木材等），也可以是经过初步加工的工业产品（如塑料、合成纤维、硅晶圆片、电路板等）。不同的材料在工业企业中发挥的作用不同，有些是构成产品主体的主要原材料，如棉纱在织布中的作用；而有些则是在产品形成中起辅助作用的辅助材料。材料储备工作的质量将直接影响后续的生产过程，一方面企业应及时、保质、保量地完成材料储备工作，另一方面则应避免储备过多而造成不必要的资金占用。

企业储存备用的材料，通常是向外单位采购而得的。在材料采购业务过程中，一方面，企业从供应单位购进各种材料物资，验收入库后成为可供生产经营领用的库存材料；另一方面，企业需要支付材料的买价及运输费、装卸费等各种采购费用，与供应单位之间进行款项的结算。

材料验收入库，应由保管人员根据购料发票、运输单据和交料单等有关凭证，对材料的品种、规格、质量和数量进行检查和核对，并出具材料入库单。材料验收工作必须在一定期限内完成，要求做到及时验收、及时入库、及时出具材料入库单，并将材料入库单及时交财务部门备查入账。款项结算则涉及企业与供应商之间所签订的合同中关于结算方式与结算方法的约定，一般有现金结算、预付款结算、赊购和商业汇票结算 4 种情况。

除外购外，企业还可以通过投资者投入、债务重组、非货币性交换等方式取得材料。本书仅对原材料外购业务的核算进行介绍。

(一)设置的主要账户

为了正确、及时地核算材料采购业务活动中的资金运动情况，应根据货款结算方式和钱货两清时间的不同来设置相应的账户，采用相应的账务处理方法，进行总分类核算和明细分类核算。根据我国会计规范的规定，企业的材料可以采用实际成本法组织收发核算，也可以采用计划成本法[①]组织收发核算。具体采用哪种方法，企业可以根据具体情况自行决定。但是，实际成本法和计划成本法在账户设置和账务处理上存在一定的差异。本书仅介绍材料采购实际成本法核算的相关内容。计划成本法将在后续专业课中阐述。

实际成本法下，材料采购业务核算需要设置“在途物资”“原材料”“应付账款”“应付票据”“预付账款”等账户，以保证材料采购业务核算的基本需要。

1.“在途物资”账户

(1)账户的性质：资产类。

(2)账户的用途：用来核算并归集企业外购材料的买价和采购费用，及材料验收入库的实际成本。

(3)账户的结构：借方登记购入材料的买价及采购费用；贷方登记已验收入库，转入“原材料”等账户材料的实际成本；期末余额一般在借方，反映期末尚未运达企业或虽已运达企业但尚未办理验收入库手续的材料的实际成本。

“在途物资”账户结构如图 4—12 所示。

借方　　　　在途物资　　　　贷方

购入材料的买价和采购费用	已验收入库材料的实际成本
余额：期末在途材料的实际成本	

图 4—12 “在途物资”账户的结构

(4)明细分类账户的设置：该账户应根据材料的具体品种、规格等分别设置明细分类账

① 材料采用计划成本核算，指的是材料的日常收入、发出和结存均按预先制定的计划成本计价，并设置“材料成本差异”账户，登记实际成本与计划成本之间的差异；月末，通过对材料成本差异按一定的标准在发出材料和结存材料之间进行分摊，将发出存货的计划成本和结存存货的计划成本调整为实际成本进行反映的一种核算方法。

采用计划成本法核算，可以简化材料的日常核算手续，并有利于考核采购部门的工作业绩。

户，进行明细核算。

2.“原材料”账户

(1)账户的性质：资产类。

(2)账户的用途：用来核算企业库存材料的增减变动及结存情况。

(3)账户的结构：实际成本法下，借方登记已入库材料实际成本的增加；贷方登记发出（领用或销售）材料实际成本的减少；期末余额在借方，反映期末库存材料的实际成本。

“原材料”账户结构如图 4—13 所示。

借方　　　　原材料　　　　贷方

入库材料的实际成本	发出材料的实际成本
余额：期末结存材料的实际成本	

图 4—13 “原材料”账户的结构

(4)明细分类账户的设置：该账户应根据材料的品种、规格设置明细分类账户，进行明细核算，也可以根据材料的保管地点（仓库）设置明细分类账，进行明细核算。

3.“应付账款”账户

(1)账户的性质：负债类。

(2)账户的用途：用来核算因采购物资或接受劳务而发生的应支付给供应商的款项增减变动情况。

(3)账户的结构：贷方登记应支付给供应商的款项（买价、税金和代垫运杂费等）；借方登记已偿还的款项；期末余额一般在贷方，表示期末尚未偿还的应付款项的结余额；如为借方余额，则表示企业预付给供应商的款项。

“应付账款”账户结构如图 4—14 所示。

借方　　　　应付账款　　　　贷方

已偿还应付供应商款项	应付而未付供应商款项
	余额：期末尚未偿还的应付款项

图 4—14 “应付账款”账户的结构

(4)明细分类账户的设置：该账户应按供应商设置明细分类账，进行明细核算。

4.“应付票据”账户

(1)账户的性质：负债类。

(2)账户的用途：用来核算企业采用商业汇票结算方式购买材料、商品和接受劳务等开出、承兑的商业汇票的增减变动及结余情况。

(3)账户的结构：贷方登记企业开出、承兑商业汇票的增加；借方登记到期商业汇票的减少（不论是否已经付款）；期末余额在贷方，表示尚未到期的商业汇票的结余额。

“应付票据”账户结构如图 4—15 所示。

借方	应付票据 贷方
到期应付票据的减少 （不论是否已付款）	开出、承兑商业汇票的增加
	余额：期末尚未到期商业汇票的结余额

图 4－15 “应付票据”账户的结构

（4）明细分类账户的设置：该商户应按债权人设置明细分类账，进行明细分类核算。同时，应设置“应付票据备查簿”，详细地记录商业汇票的种类、号数、签发日期、票面金额、收款人、付款日期和金额等资料。应付票据到期付清后应在备查簿内逐笔注销。

拓展阅读：商业汇票

商业汇票是出票人签发，委托付款人在指定日期无条件支付确定的金额给收款人或者持票人的票据。商业汇票分为商业承兑汇票和银行承兑汇票。商业承兑汇票是由银行以外的付款人承兑的票据，可以由付款人签发并承兑，也可以由收款人签发交由付款人承兑。银行承兑汇票是由出票人签发并由其开户银行承兑的票据。银行承兑汇票按票面金额向承兑申请人收取手续费，承兑申请人在银行承兑汇票到期未付款的，按规定计收逾期罚息。

商业汇票适用于同城或异地结算。在银行开立存款帐户的法人以及其他组织之间，必须具有真实的交易关系或债权债务关系，才能使用商业汇票。商业汇票的付款期限，最长不得超过 6 个月（电子商业汇票可延长至 1 年）。

5.“预付账款”账户

（1）账户的性质：资产类。

（2）账户的用途：用来核算企业按照购货合同的规定，预付给供应商的款项及其结算情况。

（3）账户的结构：借方登记企业因购货而预付的款项和收到所购货物时因预付不足而补付的款项（即预付款的增加）；贷方登记因收到所购货物而冲销的款项和因预付多余而退回的款项（及预付款的减少）。期末余额在借方，表示企业已预付尚未冲销的款项；期末余额在贷方，则表示企业尚未补付的款项。

“预付账款”账户结构如图 4－16 所示。

借方	预付账款 贷方
向供应商预付款项	冲销预付供应商款项
余额：期末尚未结算的款项	

图 4－16 “预付账款”账户的结构

（4）明细分类账户的设置：该账户应按供应商设置明细分类账，进行明细核算。

如果企业预付款项的情况不多，也可以不设置该账户，将预付的款项直接记入“应付账款”账户的借方。

（二）核算举例

【例 4－14】 吉春公司从西南公司购入 A 材料一批，价款合计 200 000 元，增值税税率为 13％，货款已通过银行转账支付。

该项经济业务的发生，一方面使企业在途物资增加了 200 000 元，增值税进项税额增加了 26 000（200 000×13％）元；另一方面使企业的银行存款减少了 226 000 元。在途物资增加，应记入“在途物资”账户的借方；增值税进项税额增加，应记入“应交税费——应交增值税”账户借方；银行存款减少，应记入“银行存款”账户贷方。

编制会计分录如下：

借：在途物资——A 材料　　200 000
　　应交税费——应交增值税（进项税额）　　26 000
　　贷：银行存款　　226 000

【例 4－15】 吉春公司从东南公司购入 B 材料一批，价款 300 000 元，增值税税率为 13％，货款未付。

该项经济业务的发生，一方面使企业的在途物资增加了 300 000 元，增值税进项税额增加了 39 000（300 000×13％）元；另一方面，由于款项尚未支付，增加了企业的应付账款 339 000 元。在途物资增加，应记入“在途物资”账户的借方；增值税进项税额增加，应记入“应交税费——应交增值税”账户借方；应付账款增加，应记入“应付账款”账户贷方。

编制会计分录如下：

借：在途物资——B 材料　　300 000
　　应交税费——应交增值税（进项税额）　　39 000
　　贷：应付账款——东南公司　　339 000

【例 4－16】 吉春公司向西南公司预订一批 A 材料和 B 材料，通过银行转账预付给西南公司购料款 500 000 元，款项已通过银行转账支付。

该项经济业务的发生，一方面使企业预付账款增加 500 000 元；另一方面使企业的银行存款减少 500 000 元。预付账款增加，应记入“预付账款”账户的借方；银行存款减少，应记入“银行存款”账户的贷方。

编制会计分录如下：

借：预付账款——西南公司　　500 000
　　贷：银行存款　　500 000

【例 4－17】 承【例 4－15】，吉春公司签发了一张面值 339 000 元的银行承兑汇票，用以抵付前欠东南公司的购货款。

该项经济业务的发生，一方面使企业的应付账款减少 339 000 元，另一方面使企业的应付票据增加 339 000 元。应付账款的减少，应记入“应付账款”账户借方；应付票据的增加，应计入“应付票据”账户贷方。

编制会计分录如下：

借:应付账款——东南公司　　339 000
　　贷:应付票据——东南公司　　339 000

【例 4—18】　承【例 4—16】,吉春公司收到西南公司发来的 A 材料和 B 材料。其中,A 材料价款为 350 000 元,B 材料价款为 200 000 元,增值税税率为 13%。剩余款项已通过银行转账支付。

该项经济业务的发生,一方面,使企业的在途物资(A 材料)增加了 350 000 元,在途物资(B 材料)增加了 200 000 元,增值税进项税额增加了 71 500(350 000×13%+200 000×13%)元;另一方面,使企业的预付账款减少了 500 000 元,银行存款减少了 121 500(350 000+200 000+71 500−500 000)元。在途物资的增加,应记入"在途物资"账户的借方;增值税进项税额的增加,应记入"应交税费——应交增值税"账户的借方;预付账款的减少,应记入"预付账款"账户的贷方;银行存款的减少,应记入"银行存款"账户的贷方。

编制会计分录如下:

借:在途物资——A 材料　　350 000
　　　　　——B 材料　　200 000
　应交税费——应交增值税(进项税额)　　71 500
　贷:预付账款——西南公司　　500 000
　　银行存款　　121 500

该项经济业务的会计分录也可以分为如下两部分编制:

(1)借:在途物资——A 材料　　350 000
　　　　　　——B 材料　　200 000
　　应交税费——应交增值税(进项税额)　　71 500
　　贷:预付账款——西南公司　　621 500
(2)借:预付账款——西南公司　　121 500
　　贷:银行存款　　121 500

【例 4—19】　承【例 4—18】,上述 A 材料和 B 材料在采购过程中,发生运杂费 328 元(假定不考虑增值税)。经计算,应由 A 材料负担的运杂费为 200 元,应由 B 材料负担的运杂费为 128 元。款项已通过银行转账支付。

该项经济业务的发生,一方面使企业 A 材料和 B 材料在途物资成本分别增加了 200 元和 128 元(运杂费应计入材料的采购成本);另一方面使企业的银行存款减少了 328 元。在途物资增加,应记入"在途物资"账户的借方;银行存款的减少,应记入"银行存款"账户贷方。

编制会计分录如下:

借:在途物资——A 材料　　200
　　　　　——B 材料　　128
　贷:银行存款　　328

【例 4—20】　承【例 4—14】、【例 4—15】、【例 4—18】、【例 4—19】,吉春公司外购的 A 材料和 B 材料均已入库,并办理了相应的验收入库手续。

该项经济业务的发生,使企业在途物资减少,其中 A 材料减少 550 200(200 000+

350 000＋200)元，B材料减少500 128(300 000＋200 000＋128)元；库存材料增加。在途物资的减少，应记入“在途物资”账户的贷方；库存材料的增加，应记入“原材料”账户的借方。

编制会计分录如下：

借：原材料——A材料　　550 200

　　　　——B材料　　500 128

　贷：在途物资——A材料　　550 200

　　　　　　——B材料　　500 128

上述各项材料采购业务的账户对应关系如图4—17所示。

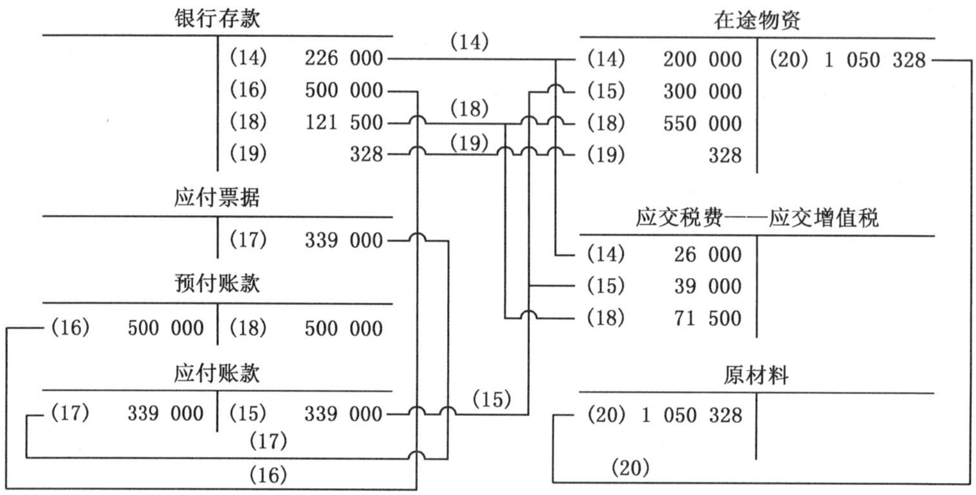

图4—17　材料采购业务账户对应关系图

(三)材料采购成本计算

材料采购业务核算过程中应正确计算材料的采购成本。材料采购成本计算指的是将企业采购材料所发生的各项费用，按照购入材料的种类、类别加以归集和分配，计算其采购总成本和单位成本。

计算材料的采购成本，应先按照材料的种类或类别确定成本计算对象，并在“在途物资”账户下按照材料的品种或类别分别设置明细账户，用以归集和分配应计入材料采购成本的各种费用；然后根据账户资料编制各种材料采购成本计算表，计算和确定各种材料采购的总成本和单位成本。

1. 材料采购成本的构成

材料的取得的方式不同，其成本构成的内容不同，成本确定的方法也不同。工业企业材料采购成本主要包括材料价款、相关税费及其他采购费用。

材料采购成本＝价款＋相关税费＋其他采购费用

其中，材料价款指的是购货发票上所列明的货款金额，但不包括按规定可以抵扣的增值税进项税额；相关税费，包括企业购买材料发生的进口关税、消费税、资源税和不能从销项税额中抵扣的增值税进项税额等；其他采购费用，包括企业从材料采购到入库前所发生的其他合理的、必要的支出，具体包括采购过程中的运输费、装卸费、包装费、仓储费、保险费、运输途中的合理损耗①、入库前的挑选整理费②等。

一般而言，工业企业对某些本应计入材料采购成本的采购费用，如采购人员的差旅费、市内采购材料的零星运杂费、专设采购机构的经费等，不计入材料采购成本，而是作为管理费用处理。

2.采购费用的归集与分配

在材料采购成本的计算过程中，材料的买价可以直接计入相应材料的采购成本；相关税费和其他采购费用，凡是能够区分受益对象的，应和买价一起直接计入相应材料的采购成本；不能区分受益对象、应由多种材料共同负担的共同采购费用，则需要按一定的标准，如外购材料的重量、体积、买价等进行合理分配，分配计入相应材料的采购成本。即：

采购费用分配率＝发生的共同采购费用÷分配标准的合计数

某种材料应负担的采购费用＝该材料的分配标准×采购费用分配率

某种材料的采购总成本＝材料的买价＋采购费用

某种材料的采购单位成本＝采购总成本÷采购数量

现举例说明材料采购成本计算方法。

【例4—21】 承【例4—18】、【例4—19】，吉春公司购入的A、B两种材料，详细资料如表4—2所示。

表4—2　　材料采购详细资料

材料名称	重量(千克)	单价(元/千克)	买价(元)	共同运杂费(元)
A	2 500	14.00	35 000	328
B	1 600	12.50	20 000	

根据上述资料，A材料和B材料采购成本的计算如下：

(1)根据采购A、B两种材料发生的直接费用编制会计分录(详见【例4—18】)，然后根据会计分录，分别计入“在途物资”A、B材料明细账中，如表4—3和表4—4所示。

表4—3　　“在途物资”明细分类账

材料名称或类别：A材料

20×4年		凭证号码	摘　要	借方金额			贷方金额
月	日			买价	采购费用	合计	
略	略	略	购入2 500千克单价14.00元	35 000		35 000	
			本期发生额	35 000		35 000	

① 企业材料采购过程中发生的材料物资毁损、短缺等损耗分为合理损耗、不合理损耗和意外损耗三种情况。合理损耗计入材料采购成本；不合理损耗应向责任人或责任单位索取赔偿；意外损耗扣除保险公司给予的赔偿及残值后的净损失计入营业外支出；除以上各项以外的其他损失计入管理费用。

② 入库前的挑选整理费包括整理挑选途中发生的人工费支出和必要的损耗减去回收的废料价值。

表 4—4 **"在途物资"明细分类账**

材料名称或类别:B 材料

20×4 年		凭证号码	摘　要	借方金额			贷方金额
月	日			买价	采购费用	合计	
略	略	略	购入 1 600 千克单价 12.50 元	20 000		20 000	
			本期发生额	20 000		20 000	

(2)将 A、B 两种材料共同发生的运杂费 328 元,分配计入 A、B 两种材料的采购成本(假定以重量作为分配标准):

采购费用分配率＝328÷(2 500＋1 600)＝0.08(元/千克)

A 材料应分摊的运杂费＝0.08×2 500＝200(元)

B 材料应分摊的运杂费＝0.08×1 600＝128(元)

根据上述分配结果,编制会计分录(见【例 4—19】),然后根据会计分录将 A、B 两种材料各自应负担的运杂费,分别记入"在途物资"A、B 材料的明细账中,如表 4—5 和表 4—6 所示。

表 4—5 **"在途物资"明细分类账**

材料名称或类别:A 材料

20×4 年		凭证号码	摘　要	借方金额			贷方金额
月	日			买价	采购费用	合计	
略	略	略	购入 2 500 千克单价 14.00 元	35 000		35 000	
			分摊运杂费		200	200	
			材料验收入库				35 200
			本期发生额	35 000	200	35 200	35 200

表 4—6 **"在途物资"明细分类账**

材料名称或类别:B 材料

20×4 年		凭证号码	摘　要	借方金额			贷方金额
月	日			买价	采购费用	合计	
略	略	略	购入 1 600 千克单价 12.50 元	20 000		20 000	
			分摊运杂费		128	128	
			材料验收入库				20 128
			本期发生额	20 000	128	20 128	20 128

(3)根据"在途物资"A、B 材料明细账归集的费用资料,编制材料采购成本计算表,计算 A、B 材料的采购总成本和单位成本,如表 4—7 所示。

表 4—7 材料采购成本计算表 单位:元

成本项目	A 材料		B 材料	
	总成本	单位成本（元/千克）	总成本	单位成本（元/千克）
1. 买价	35 000	14.00	20 000	12.50
2. 采购费用	200	0.08	128	0.08
在途物资成本	35 200	14.08	20 128	12.58

材料采购成本计算单编制完成后，应据以编制会计分录（见【例 4—20】），然后根据会计分录登记“在途物资”明细账（见表 4—5 和表 4—6）。

第四节 产品生产业务的核算

材料从投入生产到产品完工入库为止的过程，就是工业企业的生产过程。生产过程既是各种生产要素耗费过程，也是产品的形成过程。企业在生产过程中所发生的各种耗费，主要包括劳动对象、劳动力和劳动资料的耗费。劳动对象的耗费表现为原材料等材料的耗费；劳动力的耗费表现为工资、福利费等薪酬的支付；劳动资料耗费表现为机器设备、厂房等固定资产的损耗（折旧）。企业在生产过程中发生的以货币额表现的生产耗费叫作生产费用。这些生产费用最终会归集到一定种类的产品上去，从而形成产品的成本。

生产费用按其计入产品成本方式的不同，可以分为直接费用和间接费用。直接费用是企业生产产品过程中实际消耗的直接材料和直接人工费用。间接费用是企业为了生产产品而发生的各项间接支出，被称为制造费用。

生产费用的发生、归集和分配及完工产品成本形成是产品生产业务核算的主要内容。

（1）材料费用的归集与分配。企业在生产准备阶段采购的各种材料物资，一经领用就被视为形成了耗费。但是，材料耗费应根据领用部门和用途不同加以区分，记入不同的成本或费用账户。对于车间等生产部门领用的直接用于某种产品生产的材料费用，应记入该产品生产成本明细账中的“直接材料”项目；对于由几种产品共同耗用、应由这些产品共同负担的材料费用，应按一定的标准在各种产品之间分配后记入各有关成本计算对象；对于为创造生产条件等需要而间接消耗的各种材料费用，应先在“制造费用”账户中进行归集，然后再同其他间接费用一起分配记入有关产品成本中。总之，材料是构成产品实体的重要组成部分之一，对材料费用的归集与分配的核算是产品生产业务核算中的主要内容之一。

（2）人工费用的归集与分配。职工为企业劳动，企业应向职工支付一定的薪酬。根据《企业会计准则第 9 号——职工薪酬》的规定，职工薪酬是指企业为获得职工提供的服务或解除劳动关系而给予职工的各种形式的报酬或补偿。企业提供给职工配偶、子女受赡养人、已故员工遗属及其他受益人等的福利，也属于职工薪酬。

企业向职工支付薪酬，将导致企业经济利益流出，从而形成企业的费用。在对企业职工薪酬进行核算时，应根据工资结算汇总表或按月编制的“职工薪酬分配表”登记有关的总分类账和明细分类账，进行相关的账务处理。其中，生产产品或提供劳务的直接生产人员和直接提供劳务人员发生的职工薪酬，应计入产品成本或劳务成本；但非正常消耗的直接生产人员和直接提供劳务人员发生的职工薪酬，不能计入产品成本或劳务成本，应计入当期损益(管理费用)；应由在建工程、无形资产负担的职工薪酬，应计入固定资产或无形资产成本；除以上人员外，向公司总部管理人员、董事会成员和监事会成员等人员发放的职工薪酬，均应在发生时计入当期损益(管理费用)。

在实际业务中，通常是职工先为企业提供服务，然后企业支付薪酬。根据权责发生制，职工薪酬应计入职工提供服务的当期的成本费用，薪酬的支付未必在当期。因此，职工薪酬的会计核算主要包括职工薪酬的计提与发放两个环节。

拓展阅读：职工薪酬的相关规定

根据《企业会计准则第 9 号——职工薪酬》，职工包括与企业订立正式劳动合同的所有人员，含全职、兼职和临时职工；也包括未与企业订立正式劳动合同，但由企业正式任命的人员，如董事会成员、监事会成员和内部审计委员会成员等；在企业的计划、领导和控制下，虽与企业未订立正式劳动合同或企业未正式任命的人员，但为企业提供了类似服务，也纳入职工范畴。

职工薪酬包括：短期薪酬、离职后福利、辞退福利和其他长期职工福利。其中，短期薪酬指的是企业预期在职工提供相关服务的年度报告期间结束后 12 个月内将全部予以支付的职工薪酬，因解除与职工的劳动关系给予的补偿(属于辞退福利)除外。

短期薪酬主要包括：(1)职工工资、奖金、津贴和补贴；(2)职工福利费；(3)医疗保险费、工伤保险费和生育保险费等社会保险费；(4)住房公积金；(5)工会经费和职工教育经费；(6)短期带薪缺勤；(7)短期利润分享计划；(8)其他短期薪酬等。

企业应当在职工为其提供服务的会计期间，将实际发生的、应支付的短期薪酬确认为负债，并根据职工所从事的工作(部门)不同，分别记入不同的成本费用项目。

(3)制造费用的归集与分配。制造费用是企业为了生产产品和提供劳务而发生的除直接材料、直接人工之外的各种间接生产费用。制造费用构成内容比较复杂，一般包括三部分：①间接用于产品生产的费用，如车间生产用固定资产的折旧费、保险费，车间生产用的电费、劳动保护费等；②直接用于产品生产，但管理上不要求或不便于要求单独核算，因而没有单独设置成本项目的生产费用，如生产工具的摊销费、设计制图费、试验费等；③车间用于组织和管理生产的费用，如车间管理人员的工资、福利费等职工薪酬，车间管理用固定资产的折旧费、水电费、办公费和差旅费等。

在生产多种产品的企业里，制造费用发生时一般无法直接判定其归属的成本计算对象，因此不能直接计入其所生产的产品成本中。应将上述各项费用在“制造费用”账户进行归集汇总，然后按照一定的标准(如生产工人工资、生产工时、机器设备的运转台时等)在各种产品之间进行合理的分配，以便确认各种产品应负担的制造费用额。

(4)完工产品成本的计算与结转。将制造费用在各种产品之间进行合理分配后，就可以根据生产成本账户所归集的生产费用的全部内容，进行产品生产成本的计算。产品生产成本的计算不仅可以为完工入库产成品的成本确定提供依据，而且也是企业产品定价和盈亏核算的重要基础。

所谓完工产成品，是指已经完成全部生产过程并验收入库，符合一定标准和技术条件，可以按照合同规定的条件交付订货单位，或者作为商品对外销售的产品。产品生产成本的计算应在生产成本明细账中进行。如果月末某种产品全部完工，该产品生产成本明细账中归集的生产费用的总额就是该完工产成品的总成本，用总成本除以完工产量即可得到该产品的单位成本。如果月末某种产品全部未完工，则该产品生产成本明细账中归集的生产费用的总额就是该在产品的总成本。如果月末某种产品部分完工、部分未完工，则该产品生产成本明细账中归集的生产费用的总额需要采用适当的分配方法在完工产成品和在产品之间进行分配，然后才能计算出完工产成品的总成本和单位成本。

一、设置的主要账户

为反映各项生产费用的发生、归集和分配，正确计算产品的生产成本，应设置以下账户。

(一)“生产成本”账户

(1)账户的性质：成本类。

(2)账户的用途：用来核算企业为生产产品而发生的各种生产费用，据以计算产品生产成本。

(3)账户的结构：借方登记应记入本期产品生产成本的直接材料、直接人工等直接费用和分配转入的制造费用；贷方登记本期完工入库产品生产成本的转出；期末如有余额，应在借方，表示期末尚未完工的产品(在产品)成本。

“生产成本”账户结构如图4－18所示。

借方　　　　　　生产	成本　　　　　　贷方
发生的生产费用： 直接材料 直接人工 分配的制造费用等	完工入库产品的生产成本
余额：期末在产品成本	

图4－18　“生产成本”账户的结构

(4)明细分类账户的设置：该账户应分别按照基本生产车间和辅助生产车间，以及成本核算对象(如产品种类或类别)设置明细分类账户，进行明细核算。

(二)“制造费用”账户

(1)账户的性质：成本类。

(2)账户的用途:用来归集和分配企业生产车间(基本生产车间和辅助生产车间)范围内为组织和管理生产活动而发生的各项间接费用,包括车间范围内管理人员的职工薪酬、固定资产折旧费、办公费、水电费、机物料消耗等各种间接耗费。

(3)账户的结构:借方登记本期发生的各项制造费用;贷方登记期末按一定标准分配转入各产品"生产成本"账户借方的制造费用;期末结转后,该账户没有期末余额。

"制造费用"账户结构如图 4—19 所示。

借方 制造费用	贷方
本期发生的各种制造费用	期末转入"生产成本"账户的制造费用

图 4—19 "制造费用"账户的结构

(4)明细分类账户的设置:该账户应按不同车间和费用项目设置明细分类账,进行明细核算。

(三)"应付职工薪酬"账户

(1)账户的性质:负债类。

(2)账户的用途:用来核算企业根据有关规定应付给职工的各种薪酬及薪酬实际发放情况。

(3)账户的结构:贷方登记月末计算分配的企业应付职工的薪酬总额;借方登记企业实际支付的薪酬数额;期末余额一般在贷方,表示企业期末应付未付的职工薪酬数额。

"应付职工薪酬"账户结构如图 4—20 所示。

借方 应付职工薪酬	贷方
实际支付的职工薪酬	月末计算分配的应付职工薪酬总额
	余额:期末应付未付的职工薪酬

图 4—20 "应付职工薪酬"账户的结构

(4)明细分类账户的设置:该账户应当按照短期薪酬、离职后福利、辞退福利和其他长期职工福利等类别设置明细分类账,按各种薪酬福利的组成内容分设专栏,进行明细核算。

(四)"累计折旧"账户

(1)账户的性质:资产类。

(2)账户的用途:用来反映企业固定资产原始价值的累计减少价值,即累计折旧,或称累计已提固定资产折旧。

(3)账户的结构:贷方登记按月提取的折旧额,即累计折旧的增加额;借方登记因为固定资产处置或盘亏而冲销的(减少的)累计折旧额;期末余额在贷方,表示期末账面结存固定资产已提折旧的累计额。该账户是固定资产的备抵账户。期末将"固定资产"账户的借方余额减去"累计折旧"账户的贷方余额所得之差,即固定资产净值(折余价值)。

"累计折旧"账户结构如图 4—21 所示。

借方	累计折旧 贷方
固定资产折旧的注销(减少)	固定资产折旧的增加
	余额:期末固定资产的累计折旧额

图 4—21 “累计折旧”账户的结构

(4)明细分类账户的设置:该账户一般只进行总分类核算,不进行明细分类核算。

拓展阅读:固定资产折旧

固定资产在使用过程中会发生一定的损耗,其价值将逐渐减少。固定资产的损耗既包括有形损耗,也包括无形损耗。其中,有形损耗是指固定资产在使用过程中不可避免会发生的物质损耗;无形损耗也称精神损耗,是指由于劳动生产力的提高或科学技术的进步,导致固定资产相对贬值或提前报废而发生的损耗。为此,需要将固定资产的价值在其使用年限内进行合理的分摊,转入资产成本或费用。

但是,固定资产的一个主要特征是能够连续在若干个生产周期内发挥作用并保持其原有的实物形态。也就是说,固定资产即使在使用过程中因磨损导致价值减少,但其实物形态并不会因此而减损。因此,为了使“固定资产”账户能够按固定资产的取得成本(原始价值)反映固定资产实体形态的增减变动及结存情况,从而便于对固定资产进行管理,就需要单独设置一个用来反映固定资产价值损耗的账户,即“累计折旧”账户。

作为“固定资产”账户的备抵账户,将“累计折旧”账户的贷方余额抵减“固定资产”账户的借方余额,即可得到固定资产的折余价值(净值)。另外,当固定资产因出售、报废等原因引起固定资产实体减少,在注销固定资产的取得成本,贷记“固定资产”账户时,同时还应借记“累计折旧”账户,注销该固定资产已提取的折旧额。

(五)“库存商品”账户

(1)账户的性质:资产类。

(2)账户的用途:用来核算企业各种库存商品的增减变动及结存情况,包括企业外购商品和自制产品(产成品)。工业企业的库存商品主要是指产成品,即企业已生产完工并验收入库可供出售的产品。

(3)账户的结构:借方登记已完工或购入并已验收入库产成品的实际生产成本;贷方登记因出售等原因而发出产成品的实际生产成本;期末余额在借方,表示期末库存产成品的实际生产成本。

“库存商品”账户结构如图 4—22 所示。

借方	库存商品 贷方
完工入库产成品的实际成本	出库产成品的实际成本
余额：期末库存产成品的实际成本	

图 4—22 "库存商品"账户的结构

(4)明细分类账户的设置：该账户应按库存商品的种类、品种和规格设置明细分类账，进行明细核算。

二、核算举例

【例 4—22】 吉春公司在生产过程中，领用了 A 材料和 B 材料。其中，甲产品生产领用 A 材料 60 000 元、B 材料 30 000 元；乙产品生产领用 A 材料 25 000 元、B 材料 15 000 元；车间一般耗费领用 A 材料 10 000 元。

该项经济业务的发生，使企业库存 A 材料减少 95 000(60 000+25 000+10 000)元、B 材料减少了 45 000(30 000+15 000)元，应分别记入"原材料——A 材料"和"原材料——B 材料"账户的贷方；根据材料领用用途，甲产品生产发生直接材料 90 000(60 000+30 000)元、乙产品生产发生直接材料 40 000(25 000+15 000)元、车间发生间接生产费用 10 000 元，应分别记入"生产成本——甲产品""生产成本——乙产品""制造费用"账户的借方。

编制会计分录如下：

借：生产成本——甲产品	90 000	
——乙产品	40 000	
制造费用	10 000	
贷：原材料——A 材料		95 000
——B 材料		45 000

【例 4—23】 吉春公司根据当月的考勤记录和产量记录等计算分配本月生产车间应付职工工资。其中，生产甲产品工人工资 40 000 元，生产乙产品工人工资 18 000 元，车间管理人员工资 15 000 元。①

该项经济业务的发生，一方面使企业应付职工薪酬增加了 73 000(40 000+18 000+15 000)元，应记入"应付职工薪酬——工资"账户的贷方；另一方面使甲产品直接人工费用增加了 40 000 元，乙产品直接人工费用增加了 18 000 元；间接人工费用增加了 15 000 元，应分别记入"生产成本——甲产品""生产成本——乙产品""制造费用"账户的借方。

编制会计分录如下：

借：生产成本——甲产品	40 000
——乙产品	18 000
制造费用	15 000

① 企业根据所在地政府规定，按工资总额一定比例计提的社会保险、住房公积金、工会经费等也应记入"应付职工薪酬"账户，并根据受益对象计入相应成本费用账户中。

贷:应付职工薪酬——工资　　73 000

【例 4—24】 吉春公司于月末计提本月车间机器设备折旧 20 200 元。

该项经济业务的发生,一方面使企业固定资产的累计折旧增加 20 200 元,应记入"累计折旧"账户的贷方;另一方面使企业间接生产费用增加了 20 200 元,应记入"制造费用"账户的借方。

编制会计分录如下:

借:制造费用　　20 200

　贷:累计折旧　　20 200

【例 4—25】 吉春公司用现金 800 元购买车间的办公用品。

该项经济业务的发生,一方面使企业间接生产费用增加了 800 元,应记入"制造费用"账户的借方;另一方面使企业库存现金减少 800 元,应记入"库存现金"账户的贷方。

编制会计分录如下:

借:制造费用　　800

　贷:库存现金　　800

【例 4—26】 吉春公司于月末将本月发生的制造费用 46 400 元,分配计入甲产品和乙产品的生产成本。其中,应计入甲产品生产成本的制造费用为 32 000 元,应计入乙产品生产成本的制造费用为 14 400 元。

该项经济业务的发生,一方面使企业甲产品和乙产品的生产费用分别增加了 32 000 元和 14 400 元,应记入"生产成本——甲产品""生产成本——乙产品"账户的借方;另一方面制造费用结转(减少),应记入"制造费用"账户的贷方。

编制会计分录如下:

借:生产成本——甲产品　　32 000

　　　　　——乙产品　　14 400

　贷:制造费用　　46 400

【例 4—27】 吉春公司本月生产的甲、乙两种产品全部完工。其中,甲产品完工产成品总成本为 162 000 元,乙产品完工产成品总成本为 72 400 元。甲、乙产品均已入库,结转各自生产成本。

该项经济业务的发生,一方面使企业的库存甲产品增加了 162 000 元、乙产品增加了 72 400 元,应分别记入"库存商品——甲产品""库存商品——乙产品"账户的借方;另一方面使企业甲产品和乙产品的生产成本分别结转(减少)162 000 元和 72 400 元,应分别记入"生产成本——甲产品""生产成本——乙产品"账户的贷方。

编制会计分录如下:

借:库存商品——甲产品　　162 000

　　　　　——乙产品　　72 400

　贷:生产成本——甲产品　　162 000

　　　　　　——乙产品　　72 400

上述各项产品生产业务账户对应关系如图 4—23 所示。

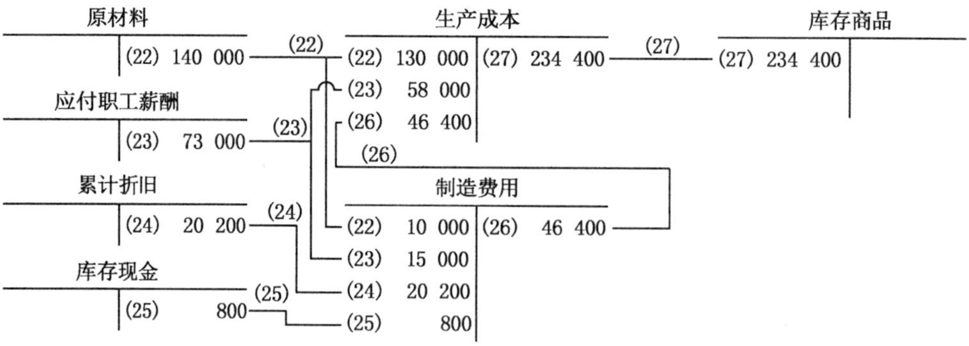

图 4—23 产品生产业务账户对应关系图

三、产品生产成本的计算

产品生产成本的计算指的是将企业生产过程中为制造产品所发生的各种费用按照一定的成本计算对象进行归集与分配，进而计算各种产品的总成本和单位成本。

计算产品生产成本，首先，应确定成本计算期。产品成本计算期通常是定期按月进行的。对于单件小批生产、生产周期较长的产品，也可以将生产周期作为成本计算期。其次，应按产品品种、批次或生产步骤确定成本计算对象，然后将生产过程中发生的应计入产品生产成本的各项生产费用分配计入各相应成本计算对象。最后，计算各相应产品的总成本与单位成本。

（一）产品成本项目的确定

企业在生产经营活动过程中会发生经济利益的流出，通常表现为资产耗费或债务的形成。在工业企业中，这些费用发生的地点不同，有些发生在车间，有些发生在管理部门，有些发生在销售机构；发生用途或目的不同，有些为产品生产而发生，有些为产品销售而发生，有些为管理和组织生产经营活动而发生。这些费用按其是否与产品的制造过程及产量有直接关系，一部分计入产品成本，被称为生产费用；一部分不计入产品成本，被称为期间费用。

在进行产品成本计算过程中，应分清生产费用与期间费用的界限。生产费用指的是工业企业在产品生产过程中发生的、用货币表现的生产耗费。生产费用最终将归集、分配到一定种类的产品上去，从而形成各种产品的成本。期间费用，则是指与产品的产量、产品的制造过程无直接关系，不能直接归属于某个特定产品成本，列入当期损益的费用，包括销售费用、管理费用、财务费用和研发费用。

生产费用在计入相应产品成本时，应按其经济用途分类，被称为产品成本项目。产品成本项目主要包括直接材料、直接人工及制造费用。

（1）直接材料，指企业在生产产品和提供劳务过程中所耗费的、直接用于产品生产、构成产品实体的原材料、主要材料、外购半成品、包装物、燃料、动力及其他有助于产品形成的辅助材料等。

（2）直接人工，指企业在生产产品和提供劳务过程中，直接从事产品生产和提供劳务的人员工资、津贴、补贴和福利费等薪酬费用。

(3)制造费用,指企业为组织和管理车间生产活动而发生的各项间接费用,如生产车间管理人员的工资及福利费等职工薪酬、办公费、水电费、机器设备的折旧费、劳动保护费等。总之,制造费用指的是企业为生产多种产品而共同发生的,需要在多种产品之间进行分摊的各种间接耗费。这些耗费在发生的时候不能直接记入某一特定产品的成本,需要先行归集,然后采用合理的标准分配记入相应的产品项目。

(二)生产费用的归集与分配

企业应根据成本计算对象设置生产成本明细账,用以归集和分配应计入产品成本的生产费用。成本计算对象的确定是正确计算产品成本的前提,也是区分各种成本计算方法的主要标志。

根据不同类型生产的特点和管理要求,产品成本计算的基本方法主要包括以下三种:一是以产品品种为成本计算对象,简称品种法;二是以产品批别为成本计算对象,简称分批法;三是以产品生产步骤为成本计算对象,简称分步法。这三种基本方法的适用范围如表 4—8 所示。

表 4—8　　三种产品成本计算基本方法的适用范围

产品成本计算方法	成本计算对象	生产类型		
		生产组织特点	生产工艺特点	成本管理
品种法	产品品种	大量大批生产	单步骤生产	
			多步骤生产	不要求分步计算成本
分批法	产品批别	单件小批生产	单步骤生产	
			多步骤生产	不要求分步计算成本
分步法	生产步骤	大量大批生产	多步骤生产	要求分步计算成本

除上述三种基本方法外,在产品的品种、规格繁多的工业企业中,为简化成本计算,也可以采用分类法;在定额管理工作有一定基础的工业企业中,为配合和加强生产费用和产品成本的定额管理,还可以采用定额法。分类法、定额法等均属于产品生产成本计算的辅助方法。关于具体的成本计算方法,将在后续成本会计学中加以阐述。本书仅以品种法为例介绍产品生产成本计算最基本的方法。

拓展阅读:成本计算的基本要求

成本计算正确与否,将直接影响企业财务报告的合规性和税务申报的合法性。为此,企业进行成本计算应满足如下基本要求。

1. 严格执行成本开支范围和费用开支标准。即严格执行国家相关法律法规中关于哪些费用开支可以列入成本、哪些费用开支不能列入成本,以及某些费用支出的数额、比例所做的有关规定。

2. 正确划分各种支出、费用和成本的界限,包括正确划分资本性支出与收益性支出的界限,正确划分产品生产成本与期间费用的界限,正确划分不同期间成本费用界限,正确划分各种不同资产的成本界限,正确划分完工产品与在产品的费用界限等。

3. 做好各项成本计算的基础工作。例如,建立和健全成本计算的原始记录,建立和健全材料物资的计量、验收、领退、盘点制度,制定和完善各种消耗定额及企业内部结算价格等。

4. 遵循权责发生制的要求。即,按支出义务的实际发生确认成本费用,而不考虑其款项的具体支付时间。

5. 选择适合本企业经营特点和管理要求的成本计算方法,如品种法、分批法和分步法。成本计算方法一经确定,在会计环境没有发生新的变化之前,一般不应经常变动。因此,企业应慎重选择成本计算方法,从而更准确、及时地计算企业的各项成本。

以产品品种为成本计算对象的企业,如果只生产一种产品,在计算产品生产成本时,只需为这种产品开设一本"生产成本"明细账,账内按照成本项目设立专栏或专行即可。在这种情况下,所有发生的生产费用均属于直接计入的费用,直接记入该产品"生产成本"明细账,无需在各种产品之间分配生产费用。

在生产多种产品的企业里,则需要根据产品品种分别开设"生产成本"明细账。生产过程中发生的费用需要区分哪些是直接生产费用、哪些是间接费生产费用。直接生产费用可以直接记入相应产品的"生产成本"明细账;间接生产费用则需要先记入"制造费用"账户,在月末按照一定的标准(如生产工人工资、生产工时、机器设备的运转台时等)在各种产品之间进行合理的分配,然后记入各产品"生产成本"明细账。

制造费用分配的相关计算公式如下:

制造费用分配率=制造费用总额÷生产工人工资总额(或生产工时总额)

某种产品应负担的制造费用=该种产品生产工人工资(或生产工时)×制造费用分配率

制造费用分配结转后,"生产成本"明细账户的借方归集了产品生产过程中所发生的直接材料、直接人工和制造费用等全部生产费用。在此基础上,即可进行完工产品成本计算,即将归集在"生产成本"明细账中的生产费用总额采用适当的分配方法在完工产成品和在产品之间进行分配,进而计算完工产成品的总成本和单位成本。

完工产品成本的简单计算公式如下:

完工产品生产成本=期初在产品成本+本期发生的生产费用-期末在产品成本

生产费用在完工产成品与在产品之间的分配,是成本计算中一个既重要又复杂的问题,关于这方面的具体内容,将在后续成本会计学中进行阐述。

现举例说明产品生产成本计算方法。

【例 4-28】 承【例 4-22】~【例 4-27】,吉春公司本月生产甲、乙两种产品发生的生产费用如表 4-9 所示。

表 4—9 **各项生产费用资料** 单位:元

产品名称	直接材料	直接人工	制造费用
甲产品	90 000	40 000	46 400
乙产品	40 000	18 000	
合计	130 00	58 000	46 400

月末甲产品完工入库 500 件,乙产品完工入库 400 件。

假定无期初在产品,且本月生产的甲、乙产品全部完工。根据上述资料,计算甲、乙产品生产成本如下。

(1)将本月发生的直接材料、直接人工,分别依据会计分录(见【例 4—22】【例 4—23】)登记在甲、乙产品生产成本明细分类账的相应成本项目内,如表 4—10、表 4—11 所示。

表 4—10 **"生产成本"明细分类账**

产品名称:甲产品

20×4 年		凭证号码	摘 要	借 方			
月	日			直接材料	直接人工	制造费用	合 计
略	略	略	生产领用 A 材料	60 000			60 000
			生产领用 B 材料	30 000			30 000
			生产工人工资		40 000		40 000

表 4—11 **"生产成本"明细分类账**

产品名称:乙产品

20×4 年		凭证号码	摘 要	借 方			
月	日			直接材料	直接人工	制造费用	合 计
略	略	略	生产领用 A 材料	25 000			25 000
			生产领用 B 材料	15 000			15 000
			生产工人工资		18 000		18 000

(2)将本月发生的制造费用,采用一定的分配方法,分配计入甲、乙两种产品生产成本(假定按生产工人工资比例进行分配)。

本月发生制造费用=10 000+15 000+20 200+1 200=46 400(元)

制造费用分配率=46 400÷(40 000+18 000)=0.8

甲产品应付负担的制造费用=40 000×0.8=32 000(元)

乙产品应负担的制造费用=18 000×0.8=14 400(元)

根据上述计算结果编制会计分录(见【例 4—26】),并据以登记在甲、乙两种产品生产成本明细分类账相应项目内,如表 4—12、表 4—13 所示。

表 4—12　　"生产成本"明细分类账

产品名称:甲产品

20×4 年		凭证号码	摘　要	借　方			
月	日			直接材料	直接人工	制造费用	合　计
略	略	略	生产领用 A 材料	60 000			60 000
			生产领用 B 材料	30 000			30 000
			生产工人工资		40 000		40 000
			分配制造费用			32 000	32 000
			本期发生额	90 000	40 000	32 000	162 000
			结转完工产成品成本(500 件)	90 000	40 000	32 000	162 000

表 4—13　　"生产成本"明细分类账

产品名称:乙产品

20×4 年		凭证号码	摘　要	借　方			
月	日			直接材料	直接人工	制造费用	合　计
略	略	略	生产领用 A 材料	25 000			25 000
			生产领用 B 材料	15 000			15 000
			生产工人工资		18 000		18 000
			分配制造费用			14 400	14 400
			本期发生额	40 000	18 000	14 400	72 400
			结转完工产成品成本(400 件)	40 000	18 000	14 400	72 400

(3)根据表 4—12、表 4—13 中甲、乙产品生产成本明细分类账相关数据,以及甲、乙产品本月完工情况,编制完工产成品生产成本计算表,如表 4—14 所示。

表 4—14　　完工产成品生产成本计算表　　单位:元

成本项目	甲产品(500 件)		乙产品(400 件)	
	总成本	单位成本(元/件)	总成本	单位成本(元/件)
直接材料	90 000	180	40 000	100
直接人工	40 000	80	18 000	45
制造费用	32 000	64	14 400	36
合　计	162 000	324	72 400	181

完工产成品成本计算表编制完成后,应据以编制会计分录(见【例 4—27】),然后根据会计分录登记在"生产成本"明细账(见表 4—12 和表 4—13)。

第五节　销售业务的核算

工业企业经过生产过程,产品完工并验收入库之后,就进入了销售环节。通过销售活动,一方面企业要交付商品,缴纳销售税金,发生运输、包装、广告等销售费用,产生经济利益的流出；另一方面则要按照确定的销售价格收取价款，产生经济利益的流入。也就是说，在销售过程中，企业一方面要结转已售商品的销售成本、销售税金和销售费用；另一方面要确认销售收入，计算相应的增值税销项税额。销售收入要补偿销售成本、销售税金和销售费用，补偿之后的差额即为企业销售业务的财务成果（利润或亏损）。因此，产品销售业务是企业生产经营活动的最后阶段，是实现企业产品价值的关键。

具体而言，产品销售业务核算主要涉及以下业务内容。

（1）收入的确认与计量。收入确认的关键是收入应该在什么时间入账，收入计量则是指收入应以多少金额入账。收入的确认与计量，直接关系到企业经营成果和财务状况能否得到准确的报告。根据 2017 年修订的《企业会计准则第 14 号——收入》要求，企业应遵循一定的判断依据和流程对收入进行确认和计量。

拓展阅读：收入确认和计量的相关规定

根据 2017 年新收入准则，收入确认和计量大致分为五步：(1)识别与客户订立的合同；(2)识别合同中的单项履约义务；(3)确定交易价格；(4)将交易价格分摊至各单项履约义务；(5)履行各单项履约义务时确认收入。其中，第一步、第二步和第五步主要与收入的确认有关，第三步和第四步主要与收入的计量有关。

在确认收入时，企业首先应判断该项履约业务属于在某一时点履行的履约义务还是某一时段内履行的履约义务。某一时点履约的义务通常指的是在特定时间点完成的履约责任，这类义务的特点是服务或商品的交付在某一明确的时刻完成，并且在此之后不需要进一步的实质性工作或行动。例如，一般商品销售业务、专利等知识产权转让、一次性的咨询服务等就属于某一时点履行的履约义务。某一时间段内履约的义务通常指的是在一段连续的时间内履行的义务，这种义务的特点是服务或商品交付不是在单一时点完成，而是需要一段时间内的持续努力或行动。例如，提供定期维护服务、订阅服务、建筑合同、租赁合同、电信服务、保险合同等就属于某一时间段内履约的义务。

对于在某一时段内履行的履约义务，企业应当选取恰当的方法来确定履约进度，据以确认收入；对于在某一时点履行的履约义务，企业应当综合分析控制权转移的迹象，在履行了合同中的履约义务且客户取得商品的控制权时确认收入。

（2）增值税销项税额的计算。在销售过程中，增值税一般纳税人要按照销售商品或提供劳务所适用的增值税税率计算增值税的销项税额。

（3）货款结算。销售过程中，企业应向购买方收取的货款包括商品价款、增值税销项税额及代垫款等。货款结算方式与销售方式有关，包括现金销售、赊销、预售款销售等不同情况。

（4）结转已售商品成本。已出售的商品成本应作为营业成本计入当期损益，与相关收入相配比，以计算当期经营成果。

本期主营业务成本＝本期销售商品的数量×单位商品的生产成本

其中,单位商品生产成本的确定,应考虑期初库存的商品成本和本期入库的商品成本情况,根据企业采取的存货发出计价方法(如先进先出法、一次加权平均法或个别计价法)等来确定。关于存货发出计价方法和销售成本的计算,将在本书第八章"财产清查"中进行介绍。

(5)销售税金。企业在生产经营过程应向国家税务机关缴纳各种销售税金及附加,主要有消费税、城市维护建设税、资源税、教育费附加及车船税、房产税、城镇建设使用税和印花税等相关税费。其中,部分税费应根据当月销售额或税额,按照规定的税率计算,于下月初缴纳。

(6)销售费用。销售费用是指企业销售商品和材料、提供劳务的过程中发生的各种费用。工业企业的销售费用包括企业在销售商品过程中发生的保险费、包装费、展览费和广告费、商品维修费、预计产品质量保证损失、运输费、装卸费等,以及为销售本企业商品而专设的销售机构(含销售网点、售后服务网点等)的职工薪酬、折旧费等经营费用。企业发生的与专设销售机构相关的固定资产修理费用等后续支出也属于销售费用。

另外,企业的经营活动按性质不同,可分为销售商品、提供劳务和让渡资产使用权三大类;按经营业务的主次不同,分为主营业务和其他业务。不同类型的企业,其主营业务和其他业务的区分不尽相同。一个企业的主营业务可能是另一企业的其他业务。同一企业,在不同期间其主营业务和其他业务的区分也可能不是固定不变的。工业企业中,一般将其自产产品的销售业务和提供与产品相关的安装、维修、技术服务等劳务归为主营业务,原材料销售、闲置资产对外出租等则归为其他业务。

一、主营业务收支的核算

为核算企业主营业务收入的实现和销售成本的结转,应设置"主营业务收入""应收账款""应收票据""预收账款""主营业务成本"等主要账户。

(一)设置的主要账户

1."主营业务收入"账户

(1)账户的性质:损益(收入)类。

(2)账户的用途:用来核算企业销售产品、提供工业性劳务等日常经营活动(主营业务)所取得的收入。

(3)账户的结构:贷方登记已确认的主营业务收入,即主营业务收入的增加额;借方登记销售退回、折让冲减的产品销售收入以及期末转入"本年利润"账户的数额;期末结转后,该账户应无余额。

"主营业务收入"账户结构如图 4—24 所示。

借方	主营业务收入 贷方
(1)销售退回和销售折让 (2)期末转入"本年利润"账户的主营业务净收入	实现的主营业务收入

图 4—24 "主营业务收入"账户的结构

（4）明细分类账户的设置：该账户应按主营业务的种类设置明细分类账，进行明细核算。

2.“应收账款”账户

（1）账户的性质：资产类。

（2）账户的用途：用来核算企业因赊销商品、提供劳务等而形成的应收未收款项。不单独设置“预收账款”账户的企业，预收的账款也可以在该账户核算。

（3）账户的结构：借方登记应向购买方收取的账款；贷方登记已收回或注销的账款；期末余额在借方，表示期末尚未收回的应收账款。

“应收账款”账户结构如图 4—25 所示。

借方　应收账款	贷方
发生的应收账款（增加）	收回的应收账款（减少）
余额：期末尚未收回的应收账款	

图 4—25　“应收账款”账户的结构

（4）明细分类账户的设置：该账户应按购货单位设置明细分类账，进行明细核算。

3.“应收票据”账户

（1）账户的性质：资产类。

（2）账户的用途：用来核算企业因销售商品、提供劳务等而收到的商业汇票（包括商业承兑汇票和银行承兑汇票）的增减变动及其结余情况。

（3）账户的结构：借方登记企业收到的商业汇票；贷方登记已到期或转让的商业汇票；期末余额在借方，表示期末持有的尚未到期的商业汇票。

“应收票据”账户结构如图 4—26 所示。

借方　应收票据	贷方
本期收到的商业汇票（增加）	本期到期（或转让）的商业汇票
余额：期末尚未收回的商业汇票	

图 4—26　“应收票据”账户的结构

（4）明细分类账户的设置：该账户可按债务人（开出或承兑商业汇票的单位）设置明细分类账户，进行明细核算。同时，为了解每一应收票据的结算情况，企业还应设置“应收票据备查簿”，逐笔登记每一笔应收票据种类、编号、出票日等详细资料，票据到期结清票款后，在备查簿内逐笔注销。

4.“预收账款”账户

（1）账户的性质：负债类。

（2）账户的用途：用来核算企业按照合同规定向购买方预先收取的订货款的增减变动及其结余情况。

（3）账户的结构：贷方登记企业预收订货款的增加；借方登记企业提供产品或劳务时冲减的预收货款；期末余额一般在贷方，表示尚未提供产品或劳务的预收账款结余额；若为借方余额，则表示应由购买方补付的款项。

“预收账款”账户结构如图 4—27 所示。

借方　　　　预收账款	贷方
用产品或劳务偿付的预收款项	收到的预收订货款的增加
余额：期末购货方应补付的款项	余额：期末预收款项的结余额

图 4—27 “预收账款”账户的结构

(4)明细分类账户的设置：该账户应按购货单位设置明细分类账，进行明细核算。

对于预收账款业务不多的企业，可以不单独设置“预收账款”账户，而将预收的款项记入“应收账款”账户。

5.“主营业务成本”账户

(1)账户的性质：损益(费用)类。

(2)账户的用途：用来核算企业因销售产品、提供劳务等主营业务活动发生的实际成本及其结转情况。

(3)账户的结构：借方登记已销售产品或已提供劳务的实际成本；贷方登记期末转入“本年利润”账户的数额；结转后，该账户应无余额。

“主营业务成本”账户结构如图 4—28 所示。

借方　　　　主营业务成本	贷方
本期发生的主营业务成本	期末转入“本年利润”账户的主营业务成本

图 4—28 “主营业务成本”账户的结构

(4)明细分类账户的设置：该账户应按产品(或劳务)等主营业务种类设置明细分类账，进行明细核算。

(二)核算举例

【例 4—29】 吉春公司销售一批甲产品，价款为 120 000 元，增值税销项税额为 15 600 元，款项通过银行转账支付。

该项经济业务的发生，一方面使企业的银行存款增加 135 600(120 000＋15 600)元，应记入“银行存款”账户的借方；另一方面企业可以确认产品销售收入增加 120 000 元，应记入“主营业务收入”账户的贷方；增值税销项税额增加 15 600 元，应记入“应交税费——应交增值税”账户的贷方。

编制会计分录如下：

借：银行存款　　135 600
　贷：主营业务收入——甲产品　　120 000
　　应交税费——应交增值税(销项税额)　　15 600

【例 4—30】 吉春公司赊销一批乙产品，价款为 50 000 元，增值税销项税额为 6 500 元，销货发票已开出，款项尚未收到。

该项经济业务的发生，一方面使企业的应收账款增加 56 500 元，应记入“应收账款”账户的借方;另一方面企业可以确认产品销售收入增加 50 000 元,应记入“主营业务收入”账户的贷方;增值税销项税额增加 6 500 元,应记入“应交税费——应交增值税”账户的贷方。

编制会计分录如下:

借:应收账款　　56 500

　贷:主营业务收入——乙产品　　50 000

　　应交税费——应交增值税(销项税额)　　6 500

【例 4—31】 吉春公司销售甲产品,价款为 160 000 元,增值税销项税额为 20 800 元,收到购买方签发并承兑的商业汇票一张。

该项经济业务的发生,一方面使企业的应收票据增加 180 800(160 000+20 800)元,应记入“应收票据”账户的借方;另一方面企业可以确认产品销售收入增加 160 000 元,应记入“主营业务收入”账户的贷方;增值税销项税额增加 20 800 元,应记入“应交税费——应交增值税”账户的贷方。

编制会计分录如下:

借:应收票据　　180 800

　贷:主营业务收入——甲产品　　160 000

　　应交税费——应交增值税(销项税额)　　20 800

【例 4—32】 吉春公司收到某企业预付款 60 000 元,用于购买乙产品,款项已存入银行。

该项经济业务的发生,一方面使企业的银行存款增加 60 000 元,应记入“银行存款”账户的借方;另一方面使企业的预收款项增加 60 000 元,应记入“预收账款”账户的贷方。

编制会计分录如下:

借:银行存款　　60 000

　贷:预收账款　　60 000

【例 4—33】 承【例 4—32】,吉春公司向上述企业发出乙产品,价款为 55 000 元,增值税销项税额为 7 150 元,余款尚未收到。

该项经济业务的发生,一方面,企业可以确认产品销售收入增加 55 000 元,应记入“主营业务收入”账户的贷方;应交增值税销项税额增加 7 150 元,应记入“应交税费——应交增值税”账户的贷方;另一方面,企业冲销预收账款 60 000 元,应记入“预收账款”账户借方;余款 2 150(55 000+7 150−60 000)元尚未收到,应记入“应收账款”账户借方。

编制会计分录如下:

借:预收账款　　60 000

　应收账款　　2 150

　贷:主营业务收入——乙产品　　55 000

　　应交税费——应交增值税(销项税额)　　7 150

该项经济业务也可以编制如下会计分录:

借:预收账款　　62 150

　贷:主营业务收入——乙产品　　55 000

应交税费——应交增值税(销项税额) 7 150

此时,“预付账款”账户将出现借方余额 2 150 元,该借方余额属于资产,反映企业应向购货单位或接受劳务单位收取的款项。

【例 4—34】 月末计算并结转本月已售产品的生产成本,经计算本月已售甲产品的生产成本为 113 400 元,乙产品的生产成本为 38 010 元。

该项经济业务的发生,一方面使企业的甲产品和乙产品的主营业务成本分别增加了 113 400 和 38 010 元,应分别记入“主营业务成本——甲产品”和“主营业务成本——乙产品”账户的借方;另一方面使企业甲产品和乙产品的库存分别减少了 113 400 元和 38 010 元,应分别记入“库存商品——甲产品”和“库存商品——乙产品”账户的贷方。

编制会计分录如下:

借:主营业务成本——甲产品 113 400
　　　　　　　——乙产品 38 010
　贷:库存商品——甲产品 113 400
　　　　　　——乙产品 38 010

上述各项主营业务收支业务账户对应关系如图 4—29 所示。

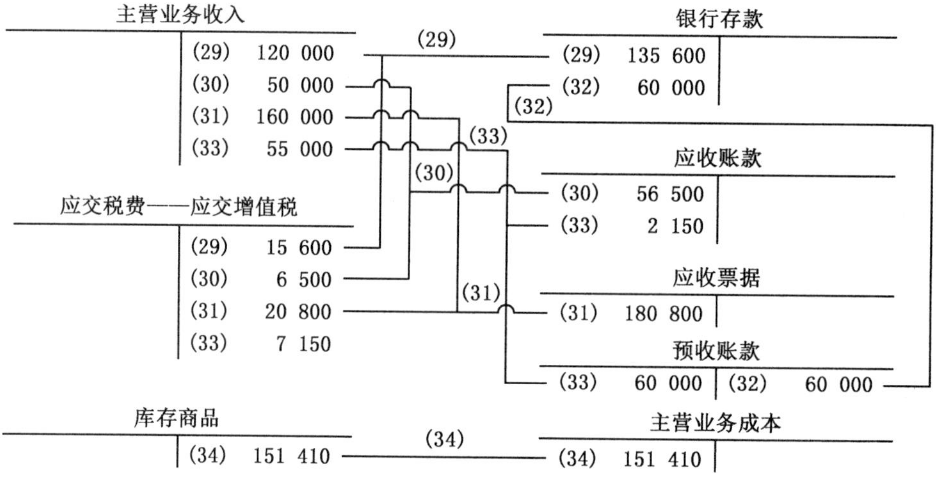

图 4—29 主营业务收支业务账户对应关系图

二、其他业务收支的核算

其他业务收入和支出的确认原则与计量方法与主营业务基本相同,但相对主营业务而言,没有那么严格,核算相对也比较简单。为核算企业其他业务收入的实现和销售成本的结转,应设置“其他业务收入”“其他业务成本”等主要账户。

(一)设置的主要账户

1.“其他业务收入”账户

(1)账户的性质:损益(收入)类。

(2)账户的用途:用来核算企业除主营业务以外的其他业务收入的实现及结转情况。

(3)账户的结构:贷方登记已确认的其他业务收入,即其他业务收入的增加额;借方登记期末转入"本年利润"账户的数额;结转后,该账户应无余额。

"其他业务收入"账户结构如图 4—30 所示。

借方	其他业务收入　　　　　　　　贷方
期末转入"本年利润"账户的其他业务收入	实现的其他业务收入(增加)

图 4—30 "其他业务收入"账户的结构

(4)明细分类账户的设置:该账户应按其他业务的种类设置明细分类账,进行明细核算。

2."其他业务成本"账户

(1)账户的性质:损益(费用)类。

(2)账户的用途:用来核算企业因销售材料、出租包装物、出租固定资产、出租无形资产等其他业务活动而发生的相关成本、费用等。例如,销售材料的成本、出租包装物的成本或摊销额、出租固定资产的折旧额、出租无形资产的摊销额等。

(3)账户的结构:借方登记企业因销售材料、出租包装物等其他业务活动发生的相关成本、费用;贷方登记期末转入"本年利润"账户的数额;结转后,该账户应无余额。

"其他业务成本"账户结构如图 4—31 所示。

借方	其他业务成本　　　　　　　　贷方
本期发生的其他业务成本(增加)	期末转入"本年利润"账户的其他业务成本

图 4—31 "其他业务成本"账户的结构

(4)明细分类账户的设置:该账户应按其他业务的种类设置明细分类账,进行明细核算。

(二)核算举例

【例 4—35】 吉春公司销售了一批 A 材料,销售价款为 12 000 元,增值税销项税额为 1 560 元,款项已收。

该项经济业务的发生,一方面使企业银行存款增加 13 560(12 000+1 560)元,应记入"银行存款"账户的借方;另一方面,材料销售属于其他业务,企业可以确认其他业务收入增加 12 000 元,应记入"其他业务收入"账户的贷方;增值税销项税额 1 560 元,应记入"应交税费——应交增值税"账户的贷方。

编制会计分录如下:

借:银行存款　　13 560

　贷:其他业务收入——A 材料　　12 000

　　应交税费——应交增值税(销项税额)　　1 560

【例 4—36】 吉春公司对外出租一台机器设备,收到租用方支付的本月租金 30 000 元,款项已存入银行(假定不考虑增值税)。

该项经济业务发生，一方面使企业银行存款增加 30 000 元，应记入“银行存款”账户借方；另一方面，设备对外出租属于其他业务，企业可以确认其他业务收入增加 30 000 元，应记入“其他业务收入”贷方。

编制会计分录如下：

借：银行存款　　　　30 000

　　贷：其他业务收入——设备租金　　　　30 000

【例 4—37】 承【例 4—35】，月末，吉春公司结转上述已销售 A 材料的实际成本 5 632 元。

该项经济业务的发生，一方面使企业的材料销售成本增加 5 632 元，确认为其他业务支出，应记入“其他业务成本”账户的借方；另一方面使企业库存材料减少 5 632 元，应记入“原材料——A 材料”账户的贷方。

编制会计分录如下：

借：其他业务成本　　　　5 632

　　贷：原材料——A 材料　　　　5 632

【例 4—38】 承【例 4—36】，经计算，吉春公司本月对外出租的机器设备应计提折旧 5 000 元。

该项经济业务的发生，一方面应确认为企业的其他业务支出增加 5 000 元，应记入“其他业务成本”账户的借方；另一方面使企业累计折旧增加 5 000 元，应记入“累计折旧”账户的贷方。

编制会计分录如下：

借：其他业务成本　　　　5 000

　　贷：累计折旧　　　　5 000

上述各项其他业务收支业务账户对应关系如图 4—32 所示。

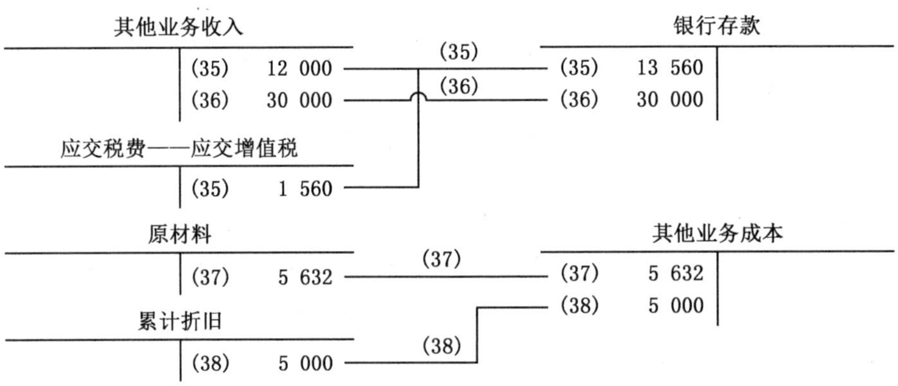

图 4—32 其他业务收支业务账户对应关系图

三、销售税金和销售费用的核算

企业在产品销售的过程中，除取得销售收入并结转销售成本外，还应按国家有关税法规定，计算缴纳企业销售活动应负担的税金及附加。此外，还会发生销售产品的运输费、装卸费、包装费和广告费等。为核算企业销售环节的税费的发生及变动情况，应设置相应的账户。

（一）设置的主要账户

1.“税金及附加”账户

（1）账户的性质：损益（费用）类。

（2）账户的用途：用来核算企业开展经营活动过程中发生的税金及附加（包括消费税、城市维护建设税、资源税、教育费附加等相关税费）。

（3）账户的结构：借方登记按照规定标准计算出的各种税金及附加；贷方登记期末转入“本年利润”账户的数额；结转后，该账户应无余额。

“税金及附加”账户结构如图 4—33 所示。

借方 税金及附加	贷方
本期应负担的税金及附加	期末转入“本年利润”账户的税金及附加

图 4—33 “税金及附加”账户的结构

（4）明细分类账户的设置：该账户应按税金及附加的类别设置明细分类账，进行明细核算。

拓展阅读：税金及附加的核算内容

除增值税外，企业还需要缴纳的税项主要有企业所得税、附加税费（包括城市维护建设税、教育费附加、地方教育费附加）、印花税、房产税、车船税、土地使用税等。另外，特殊行业还会涉及消费税、关税、资源税等。

并不是所有的税费都通过“税金及附加”账户核算。企业所得税通常在利润表中单独列示，不属于“税金及附加”账户的核算范围。企业代扣代缴的员工个人所得税，作为应付职工薪酬的一部分处理，通常也不记入“税金及附加”账户。一般纳税人通过进项税额和销项税额的抵扣机制来缴纳的增值税，也不通过“税金及附加”账户核算。

需要注意的是，会计准则和税法可能会调整和变化，涉及企业税金及附加的会计处理应根据最新的会计准则和税法规定来确定。

2.“销售费用”账户

（1）账户的性质：损益（费用）类。

（2）账户的用途：用来核算企业在销售产品过程中发生的、为销售本企业产品而专设的销售机构（含销售网点、售后服务网点等）发生的职工薪酬、办公费、折旧费等。

（3）账户的结构：借方登记发生的各种销售费用；贷方登记期末转入“本年利润”账户的数额；结转后，该账户应无余额。

“销售费用”账户结构如图 4—34 所示。

借方	销售费用　　　　　　　　　贷方
本期发生的各项销售费用	期末转入“本年利润”账户的销售费用

图 4—34　“销售费用”账户的结构

(4)明细分类账户的设置:该账户应按费用项目设置明细分类账,进行明细核算。

(二)核算举例

【例 4—39】 吉春公司以银行存款支付本月销售产品的广告费 8 000 元。

该项经济业务的发生,一方面使企业销售费用增加了 8 000 元,应记入“销售费用”账户的借方;另一方面使企业银行存款减少了 8 000 元,应记入“银行存款”账户的贷方。

编制会计分录如下:

借:销售费用　　　　　　　　　8 000
　　贷:银行存款　　　　　　　　　8 000

【例 4—40】 月末,吉春公司计算并提取本月销售网点员工应付工资 18 000 元。

该项经济业务的发生,一方面使企业销售费用增加了 18 000 元,应记入“销售费用”账户的借方;另一方面使企业应付职工薪酬增加了 18 000 元,应记入“应付职工薪酬”账户的贷方。

编制会计分录如下;

借:销售费用　　　　　　　　　18 000
　　贷:应付职工薪酬——工资　　　　18 000

【例 4—41】 月末,按规定计算本月吉春公司应交城市维护建设税 3 612.7 元、教育费附加 1 548.3 元。

该项经济业务发生,一方面使企业税金及附加费用增加 5 161(3 612.7+1 548.3)元,应记入“税金及附加”账户的借方;另一方面使企业应交城市维护建设税增加 3 612.7 元、教育费附加增加了 1 548.3 元,应分别记入“应交税费——应交城市维护建设税”“应交税费——应交教育费附加”账户贷方。

编制会计分录如下:

借:税金及附加　　　　　　　　5 161
　　贷:应交税费——应交城市维护建设税　　3 612.7
　　　　　　　——应交教育费附加　　　　1 548.3

上述各项销售税金及销售费用业务的账户对应关系如图 4—35 所示。

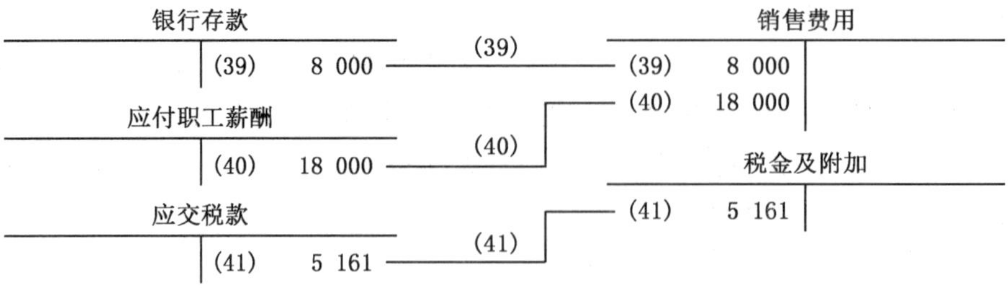

图 4—35　销售税金及销售费用业务账户对应关系图

第六节　利润形成与分配业务的核算

一、利润形成与分配业务概述

作为一个以营利为目的的经济组织，企业能否生存和发展，与企业是否能在保证经营活动合法、合规和可持续性的前提下实现利润的最大化密切相关。所谓利润，是指企业在一定期间所实现的最终财务结果，是衡量企业经营状况与经济效益的重要综合性指标，是各有关方面对一个企业进行财务预测或投资决策的重要依据。

（一）利润的构成与计算

利润是企业在一定期间取得的最终财务成果，是一个综合性指标，不仅包括企业经营活动的财务结果，还包括企业投资活动以及与企业生产经营活动没有直接关系的营业外活动的财务结果。为了清晰地反映企业的经营成果和盈利能力，利润被划分为多个层次，这些层次主要包括营业利润、利润总额和净利润。

利润指标各个层次的计算公式如下：

营业利润＝营业收入－营业成本－税金及附加－销售费用－管理费用－研发费用－财务费用－资产减值损失＋其他收益＋投资收益（－投资损失）＋公允价值变动收益（－公允价值变动损失）＋资产处置收益（－资产处置损失）

其中，营业收入包括主营业务收入和其他业务收入；营业成本包括主营业务成本和其他业务成本；销售费用、管理费用、研发费用和财务费用是期间费用，是不能直接归属于某个特定资产的成本，应直接计入当期损益的各种费用；资产减值损失是企业计提各种资产减值准备形成的损失；其他收益主要指的是与企业日常活动直接相关的政府补助；投资收益（损失）是企业以各种方式对外投资所取得的净收益（或发生的净损失），是企业对外投资所获得的利润、股利和利息等投资收入减去投资损失后的净额；公允价值变动收益（损失）是指企业交易性金融资产等公允价值变动形成的应计入当期损益的利得（或损失）；资产处置收益（损失）是企业处置非流动资产产生的利得（或损失）。

利润总额＝营业利润＋营业外收入－营业外支出

其中，营业外收入是企业发生的与其日常经营性活动无直接关系的各种利得，如非流动资产毁损报废利得、债务重组利得、与企业日常活动无关的政府补助、盘盈利得、捐赠利得等；营业外支出是指企业发生的与其日常经营性活动无直接关系的各种损失，如非流动资产毁损报废损失、债务重组损失、公益性捐赠支出、非常损失、固定资产盘亏损失等。

净利润＝利润总额－所得税费用

其中，所得税费用是指企业确认的应从当期利润总额中扣除的所得税费用。

（二）利润分配的顺序与要求

利润分配是指企业根据法律、董事会或类似权力机构提请股东大会或类似批准机构批准的，对企业可供分配利润按规定的程序在有关方面所进行的分配。

可供企业分配的利润主要由两部分组成：一是本年度实现的净利润；二是企业在以前年度实现但未在以前年度分配完，留待后续年度分配的利润。即：

可供企业分配的利润＝本年实现的净利润＋年初未分配利润

在不存在用当年利润弥补亏损的情况下，企业实现的净利润通常按以下顺序进行分配：

(1)按净利润的一定比例(10％)计提法定盈余公积。法定盈余公积金达到注册资本的50％时可不再提取。提取的法定盈余公积主要用于弥补以前年度亏损或转增资本金。但转增资本金后留存的法定盈余公积金不得低于注册资本的25％。

(2)按净利润的一定比例计提任意盈余公积。任意盈余公积的计提标准由股东大会确定。如确因需要，经股东大会同意后，也可用于分配。

(3)向投资者分配利润或股利。企业以前年度未分配利润，可以并入本年度分配。

二、利润形成过程的核算

根据利润形成的计算公式，利润形成业务的核算不仅涉及产品生产与销售等业务活动，还涉及期间费用、财产清查、对外投资、营业外收支等业务活动。其中，财产清查业务将在本书第八章进行专门的介绍；对外投资等业务将在后续专业课程进行介绍。因此，本节将仅对利润形成过程中必不可少的期间费用[①]、营业外收支业务进行介绍。

(一)设置的主要账户

1.“管理费用”账户

管理费用是指企业行政管理部门为组织和管理生产经营活动而发生的各种费用，主要包括企业行政管理部门人员薪酬、差旅费、办公费、折旧费、业务招待费，以及应记入管理费用的各种税金、坏账损失、存货跌价损失等。

(1)账户的性质：损益(费用)类。

(2)账户的用途：用来核算管理费用的发生和结转情况。

(3)账户的结构：借方登记实际发生的各项管理费用；贷方登记期末转入“本年利润”账户的管理费用；结转后，该账户无余额。

“管理费用”账户结构如图4－36所示。

借方 管理费用	贷方
本期发生的各项管理费用	(1)本期发生的应冲减管理费用数 (2)期末转入“本年利润”账户的管理费用

图4－36 “管理费用”账户的结构

① 期间费用中的财务费用和销售费用已经在筹资业务和销售业务的核算中进行了介绍，研发费用将在后续专业课程中进行介绍。因此，本节主要对管理费用的核算进行介绍。

(4)明细分类账户的设置:该账户应按费用项目设置明细分类账,进行明细核算。

2.“营业外收入”账户

(1)账户的性质:损益(收入)类。

(2)账户的用途:用来核算企业各项营业外收入的发生和结转情况。

(3)账户的结构:贷方登记取得的营业外收入(增加);借方登记期末转入“本年利润”账户的数额;结转后,该账户无余额。

“营业外收入”账户结构如图 4—37 所示。

借方 营业外收入	贷方
期末转入“本年利润”账户的营业外收入	发生的各项营业外收入

图 4—37 “营业外收入”账户的结构

(4)明细分类账户的设置:该账户应按收入具体项目设置明细分类账,进行明细核算。

3.“营业外支出”账户

(1)账户的性质:损益(费用)类。

(2)账户的用途:用来核算企业营业外支出的发生和结转情况。

(3)账户的结构:借方登记发生的各项营业外支出;贷方登记期末转入“本年利润”账户的数额;结转后,该账户应无余额。

“营业外支出”账户结构如图 4—38 所示。

借方 营业外支出	贷方
发生的各项营业外支出	期末转入“本年利润”账户的营业外支出

图 4—38 “营业外支出”账户的结构

(4)明细分类账户的设置:该账户应按支出具体项目设置明细分类账,进行明细核算。

4.“所得税费用”账户

(1)账户的性质:损益(费用)类。

(2)账户的用途:用来核算企业按有关规定应从当期损益中扣除的所得税费用的计算及结转情况。

(3)账户的结构:借方登记企业按规定计算的本期应纳所得税额;贷方登记期末转入“本年利润”账户的数额;结转后,该账户应无余额。

“所得税费用”账户结构如图 4—39 所示。

借方 所得税费用	贷方
应记入本期损益的所得税费用	期末转入“本年利润”账户的所得税费用

图 4—39 “所得税费用”账户的结构

(4)明细分类账户的设置:该账户无须设置明细分类账户。

拓展阅读:所得税

所得税,是按征税对象分类的一个大类,它是以各种所得额为课税对象的税种。在我国,所得税主要包括两个大类:企业所得税和个人所得税。其中,企业所得税针对企业和其他经济组织,对其生产经营所得和其他所得进行征税,其税率和计算方法会根据企业的类型、规模和行业等因素有所不同。这里的"所得"指的是自然人、法人和其他经济组织从事生产、经营、投资等活动所获得的收入,扣除为取得这些收入所需费用后的余额。具体来说,对企业或公司纳税人而言,所得税的征税对象通常是销售收入额扣除成本费用和缴纳流转税金、损失后的生产经营所得和其他所得;而对个人来说,则是指按国家税法规定应纳税的各种个人所得。

企业所得税通常是按年计算,分期预交。按年计算的基本公式为:

企业所得税=应纳税所得额×适用税率

式中,应纳税所得额是企业每一纳税年度的收入总额减去准予扣除项目金额后的余额。其计算公式为:

应纳税所得额=纳税年度的收入总额-准予扣除项目的金额

在实际工作中,应纳税所得额是在利润总额的基础上调整计算确定的。其计算公式为:

应纳税所得额=利润总额±税前调整项目

分期预交所得税的计算公式为:

当期应纳所得税=当期累计应纳所得税额-上期累计已缴纳所得税额

当期累计应纳所得税额=当期累计应纳税所得额×适用税率

5."本年利润"账户

(1)账户的性质:所有者权益类。

(2)账户的用途:用来核算企业一定时期内实现的净利润或发生的净亏损情况。

(3)账户的结构:贷方登记期末转入的各收入类账户的数额;借方登记期末转入的各费用类账户的数额。将收入与费用相抵后,如收入大于费用,即为贷方余额,表示本期实现的净利润;如费用大于收入,即为借方余额,表示本期发生的净亏损。

在年度中间,该账户各期余额不予转账,表示截至本期累计实现的净损益。年末,则应将该账户余额转入"利润分配"账户,结转贷方余额(净利润)时,借记该账户,贷记"利润分配"账户;结转借方余额(净亏损)时,做相反的会计分录。结转后,该账户应无余额。

"本年利润"账户结构如图4-40所示。

本年利润

借方	贷方
从有关费用账户转入的： (1)主营业务成本 (2)其他业务成本 (3)税金及附加 (4)销售费用 (5)管理费用 (6)财务费用 (7)营业外支出 (8)所得税费用等	从有关收入账户转入的： (1)主营业务收入 (2)其他业务收入 (3)投资收益 (4)营业外收入等
余额：累计发生的净亏损	余额：累计实现的净利润

图 4—40　“本年利润”账户的结构

(4)明细分类账户的设置：该账户一般不设置明细分类账户。

拓展阅读：账结法和表结法

按照我国会计规范的要求，企业一般应当按月核算利润，按月核算利润有困难的，经批准后也可以按季或按年核算利润。因此，企业计算确定本期利润总额、净利润和本年累计利润总额、累计净利润的具体方法有“账结法”和“表结法”两种。

“账结法”是指在会计期末(一般是指月末)，将当期的各项收入、费用类账户的余额全部转入“本年利润”账户，然后计算利润总额和净利润的一种方法。在账结法下，每个会计期间都可以得出一个完整的利润表。但是，账结法需要频繁地进行转账，增加了会计工作的复杂性。

表结法是指在会计期末不需要将收入、费用类账户的余额结转到“本年利润”账户，而是直接根据各收入、费用类账户的累计发生额编制利润表，年末时才将全年累计的发生额一次性转入“本年利润”账户。在表结法下，平时不需要进行转账，减少了转账环节，简化了会计工作。但是，表结法平时月末不编制完整的利润表，只有在年末时才编制完整的利润表，只有在年末时才计算全年的利润总额和净利润。

(二)核算举例

【例 4—42】　吉春公司支付董事会成员津贴及咨询费 12 000 元，款项已通过银行转账支付。

该项经济业务的发生，一方面使企业的银行存款减少 12 000 元，应记入“银行存款”账户的贷方；另一方面使企业管理费用增加 12 000 元，应记入“管理费用”账户的借方。

编制会计分录如下：

借：管理费用　　12 000

　　贷：银行存款　　12 000

【例 4—43】 吉春公司供应部经理王某预借差旅费 3 000 元，以库存现金支付。

该项经济业务的发生，一方面使企业其他应收款项增加，应记入“其他应收款”账户的借方；另一方面使企业库存现金减少，应记入“库存现金”账户的贷方。

编制会计分录如下：

借：其他应收款——王某　　3 000

　贷：库存现金　　3 000

【例 4—44】 承【例 4—43】，供应部经理王某出差归来，报销差旅费 2 850 元，交回现金 150 元。

该项经济业务的发生，一方面使企业的管理费用增加了 2 850 元，应记入“管理费用”账户的借方；库存现金增加了 150 元，应记入“库存现金”账户的借方；另一方面使企业的其他应收款项减少，应记入“其他应收款”账户的贷方。

编制会计分录如下：

借：管理费用　　2 850

　库存现金　　150

　贷：其他应收款　　3 000

【例 4—45】 月末，吉春公司计提本月管理人员工资 40 000 元。

该项经济业务的发生，一方面使企业的管理费用增加 40 000 元；另一方面使企业应付职工薪酬增加 40 000 元，应记入“应付职工薪酬”账户的贷方。

编制会计分录如下：

借：管理费用　　40 000

　贷：应付职工薪酬　　40 000

【例 4—46】 吉春公司收到一笔 50 000 元的捐赠款，款项已存入银行。

该项经济业务的发生，一方面使企业银行存款增加 50 000 元，应记入“银行存款”账户的借方；另一方面取得营业外收入 50 000 元，应记入“营业外收入”账户的贷方。

编制会计分录如下：

借：银行存款　　50 000

　贷：营业外收入　　50 000

【例 4—47】 吉春公司通过银行划转支付了一笔 3 000 元的行政罚款。

该项经济业务的发生，一方面使企业增加了一笔营业外支出 3 000 元，应记入“营业外支出”账户的借方；另一方面使企业银行存款减少 3 000 元，应记入“银行存款”账户的贷方。

编制会计分录如下：

借：营业外支出　　3 000

　贷：银行存款　　3 000

【例 4—48】 月末，吉春公司有关收入类账户的贷方发生额分别为：主营业务收入 385 000 元，其他业务收入 42 000 元，营业外收入 50 000 元。结转至“本年利润”账户。

该项转账业务，涉及“主营业务收入”“其他业务收入”“营业外收入”“本年利润”四个账户。结转时应将各收入账户类的贷方余额从各个收入类账户的借方转出，转入“本年利润”

账户的贷方。

编制会计分录如下：

借：主营业务收入　　385 000
　其他业务收入　　42 000
　营业外收入　　50 000
　贷：本年利润　　477 000

【例 4—49】 月末，吉春公司有关费用类账户的借方发生额分别为：主营业务成本 151 410 元，税金及附加 5 161 元，其他业务成本 13 000 元，管理费用 54 850 元，销售费用 26 000 元，财务费用 1 000 元，营业外支出 3 000 元。结转至“本年利润”账户。

该项转账业务，涉及“主营业务成本”“税金及附加”“其他业务成本”“销售费用”“管理费用”“财务费用”“营业外支出”“本年利润”八个账户。结转时应将各费用类账户的借方余额从各个费用类账户的贷方转出，转入“本年利润”账户的借方。

编制会计分录如下：

借：本年利润　　254 421
　贷：主营业务成本　　151 410
　　其他业务成本　　13 000
　　税金及附加　　5 161
　　管理费用　　54 850
　　销售费用　　26 000
　　财务费用　　1 000
　　营业外支出　　3 000

【例 4—50】 吉春公司本年度累计实现利润总额为 2 600 000 元，假设没有纳税调整项目，则该利润总额为企业本年度累计应纳税所得额。企业所得税适用税率为 25%，1—11 月份累计已缴纳所得税 540 000 元，计提 12 月份应交所得税 110 000（2 600 000×25%－540 000）元。

该项经济业务的发生，使企业的所得税费用和应交税费同时增加 110 000 元。所得税费用增加额，应记入“所得税费用”账户的借方；应交税费增加，应记入“应交税费——应交所得税”账户的贷方。

编制会计分录如下：

借：所得税费用　　110 000
　贷：应交税费——应交所得税　　110 000

【例 4—51】 将 12 月份发生的所得税费用 110 000 元转入“本年利润”账户。

结转所得税费用时，转入的金额应记入“本年利润”账户的借方；转出的金额应记入“所得税费用”账户的贷方。

编制会计分录如下：

借：本年利润　　110 000
　贷：所得税费用　　110 000

上述各项利润形成业务的账户对应关系如图 4—41 所示。

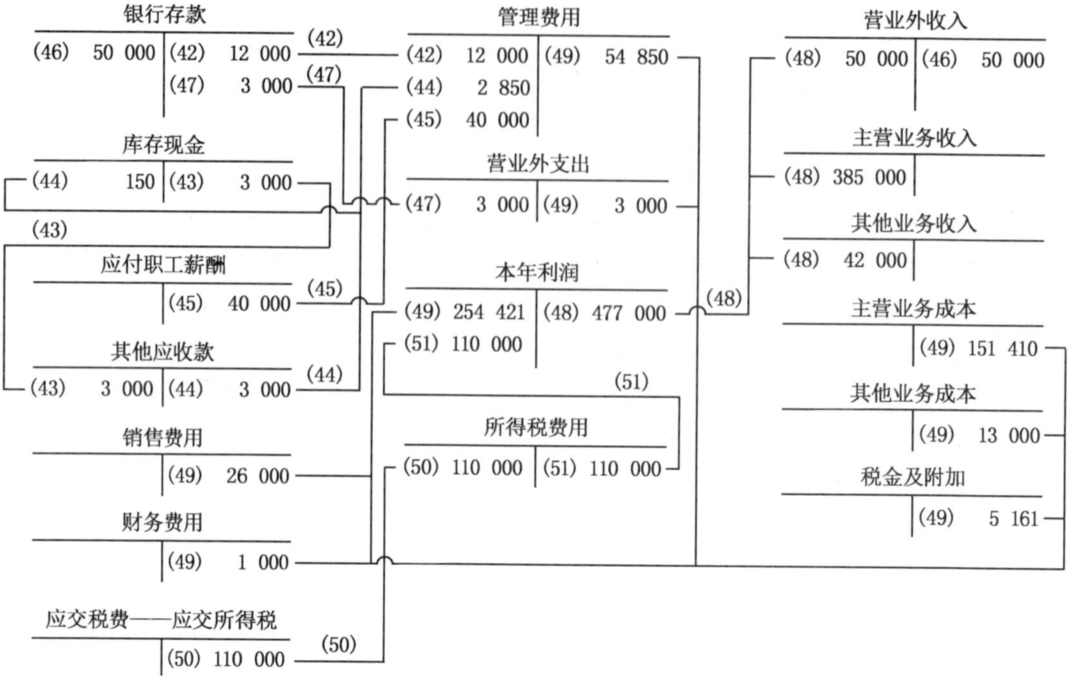

图 4—41 利润形成业务账户对应关系图

三、利润分配业务的核算

(一)设置的主要账户

为了开展利润分配业务的核算，一般应设置“盈余公积”“应付股利”“利润分配”等账户。

1.“盈余公积”账户

(1)账户的性质:所有者权益类。

(2)账户的用途:用来核算企业盈余公积(包括法定盈余公积和任意盈余公积)的增减变动及其结余情况。

(3)账户的结构:贷方登记从净利润中提取的盈余公积(增加);借方登记盈余公积的使用数额(减少);期末余额在贷方,表示企业未动用的盈余公积。

“盈余公积”账户结构如图 4—42 所示。

借方　　盈余公积	贷方
盈余公积的支用数(减少)	从净利润中提取的盈余公积(增加)
	期末余额:盈余公积结余额

图 4—42 “盈余公积”账户的结构

(4)明细分类账户的设置:该账户应按盈余公积的种类(即法定盈余公积和任意盈余公

积)设置明细分类账,进行明细核算。

2.“应付股利”账户

(1)账户的性质:负债类。

(2)账户的用途:用来核算企业按照股东大会或类似权力机构决议分配现金股利或利润的增减变动及其结余情况。

(3)账户的结构:贷方登记企业应付给投资者的现金股利或利润;借方登记实际支付的现金股利或利润;期末余额在贷方,表示尚未支付的现金股利或利润。投资者分配的股票股利不在本账户核算。

“应付股利”账户结构如图 4—43 所示。

借方　　　　应付股利	贷方
实际支付的现金股利或利润	已宣告应支付的现金股利或利润
	余额:应付未付的现金股利或利润

图 4—43 “应付股利”账户的结构

(4)明细分类账户的设置:该账户可按投资人设立明细分类账,进行明细核算。

3.“利润分配”账户

(1)账户的性质:所有者权益类。

(2)账户的用途:用来核算企业一定时期内净利润的分配(或亏损的弥补)和历年分配(或弥补)后结存的未分配利润(未弥补亏损)情况。

(3)账户的结构:贷方登记年终结转的本年实现的净利润;借方登记利润分配的数额。年终,该账户的余额如在贷方,则表示历年积存的未分配利润;如在借方,则表示历年积存的未弥补亏损。

“利润分配”账户结构如图 4—44 所示。

借方　　　　利润分配	贷方
实际分配的利润数: (1)提取盈余公积 (2)分配给投资者的利润等	年终从“本年利润”账户转入的全年实现的净利润
余额:年度中间为累计已分配利润,年末结账后为未弥补亏损	余额:年末未分配利润

图 4—44 “利润分配”账户的结构

(4)明细分类账户的设置:该账户应按利润分配项目设置“提取法定盈余公积”“应付现金股利或利润”“未分配利润”等明细分类账户,进行明细核算。

年度终了,应将“利润分配”账户下其他明细账户的余额转入“未分配利润”明细账户。

(二)核算举例

【例 4—52】 承【例 4—51】,经计算吉春公司全年实现净利润 1 950 000(2 600 000—650 000)元,并按净利润的 10%提取法定盈余公积 195 000(1 950 000×10%)元。

该项经济业务的发生,一方面使企业盈余公积增加 195 000 元,应记入“盈余公积”账户的贷方；另一方面使企业可供分配利润减少 195 000 元，应记入“利润分配”账户的借方。

编制会计分录如下：

借：利润分配——提取法定盈余公积　　195 000

　贷：盈余公积——法定盈余公积　　195 000

【例 4—53】 吉春公司根据利润分配方案，决定向投资者分配利润 80 000 元。

该项经济业务的发生，一方面使企业可供分配利润减少 80 000 元，应记入“利润分配”账户的借方；另一方面使企业应付利润负债增加 80 000 元，应记入“应付股利”账户的贷方。

编制会计分录如下：

借：利润分配——应付股利　　80 000

　贷：应付股利　　80 000

【例 4—54】 将全年实现的净利润 1 950 000 元转入“利润分配”账户。

该项转账业务，使企业所有者权益项目的一增一减，净利润自“本年利润”账户借方转出，转入“利润分配”账户贷方。

编制调整会计分录如下：

借：本年利润　　1 950 000

　贷：利润分配——未分配利润　　1 950 000

【例 4—55】 承【例 4—52】、【例 4—53】，将“利润分配”账户下其他明细账户的期末余额转入“利润分配——未分配利润”明细账。

这笔转账业务应根据账簿记录，编制会计分录如下：

借：利润分配——未分配利润　　275 000

　贷：利润分配——提取法定盈余公积　　195 000

　　　　　　——应付股利　　80 000

结转后，企业“本年利润”账户应无余额。“利润分配——未分配利润”明细账户的贷方余额，表示企业历年积存的未分配利润；假定吉春公司年初没有未分配利润，则其“利润分配——未分配利润”明细账户的年末贷方余额为 1 675 000(1 950 000－275 000)元。

上述各项利润分配业务的总分类核算结果如图 4－45 所示，明细分类核算结果如图 4－46 所示。

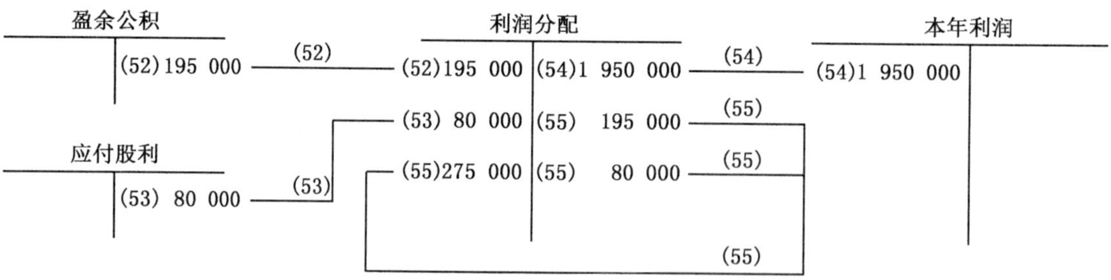

图 4—45 各项利润分配业务的总分类核算

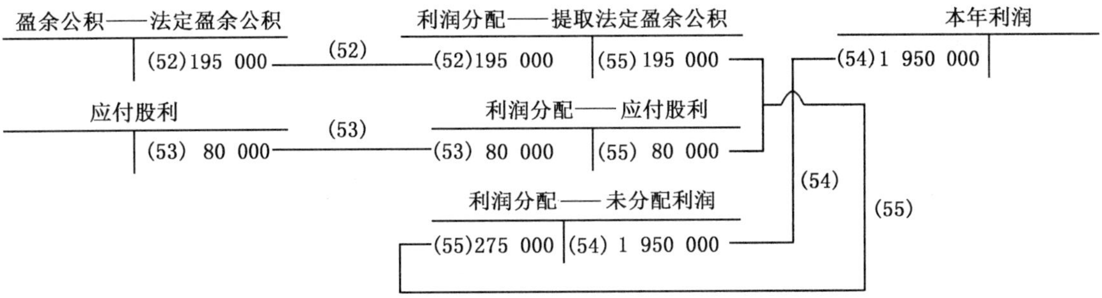

图 4—46　各项利润分配业务的明细分类核算

本章小结

本章在介绍工业企业主要经济业务及成本计算内容的基础上，阐述了以下内容：(1)资金筹集业务、生产准备业务、产品生产业务、产品销售业务及利润形成和分配业务中应设置的主要账户，且每类账户都从性质、用途、结构、明细分类账户设置四个方面展开讨论。(2)主要经济业务的核算方法，包括会计分录的编制，记账后形成的账户对应关系。(3)材料采购成本和产品生产成本的构成及成本计算方法。通过本章学习，要求学生掌握企业资金筹集、材料采购、产品生产、产品销售及利润形成和分配业务的核算方法，材料采购成本和产品生产成本的计算方法；理解企业经济业务与账务处理之间的逻辑关系，成本计算在会计管理中的作用；了解工业企业资金的循环与周转。

复习思考题

1. 工业企业有哪些主要经济业务？
2. 工业企业各主要经济业务的核算内容是什么？
3. 成本计算的一般程序有哪些？
4. 核算资金筹集业务应如何设置账户？其账户结构和账户之间的关系如何？
5. 核算生产准备业务应如何设置账户？其账户结构和账户之间的关系如何？
6. 材料采购成本由哪些项目构成？如何计算？
7. 核算产品生产业务应如何设置账户？其账户结构和账户之间的关系如何？
8. 产品生产成本由哪些项目构成？如何计算？
9. 核算销售业务应如何设置账户？其账户结构和账户之间的关系如何？
10. 核算利润形成业务应如何设置账户？其账户结构和账户之间的关系如何？
11. 核算利润分配业务应如何设置账户？其账户结构和账户之间的关系如何？

主要参考文献

1. 吴国萍:《基础会计学》,上海财经大学出版社 2019 年版。
2. 陈文铭:《会计学原理》,高等教育出版社 2022 年版。
3. 朱小平、秦玉熙、袁蓉丽:《基础会计》,中国人民大学出版社 2021 年版。

第五章

账户的分类

本章内容引言

本章是对第四章所设账户的归纳总结。第四章设置和运用了许多账户，虽然这些账户都有不同的核算内容，其用途、结构也不尽相同，但彼此间却存在着密切的联系，构成一个完整的账户体系。部分账户在某些方面又具有共性，如“利润分配”与“累计折旧”账户。为了更好地设置和运用账户，从不同角度把它们分成若干类别，找出同类账户的共性，可以帮助我们了解每类账户反映和监督的内容，明确区分账户的性质，正确运用账户所提供的核算资料；同时，还可以了解每类账户能提供什么指标和怎样提供这些指标，正确记录经济业务。

本章要点提示

- 账户分类的意义和原则
- 账户按其经济内容的分类
- 账户按其用途结构的分类
- 调整账户
- 跨期摊提账户
- 成本计算账户

第一节　账户分类的意义和原则

一、账户分类的意义

在第四章中，我们设置和运用了许多账户。例如，在资金筹集阶段设置了“实收资本”“资本公积”“短期借款”“财务费用”“应付利息”等账户；在生产准备阶段设置了“固定资产”“在建工程”“应交税费”“在途物资”“原材料”“应付账款”“应付票据”“预付账款”等账户；在产品生产过程中设置了“生产成本”“制造费用”“应付职工薪酬”“累计折旧”“库存商品”等账户；在产品销售过程中设置并运用了“主营业务收入”“主营业务成本”“应收账款”“应收票据”“预收账款”“税金及附加”“其他业务收入”“其他业务成本” 等账户；在财务成果的核算过程中设置并应用了“销售费用”“管理费用”“营业外收入”“营业外支出”“本年利润”“所得税费用”“利润分配”等账户。通过研究可以看出，这些账户有不同的核算内容，其用途、结构也不尽相同，但彼此间却存在着密切的联系，构成一个完整的账户体系，并且某些账户在某些方面又具有共性，如“利润分配”与“累计折旧”账户等。为了更好地设置和运用账户，应从不同角度把它们分成若干类别，找出同类账户的共性，以便深刻认识账户，为此要研究账户的分类。具体来说，研究账户分类具有以下意义：

首先，研究账户分类可以帮助我们了解每类账户反映和监督的内容，明确区分账户的性质，以便正确运用账户所提供的核算资料。例如，“制造费用”与“生产成本”账户具有共性，可以放在一起统称为成本类账户，它们所反映的都是应计入产品成本的生产费用，可据以提供成本费用指标。

其次，研究账户分类还能帮助我们了解每类账户能提供什么指标和怎样提供这些指标，便于正确记录经济业务。例如，“原材料”“库存商品”“库存现金”“银行存款”可放在一起统称为盘存账户，它们可以提供有关财产物资、货币资金的收入数、支出数及期初、期末结存数四大指标，而且分别通过账户的本期借方发生额、本期贷方发生额、期初余额及期末余额来提供。

二、账户分类的原则

（一）决定账户间差别的基本要素

第四章在研究个别账户时，是从账户的性质、用途、结构和提供指标的详细程度四个方面入手的，这四个方面正是一个账户区别于另一个账户的本质特征，因此，账户分类也应从这四个方面入手。

（1）账户的性质：是指账户所反映的会计对象的具体内容。

（2）账户的用途：是指通过账户记录能够提供哪些核算指标，也就是开设和运用账户的目的。

（3）账户的结构：是指在账户中怎样记录经济业务，以取得各种必要的核算指标，也就是账户的借方和贷方登记的内容、余额所在的方向及其表示的内容。

（4）账户所提供指标的详细程度：是指提供总括的还是具体的指标。账户按这一标准可分为总分类账户和明细分类账户，有关内容将在第七章阐述。

（二）账户分类的原则

账户的经济内容决定了账户的用途和结构。例如，“生产成本”账户从经济内容上看是成本类账户，所以，它只能反映构成产品生产成本的各项生产费用及转出的完工产品成本，而且借方记增加数，贷方记减少数。为此，账户应先按经济内容分类，然后在此基础上再按用途结构进行分类。

第二节 账户按其经济内容的分类

账户按其经济内容的分类，也就是按其所反映的会计对象的具体内容所做的分类。如前所述,会计对象的具体内容包括资产、负债、所有者权益、收入、费用和利润6项,其中费用是企业所发生的各种耗费,它应是一个广义的概念,既包括生产成本、期间费用,又包括其他费用,如其他业务成本、营业外支出。生产成本一般由直接材料、直接人工和制造费用构成,并分别在“生产成本”“制造费用”账户中反映,“生产成本”“制造费用”账户可统称为成本类账户。而用来反映期间费用和其他费用的账户,其发生额一般会减少本期利润;与之相对应,用来反映收入的账户,其发生额一般会增加本期利润。可将这些账户放在一起统称为损益类账户,而利润是全部收入减全部费用后的净额,属所有者权益。可见,账户按其经济内容可分为资产、负债、所有者权益、成本和损益五类。账户的这一分类,直接反映了企业的资金运动过程。

企业的资金运动过程分为静态和动态两个方面。资金运动的静态是指资金在某一时点(日期)的存在状态,是通过资产、负债、所有者权益账户的余额表示的;资金运动的动态是指资金在某一时期的显著变动状态,具体表现为成本及损益类账户的发生额,这些发生额除成本类账户外,都将汇集到本年利润账户上,并通过对比计算来增加或减少所有者权益。可见,上述五类账户全面反映了资金运动过程。

一、资产类账户

资产类账户是反映企业拥有或控制的、能以货币计量的经济资源的账户。资产类账户按其所反映资产的流动性,又分为反映流动资产的账户和反映非流动资产的账户两类。反映流动资产的账户有“库存现金”“银行存款”“交易性金融资产”“应收账款”“预付账款”“其他应收款”“应收票据”“原材料”“库存商品”“材料成本差异”“坏账准备”等账户,反映非流动资产的账户有“固定资产”“累计折旧”“在建工程”“无形资产”“长期待摊费用”“固定资产清理”“待处理财产损溢”等账户。

二、负债类账户

负债类账户是用来反映企业所承担的、能以货币计量的、需以资产或劳务偿付债务的账户。负债类账户按负债的偿还期限长短,一般分为反映流动负债的账户和反映长期负债的账户两类。反映流动负债的账户有“短期借款”“应付账款”“预收账款”“应付职工薪酬”“应交税费”“应付股利”“应付利息”“其他应付款”等账户,反映长期负债的账户主要是“长期借款”账户。

三、所有者权益类账户

所有者权益类账户是反映企业投资人对企业净资产所有权的账户。所有者权益类账户按其经济性质可分为:反映资本的账户,即“实收资本”账户和“资本公积”账户;留存收益账户,包括“盈余公积”“本年利润”和“利润分配”三个账户。

四、成本类账户

成本类账户是用来反映与生产产品相关的直接材料、直接人工和制造费用的账户,包括

"生产成本"账户和"制造费用"账户。其中,"生产成本"账户用来反映全部生产费用,期末余额在借方,表示在产品的成本,因此,它同时又是一个资产类账户。"制造费用"账户专门归集和分配为生产产品而发生的间接费用。

五、损益类账户

损益类账户是反映影响本期利润增减变动的各项收入和费用的账户。按其所反映的具体内容,又可分为收入账户和费用账户两类。收入账户包括"主营业务收入""其他业务收入""营业外收入"和"投资收益"账户,费用账户包括"主营业务成本""税金及附加""销售费用""财务费用""管理费用""其他业务成本""营业外支出""所得税费用"等账户。

账户按其经济内容的分类可用图 5－1 来表示。

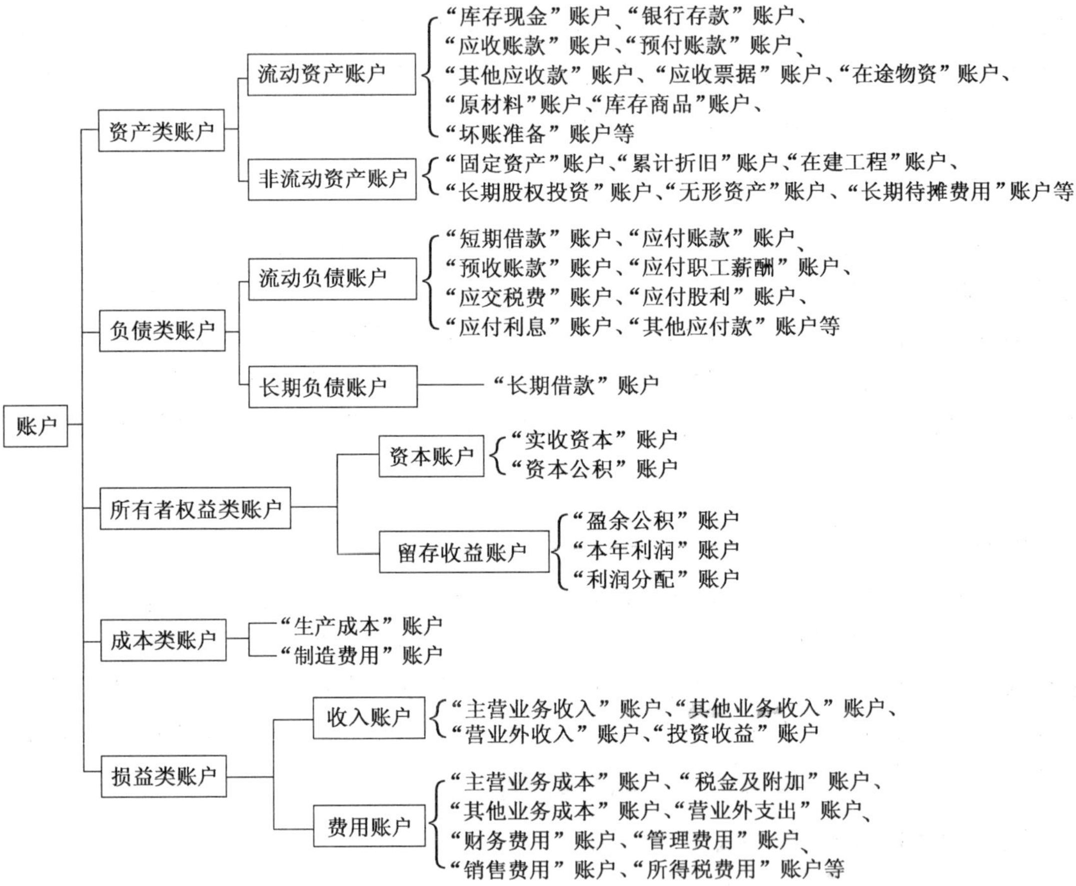

注:此图是按账户的主要经济内容分类的,其中的某些账户可以同时列入两个类别。例如"生产成本"账户,既是成本类账户,又是资产类账户。

图 5－1 账户按经济内容的分类

第三节　账户按其用途结构的分类

账户按其用途结构的分类是指账户在按经济内容分类的基础上，把用途结构相近的账户进行归类。账户按其用途结构可分为盘存账户、结算账户、调整账户、暂记账户、跨期摊提账户、计价对比账户、财务成果账户、所有者投资账户、集合分配账户、成本计算账户和损益计算账户十一类。

一、盘存账户

盘存账户是用来核算和监督各种财产物资和货币资金的增减变动及其结存情况的账户。这类账户是所有企业单位必须设置的账户。盘存账户的借方登记各项财产物资和货币资金的增加数（收入数），贷方登记减少数（支用数），余额在借方，表示各项财产物资和货币资金的结存数。盘存账户的基本结构如图 5－2 所示。

借方　　　　盘存账户	贷方
期初余额——期初财产物资或货币资金的结存额 发生额——本期财产物资或货币资金的增加数	发生额——本期财产物资或货币资金的减少数
期末余额——期末财产物资或货币资金的结存额	

图 5－2　盘存账户的基本结构

需要指出的是，盘存账户可以通过财产清查（实地盘点）的方法确定各项财产物资、货币资金的实存数，并查明实存与账存是否相符，检查实存的财产物资在经营管理上是否存在问题。这类账户除反映货币资金的账户外，都可设置数量金额式明细账，进行数量和金额两个方面的核算。

属于盘存账户的有“库存现金”“银行存款”“原材料”“库存商品”“固定资产”等账户。

二、结算账户

结算账户是用来核算和监督企业同其他单位或个人之间债权（应收款项）、债务（应付款项）结算情况的账户。结算账户按其具体用途和结构，可分为资产结算账户、负债结算账户、资产负债结算账户三类。

（一）资产结算账户

资产结算账户又称债权结算账户，是专门用来核算和监督企业同各个债务单位和个人之间的债权结算业务的账户。这类账户的借方登记债权的增加数，贷方登记债权的减少数，余额在借方，表示尚未收回的应收款。资产结算账户的基本结构如图 5－3 所示。

借方	资产结算账户 贷方
期初余额——期初债权实有额 发生额——本期债权增加额	发生额——本期债权减少额
期末余额——期末债权实有额	

图 5—3 资产结算账户的基本结构

资产结算账户主要有“应收账款”“预付账款”“应收票据”和“其他应收款”等账户。

（二）负债结算账户

负债结算账户又称债务结算账户，是专门用来核算和监督企业同各个债权单位或个人之间债务结算业务的账户。这类账户的贷方登记债务的增加（应付款或借入款），借方登记债务的减少（归还数），余额在贷方，表示期末债务的实有数。负债结算账户的基本结构如图 5—4 所示。

借方 负债结算账户	贷方
发生额——本期债务减少数	期初余额——期初债务实有数 发生额——本期债务增加数
	期末余额——期末债务实有数

图 5—4 负债结算账户的基本结构

负债结算账户主要有“短期借款”“应付账款”“应付职工薪酬”“应付票据”“预收账款”“应付股利”“应交税费”“应付利息”“其他应付款”“长期借款”等账户。

（三）资产负债结算账户

资产负债结算账户又称债权债务结算账户，是用来集中核算和监督企业与某一单位或个人之间发生债权债务结算业务的账户。由于往来结算业务的性质经常发生变动，有时企业处于债权人的地位，有时则处于债务人的地位，为了能在同一账户中集中反映企业与某单位或个人的债权债务增减变化，应设置资产负债结算账户。这类账户的借方登记债权的增加、债务的减少，贷方登记债务的增加、债权的减少。余额如在借方，则表示尚未收回的债权净额，即尚未收回的债权大于尚未偿付的债务的差额；余额如在贷方，则表示尚未偿付的债务净额，即尚未偿付的债务大于尚未收回的债权的差额。资产负债结算账户所属明细分类账户的借方余额之和与贷方余额之和的差额应当与总分类账户的余额相等。资产负债结算账户的结构如图 5—5 所示。

借方 资产负债结算账户	贷方
期初余额——期初债权大于债务的差额 发生额——（1）本期债权的增加 （2）本期债务的减少	或：期初余额——期初债务大于债权的差 发生额——（1）本期债务的增加 （2）本期债权的减少
期末余额——期末债权大于债务的差额	或：期末余额——期末债务大于债权的差额

图 5—5 资产负债结算账户的基本结构

资产负债结算账户主要指“其他往来”账户，该账户同时核算和监督企业其他应收款和其他应付款的增减变动情况和结果，其基本结构如图5—6所示。

借方　　　　其他往来	贷方
期初余额——期初其他应收款大于其他应付款的差额 发生额——(1)其他应收款的增加 (2)其他应付款的减少	或：期初余额——期初其他应付款大于其他应收款的差额 发生额——(1)其他应付款的增加 (2)其他应收款的减少
期末余额——期末其他应收款大于其他应付款的差额	或：期末余额——期末其他应付款大于其他应收款的差额

图5—6　“其他往来”账户的基本结构

此外，在不单设“预付账款”账户的情况下，用“应付账款”账户同时反映企业应付账款和预付账款的增减变动情况和结果时，“应付账款”账户就是一个资产负债结算账户；在不单设“预收账款”账户的情况下，用“应收账款”账户同时反映企业应收账款和预收账款的增减变动情况和结果时，“应收账款”账户也是一个资产负债结算账户。

【例5—1】　某企业经济业务较少，不单设“预收账款”账户，而是将“预收账款”在“应收账款”下一并反映，7月份发生以下经济业务(不考虑增值税)：

(1)销售产品一批，价值50 000元，款项尚未收到。

(2)收到客户订货款30 000元，下月发货。

(3)收回应收账款20 000元，款项已送存银行。

(4)发出产品一批，价值40 000元，货款上月已预收。

在“应收账款”账户(有期初余额5 000元)合并反映上述经济业务，如图5—7所示。

借方	应收账款		贷方
期初余额	5 000		
(1)本期债权的增加数	50 000	(2)本期债务的增加数	30 000
(4)本期债务的减少数	40 000	(3)本期债权的减少数	20 000
期末余额	45 000		

图5—7　“应收账款”账户同时反映“预收账款”示意图

三、调整账户

调整账户是用来调整某个账户(被调整账户)的余额，以求得被调整账户实际余额的账户。在会计核算中对资产和权益(负债和所有者权益)的某一个项目，往往需要用两种不同的数字来记录和反映，如固定资产、本年利润，为此就应为它们分设两个账户，一个账户用来记录和反映资产或权益的原始数字，另一个账户记录和反映对原始数字的调整数字，前者称为被调整账户，后者称为调整账户。调整账户与被调整账户是结合在一起的一组账户，将被调整账户的余额同调整账户的余额相加或相减，即可求得被调整账户的实际余额。

调整账户按其调整方式不同，可分为备抵账户、附加账户和备抵附加账户三类。

（一）备抵账户

备抵账户又称抵减账户，是用来抵减被调整账户的余额，以求得被调整账户实际余额的账户。其调整方式可用下列公式表示：

被调整账户的余额－备抵账户的余额＝被调整账户的实际余额

可见，被调整账户的余额与备抵账户的余额一定在相反的方向。如果被调整账户的余额在借方（或贷方），则备抵账户的余额一定在贷方（或借方）。

备抵账户按照被调整账户的性质，又可分为资产备抵账户和权益备抵账户两类。

1. 资产备抵账户

资产备抵账户是用来抵减某一资产账户（被调整账户）的余额，以求得该资产账户的实际余额的账户。例如，“累计折旧”账户就是“固定资产”账户的备抵调整账户。“固定资产”账户反映固定资产原始价值，“累计折旧”账户反映固定资产的累计损耗价值。“固定资产”账户的借方余额减去“累计折旧”账户的贷方余额后的差额，即为“固定资产”账户的实际余额（固定资产净值）。又如，“坏账准备”账户是“应收账款”账户的备抵调整账户。

2. 权益备抵账户

权益备抵账户是用来抵减某一权益账户（被调整账户）的余额以求得该权益账户的实际余额的账户。例如，盈利企业的“利润分配”账户就是“本年利润”账户的备抵账户。“本年利润”账户反映企业实现的累计利润，“利润分配”账户则反映累计利润分配数，用“利润分配”账户的借方余额抵减“本年利润”账户的贷方余额后的差额即为“本年利润”账户的实际余额（未分配利润）。

【例 5－2】 某企业当年盈利 1 000 万元，提取法定盈余公积 100 万元，提取任意盈余公积 50 万元，向投资者分配利润 400 万元，除此之外无其他利润分配项目。权益备抵账户如图 5－8 所示。

借方	利润分配	贷方
期末余额：已分配利润 5 500 000		

借方	本年利润	贷方
		期末余额：已实现利润 10 000 000

已实现利润 1 000 000 元－已分配利润 5 500 000 元＝未分配利润 4 500 000 元

图 5－8 权益备抵账户示意图

（二）附加账户

附加账户是用来增加被调整账户的余额，以求得被调整账户实际余额的账户。其调整方式可用下列公式表示：

被调整账户的余额＋附加账户的余额＝被调整账户实际余额

可见，被调整账户的余额与附加账户的余额一定在相同的方向。如果被调整账户的余额在借方（或贷方），则附加账户的余额一定在借方（或贷方）。如政策性亏损企业，如果实际亏损较计划亏损少，按规定可以分配一部分利润时，“利润分配”账户就是“本年利润”账户的附加调整账户，用“本年利润”账户的借方余额（累计亏损额）加上“利润分配”账户的借方余额，即为“本年利润”账户的实际余额（应弥补的亏损额）。

（三）备抵附加账户

备抵附加账户又称抵减附加账户，是兼有备抵账户和附加账户用途的账户，当其余额与被调整账户余额在相反方向时，其调整方式与备抵账户相同，因而起备抵账户的作用；当其余额与被调整账户余额在相同方向时，其调整方式与附加账户相同，因而起附加账户的作用。例如，在材料按计划成本进行日常核算的企业，“材料成本差异”账户就是“原材料”账户的备抵附加账户。此时，“原材料”账户的余额在借方，表示结存材料的计划成本，而“材料成本差异”账户的余额方向不确定，如为借方余额，表示材料实际成本大于计划成本的超支数，超支数加上“原材料”账户的借方余额，就是库存材料的实际成本；反之，如“材料成本差异”账户为贷方余额，则表示实际成本小于计划成本的节约数，节约数抵减“原材料”账户的借方余额后的差额，就是库存材料的实际成本。

四、暂记账户

暂记账户是用来核算和监督某些一时难以确定其应借应贷账户或最终转出金额的经济业务的账户。这类账户是一种过渡性账户，一旦确定了其应借应贷账户或计算出最终转出金额，即应进行转账。如企业发生财产物资的溢余或盘亏，在尚未查明原因或未经有关部门批准前不能确定其应借应贷账户，这时需要设置并应用“待处理财产损溢”账户予以反映，待查明原因，经有关部门批准之后，再作相应结转。“待处理财产损溢”账户便是一个暂记账户。

此外，对于企业的固定资产清理业务，由于其最终结果（实现净收入或发生净损失）尚不清楚，因而在清理中应先设置“固定资产清理”账户，待清理结束时再将其最终成果转出。“固定资产清理”账户也是一个暂记账户。

五、跨期摊提账户

跨期摊提账户是用来反映应由各个会计期间共同负担费用，并将其在各个会计期间内分摊的账户。这类账户的借方登记费用的发生或支付数，贷方登记应由各个会计期间负担的费用数。

跨期摊提账户主要是“长期待摊费用”账户。跨期摊提账户的基本结构如图5—9所示。

借方　　跨期摊提账户	贷方
期初余额——期初尚未摊销的待摊费用 发生额——本期费用支付数	或：期初余额——期初尚未支付的预提费用 发生额——本期费用的摊销或预提数
期末余额——期末尚未摊销的待摊费用	或：期末余额——期末尚未支付的预提费用

图5—9　跨期摊提账户的基本结构

六、计价对比账户

计价对比账户是用两种不同的计价标准反映同一项经济业务，并进行对比，借以确定其业务成果的账户。按计划成本进行材料日常核算的企业所设置的“材料采购”账户，就属于计价对比账户。该账户的借方登记材料的实际采购成本和节约差，贷方登记材料的计划成本和超支差，期末余额表示在途材料的实际成本。计价对比账户的结构如图5—10所示。

借方　　　　材料采购	贷方
(1)外购材料的实际成本(第一种计价) (2)贷差(节约差)	(1)外购材料的计划成本(第二种计价) (2)借差(超支差)
期末余额——在途材料的实际成本	

图5—10　计价对比账户的基本结构(以"材料采购"账户为例)

【例5—3】 假定吉春公司原材料按计划成本计价，原材料采购业务主要应用"材料采购""原材料"和"材料成本差异"账户核算，不涉及增值税事项。7月份发生以下经济业务：

(1)7月3日，购入甲材料一批，支付材料货款500元，运费70元。

(2)7月5日，甲材料验收入库，该批材料的计划成本为600元。

(3)7月10日，赊购乙材料一批，材料成本为890元，支付装卸费30元。

(4)7月13日，乙材料验收入库，该批材料的计划成本为900元。

(5)7月18日，购入丁材料一批，买价650元，运费50元，款项已付，材料正在运输途中。

原材料验收入库的同时结转材料成本差异，"材料采购"及直接相关的"原材料"和"材料成本差异"账户的登记结果如图5—11所示。

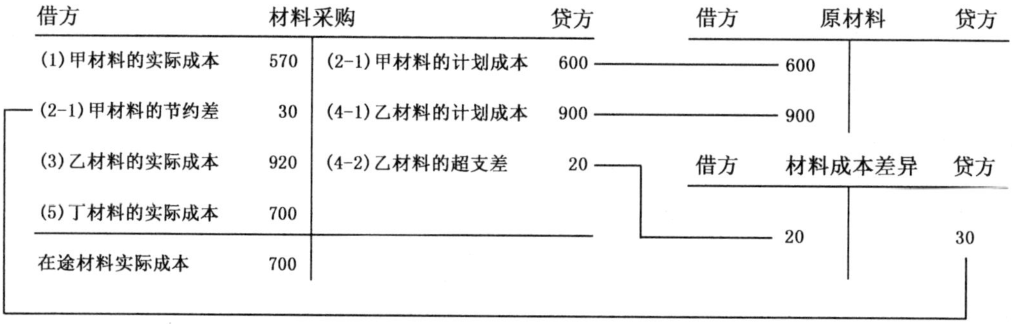

图5—11　材料采购计价对比账户示意图

七、财务成果账户

财务成果账户是用来核算和监督企业在一定时期内全部生产经营活动最终成果的账户。这类账户的贷方登记期末从各收入账户转入的营业收入、营业外收入和投资收益；借方登记期末从各成本费用账户转入的营业成本、销售税金、销售费用、管理费用、财务费用和营业外支出等；期末贷方余额表示企业实现的利润总额，若余额在借方则表示企业发生的亏损总额。属于财务成果账户的是"本年利润"账户。财务成果账户的基本结构如图5—12所示。

借方	财务成果账户 贷方
发生额——应计入本期损益的各项成本费用	发生额——本期实现的各项收入
期末余额——发生的亏损总额	期末余额——实现的利润总额

图 5—12 财务成果账户的基本结构

八、所有者投资账户

所有者投资账户是专门用来核算和监督企业所有者投资的增减变动和结存情况的账户。这类账户的结构是贷方登记各项资本、公积金的增加数；借方登记减少（支用）数；余额在贷方，表示资本、公积金的实有数额。所有者投资账户的基本结构如图 5—13 所示。

借方	所有者投资账户 贷方
发生额——本期资本、公积金的减少数	期初余额——期初资本、公积金的实有数 发生额——本期资本、公积金的增加数
	期末余额——期末资本、公积金的实有数

图 5—13 所有者投资账户的基本结构

所有者投资账户主要包括“实收资本”“资本公积”“盈余公积”账户。

九、集合分配账户

集合分配账户是用来归集和分配企业生产经营过程中某个阶段所发生某种费用的账户。企业在经营过程各个阶段所发生的需由多个成本计算对象共同负担的间接费用，一般都先通过集合分配账户来归集，然后再选择一定的标准将其分配计入各个成本计算对象。集合分配账户的借方登记费用的发生数，贷方登记费用的分配数，借方归集的费用一般于期末全部分配到各个成本计算对象中去，所以集合分配账户一般没有期末余额，如“制造费用”账户。集合分配账户的基本结构如图 5—14 所示。

借方	集合分配账户 贷方
发生额——本期某种费用的发生数	发生额——本期某种费用的分配数

图 5—14 集合分配账户的基本结构

十、成本计算账户

成本计算账户是用来核算和监督经营过程中某一阶段所发生的应计入成本的全部费用并确定各个成本计算对象实际成本的账户。这类账户的借方登记经营过程中某个阶段所发生的应计入成本的全部费用；贷方登记转出的已完成某个阶段的成本计算对象的实际成本。成本计算账户的基本结构如图 5－15 所示。

借方 成本计算账户	贷方
期初余额——期初尚未完成某个阶段的成本计算对象的实际成本 发生额——本期发生的应计入成本的全部费用	发生额——结转已完成某个阶段的成本计算对象的成本
期末余额——期末尚未完成该阶段的成本计算对象的实际成本	

图 5－15 成本计算账户的基本结构

成本计算账户主要包括“在途物资”“生产成本”等账户。

十一、损益计算账户

损益计算账户是用来核算和监督影响企业最终财务成果，即利润或亏损的各项收入和费用的账户。这类账户可分为反映收入、收益的账户和反映费用的账户两大类。这两大类账户的基本结构如图 5－16、图 5－17 所示。

借方 收入账户	贷方
发生额——期末转入“本年利润”账户的数额	发生额——本期实现的收入

图 5－16 损益计算账户——收入账户的基本结构

借方 费用账户	贷方
发生额——为实现本期收入发生的费用	发生额——期末转入“本年利润”账户的数额

图 5－17 损益计算账户——费用账户的基本结构

损益计算账户主要有“主营业务收入”“主营业务成本”“税金及附加”“销售费用”“其他业务收入”“其他业务成本”“财务费用”“管理费用”“投资收益”“营业外收入”“营业外支出”“所得税费用”等账户。

上述账户按用途结构的分类情况可用图 5－18 表示。

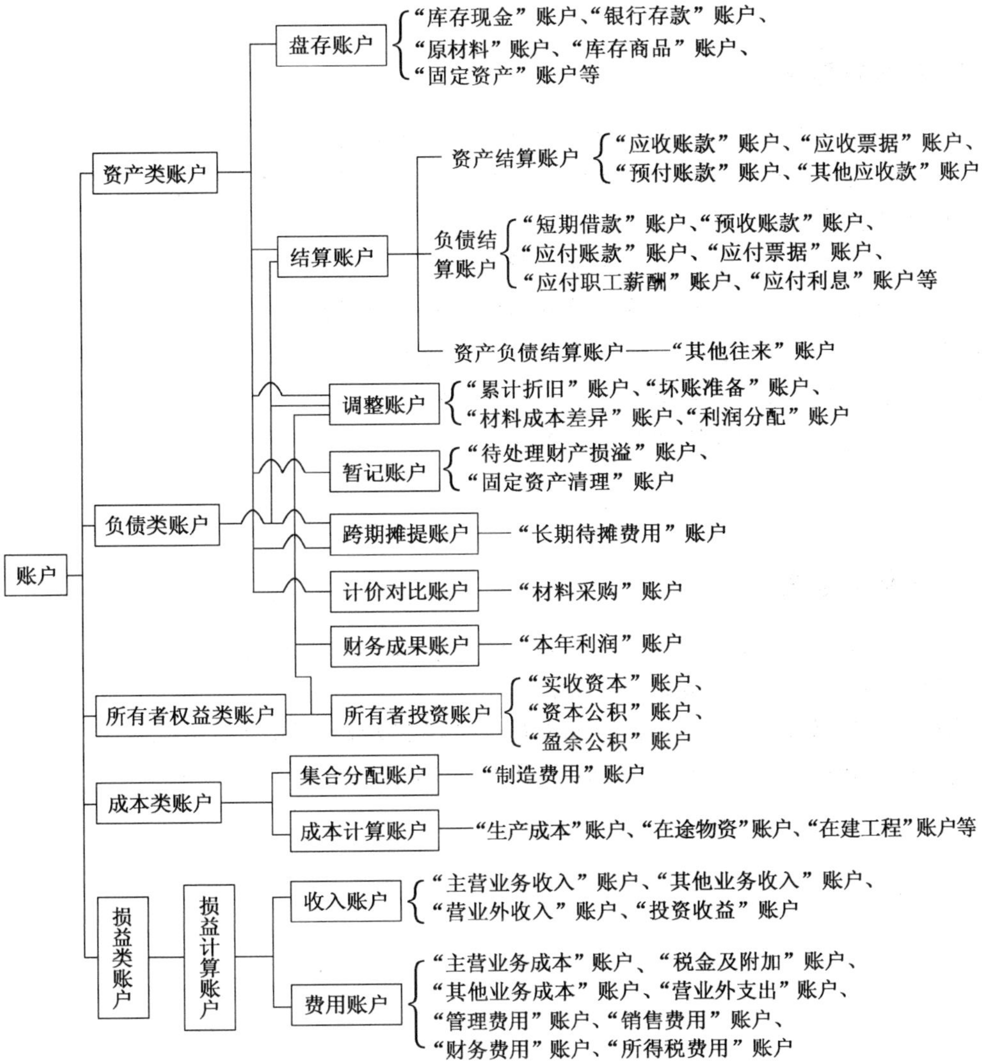

注：此图是按账户的主要用途和结构分类的，其中的某些账户可以同时列入两个类别。例如“生产成本”账户，既是成本计算账户，又是盘存账户。

图 5—18 账户按用途结构的分类

本章小结

本章在阐述了账户分类意义和原则的基础上，又按账户的经济内容和用途结构两种标准对其进行分类。本章重点阐述的是账户按用途结构的分类，对按用途结构分出的每类账户都从其用途、结构以及所包含的账户三个方面进行说明。通过学习，要求掌握账户按经济内容分为哪些类别、按用途结构分为哪些类别，各类账户能够提供什么性质的指标、如何提供这些指标；理解各类账户之间的联系和区别；了解账户分类的意义和原则及各类账户在提供核算指标方面的规律性。

复习思考题

1. 账户按经济内容可分为哪几类？这种分类的意义何在？
2. 账户按用途结构可分为哪几类？这种分类的意义何在？
3. 试述债权债务结算账户的设置原因及结构特点。
4. 集合分配账户与成本计算账户有何异同？
5. 集合分配账户与费用账户在用途和结构上有何异同？
6. 为什么设置跨期摊提账户？该类账户在结构上有何特点？
7. 为什么设置调整账户？调整账户有何特点？
8. 说明备抵账户与附加账户的联系和区别。

主要参考文献

1. 陈国辉、迟旭升:《基础会计》(第7版),东北财经大学出版社2021年版。
2. 李端生:《基础会计学》,中国财政经济出版社2012年版。
3. 朱小平、周华、秦玉熙:《初级会计学》(第九版),中国人民大学出版社2019年版。
4. 李相志:《基础会计学》,中国财政经济出版社2009年版。

第六章

会计凭证

本章内容引言

通过对有关账户和复式记账理论的学习可知，经济业务发生后，应运用复式记账方法，按规定的会计科目编制会计分录，然后根据会计分录登记有关的账户。实际工作中，经济业务和会计分录都体现在会计凭证上，是会计凭证记录的一部分(主要部分)，而这些会计凭证只有经过审核确认后才能作为记账的依据。本章专门研究填制和审核会计凭证方法，主要包括会计凭证的意义和种类，原始凭证的基本内容、填制和审核方法，记账凭证的内容、填制和审核方法。

本章要点提示

- 会计凭证及其分类
- 原始凭证的基本要素与填制要求
- 原始凭证的审核内容与方法
- 记账凭证的基本内容与填制要求
- 记账凭证的审核内容与方法

第一节　会计凭证概述

一、会计凭证的意义

会计凭证是记录经济业务，明确经济责任，并作为记账依据的书面证明。任何一个单位，每发生一项经济业务，都要按规定的程序和要求，认真办理凭证手续。首先，由经办人员在凭证上记录经济业务的日期、内容、数量和金额并签名盖章，有的会计凭证还应确定会计分录；其次，有关人员要对会计凭证的真实性、正确性、合理合法性进行严格的审核。填制和审核会计凭证是会计核算工作的第一步，是保证会计核算资料真实可靠，具有可验证性的重要环节，对如实反映和有效监督经济活动、充分发挥会计在经济管理中的作用具有重要意义。

首先，填制会计凭证能及时反映经济业务。各单位日常发生的经济业务，如货币的收付，物资的进出，费用的发生、归集和分配，收入的实现及利润的形成和分配等都要通过会计凭证的填制及时准确地记录下来，从而为分析检查经济业务提供重要的原始依据。

其次，审核会计凭证，能实现会计监督职能，使会计记录合理合法。会计凭证的审核是以国家的法规制度和各单位的计划、定额等为依据的，通过审核可以检查各项经济业务，看其是否合理合法，有无铺张浪费、贪污盗窃等损害国家财产的行为，有无违反财经纪律的现象，并及时发现经营管理中存在的问题，及时纠正，从而改善经营管理、提高经济效益。

另外，填制和审核会计凭证可以加强经济管理中的责任制。会计凭证从填制、审核到归档保管要经过若干个经办部门和人员，由其协同办理。各单位所发生的经济业务，在取得或填制凭证后，按规定的传递程序在经办部门和人员间传递，每到一处，每办完一道手续，都要由办理部门和人员签名盖章，以示负责。这既能分清经济责任，又可以加强内部牵制，从而相互促进、相互监督。

二、会计凭证的种类

会计凭证多种多样，按其填制程序和用途可分为原始凭证和记账凭证两类。

（一）原始凭证

原始凭证是在经济业务发生时由经办人员取得或填制的，用以证明经济业务的发生或完成情况，并作为记账原始依据的凭证。原始凭证是进行会计核算的原始资料和重要证据，是具有法律效力的书面证明。

原始凭证按其来源的不同，可分为自制原始凭证和外来原始凭证两种。

1. 自制原始凭证

自制原始凭证是由本单位内部经办业务的部门或人员在办理某项经济业务手续时自行填制的凭证。自制原始凭证按其填制手续的不同，又分为一次凭证、累计凭证、汇总原始凭证和记账编制凭证四种。

一次凭证是只反映一项或同时反映若干项同类性质经济业务，填制手续一次完成的凭证。例如，企业购进原材料验收入库时由仓库保管人员填制的“收料单”，出差人员报销时填制的“差旅费报销单”，均属一次凭证。“收料单”“差旅费报销单”的格式如图 6—1、图 6—2 所示。

（企 业 名 称）

供货单位________　　　　收　料　单　　　　凭证编号：

发票编号________　　　　年　月　日　　　　收料仓库

材料类别	材料编号	材料名称及规格	计量单位	数　量		金　额			
				应收	实收	单价	买价	运杂费	合计
备注：						合　计			

仓库保管员________　　　　收料人________

图 6—1　一次凭证示意图（收料单）

××单位差旅费报销单

出差人姓名________ 职别________ 级别________ 事由________ 出差起止日期： 共计 天

起止日期	车船飞机票			未购卧铺补助	出差补助费			住宿费	交通费	其他	合计金额
	种类	起止地点	金额		天数	标准	金额				
自 月 日 时至 月 日 时											
自 月 日 时至 月 日 时											
自 月 日 时至 月 日 时											
自 月 日 时至 月 日 时											
合计：人民币（大写）											
说　　明											

单位公章　　单位负责人　　领款人　　年 月 日报销

图 6—2　一次凭证示意图（差旅费报销单）

累计凭证是在一定时期内连续反映不断重复发生的若干项同类经济业务，填制手续分次完成的凭证。这种凭证可减少凭证数量，简化凭证的填制手续，并可起到事先控制材料费的作用。“限额领料单”就是一张累计凭证。限额领料单的格式如图 6—3 所示。

企　业　名　称

领料单位：　　限额领料单　　发料仓库：

用　　途：　　年　　月份　　编　　号：

材料类别	材料编号	材料名称及规格	计量单位	单价	全月领用限　额	全月实领	
						数量	金额

供应部门负责人（签章）　　生产部门负责人（签章）

日期	请　领		实　发			限额结余	退　库	
	数量	领料单位负责人	数量	发料人	领料人		数量	退料单编号
合计								

仓库负责人（签章）

图 6—3　累计凭证示意图（限额领料单）

汇总原始凭证是根据一定时期内（每旬或每月）若干张反映同类经济业务的原始凭证汇总填制的，用来集中反映某项经济业务总括情况的凭证。这种凭证可集中反映某项经济业务并可减少记账凭证的编制工作。根据若干张“领料单”填制的“领料单汇总表”就是汇总原始凭证，发出材料汇总表如图 6—4 所示。

发出材料汇总表

用途	领料单位	原料及主要材料		燃　料		修理用备件		合　计
		数　量	金　额	数　量	金　额	数　量	金　额	
生产耗用	一车间							
	二车间							
车间耗用	一车间							
	二车间							
管理部门								
合　计								

会计主管：　　　　审核：　　　　制表：

图 6—4　汇总原始凭证示意图(发出材料汇总表)

上述各种自制原始凭证都是以实际发生的经济业务为依据直接填制的。但有些自制原始凭证则是根据账簿记录归类、整理后填制的,被称为记账编制凭证。如根据"制造费用"账户借方发生额编制的"制造费用分配表"便是这种凭证,制造费用分配表的格式如图 6—5 所示。

制造费用分配表

年　月　日

受益产品	分配标准	分配率	分配金额

审核：　　　　制表：

图 6—5　记账编制凭证示意图(制造费用分配表)

2. 外来原始凭证

外来原始凭证是同外单位发生经济往来关系时,从外单位取得的原始凭证。外来原始凭是根据实际发生的经济业务直接填制的,且都是一次凭证。企业购买材料时从供货单位取得的"发货票"就是外来原始凭证,发货票的一般格式如图 6—6、图 6—7 所示。

(企业名称)

购买单位：________　　**发　货　票**

结算方式：________　　年　月　日　　编号：

品名及规格	计量单位	数　量	单　价	金　额
总计人民币(大写)				

收款单位__________　　　　开票人 __________

图 6—6　外来原始凭证示意图(普通发货票)

××市增值税专用发票

开票日期：　　　　　　　　　　　　　　　　　　　　　　　　编号：××××××××

购货单位	名 称				纳税人登记号		
	地址、电话				开户银行及账号		
货物或应税劳务名称		计量单位	数量	单价	金 额	税率（%）	税 额
合 计							
价税合计（大写）		仟 佰 拾 万 仟 佰 拾 元 角 分 ¥					
销货单位	名 称				纳税人登记号		
	地址、电话				开户银行及账号		
备注							

第二联：发票联 购货方记账

收款人：　　　　　　　　　　　　　　　　　　　　　　　开票单位（未盖章无效）

图 6—7 外来原始凭证示意图（增值税专用发票）

（二）记账凭证

记账凭证是会计人员根据审核后的原始凭证填制的，用来确定会计分录，并作为记账直接依据的凭证。由于原始凭证种类繁多，格式、大小不一，且没能标明各项经济业务应借应贷的账户名称及金额，不便于分类反映经济业务；因此，必须对其进行归类整理，编制记账凭证并作为记账直接依据，从而保证账簿记录的正确性，为经济管理提供系统、分类的核算资料。记账凭证按不同的标准可区分为不同的种类。

1. 记账凭证按用途可分为专用记账凭证和通用记账凭证

专用记账凭证是指分类反映经济业务的凭证。按其所反映的经济业务是否与库存现金和银行存款收付有关，可分为收款凭证、付款凭证和转账凭证。

收款凭证是用来反映库存现金和银行存款收入业务的记账凭证。收款凭证在左上角按借方科目设置，根据库存现金，银行存款收入业务的原始凭证填制。收款凭证的格式如图 6—8 所示。

收 款 凭 证

借方科目________　　　　　　　　年　月　日　　　　　　　　　字第　　号

摘 要	贷方总账科目	明细科目	借或贷	金 额									
				千	百	十	万	千	百	十	元	角	分
合 计													

附单据　张

财务主管　　　　　记账　　　　　出纳　　　　　审核　　　　　制单

图 6—8 收款凭证示意图

付款凭证是用来反映库存现金和银行存款付出业务的记账凭证。付款凭证在左上角按贷方科目设置，根据库存现金和银行存款付出业务的原始凭证填制。付款凭证的格式如图6—9所示。

付 款 凭 证

贷方科目_______　　　　年　月　日　　　　字第　　号

摘　要	借方总账科目	明细科目	借或贷	金　额									
				千	百	十	万	千	百	十	元	角	分
合　计													

附单据　张

财务主管　　　记账　　　出纳　　　审核　　　制单

图6—9　付款凭证示意图

收款凭证和付款凭证既是登记库存现金、银行存款日记账、明细账和总账的依据，又是出纳人员收、付款项的依据。出纳人员不能依据原始凭证收付款项，必须根据审核批准的收款凭证和付款凭证收付款项并在凭证上加盖“收讫”“付讫”戳记，从而加强对货币资金的管理，监督货币资金的使用。

转账凭证是用来反映与库存现金和银行存款收付无关的转账业务的凭证，它是根据有关转账业务的原始凭证填制的并作为登记有关总账和明细账的依据。转账凭证的格式如图6—10所示。

转 账 凭 证

年　月　日　　　　字第　　号

摘　要	总账科目	明细科目	✓	借方金额										✓	贷方金额									
合　计																								

附单据　张

财务主管　　　记账　　　审核　　　制单

图6—10　转账凭证示意图

通用记账凭证是指用来反映所有经济业务的记账凭证。即一个单位不区分收款业务、付款业务和转账业务，采用一种格式的记账凭证来反映所有的经济业务。通用记账凭证适用于规模较小、收付款业务少的单位。通用记账凭证的格式如图6—11所示。

记账凭证

年 月 日　　　　第 号

摘要	总账科目	明细科目	√	借方金额	√	贷方金额
合计						

附单据 张

财务主管　　记账　　审核　　出纳　　制单

图 6—11 通用记账凭证示意图

2. 记账凭证按其填制方式分为复式记账凭证和单式记账凭证

复式记账凭证是一项经济业务所涉及的会计科目都集中填列在一张凭证上的记账凭证。复式记账凭证可以集中反映一项经济业务的账户对应关系，并能减少凭证张数；但不便于汇总每一会计科目的发生额。上述收款凭证、付款凭证、转账凭证和通用记账凭证均属于复式记账凭证。

单式记账凭证是将一项经济业务所涉及的每个会计科目，分别填制凭证的记账凭证。每张记账凭证只填列一个会计科目。一项经济业务的会计分录涉及几个科目，就填制几张记账凭证。单式记账凭证便于按科目汇总，但记账凭证填制的工作量大。单式记账凭证的格式如图 6—12 和图 6—13 所示。

借项记账凭证

对应科目：　　年 月 日　　编号：

摘要	一级科目	二级或明细科目	金额	记账

财务主管：　记账：　审核：　出纳：　制单：

图 6—12 单式记账凭证示意图(借项记账凭证)

贷项记账凭证

对应科目：　　年 月 日　　编号：

摘要	一级科目	二级或明细科目	金额	记账

财务主管：　记账：　审核：　出纳：　制单：

图 6—13 单式记账凭证示意图(贷项记账凭证)

3. 记账凭证按其是否汇总分为汇总凭证和非汇总凭证

汇总凭证是根据记账凭证定期汇总编制的一种特种记账凭证。汇总凭证按其汇总方法的不同又分为分汇总凭证和全汇总凭证。分汇总凭证又分为汇总收款凭证、汇总付款凭证和汇总转账凭证；全汇总凭证即科目汇总表。

汇总收款凭证、汇总付款凭证和汇总转账凭证的格式如图 6－14、图 6－15 和图 6－16 所示。

汇 总 收 款 凭 证

借方科目：　　　　　　年　　月　　　　　　字第　　号

贷方科目	金　额				记　账	
	(1)	(2)	(3)	合　计	借　方	贷　方
合　计						

附注：(1)自________日至________日　　收款凭证共计________张
(2)自________日至________日　　收款凭证共计________张
(3)自________日至________日　　收款凭证共计________张

图 6－14　汇总收款凭证示意图

汇 总 付 款 凭 证

贷方科目：　　　　　　年　　月　　　　　　字第　　号

借方科目	金　额				记　账	
	(1)	(2)	(3)	合　计	借　方	贷　方
合　计						

附注：(1)自________日至________日　　付款凭证共计________张
(2)自________日至________日　　付款凭证共计________张
(3)自________日至________日　　付款凭证共计________张

图 6－15　汇总付款凭证示意图

汇总转账凭证

贷方科目：　　　　　　　　年　　月　　　　　　　　字第　　号

借方科目	金额				记账	
	(1)	(2)	(3)	合计	借方	贷方
合计						

附注：(1)自______日至______日　　转账凭证共计______张
(2)自______日至______日　　转账凭证共计______张
(3)自______日至______日　　转账凭证共计______张

图 6—16　汇总转账凭证示意图

设置汇总收款凭证、汇总付款凭证和汇总转账凭证是为简化总分类账的登记手续而设计的，这些分汇总凭证是按借方科目或贷方科目设证，按对方科目归类汇总、定期填列。具体汇总方法见第十章会计核算组织程序。

全汇总凭证也称为科目汇总表，是根据一定时期内所有的记账凭证定期加以汇总而重新编制的特种记账凭证。科目汇总表可按旬汇总，也可以按月汇总，进而形成两种不同的格式。科目汇总表的格式如图 6—17 和图 6—18 所示。

科目汇总表(格式一)

______年______月______日至______日　　第　　号

会计科目	账页	本期发生额		记账凭证起讫号数
		借方	贷方	
合计				

图 6—17　科目汇总表示意图(1)

科目汇总表(格式二)

______年______月份

会计科目	账页	自 1 日至 10 日		自 11 日至 20 日		自 21 日至 30 日		本月合计	
		借方	贷方	借方	贷方	借方	贷方	借方	贷方
合计									

图 6—18　科目汇总表示意图(2)

设置科目汇总表也是为了简化登记总分类账的手续。科目汇总表的编制及据以登记总分类账的方法见第十章会计核算组织形式。

综上所述，会计凭证按其填制程序和用途可分为原始凭证和记账凭证。原始凭证按其来源分为自制原始凭证和外来原始凭证。记账凭证按用途可分为专用记账凭证和通用记账凭证；按其填制方式又分为复式记账凭证和单式记账凭证；按其是否汇总可分为汇总凭证和非汇总凭证。会计凭证的分类情况如图 6—19 所示。

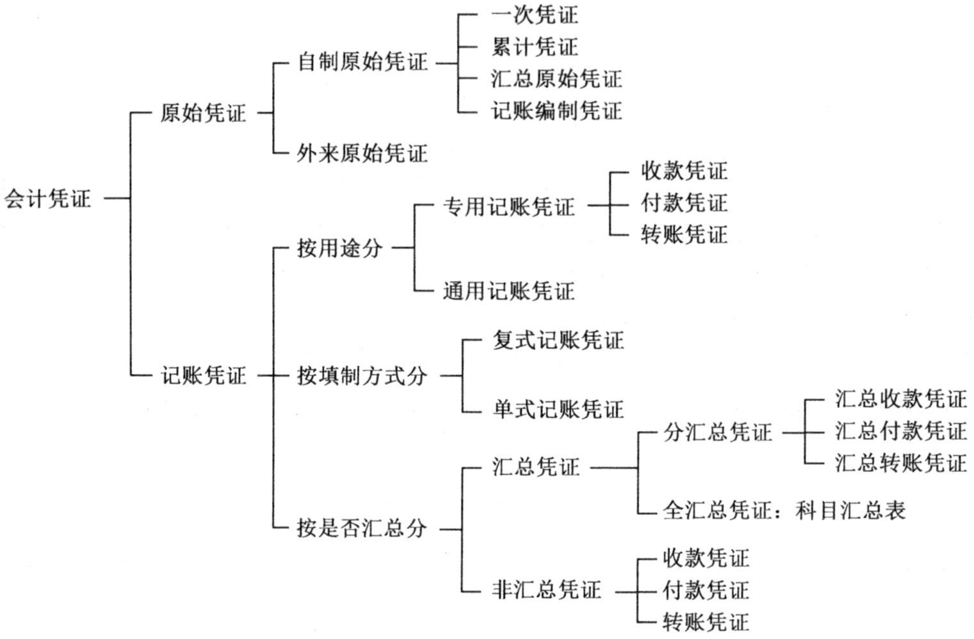

图 6—19 会计凭证分类示意图

第二节 原始凭证的填制和审核

一、原始凭证的基本要素

原始凭证多种多样，除了国家统一印制的诸如发货票、银行结算凭证外，大部分是各单位会计人员设计的，进而导致原始凭证的格式、尺寸大小、纸质薄厚、颜色各不相同。但无论什么样的原始凭证，都必须具备《会计基础工作规范》规定的以下基本内容：

(1)原始凭证的名称；

(2)填制凭证的日期；

(3)填制单位的名称或填制人姓名；

(4)经办人员的签名或者盖章；

(5)接受凭证的单位名称；

(6)经济业务内容；

(7)经济业务中实物的数量、单价和金额。

从外单位取得的原始凭证，必须盖有填制单位的公章；从个人取得的原始凭证，必须有填制人员的签名或盖章。自制原始凭证必须有经办部门领导人或指定人员签名或盖章，有些还要设计与经济业务相关的计划指标、预算项目、领用限额、经济合同等项目，以满足计划、统计及人事等部门的需要。对外开出的原始凭证必须加盖本单位公章。

各单位可根据会计核算和内部管理的需要设计和印制适合本单位的自制原始凭证，但必须具备上述《会计基础工作规范》要求的七项内容。为了加强宏观管理，强化财政、税务、金融等部门的外部监督，各有关管理部门应当为同类经济业务设计统一的原始凭证格式。例如，财政部门统一设计的收据，税务部门统一设计的发货票，中国人民银行统一设计并印制的银行汇票、支票等。

二、原始凭证的填制要求

原始凭证是经办业务的人员填制的，为了全面、真实、准确、及时地记录各项经济业务，做好原始凭证的填制工作，必须使经办人员了解和掌握原始凭证的填制手续和填制方法，并明确提出以下基本要求：

(1)记录真实。原始凭证记录的经济业务，必须与实际情况完全相符，不得歪曲事实、弄虚作假。从外单位取得的原始凭证如有遗失，应取得原签发单位盖有财务专用章的证明，并注明原来凭证的号码、金额和内容，经单位负责人批准后，可替代原始凭证。对于确实无法取得证明的车船票等的遗失，应由当事人写出详细情况，由经办单位负责人批准后，可替代原始凭证。

(2)内容完整。原始凭证中的每个项目必须详尽填写，不得遗漏，特别是经办人员和部门的签章。对需同时填大写和小写金额的，必须同时填写并使之相符；购买实物的原始凭证，必须有验收的证明，支付款项的原始凭证必须有收款单位和收款人的收款证明；一式几联的原始凭证，应当注明各联的用途，只能以一联作为报销凭证；一式几联的发票和收据，必须用双面复写纸套写，并连续编号，作废时应加盖“作废戳记”，连同存根一起保存，不得撕毁；发生销货退回的，除填制退货发票外，还必须有退货验收证明，退款时必须取得对方的收款证据或汇款银行的凭证，不得以退货发票代收据。职工公出借款凭据，必须附在记账凭证之后。经上级有关部门批准的经济业务，应当将批准文件作为原始凭证附件。

(3)书写规范。原始凭证的填制务必字迹清晰、工整，不得涂改、挖补，发现原始凭证有错误的，应当由开出单位重开或者更正，更正处应当加盖开出单位公章。对于支票等重要的原始凭证若填写错误，一律不得在凭证上更改，应按规定的手续注销留存，另行重新开具。

原始凭证中金额的书写需符合《会计基础工作规范》的规定。

拓展阅读：会计凭证中金额的填制要求

第五十二条 填制会计凭证，字迹必须清晰、工整，并符合下列要求：

（一）阿拉伯数字应当一个一个地写，不得连笔写。阿拉伯金额数字前面应当书写货币币种符号或者货币名称简写和币种符号。币种符号与阿拉伯金额数字之间不得留有空白。凡阿拉伯数字前写有币种符号的，数字后面不再写货币单位。

（二）所有以元为单位（其他货币种类为货币基本单位，下同）的阿拉伯数字，除表示单价等情况外，一律填写到角分；无角分的，角位和分位可写“0 0”，或者符号“——”；有角无分的，分位应当写“0”，不得用符号“——”代替。

（三）汉字大写数字金额如零、壹、贰、叁、肆、伍、陆、柒、捌、玖、拾、佰、仟、万、亿等，一律用正楷或者行书体书写，不得用0、一、二、三、四、五、六、七、八、九、十等简化字代替，不得任意自造简化字。大写金额数字到元或者角为止的，在“元”或者“角”字之后应当写“整”字或者“正”字；大写金额数字有分的，分字后面不写“整”或者“正”字。

（四）大写金额数字前未印有货币名称的，应当加填货币名称，货币名称与金额数字之间不得留有空白。

（五）阿拉伯金额数字中间有“0”时，汉字大写金额要写“零”字；阿拉伯数字金额中间连续有几个“0”时，汉字大写金额中可以只写一个“零”字；阿拉伯金额数字元位是“0”，或者数字中间连续有几个“0”、元位也是“0”但角位不是“0”时，汉字大写金额可以只写一个“零”字，也可以不写“零”字。

（4）编制及时。每笔经济业务发生或完成后，经办人员都必须按照有关制度的规定办理凭证手续，认真填列，并按规定的程序及时送交会计部门，以便会计部门及时记账。

三、原始凭证的审核

原始凭证是记账的原始依据，记账前会计机构、会计人员应当对原始凭证进行审核和监督，以便正确反映各项经济业务，确保会计资料的合法、准确、完整。原始凭证审核是会计监督的重要组成内容，其审核内容主要包括以下三个方面。

（一）合法性的审核

会计机构、会计人员首先应审核原始凭证的经济内容是否符合财经法律、法规、规章；是否符合会计法律、法规和国家统一会计制度；是否符合单位内部会计管理制度，是否符合单位内部预算、财务计划、业务计划等。重点关注违反规定乱支、乱用的情况；费用开支超计划、定额情况，扩大开支标准情况，铺张浪费，甚至贪污、盗窃等不法行为。对不真实、不合法的原始凭证，不予受理。对弄虚作假、严重违法的原始凭证，在不予受理的同时，应当予以扣留，并及时向单位领导人报告，请求查明原因，追究当事人的责任。

（二）正确性审核

审核原始凭证的摘要是否填写清楚，日期是否真实，数量、单价、金额是否正确，大小写金额是否相符，合计计算是否有误，有无刮擦、挖补、涂改和伪造等情况。对记载不准确、不完整的原始凭证，予以退回，要求经办人员更正、补充。

（三）完整性审核

审核原始凭证是否具备合法凭证所必需的基本内容，这些内容是否逐项填列齐全；凭证填制手续是否齐备，有关单位和经办人的签章是否齐全，有否经主管人员的审核批准。对记载不准确、不完整的原始凭证，予以退回，要求经办人员更正、补充。

原始凭证审核是一项非常重要的基础工作，它要求会计人员恪守职业道德规范，坚持原则，勤勉尽责，维护国家财经纪律和经济秩序并坚持学习，具备较高的专业胜任能力。

第三节　记账凭证的填制和审核

一、记账凭证的填制

（一）记账凭证的基本内容

记账凭证是会计人员根据审核无误的原始凭证填制的、用来确定会计分录的一种凭证。它可以根据每项经济业务的原始凭证填制，也可以根据若干张反映同类经济业务的原始凭证汇总填制。为了能够清晰反映经济业务的性质和分类，为登记账簿提供直接的依据，财政部制定的《会计基础工作规范》明确规定记账凭证应具备以下6项基本内容：

（1）记账凭证的填制日期；

（2）记账凭证的编号；

（3）经济业务的内容摘要；

（4）会计科目及金额；

（5）所附原始凭证张数；

（6）填制、稽核、记账、会计机构负责人、会计主管人员签名或盖章，收款凭证和付款凭证还应当有出纳人员签名或盖章。

（二）记账凭证的填制要求

填制记账凭证是一项很重要的会计基础工作，会计人员应认真对待。先要针对不同经济业务的原始凭证选用不同的空白记账凭证，然后按填制要求认真填写。各单位无论采用何种记账凭证格式，填制时除必须满足上述会计凭证中金额的填制要求外，还必须注意以下事项：

对于采用收款凭证、付款凭证和转账凭证3种专用凭证格式的单位，应特别注意现金与银行存款之间的相互划转业务。例如从银行提取现金，把现金存入银行业务，它们既是收款业务，又是付款业务；按照收款业务填收款凭证、付款业务填付款凭证的规则，既应填收款凭证，又应填付款凭证；但由于两张凭证上的会计分录完全相同，为避免重复记账，登账时只可登记设证科目，不记对方科目，但结果是造成账证不符。因此，实务中一般只填付款凭证，不填收款凭证，并把所填凭证作为记账依据。

（1）填制记账凭证时，应对记账凭证进行连续编号。一笔经济业务需要填制两张以上记账凭证时，可以采用分数编号法编号。例如，一笔经济业务需编两张转账凭证，凭证顺序号为15，则可编为转字第15 $\frac{1}{2}$号，第15 $\frac{2}{2}$号。

(2)记账凭证可以根据每一张原始凭证填制，或者根据若干张同类原始凭证汇总填制，也可以根据原始凭证汇总表填制。但不得将不同内容和类别的原始凭证汇总填制在一张凭证上。

(3)“摘要”栏应简单明了地填写经济业务的内容要点，文字说明应简练、概括。“摘要”栏对查阅凭证、登记账簿起重要作用，必须认真填写。

(4)必须按照会计制度统一规定的会计科目，按复式记账方法编制会计分录，以保证核算口径一致，便于综合汇总。为了清晰反映账户对应关系，会计分录以“一借一贷”“一借多贷”“一贷多借”形式为宜。

(5)如果在填制记账凭证时发生错误，应当重新填制。具体编制方法见第七章“会计账簿”中的“错账的更正方法”。

(6)除结账和更正错误的记账凭证可以不附原始凭证外，其他记账凭证必须附有原始凭证。如果一张原始凭证涉及几张记账凭证，可以把原始凭证附在一张主要的记账凭证后面，并在其他记账凭证上注明附有该原始凭证的记账凭证的编号或者附原始凭证的复印件。

一张复始凭证所列支出需要几个单位共同负担的，应当将其他单位负担的部分，开给对方原始凭证分割单，进行结算。原始凭证分割单必须具备原始凭证的基本内容：凭证名称、填制凭证日期、填制凭证单位名称或者填制人姓名、经办人的签名或者盖章、接受凭证单位名称、经济业务内容、数量、单价、金额和费用分摊情况等。

(7)记账凭证填制完经济业务事项后，如有空行，应当自金额栏最后一笔金额数字下的空行处至合计数上的空行处划线注销。

(三)专用记账凭证的填制要求

1. 收款凭证的填制要求

收款凭证是按“借方科目”科目设置凭证，左上角的借方科目应按收款的性质填写“库存现金”或“银行存款”；“日期”要填写本凭证的日期；右上角填写收款凭证的编号；“摘要”填写收款业务的简要说明；“贷方科目”填写与收入库存现金或银行存款相对应的会计科目；“记账栏”用打钩的方式标明已登记入账，以避免重复记账；“金额”是该项收款业务的发生额；右侧的“附件×张”是本记账凭证所附原始凭证的张数；最下面是相关人员的签章，按传递顺序填列，以明确经济责任。

2. 付款凭证的填制要求

付款凭证是按“贷方科目”科目设置凭证，左上角的贷方科目应按付款的性质填写“库存现金”或“银行存款”；“借方科目”填写与支用库存现金或银行存款相对应的会计科目；其他项目的填制要求与收款凭证相同。

对于涉及库存现金与银行存款之间的相互划转业务，一般只填制付款凭证，不填制收款凭证，以避免重复记账。例如从银行提取现金，把现金存入银行业务，它们既是收款业务，又是付款业务；按照收款业务填收款凭证、付款业务填付款凭证的规则，既应填制收款凭证，又应填制付款凭证；但由于两张凭证上的会计分录完全相同，为避免重复记账，记账时只登记设证科目，不记对方科目，但结果是造成账证不符。因此，实务中一般只填制付款凭证，不填收款凭证，并把所填凭证作为记账依据。

3. 转账凭证的填制要求

转账凭证通常是根据转账业务的原始凭证填制的。转账凭证中的“总账科目”和“明细科目”栏应填写应借应贷的总账科目和明细科目；借贷方金额在对应的科目的同一行填写；“借方金额”栏合计数与“贷方金额”栏合计数应相等。

二、记账凭证的审核

记账凭证是会计人员根据审核无误的原始凭证填制的，是记账的直接依据。为了确保账簿记录的正确性，监督款项收付，各单位须指派专人对已经填制的记账凭证进行审核并签名盖章。只有审核无误的记账凭证才能作为记账的直接依据。记账凭证的审核内容主要包括以下三个方面：

(1)所附的原始凭证。记账凭证审核时要查明是否附有原始凭证，所附原始凭证的张数与记账凭证上填写的附件张数是否一致；记账凭证所记录的经济业务与所附原始凭证所反映的经济业务是否一致；记账凭证上的金额与所附原始凭证上的金额是否相等。

(2)会计分录。会计分录是记账凭证的核心内容，审核时，要看记账凭证中的会计分录是否正确、应借应贷科目是否有误、账户对应关系是否清晰、借贷金额是否相等、一级科目的金额与其所属明细科目的金额之和是否相等。

(3)完整性。记账凭证作为记账的直接依据，至少应包括填制日期、编号、经济业务的内容摘要、会计科目及金额、所附原始凭证张数及有关人员的签章。审核记账凭证时要查明所有项目是否填列齐全，记录的文字是否工整、数字是否清晰，是否按规定使用蓝黑色墨水笔书写等。

实行会计电算化的单位，对于机制记账凭证要认真审核，做到会计科目使用正确、数字准确无误。打印出的机制记账凭证要加盖制单人员、审核人员、记账人员及会计机构负责人、会计主管人员印章或者签字。

审核记账凭证的过程中，如果发现记账凭证记录有错误的，应及时查明原因，并按照规定的更正错误的方法予以更正。

第四节 会计凭证的传递与保管

一、会计凭证的传递

会计凭证的传递是指会计凭证从取得和填制到归档保管整个过程中，在本单位内部各有关部门和人员之间的传递程序和传递时间。由于会计凭证种类繁多、千差万别，它们所记录的经济业务内容、需要办理的凭证手续及所需要的时间都不尽相同，因而合理规定各种凭证的传递程序和传递时间成为企业内部会计管理制度设计的一项重要内容。

按企业内部会计管理制度，正确组织会计凭证的传递，对于及时利用会计凭证提供的会计信息、合理组织经济活动、加强经营管理、强化会计监督具有重要的意义。通过会计凭证的传递，能及时反映经济业务的发生和完成情况，并将有关部门和人员合理组织起来，使之相互联系、相互制约。例如，在材料采购过程中采购员根据“订购单”购入材料后，要填制一式三联的“收料单”，第一联留存，第二、三联连同材料交保管员验收；保管员收料后，加盖有关的戳记，并将第二、三联同时退给采购员；采购员将盖章退回的“收料单”交给稽核员；稽核员审核后，将第二联交出纳员办理结算货款手续，第三联交会计人员填制记账凭证。可见，“收料单”的传递使材料采购业务得到及时反映，并使供应部门、财会部门紧密联系在一起，使采购员、保管员、稽核员、出纳员之间形成相互牵制和相互监督的关系。

会计凭证的传递程序是内部会计管理制度设计的一项重要内容，各单位设计传递程序时应充分考虑以下几方面的问题：

(1)传递路线。各单位要根据各项经济业务的特点、企业内部机构的设置和人员配备情况，恰当规定各种会计凭证的联数及流经的环节。

(2)传递时间。各单位要根据有关部门和人员对经济业办理必要手续的需要，确定凭证在各个环节停留的时间。既要防止停留的时间过短，影响必要业务手续的完成，又要防止停留时间过宽，影响凭证的及时传递。

(3)传递手续。各单位要结合业务处理程序绘制成流程图，使有关人员能按照流程图准确地传递凭证，也便于分析、检查经济业务的处理过程。

二、会计凭证的保管

会计凭证是重要的会计档案，任何单位在完成经济业务手续和记账之后，都应按《会计档案管理办法》的规定立卷归档、妥善保管，并于到期日按规定销毁。

会计凭证归档保管时应注意以下几个方面的问题：

(1)会计凭证在登记入账以后，应将各种记账凭证连同所附原始凭证按凭证编号顺序折叠整齐，定期装订成册，以防散失。装订时间间隔视凭证数量多少而定。

(2)装订成册的凭证应加贴封面和封底，封面应注明单位名称、所属的年度和月份、起讫的日期、记账凭证的种类、起讫号数、总计册数等，并由有关人员签章。会计凭证封面的格式如图 6—20 所示。

(3)原始凭证较多时，可将原始凭证单独装订成册，但必须在记账凭证封面上注明原始凭证另存；如所附原始凭证是十分重要的业务单据，则应单独予以保管，但必须在有关记账凭证上加注说明，以便日后查考。各种经济合同、存出保证金收据以及涉外文件等重要原始凭证，应当另编目录，单独登记保管，并在有关的记账凭证和原始凭证上相互注明日期和编号。

装订成册的会计凭证，应集中保管并指定专人负责，查阅时按相关制度规定办理必要的手续。原始凭证不得外借，其他单位如因特殊原因需要使用原始凭证时，经本单位会计机构负责人、会计主管人员批准，可以复制。向外单位提供的原始凭证复制件，应当在专设的登记簿上登记，并由提供人员和收取人员共同签名或者盖章。

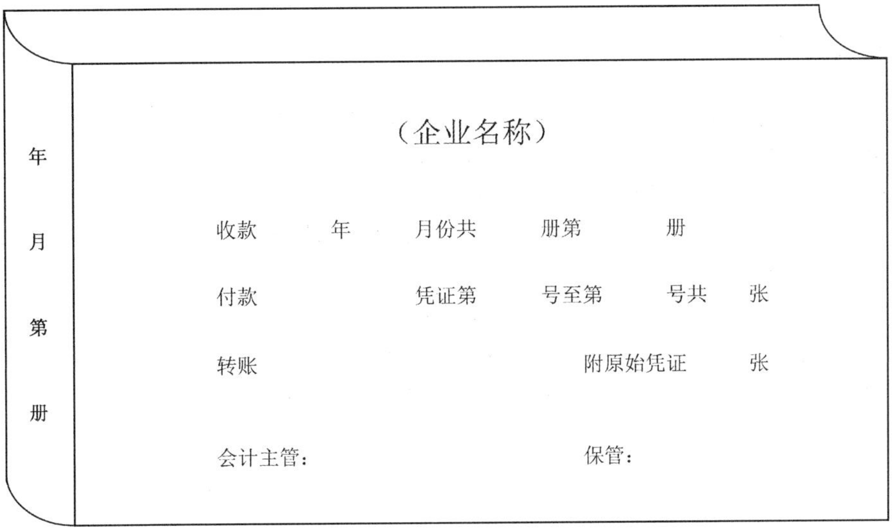

图 6—20　会计凭证封面格式示意图

(4)保管到期的会计凭证，要指定监销人和销毁人按规定销毁，并作好销毁记录。销毁记录要永久保存。

本章小结

本章内容属于会计的实务问题，主要介绍了会计凭证的概念及其分类情况；原始凭证的概念、填制要求和审核内容，记账凭证的概念、填制要求和审核内容。通过本章学习，要求学员掌握会计凭证的填制、记账凭证的填制、原始凭证和记账凭证的审核；理解原始凭证与记账凭证的种类、会计凭证的保管；了解会计凭证、原始凭证、记账凭证的概念与作用，会计凭证的传递。

复习思考题

1. 什么是会计凭证？会计凭证是如何分类的？
2. 填制和审核会计凭证有何意义？
3. 为什么说审核会计凭证对会计监督职能作用发挥意义重大？
4. 原始凭证和记账凭证有什么联系和区别？
5. 原始凭证都应具备哪些基本内容？填制要求是什么？
6. 记账凭证应具备哪些基本内容？填制要求是什么？
7. 记账凭证的审核内容有哪些？
8. 如何进行会计凭证的传递与保管？

主要参考文献

1. 朱小平、周华、秦玉熙:《初级会计学》(第 9 版),中国人民大学出版社 2019 年版。
2. 陈国辉、迟旭升:《基础会计》(第 7 版),东北财经大学出版社 2021 年版。
3. 王俊生:《基础会计学》,中国财政经济出版社 2004 年版。
4. 徐泾长、孙蔓莉、周华:《会计学》(第六版),中国人民大学出版社 2019 年版。
5. 徐泓:《基础会计学》,中国人民大学出版社 2014 年版。
6. 陈少华:《会计学原理》(第五版),厦门大学出版社 2017 年版。
7. 张捷、刘英明:《基础会计》(第二版),中国人民大学出版社 2019 年版。
8. 王艳茹:《会计学原理》(第三版),中国人民大学出版社 2015 年版。

第七章

会计账簿

本章内容引言

设置和登记账簿是七种会计核算方法之一，也是连接会计凭证和财务会计报告的桥梁。账簿作为设立会计账户的载体，是对分散在会计凭证上的大量核算资料进行汇总和整理，为企业在会计期末对外报告会计信息提供支持。本章主要介绍了会计账簿的概念和作用、账簿的格式与登记方法、账簿的启用与登记规则、结账对账方法，以及账簿的更换与保管等相关知识。

本章要点提示

- 会计账簿的概念及其分类
- 各类账簿的格式及登记方法
- 总分类账与明细分类账的关系
- 账簿错误的更正方法
- 对账和结账原理与方法

第一节　会计账簿概述

一、会计账簿的概念和作用

会计账簿是指由一定格式的账页组成的，以经过审核的会计凭证为依据，全面、系统、连续地记录各项经济业务的簿籍。设置和登记账簿，既是填制和审核会计凭证的延伸，也是编制财务会计报告的基础，是连接会计凭证和财务会计报告的中间环节。

在会计核算工作中，每项经济业务发生以后，都要填制与审核会计凭证，然后据以在有关账户中进行登记。而账户则是按照规定的会计科目在账簿中分别设立，根据会计凭证把经济业务记入有关的账户，就是指把经济业务记入设立在会计账簿中的账户。会计账簿与会计账户的关系是形式和内容的关系。账簿是由若干账页组成的一个整体,账簿中的每一账页就是账户的具体存在形式和载体;没有账簿,账户就无法存在。账簿是在各个具体的账户中序时、分类地记录每笔经济业务,是对经济活动的全面反映。因此,账簿是一个外在形式,账户是账簿的实质内容。

设置和登记会计账簿,是会计核算中对经济业务进行加工整理的一种专门方法,是会计核算工作的一个重要环节,对加强经济管理有着重要的意义。

(一)会计账簿能够为经济管理提供连续、系统、完整的会计信息

经济管理离不开会计核算资料,它对核算资料的需要是多方面的,既需要总括资料,又需要详细具体的资料;内部各管理部门由于其工作侧重点不同,又对账簿记录产生不同的需求。如前所述,填制与审核会计凭证,可以反映和监督每项经济业务的发生和完成情况。但是,会计凭证的数量繁多,又很分散,每张会计凭证只是反映个别经济业务,所提供的信息分散、缺乏系统性,不能连续、系统、完整地反映和监督一个经济单位一定时期内的经济活动和财务收支情况,不便于会计信息的整理与报告。而会计账簿可以对经济业务进行序时和分类核算,将分散的核算资料加以系统化,全面、系统地提供有关企业费用和成本、财务状况和经营成果的总括和明细资料,为正确地计算费用、成本和收入、利润提供基础。

(二)会计账簿可以为财务会计报告的编制提供数据资料

会计账簿是连接会计凭证和财务会计报告的桥梁,通过登记账簿可以分门别类地对经济业务进行归集,积累一定时期的会计资料,主要包括账户的借方发生额、贷方发生额以及期初和期末余额;通过整理,为编制财务会计报告提供了数据资料。企业定期编制的资产负债表、利润表、现金流量表、所有者权益变动表和财务报表附注,都是以账簿记录的数据为依据的。因此,账簿设置和记录的准确性对财务报告质量的提升具有重要意义。

(三)会计账簿是分析经济活动、考核经营成果的重要依据

账簿记录反映了一定时期的资金来源与运用情况,提供了成本费用、收入和利润等资料。利用有关资料,可以进行经济活动分析,评价企业的整体经营情况,总结经验,提出措施,改进工作。

二、会计账簿的种类

会计账簿的种类很多,不同类别的会计账簿其用途、形式、内容、登记方法和规则等不尽相同。为了更好地了解和使用各类账簿,各单位应当按照国家统一的会计制度的规定和会计业务的需要设置会计账簿。会计账簿根据用途分类,可分为序时账簿、分类账簿和备查账簿;按照账页格式分类,可分为两栏式账簿、三栏式账簿、多栏式账簿、数量金额式账簿;按照外形特征分类,可分为订本式账簿、活页式账簿、卡片式账簿。

(一)账簿按用途分类

账簿按其用途分类,可分为序时账簿、分类账簿和备查账簿三类。

1. 序时账簿

序时账簿，又称日记账，是按照经济业务发生的时间先后顺序，逐日逐笔登记经济业务的账簿。序时账簿按其记录内容的不同又分为普通日记账和特种日记账两种。在我国，大多数单位一般只设库存现金日记账和银行存款日记账，即特种日记账。

普通日记账，又称通用日记账，是对单位的全部经济业务按其发生时间的先后顺序逐日逐笔登记。在普通日记账中，按照每日发生经济业务的先后顺序，逐项编制会计分录，因而这种日记账也称分录日记账。设置普通日记账的单位，不再填制记账凭证，以免重复。

特种日记账是专门用来记录某一类特定经济业务发生情况的日记账。将该类经济业务按其发生的先后顺序记入账簿中，反映这一特定经济业务的详细情况。例如，各经济单位为了对库存现金和银行存款加强管理，设置了库存现金日记账和银行存款日记账。特种日记账的设置，应考虑业务特点和管理需要，特别是那些发生频繁、需严加控制的项目，应予以设置。

2. 分类账簿

分类账簿是按照分类账户设置和登记的账簿。分类账簿按其反映经济业务的详细程度，可分为总分类账簿和明细分类账簿两种。

按照总分类账户分类登记经济业务的账簿称为总分类账簿，又称总账。总分类账簿是用来核算经济业务的总括内容的账簿。按照明细分类账户分类登记经济业务的账簿称为明细分类账簿，又称明细账。明细分类账簿是用来核算经济业务的详细内容的账簿。总分类账簿的总额与其所属的明细分类账簿的金额之和相等。总分类账簿对所属的明细分类账簿起统驭作用，明细分类账簿对其隶属的总分类账簿进行补充和说明。

3. 备查账簿

备查账簿是指对某些在序时账簿和分类账簿中未能记载或记载不全的经济业务进行补充登记的账簿，如租入固定资产登记簿。备查账簿只是对其他账簿记录的一种补充，与其他账簿之间不存在严密的依存和勾稽关系。备查账簿根据企业的实际需要设置，没有固定的格式要求。

（二）按照账页格式分类

账簿按账页格式可分为两栏式账簿、三栏式账簿、多栏式账簿、数量金额式账簿。

1. 两栏式账簿

两栏式账簿是由只设有借方和贷方两个基本金额栏目的账页所组成的账簿。这种账簿在现代会计核算体系中很少采用。

2. 三栏式账簿

三栏式账簿是由设有借方、贷方和余额三个基本栏目的账页组成的账簿。各种日记账、总账以及负债类、所有者权益类总账所属的明细账户都可使用三栏式账簿。三栏式账簿只提供金额指标，不提供核算数量指标。

3. 多栏式账簿

多栏式账簿是由在借方和(或)贷方按需要分设若干专栏的账页所组成的账簿,可分为借方多栏式账簿、贷方多栏式账簿、借贷双方多栏式账簿。收入、费用类总账所属的明细账户一般采用这种格式的账簿。

4. 数量金额式账簿

数量金额式账簿是指在账簿的借方、贷方和余额三个栏目内,每个栏目再分设数量、单价和金额三个小栏,以反映财产物资的实物数量和价值量的账簿。原材料、库存商品、产成品等存货明细账一般采用数量金额式账簿。

(三)按照外形特征分类

账簿按外形特征可分为订本式账簿、活页式账簿和卡片式账簿。

1. 订本式账簿

订本式账簿简称订本账,是指在启用之前就已将账页装订在一起并对账页进行连续编号的账簿,如订本分类账和订本日记账。这类账簿的优点是账页固定,可以防止账页被抽换,从而保证账簿的完整性。缺点是难以准确地为每一个账户预留所需账页,而且同一时间内只能由一人登记账簿,不便于分工记账。订本账一般适用于总分类账、现金日记账、银行存款日记账。

2. 活页式账簿

活页式账簿简称活页账,是将一定数量的账页置于活页夹内,可以根据记账内容的变化随时增加或减少部分账页的账簿,如活页分类账。各种明细分类账一般采用活页账形式。在账簿登记完毕前,并不把账页固定地装订在一起,而是装在活页账夹中,直至账簿登记完毕后(通常是一个会计年度结束后)才将账页装订、加具封面,并给各账页连续编号。活页账使用灵活、登记方便,不仅可以根据经济业务的需要增加账页,而且便于分工记账,但活页账容易散失和被抽换,使用时需加强管理。

3. 卡片式账簿

卡片式账簿简称卡片账,是将一定数量的卡片式账页存放于专设的卡片箱中,可以根据需要随时增添账页的账簿。严格地说,卡片账也是一种活页账,只不过它不是装在活页账夹中,而是装在卡片箱内。使用完毕,不再登账时,则将卡片穿孔固定保管。使用卡片账,需要指定专人保管。实践中,固定资产的明细核算一般采用卡片账形式。

为便于记忆,可对账簿外形与账页格式进行归纳、比较。从外形特征来看,总账和日记账都采用订本账形式,明细账可以采用活页账或卡片账形式。从账页格式来看,总账和日记账都使用三栏式账簿,明细账可以使用三栏式账簿、多栏式账簿或数量金额式账簿。

以上账簿的分类情况如图 7—1 所示。

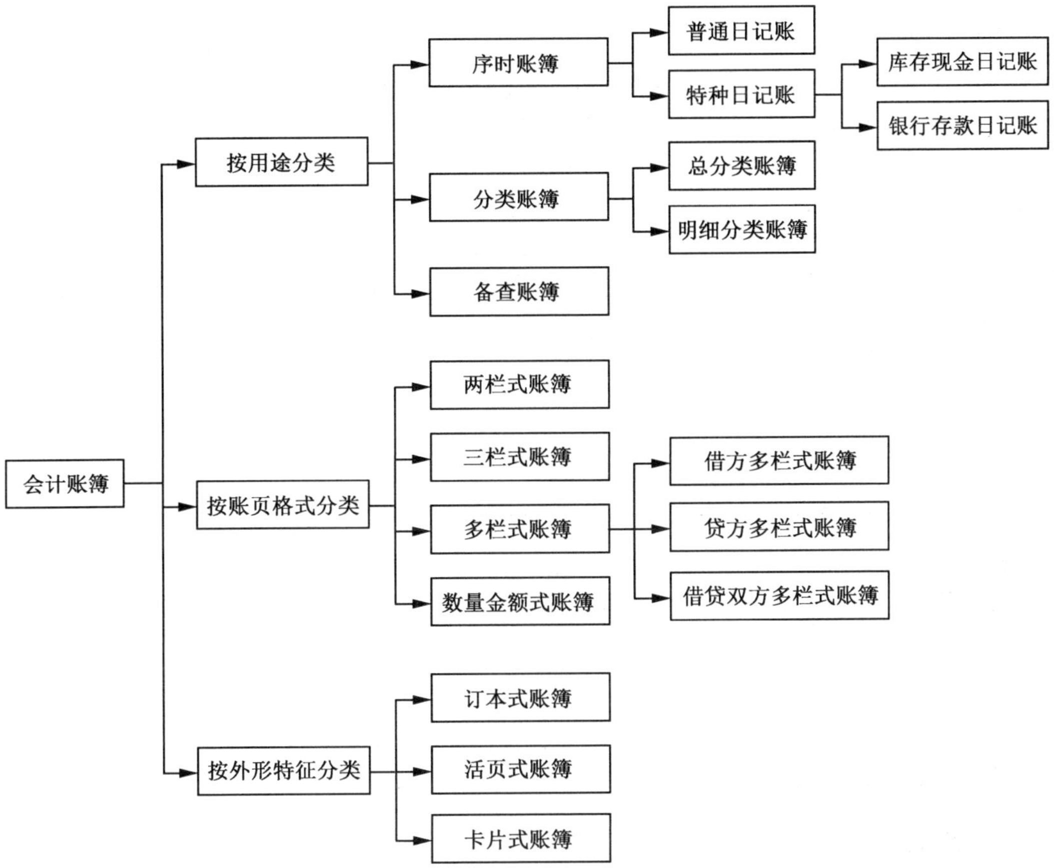

图 7—1 会计账簿分类示意图

第二节 会计账簿的格式与登记方法

一、账簿的基本结构

在实际会计核算中，由于各种会计账簿所记录的经济业务不同，账簿的格式也多种多样。但是，不管格式如何，各种账簿都应具备以下基本内容：

（一）封面

主要标明账簿的名称[①]和记账单位名称。

（二）扉页

主要填列账簿启用的日期和截止日期，页数、册次，经营账簿人员一览表和签章，会计主管人员签章等。扉页中的"账簿启用和经管人员一览表"如表 7—1 所示。在一个账簿中设

---

① 如总分类账、库存现金日记账、银行存款日记账等。

置多个账户时，还应该填写账户目录表，注明账户名称及所在页数，以便于查找和登记。账户目录常见的格式与内容如表 7—2 所示。

表 7—1　　账簿启用和经管人员一览表

账簿名称：＿＿＿＿＿＿　　单位名称：

账簿编号：＿＿＿＿＿＿　　账簿册数：

账簿页数：＿＿＿＿＿＿　　启用日期：

会计主管：（签章）　　记账人员：（签章）

移交日期			移交人		接管日期			接管人		会计主管	
年	月	日	姓名	盖章	年	月	日	姓名	盖章	姓名	盖章

表 7—2　　账户目录（科目索引）

账户名称	页数	账户名称	页数	账户名称	页数	账户名称	页数

（三）账页

账页的格式，因反映的经济业务内容不同而有所不同，但基本内容应包括：

1. 账户的名称（总账科目、二级或明细科目）；
2. 登账日期栏；
3. 凭证种类和号数栏；
4. 摘要栏（记录经济业务内容的简要说明）；
5. 金额栏（记录经济业务的增减变动）；
6. 总页次和分户页次。

由于账簿所记录的经济业务不同，其格式和登记方法也各异。下面介绍有关序时账簿和分类账簿的格式与登记方法。

二、序时账的格式与登记

（一）普通日记账的格式与登记

普通日记账有两栏式和多栏式两种，登记的方法也各有不同。

1. 两栏式普通日记账

此种日记账主要设置借方和贷方两个基本栏次，用以登记有关账户发生额的增加或减少，并逐日逐笔登记，两栏式普通日记账的格式如表 7—3 所示。

表 7—3 普通日记账(两栏式)

年		凭证		摘要	对应账户	过账页码	借方金额	贷方金额
月	日	字	号					

在两栏式普通日记账中，是把每一项交易或事项应编制的会计分录直接体现在账页上，并将其作为登记分类账的依据。因此，这种日记账可以替代记账凭证的编制，登记两栏式普通日记账的过程也是编制记账凭证的过程。事实上，这种普通日记账的产生时间要早于记账凭证。在会计发展的早期，会计人员每天都是先根据发生的交易或事项逐笔登记这种日记账，之后再根据日记账中的分录登记各种分类账。这种日记账在会计实务中已很少被采用。

2. 多栏式普通日记账

此种日记账是按企业会计上常用的会计科目分设专栏，对经常重复发生的交易或事项在各分设栏次中逐日逐笔登记的一种账簿。多栏式普通日记账的格式如表 7—4 所示。

表 7—4 普通日记账(多栏式)

年		凭证	摘要	银行存款		在途物资		应交税费		……	
月	日			借方	贷方	借方	贷方	借方	贷方	借方	贷方

在多栏式普通日记账的账页上，是将交易或事项的会计分录完整地体现在某一行次，可以清晰地反映各账户之间增减变动的来龙去脉。但账页规格往往过大，既不便于登记，也不便于记账分工，因而在实务中已很少被采用。

(二)特种日记账的格式与登记

特种日记账是专门用来登记某一类经济业务的日记账，它是普通日记账的进一步发展。常用的特种日记账主要有库存现金日记账和银行存款日记账。特种日记账一般采用三栏式账簿，但为了反映每一笔收支业务的来龙去脉，以便于分析和汇总对应科目的发生额，也可采用多栏式日记账。

1. 库存现金日记账

库存现金日记账是由出纳人员根据库存现金收款凭证、库存现金付款凭证以及银行存款的付款凭证，按照库存现金收付款业务和银行存款付款业务发生时间的先后顺序，逐日逐笔进行登记的账簿。三栏式库存现金日记账的格式如表 7—5 所示。

表 7—5 库存现金日记账(三栏式)

年		凭证	摘要	对方账户	收入	支出	结余
月	日						

出纳员应当逐日逐笔登记现金日记账,按照"上日余额+本日收入一本日支出=本日余额"的公式,逐日结出当日的现金余额,并与现金实际数核对,做到日清月结①。对于从银行提取现金的业务,为了避免重复记账,一般规定只填制付款凭证,记账时应根据银行存款付款凭证予以登记。

库存现金日记账除了三栏式外,也可采用多栏式,即在收入和(或)支出栏内进一步设对方科目,亦即在收入栏内设应贷科目(借方为库存现金)、在支出栏内设应借科目(贷方为库存现金)。多栏式库存现金日记账的格式如表 7—6(借贷双方多栏式)、表 7—7(借方多栏式)和表 7—8(贷方多栏式)所示。我国会计实务中广泛采用三栏式库存现金日记账,对于多栏式库存现金日记账目前已经很少使用。

表 7—6 库存现金日记账(借贷双方多栏式)

年		凭证	摘要	收入(对方科目)			支出(对方科目)			结余
月	日			银行存款	主营业务收入	……	其他应收款	管理费用	……	

表 7—7 库存现金日记账(借方多栏式)

年		凭证	摘要	收入(对方科目)				支出合计	结余
月	日			银行存款	主营业务收入	……	收入合计		

① 每日终了,应分别计算现金收入和支出的合计数,并结出余额,同时将余额与出纳员保管的库存现金核对,即通常说的"日清"。如账款不符,应查明原因,并记录备案。月终,同样要计算现金收入、支出和结存的合计数,通常称为"月结"。

表 7—8　　库存现金日记账（贷方多栏式）

年		凭证	摘要	支出（对方科目）			支出合计
月	日			其他应收款	管理费用	……	

2.银行存款日记账的格式与登记

银行存款日记账是由出纳人员根据银行存款收款凭证、银行存款付款凭证和现金付款凭证（记录将现金存入银行业务），按经济业务发生时间的先后顺序，逐日逐笔进行登记的账簿。但对于将库存现金存入银行的交易，由于按要求只填制库存现金付款凭证，不再填制银行存款收款凭证，因而应根据库存现金付款凭证登记。登记时应按日记账上的栏次逐项填写。每日业务终了时应结出当日余额，并要将记录结果定期与银行之间核对相符。其格式和登记方法与库存现金日记账基本相同，三栏式银行存款日记账的格式及登记方法如表 7—9 所示。多栏式银行存款日记账的格式可参考库存现金日记账的表 7—6、表 7—7 和表 7—8 设置。

表 7—9　　银行存款日记账（三栏式）

年		凭证	摘要	结算凭证	对方账户	收入	支出	结余
月	日							

三、总分类账的格式与登记

总分类账是指按照总分类账户分类登记以提供总括会计信息的账簿。总分类账一般采用订本式账簿。一般按照会计科目的编码顺序设置，并为每个账户预留账页。总分类账按其账页格式的不同又分为“三栏式”和“多栏式”两种。一般企业都采用借方、贷方和余额的三栏式格式，也可根据需要在借贷两栏内设置“对方科目”专栏，但操作起来比较烦琐。三栏式总账的格式如表 7—10 和表 7—11 所示。

表 7—10　　总分类账一（三栏式）

会计科目：　　　　第　　页

年		凭证	摘要	借方	贷方	借或贷	余额
月	日						

表 7—11 **总分类账二(三栏式)**

会计科目: 第 页

年		凭证	摘要	借 方		贷 方		借或贷	余额
月	日			金额	对方科目	金额	对方科目		

多栏式总分类账是把所有的总账(一级)科目合并设在一张账页上,所有的经济业务根据记账凭证序时、分类地直接登记入账。这种格式的总分类账兼有序时账和分类账的作用,实际上是序时账和分类账结合在一起的联合账簿,也称为日记总账。多栏式总账的格式如表 7—12 所示。

表 7—12 **总分类账(多栏式)**

年		凭证	摘要	发生额	库存现金		银行存款		应收账款		……	
月	日				借方	贷方	借方	贷方	借方	贷方		

总账的登记依据和方法主要取决于所采用的会计核算形式,它可以根据记账凭证逐笔登记,也可以将记账凭证汇总后,根据汇总数登记,详见第十章“会计核算形式”。

四、明细分类账的格式与登记

各企业在设置总分类账的同时,还应设置必要的明细账。明细账的信息是对总账的补充,同时也是编制财务会计报告的依据之一。明细分类账一般根据记账凭证和相应的原始凭证来登记,能提供交易或事项比较详细、具体的核算资料,以补充总账所提供核算资料的不足。明细分类账一般采用活页式账簿、卡片式账簿。根据各种明细分类账所记录经济业务的特点,明细分类账的常用账页格式主要有三栏式、多栏式和数量金额式三种。

三栏式明细账的格式与三栏式总账格式相同,设有借方、贷方和余额三个栏目,没有数量栏。它适用于只需进行金额核算而不必进行数量核算的债权、债务类账户,如应收账款、应付账款、其他应收款等。三栏式明细账的格式如表 7—13 所示。

表 7—13　　×××明细分类账

二级或明细科目：　　　　第　　页

年		凭证	摘　要	借　方	贷　方	借或贷	余　额
月	日						

多栏式明细账是根据经济业务的特点和提供核算资料的要求，在借方或贷方或借贷双方同时分设若干专栏，以提供详细资料的明细账。这类明细账适用于反映成本费用、收入和财务成果的账户。其具体设置方法是：成本费用类明细账在借方设专栏，如“生产成本”；收入类明细账在贷方设专栏，如“主营业务收入”；而“本年利润”“应交税费——应交增值税”明细账则借、贷方同时设专栏。多栏式明细账的格式如表 7—14、表 7—15 和表 7—16 所示。

表 7—14　　×××明细分类账（按借方发生额设置专栏的多栏式）

年		凭证	摘要	借　方					合计
月	日							…	
								…	
								…	
								…	

表 7—15　　×××明细分类账（按贷方发生额设置专栏的多栏式）

年		凭证	摘要	贷　方					合计
月	日							…	
								…	
								…	
								…	

表 7—16　　×××明细分类账（按借方、贷方发生额分别设置专栏的多栏式）

年		凭证	摘要	借　方			贷　方			借或贷	余额
月	日					…			…		
						…			…		
						…			…		
						…			…		

数量金额式账页适用于既要进行金额核算又要进行数量核算的账户，如“原材料”“库存

商品”等存货账户，其借方(收入)、贷方(发出)和余额(结存)都分别设有数量、单价和金额三个专栏。数量金额式账页提供了企业有关财产物资数量和金额收、发、存的详细资料，能加强财产物资的实物管理和使用监督，保证这些财产物资的安全完整。数量金额式明细账的格式如表7—17所示。

表7—17　　×××明细分类账(数量金额式)

类　　别：　　　　计量单位：
名称或规格：　　　存放地点：
编　　号：　　　　储备定额：

年		凭证	摘要	收入			发出			结存		
月	日			数量	单价	金额	数量	单价	金额	数量	单价	金额

明细账的登记方法应视内部管理的需要及经济业务量的大小而定。一般由会计人员或核算员等根据原始凭证、原始凭证汇总表并结合记账凭证登记。可以逐笔登记，也可以汇总登记。

五、总分类账和明细分类账的关系及其平行登记

(一)总分类账和明细分类账的关系

总分类账和明细分类账的内在联系：

1. 二者所反映的经济业务内容相同。如“原材料”总账与其所属的“甲材料”“乙材料”等明细账都是用来反映原材料的收发及结存业务的。

2. 登账的原始依据相同。登记总分类账与登记其所属明细账的记账凭证或原始凭证是相同的。

总分类账和明细分类账的区别：

1. 反映经济内容的详细程度不同。总分类账反映总账核算内容增减变化的总括情况，提供总括性资料；明细分类账反映明细核算内容增减变化的详细情况，提供的是某一种材料增减变动的具体资料。有些明细账还可以提供实物数量指标和劳动数量指标。

2. 作用不同。总分类账提供的经济指标，是明细分类账资料的综合，对所属明细分类账起着统驭、控制的作用；明细分类账提供的具体资料是对有关总分类账的补充，起着详细说明的作用。

(二)总分类账和明细分类账的平行登记

为了使总分类账与其所属的明细分类账相互之间能起到统驭与补充的作用，满足各单位经济管理对总括会计信息和详细会计信息的需要，确保核算资料的正确、完整，以及便于账户的核对，在总分类账及其所属的明细分类账之间进行记录，必须采用平行登记的方法。

所谓平行登记，是指经济业务发生后，根据同一会计凭证，一方面登记有关总分类账，另一方面登记该总分类账所属各有关明细分类账。采用平行登记规则，应注意以下要点：

1. 登记的依据相同。对于每一项经济业务，应根据审核无误后的同一凭证，一方面记入有关的总分类账，另一方面记入该总分类账所属的有关各明细分类账。

2. 登记的期间相同。期间相同是指在同一会计期间，而并非同一时点。因为明细分类账一般根据记账凭证或原始凭证于平时逐笔登记，而总分类账因会计核算形式不同，可能在平时逐笔登记，而一般是定期汇总登记。但必须在同一会计期间内完成。

3. 登记的方向一致。一般来说，如果总分类账登记在借方，那么，其所属的明细分类账也应登记在借方；反之，如果总分类账登记在贷方，那么，其所属的明细分类账也应登记在贷方。

4. 登记的金额相等。同一交易或事项登记在总分类账借方（或贷方）的金额必须与登记在该总分类账所属的一个或几个明细分类账的借方（或贷方）的金额或金额合计数相等。

实行平行登记法意味着把相同的原始数据通过两个或者两个以上相互联系和相互制约的核算系统（即总分类账和明细分类账）进行处理，最后使有关指标相符，起到自动核对的作用。这样就能够随时查明有关核算环节上的差错，保证会计信息的质量。

下面举例说明总分类账和明细分类账平行登记方法。

【例 7—1】 某企业 20××年 5 月 1 日“原材料”与“应付账款”总分类账户与其所属的明细分类账户的期初余额如下：

“原材料”总分类账户为 19 000 元，其所属的明细分类账户为：甲材料 8 000 千克，单价 2.00 元，计 16 000 元；乙材料 100 吨，单价 30.00 元，计 3 000 元。

“应付账款”总分类账户为 18 200 元，其所属明细分账户为：东方厂 13 000 元，光华厂 5 200 元。

假设本月发生的原材料收发业务及与供应单位的结算业务如下：

1. 向东方厂购进甲材料 5 000 千克，每千克 2 元；乙材料 60 吨，每吨 30 元，货款尚未支付（材料已验收入库，暂不考虑增值税）。

2. 生产车间制造产品领用甲材料 6 000 千克，每千克 2.00 元。

3. 以银行存款偿还上月末的应付账款。

4. 生产车间制造产品领用乙材料 110 吨，每吨 30 元。

5. 向光华厂购入 50 吨乙材料，每吨 30 元，货款尚未支付（材料已验收入库，暂不考虑增值税）。

6. 生产车间制造产品领用甲材料 4 000 千克，每千克 2.00 元；乙材料 10 吨，每吨 30 元。

7. 以银行存款偿还东方厂应付账款 10 000 元。

8. 向东方厂购入甲材料 2 000 千克，每千克 2.00 元，货款以银行存款支付（材料已验收入库，暂不考虑增值税）。

根据上述资料，用平行登记方法记入“原材料”总分类账户和“应付账款”总分类账户及其所属明细分类账户的方法是：

第一，将月初余额分别记入“原材料”和“应付账款”两个总分类账户及其所属的明细分类账户。

第二，根据上述经济业务编制会计分录如下。

1. 借：原材料——甲材料　　10 000
　　　　　　——乙材料　　1 800
　　贷：应付账款——东方厂　　11 800

2. 借：生产成本　　12 000
　　贷：原材料——甲材料　　12 000

3. 借：应付账款——东方厂　　13 000
　　　　　　　——光华厂　　5 200
　　贷：银行存款　　18 200

4. 借：生产成本　　3 300
　　贷：原材料——乙材料　　3 300

5. 借：原材料——乙材料　　1 500
　　贷：应付账款——光华厂　　1 500

6. 借：生产成本　　8 300
　　贷：原材料——甲材料　　8 000
　　　　　　——乙材料　　300

7. 借：应付账款——东方厂　　10 000
　　贷：银行存款　　10 000

8. 借：原材料——甲材料　　4 000
　　贷：应付账款——东方厂　　4 000

第三，根据上述会计分录平行登记“原材料”和“应付账款”总分类账及其所属的明细分类账，并分别计算各账户的本期发生额和期末余额。登记结果如表 7—18、表 7—19、表 7—20、表 7—21 所示。

表 7—18　　**总分类账**

账户名称：原材料　　单位：元

20××年		业务号	摘　要	借　方	贷　方	借或贷	余　额
月	日						
5			月初余额			借	19 000
		(1)	购进	11 800		借	30 800
		(2)	生产领用		12 000	借	18 800
		(4)	生产领用		3 300	借	15 500
		(5)	购进	1 500		借	17 000
		(6)	生产领用		8 300	借	8 700
		(8)	购进	4 000		借	12 700
			本期发生额及余额	17 300	23 600	借	12 700

表 7—19　　**明细分类账**

材料名称:甲材料

20××年		业务号	摘　要	收　入			发　出			结　存		
月	日			数量	单价	金额	数量	单价	金额	数量	单价	金额
5			月初余额							8 000	2.00	16 000
		(1)	购进	5 000	2.00	10 000				13 000	2.00	26 000
		(2)	生产领用				6 000	2.00	12 000	7 000	2.00	14 000
		(6)	生产领用				4 000	2.00	8 000	3 000	2.00	6 000
		(8)	购进	2 000	2.00	4 000				5 000	2.00	10 000
			本期发生额及余额	7 000	2.00	14 000	10 000	2.00	20 000	5 000	2.00	10 000

材料名称:乙材料

20××年		业务号	摘　要	收　入			发　出			结　存		
月	日			数量	单价	金额	数量	单价	金额	数量	单价	金额
5			月初余额							100	30.00	3 000
		(1)	购进	60	30.00	1 800				160	30.00	4 800
		(4)	生产领用				110	30.00	3 300	50	30.00	1 500
		(5)	购进	50	30.00	1 500				100	30.00	3 000
		(6)	生产领用				10	30.00	300	90	30.00	2 700
			本期发生额及余额	110	30.00	3 300	120	30.00	3 600	90	30.00	2 700

表 7—20　　**总分类账**

账户名称:应付账款　　单位:元

20××年		业务号	摘　要	借　方	贷　方	借或贷	余　额
月	日						
5			月初余额			贷	18 200
		(1)	购进材料		11 800	贷	30 000
		(3)	偿还货款	18 200		贷	11 800
		(5)	购进材料		1 500	贷	13 300
		(7)	偿还货款	10 000		贷	3 300
			本期发生额及余额	28 200	13 300	贷	3 300

表 7—21 **明细分类账**

账户名称：东方厂 单位：元

20××年		业务号	摘　要	借　方	贷　方	借或贷	余　额
月	日						
5			月初余额			贷	13 000
		(1)	购进材料		11 800	贷	24 800
		(3)	偿还货款	13 000		贷	11 800
		(7)	偿还货款	10 000		贷	1 800
			本期发生额及余额	23 000	11 800	贷	1 800

账户名称：光华厂 单位：元

20××年		业务号	摘　要	借　方	贷　方	借或贷	余　额
月	日						
5			月初余额			贷	5 200
		(3)	偿还货款	5 200		平	0
		(5)	购进材料		1 500	贷	1 500
			本期发生额及余额	5 200	1 500	贷	1 500

由表 7—18 和表 7—19 可见，“原材料”总分类账的期初余额 19 000 元、借方本期发生额 17 300 元、贷方本期发生额 23 600 元、期末余额 12 700 元，分别与其所属的两个明细分类账的期初余额之和 19 000 元(1 6000＋3 000)、借方本期发生额之和 17 300 元(14 000＋3 300)、贷方本期发生额之和 23 600 元(20 000＋3 600)、期末余额之和 12 700 元(10 000＋2 700)完全相等。

由表 7—20 和表 7—21 可见，“应付账款”总分类账的期初余额 18 200 元、借方本期发生额 28 200 元、贷方本期发生额 13 300 元、期末余额 3 300 元，分别与其所属的两个明细分类账的期初余额之和 18 200 元(1 3000＋5 200)、借方本期发生额之和 28 200 元(23 000＋5 200)、贷方本期发生额之和 13 300 元(11 800＋1 500)、期末余额之和 3 300 元(1 800＋1 500)完全相等。

由于对经济业务采用平行登记的方法，使有关总分类账户与其所属的明细分类账户在发生额及余额之间客观上产生了一种平衡相等关系。为检验账户平行登记的过程和结果是否正确，可编制总分类账户与明细分类账户发生额及余额试算表进行验证。这种试算表的格式有多种，比较常见的一种格式如表 7—22、表 7—23 所示。

表 7—22　　“原材料”总分类账与明细分类账发生额及余额试算表

账户名称	期初余额		本期发生额		期末余额	
	借方	贷方	借方	贷方	借方	贷方
原材料总分类账	19 000		17 300	23 600	12 700	
原材料明细分类账合计	19 000		17 300	23 600	12 700	
甲材料	16 000		14 000	20 000	10 000	
乙材料	3 000		3 300	3 600	2 700	

表 7—23　　“应付账款”总分类账与明细分类账发生额及余额试算表

账户名称	期初余额		本期发生额		期末余额	
	借方	贷方	借方	贷方	借方	贷方
应付账款总分类账		18 200	28 200	13 300		3 300
应付账款明细分类账合计		18 200	28 200	13 300		3 300
东方厂		1 3000	23 000	11 800		1 800
光华厂		5 200	5 200	1 500		1 500

编制总分类账与明细分类账发生额及余额试算表时，应先把有关总分类账及其所属各明细分类账的期初余额、借方发生额合计、贷方发生额合计和期末余额相应地抄列于该表的发生额和余额栏；然后将明细分类账的发生额和余额分别相加求得合计数。之后，直接利用这些合计数分别与该表中的总分类账发生额和余额进行核对。如果相关的金额之间相等，则说明平行登记过程和结果基本是正确的；否则，说明存在问题，应及时查找原因，并予以更正。

第三节　会计账簿的启用与登记规则

会计账簿是全面记录和反映一个会计主体经济业务，把大量分散的数据或资料进行归类整理逐步加工成有用会计信息的簿籍，它是编制会计报表的重要依据。登记账簿是一项重要的会计基础工作，必须遵守《会计基础工作规范》的有关规定。

一、账簿的启用规则

启用新的会计账簿时，应当在账簿封面上写明单位名称和账簿名称，并填写账簿扉页上的“账簿启用及经管人员一览表”，注明启用日期、账簿起止页数（活页式账簿，可于装订时填写起止页数）、记账人员和会计机构负责人、会计主管人员姓名等，并加盖名章和单位公章。当记账人员或者会计机构负责人、会计主管人员调动工作时，也要在“账簿启用及经管人员一览表”上注明交接日期、接办人员和监交人员姓名，并由交接双方签字或者盖章。这样做是为了明确有关人员的责任，加强有关人员的责任感，维护会计账簿记录的严肃性。“账簿启用及经管人员一览表”的一般格式如表 7－24 所示。

表 7－24　　账簿启用及经管人员一览表

<table>
<tr><td>单位名称</td><td colspan="9"></td><td>单位盖章</td></tr>
<tr><td>账簿名称</td><td colspan="9"></td><td rowspan="7"></td></tr>
<tr><td>账簿编号</td><td colspan="9">年　总　　册　　第　　册</td></tr>
<tr><td>账簿页数</td><td colspan="9">本账簿共计　　　　页　第　　页</td></tr>
<tr><td>启用日期</td><td colspan="9">年　　　月　　　日</td></tr>
<tr><td rowspan="3">经管人员</td><td colspan="3">负责人</td><td colspan="3">主办会计</td><td colspan="3">记　账</td></tr>
<tr><td>职别</td><td>姓名</td><td>盖章</td><td>职别</td><td>姓名</td><td>盖章</td><td>职别</td><td>姓名</td><td>盖章</td></tr>
<tr><td></td><td></td><td></td><td></td><td></td><td></td><td></td><td></td><td></td></tr>
<tr><td rowspan="6">交接记录</td><td rowspan="2">职别</td><td rowspan="2">姓名</td><td colspan="3">接　管</td><td colspan="3">移　交</td><td colspan="2">印花税票粘贴处</td></tr>
<tr><td>年</td><td>月</td><td>日</td><td>年</td><td>月</td><td>日</td><td colspan="2" rowspan="5"></td></tr>
<tr><td></td><td></td><td></td><td></td><td></td><td></td><td></td><td></td></tr>
<tr><td></td><td></td><td></td><td></td><td></td><td></td><td></td><td></td></tr>
<tr><td></td><td></td><td></td><td></td><td></td><td></td><td></td><td></td></tr>
<tr><td></td><td></td><td></td><td></td><td></td><td></td><td></td><td></td></tr>
</table>

二、账簿的登记规则

根据《会计基础工作规范》的要求，会计人员应当根据审核无误的会计凭证登记会计账簿。登记账簿要综合以下基本要求：

1. 登记会计账簿时，应当将会计凭证日期、编号、业务内容摘要、金额和其他有关资料逐项记入账内，做到数字准确、摘要清楚、登记及时、字迹工整。

2. 登记完毕后，要在记账凭证上签名或者盖章，并注明已经登账的符号，表示已经记账。

3. 账簿中书写的文字和数字上面要留有适当空格，不要写满格；一般应占格距的 1/2。

4. 登记账簿要用蓝黑墨水或者碳素墨水书写，不得使用圆珠笔(银行的复写账簿除外)或者铅笔书写。

5. 下列情况，可以用红色墨水记账：

(1)按照红字冲账的记账凭证，冲销错误记录；

(2)在不设借贷等栏的多栏式账页中，登记减少数；

(3)在三栏式账户的余额栏前，如未印明余额方向的，在余额栏内登记负数余额；

(4)根据国家统一会计制度的规定可以用红字登记的其他会计记录。

6. 各种账簿按页次顺序连续登记，不得跳行、隔页。如果发生跳行、隔页，应当将空行、空页划线注销，或者注明“此行空白”“此页空白”字样，并由记账人员签名或者盖章。

7. 凡需要结出余额的账户，结出余额后，应当在“借或贷”等栏内写明“借”或者“贷”等字样。没有余额的账户，应当在“借或贷”等栏内写“平”字，并在余额栏内用“Q”表示。现金日记账和银行存款日记账必须逐日结出余额。

8. 每一账页登记完毕结转下页时，应当结出本页合计数及余额，写在本页最后一行和下页第一行有关栏内，并在摘要栏内注明“过次页”和“承前页”字样；也可以将本页合计数及金额只写在下页第一行有关栏内，并在摘要栏内注明“承前页”字样。

对需要结计本月发生额的账户，结计“过次页”的本页合计数应当为自本月初起至本页末止的发生额合计数；对需要结计本年累计发生额的账户，结计“过次页”的本页合计数应当为自年初起至本页末止的累计数；对既不需要结计本月发生额也不需要结计本年累计发生额的账户，可以只将每页末的余额结转次页。

三、错账的更正方法

《会计法》规定，会计账簿记录发生错误或者隔页、缺号、跳行的，应当按照国家统一的会计制度规定的方法更正，并由会计人员和会计机构负责人（会计主管人员）在更正处盖章。使用电子计算机进行会计核算的，其会计账簿的登记、更正，应当符合国家统一的会计制度的规定。《会计基础工作规范》第六十一条规定，账簿记录发生错误的，不准涂改、挖补、刮擦或者用药水消除字迹，不准重新抄写，必须按照规定的方法更正。

错账更正方法有划线更正法、红字更正法和补充登记法三种。

（一）划线更正法

在结账之前，如果发现账簿记录有错误，而记账凭证无错误，即纯属登账时文字或数字上的错误，应采用划线更正法更正。

划线更正法具体做法是：先将错误的数字全部划一条红线予以注销，不得只划线更正其中个别数字；对已划销的数字，应当保持原有字迹仍可辨认，以备查核。然后将正确的数字用（蓝）黑字写在划线上面，并由记账员在更正处盖章，以明确责任。

【例 7—2】 某公司第 1 号记账凭证显示的是借记“库存商品”科目 53 264 元，但登记账簿时主管会计却误记为 53 624 元。“银行存款”科目的记录是正确的。

此时，应采用划线更正法，示例如表 7—25 所示。另外，责任人还应该在此处盖章，以示负责。

表 7—25　　划线更正法操作示例

会计科目：库存商品　　第　　页

年		凭证	摘　要	借　方	贷　方	借或贷	余　额
月	日						
12	5	1	购入库存商品	53 264 ~~53 624~~ 张			

(二)红字更正法

红字更正法适用于以下两种情形：

1. 记账后发现记账凭证中的应借、应贷会计科目有错误所引起的记账错误；

2. 记账后发现记账凭证和账簿记录中应借、应贷会计科目无误，只是所记金额大于应记金额所引起的记账错误。

对于前一种情形，可用红字填写一张与原记账凭证完全相同的记账凭证，然后用(蓝)黑字填写一张用正确的应借、应贷会计科目的记账凭证，并据以记账。对于后一种情形，可按多记的金额用红字编制一张与原记账凭证应借、应贷科目完全相同的记账凭证，以冲销多记的金额，并据以记账。

【例 7—3】 某公司用银行存款 3 000 元购买了销售部门使用办公用品，假如本业务的记账凭证误记为：

1. 借：管理费用　　　　3 000

　　贷：银行存款　　　　3 000

此时，可先用红字填制一张科目相同的记账凭证，冲销错账。

2. 借：管理费用　　　　3 000

　　贷：银行存款　　　　3 000

再用(蓝)黑字填写一张正确的记账凭证。

3. 借：销售费用　　　　3 000

　　贷：银行存款　　　　3 000

以上错账更正记录如图 7—2 所示。

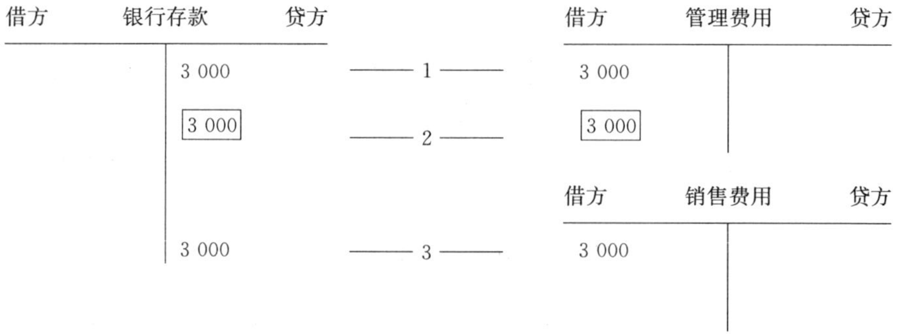

图 7—2　红字更正法一

【例 7—4】 某企业用银行存款 1 000 元购买原材料，在记账凭证中却将金额误记为 10 000 元，并已登记入账。

1. 借：原材料　　　　10 000

　　贷：银行存款　　　　10 000

此时，应将多记的金额用红字冲销，即用红字编织一张调减的记账凭证：

2. 借:原材料　　　　　　　　　　　　　　　　9 000

　　贷:银行存款　　　　　　　　　　　　　　　　9 000

以上错账更正记录如图 7—3 所示。

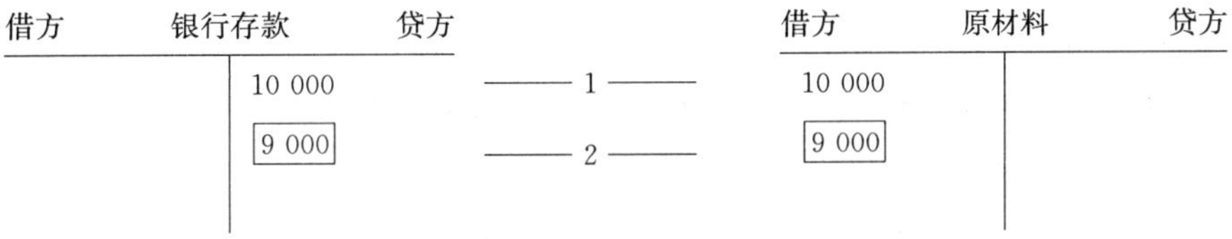

图 7—3　红字更正法二

(三)补充登记法

记账后若发现记账凭证和账簿记录中应借、应贷会计科目无误,只是所记金额小于应记金额时,采用补充登记法进行更正。即按少记的金额用蓝字编制一张与原记账凭证应借、应贷科目完全相同的记账凭证,以补充少记的金额,并据以记账。

【例 7—5】 某企业用银行存款 100 000 元购买固定资产,在记账凭证中却将金额误记为 10 000 元,并已登记入账。

1. 借:固定资产　　　　　　　　　　　　　　10 000

　　贷:银行存款　　　　　　　　　　　　　　　10 000

此时,应采用补充登记法,用(蓝)黑字填写一张记账凭证。该记账凭证字号同原业务保持一致。

2. 借:固定资产　　　　　　　　　　　　　　90 000

　　贷:银行存款　　　　　　　　　　　　　　　90 000

以上错账更正记录如图 7—4 所示。

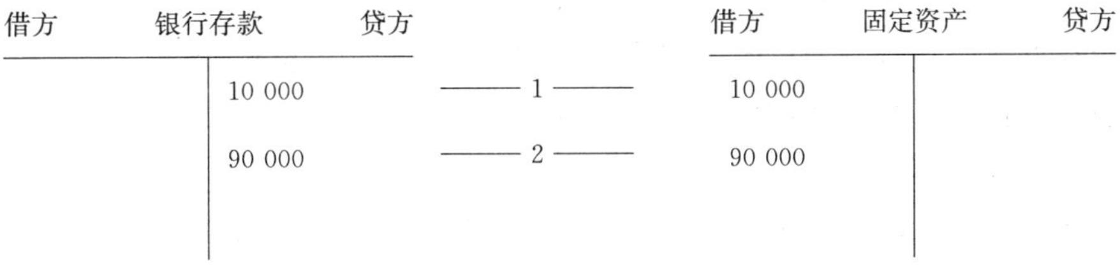

图 7—4　补充登记法

第四节　结账和对账

一、结账

(一)结账的含义

结账是指按照规定,定期把一定时期(月份、季度、年度)内所发生的经济业务登记入账,并将各种账簿结计清楚，以便进一步根据账簿记录编制会计报表。另外，企业因撤销、合并而办理账务交接时，也需要办理结账。结账的内容通常包括两个方面：一是结清各种损益类账户，并据以计算确定本期利润；二是结出各资产、负债和所有者权益账户的本期发生额合计数和期末余额。

（二）结账的程序

1. 结账前，将本期发生的经济业务全部登记入账，并保证其正确性。对于发现的记账错误，应采用适当的方法进行更正。

2. 在本期经济业务全面入账的基础上，根据权责发生制的要求，调整有关账项，合理确定应计入本期的收入和费用。

3. 将各损益类账户余额全部转入"本年利润"账户，结平所有损益类账户。

4. 结出资产、负债和所有者权益账户的本期发生额和余额，并转入下期。

上述工作完成后，就可以根据总分类账和明细分类账的本期发生额和期末余额，分别进行试算平衡。

（三）结账的方法

根据会计分期的不同，结账工作相应地可以在月末、季末、年末进行，分为月结、季结和年结三种。

1. 月结。月结是月度终了，计算账户本期发生额和余额的方法。办理月结，应该结出本月借、贷双方的月内发生额和期末余额，在摘要栏内注明"本期发生额及期末余额"，同时，在"本期发生额及期末余额"行的上、下端各划一条红线，表示账簿记录已经结束。对于本月没有发生额的账户，不进行月结。需要结出本年累计发生额的，应在摘要栏注明"本年累计"字样，并在下面划一条红线。

2. 季结。季结是季度终了，计算账户本期发生额和余额的方法。办理季结的手续与月结一样，应在本季度最后一个月的结账数字的红线下边一行，把本季度三个月的借、贷双方月结数汇总，并在摘要栏内注明"本季发生额合计及季末余额"，同样在数字下端划一条红线，表示本季度的结账。

3. 年结。年结是年度终了，计算账户本期发生额和余额的方法。办理年结时，应将四个季度的借、贷双方季结加以汇总，在摘要栏内注明"本年发生额及年末余额"，并在数字下端划双红线，表示本年度账簿记录已经结束。年度结账后，各账户的年末余额应转入下年度的新账簿，并在摘要栏注明"结转下年"字样；在下一会计年度新建有关账户的第一行余额栏内填写上年结转的余额，并在摘要栏注明"上年结转"字样，使年末有余额账户的余额如实地在账户中加以反映，以免混淆有余额的账户和无余额的账户。

现以"库存现金"为例说明结账方法，具体如表 7—26 所示。

表 7—26 总分类账

会计科目:库存现金

202×年		凭证		摘要	借方	贷方	借或贷	余额	
月	日	种类	编号						
1	1			上年结转			借	2 600	
1	10				1 200	1 800	借	2 000	
1	20				1 000	200	借	2 800	
1	31				300	700	借	2 400	
1	31			本月合计	2 500	2 700	借	2 400	(单红线)
2	10	(略)	(略)		1 050	50	借	3 400	
2	20				260	960	借	2 700	
2	28				150	650	借	2 200	
2	28			本月合计	1 460	1 660	借	2 200	(单红线)
3	10				880	600	借	2 480	
3	20				1 500	450	借	3 530	
3	31				560	1 440	借	2 650	
3	31			本月合计	2 940	2 490	借	2 650	
				本季合计	6 900	6 850	借	2 650	
12	31			……	…	…	…	…	(单红线)
				本年累计	32 000	31 050	借	3 550	(双红线)
12	31			上年结转	2 600				
12	31			结转下年		3 550			
12	31			本年合计	34 600	34 600	平		

二、对账

对账是对账簿记录所做的核对工作。我国《会计基础工作规范》第四十六条规定,各单位应当定期对会计账簿记录的有关数字与库存实物、货币资金、有价证券、往来单位或者个人及有关资料等进行相互核对,保证账实相符、账证相符、账账相符、账表相符。对账工作每年至少进行一次。

1. 账证核对。账簿是根据经过审核之后的会计凭证登记的,但实际工作中仍有可能发生账证不符的情况。记账后,应将账簿记录与会计凭证核对,核对账簿记录与原始凭证、记账凭证的时间、凭证字号、内容、金额等是否一致,记账方向是否相符,做到账证相符。

会计期末如果发现账证不符,可以再将账簿记录有关会计凭证进行核对,以保证账证相符。

2. 账账核对。账账核对的内容主要包括:①总分类账簿之间的核对;②总分类账簿与所属明细分类账簿之间的核对;③总分类账簿与序时账簿之间的核对;④明细分类账簿之间的核对。

3. 账实核对。账实核对是指各项财产物资、债权债务等账面余额与实有数额之间的核对。账实核对的内容主要包括:库存现金日记账账面余额与库存现金实际库存数逐日核对是否相符;银行存款日记账账面余额与银行对账单的余额定期核对是否相符;各项财产物资明细账账面余额与财产物资的实有数额定期核对是否相符;有关债权债务明细账账面余额与对方单位的账面记录核对是否相符等。

4. 账表核对。核对会计账簿记录与会计报表的有关内容、金额是否相符。

通过上述的对账工作,就能做到账证相符、账账相符、账实相符和账表相符,使会计核算资料真实、正确、可靠。

第五节 会计账簿的更换与保管

一、会计账簿的更换

账簿的更换是指在会计年度终了时,将本年度的账簿更换为次年度新账簿的工作。

企业在每一新的会计年度开始时都需要建立新账,一般应将上年度已经登记过的账簿更换为新账簿,以满足在新的会计年度登记交易或事项的需要。但是,是否将所有账簿都进行更换,应根据实际情况而定。一般来说,总分类账簿、序时账簿和绝大多数明细分类账簿应当每年度更换一次,而用以记录财产物资的卡片式明细分类账,由于其连续记录的要求比较强,可以跨年度使用。

账簿更换具体包括以下两个环节:

1. 检查本年度账簿记录在年终结账时是否全部结清,账户中借方、贷方合计数是否确实已经平衡相等,应结转下年的账户余额是否已在账簿中做“结转下年”的处理。

2. 根据本年度有余额账户的“结转下年”数字直接记入新年度账户的第一行的“余额”栏,在日期栏注明“1月1日”;在“摘要”栏注明“上年结转”字样;在“借或贷”栏注明余额方向。进行年度之间余额的结转时,不必填制记账凭证。因此,新年度登记余额行中的“凭证编号”栏、“借方”栏和“贷方”栏都空置不填,只填写余额即可。

二、会计账簿的保管

会计账簿是会计信息的主要载体,也是企业的重要经济档案,因此,必须建立账簿的保管制度,以确保账簿的安全与完整。

1. 账簿的日常管理要求

(1)专人管理,保证安全。对各种账簿应指定专人管理,做到分工明确、责任清楚。账簿保管人员即负责记账、对账和结账的会计人员，应保证账簿的安全完整。

（2）查阅复制，须经批准。会计账簿未经会计部门负责人等批准，非经管人员不能随意翻阅查看、摘抄或复制。

（3）除非必要，不得外带。会计账簿一般不能携带外出。需要携带外出时，应指定专人负责。

2. 账簿的归档保管

使用过的账簿是指年度终了时更换下来的账簿。在这些账簿中记录了企业过去发生的交易或事项，是企业重要的经济档案，更应按要求归档保管。应切实做到以下几点：

（1）归类整理，保证齐全。归档前应对更换下来的旧账簿进行分类整理，检查使用过的账簿是否齐全。

（2）装订成册，手续完备。对更换下来的账簿，应分类装订成册或做捆扎处理，并办理必要的手续。

（3）编制清单，归档保管。对更换下来的账簿，应填写移交清单，办理移交手续，及时交由单位档案管理部门归档保管。保管人员应按照档案管理办法的要求编制索引、分类储存，以便于日后查阅。

（4）妥善保存，期满销毁。对更换下来的账簿，应采取一定的安全措施妥善保存，不得任意销毁。保管期满后，应按照规定的审批程序，报经批准后方可销毁。根据规定需要永久保存的账簿不能销毁。

本章小结

本章是第六章的继续，主要阐述了各种账簿的格式与登记方法、对账与结账方法、错账更正方法。通过本章的学习，要求学员掌握日记账、总分类账及有关明细账的登记方法，对账与结账方法，错账的更正方法；理解会计账簿的登记要求，总分类账与明细分类账的平行登记要点；了解账簿的概念与分类，会计账簿的更换与保管流程。

复习思考题

1. 为什么要设置会计账簿，它有哪些作用？
2. 按照不同的标准，账簿有哪些类型？
3. 总分类账和其所属明细分类账平行登记应遵循哪些规则？
4. 更正错账有几种方法？各自适用于什么情况？
5. 什么是结账？结账的工作内容包括哪些？
6. 什么是对账？对账的内容有哪些？

主要参考文献

1. 秦玉熙、袁蓉丽、朱小平:《基础会计》(第12版),中国人民大学出版社2024年版。
2. 吴国萍:《基础会计学》(第5版),上海财经大学出版社2019年版。
3. 陈国辉、迟旭升:《基础会计》(第7版),东北财经大学出版社2021年版。
4. 中华人民共和国财政部:《企业会计准则》(2024年版),立信会计出版社2024年版。
5. 中华人民共和国财政部、国家档案局:《会计档案管理方法》,2015年修订。
6. 中华人民共和国财政部:《会计基础工作规范》,2019年修改。

第八章

财产清查

本章内容引言

通过第七章"会计凭证"和"会计账簿"的学习，我们已经掌握了填制、审核会计凭证和登记账簿两种会计核算方法的基本原理。在实际工作中，即使加强原始凭证的审核，根据审核无误的原始凭证填制并审核记账凭证，及时登记各种账簿，定期进行账证和账账核对，基本保证了账簿记录的正确性，也不能绝对保证账簿记录的客观、真实。由于自然因素和人为因素的影响，有些情况无法事先通过会计凭证和账簿进行反映，往往会使账面数额与实存数额发生差异，即造成账实不符。为了正确掌握各项财产的真实情况，保证账实相符，必须在账簿记录的基础上运用财产清查方法，查明账实是否相符以及不符的数量和原因，以便明确责任，调整账簿记录，做到账实相符，从而使会计报表的编制依据更加真实可靠。

本章要点提示

- 财产清查的意义和种类
- 财产物资的盘存制度
- 财产清查的基本方法
- 财产清查结果的会计处理

第一节 财产清查概述

一、财产清查的意义

财产清查是通过对实物、现金的实地盘点以及对银行存款、债权债务的核对，来查明各种财产物资、货币资金、往来款项的实存数，并与账存数核对，借以查明账实是否相符的一种专门方法。我国《会计法》第十七条规定，各单位应当定期将会计账簿记录与实物、款项及有关资料相互核对，保证会计账簿记录与实物及款项的实有数额相符。财产清查的目的是保证账实相符。在实际工作中，由于自然因素和人为因素的影响，存在许多账实不符的情况。

（一）造成账实不符的原因

准确反映财产物资、货币资金以及往来款项的真实情况，是会计核算的基本原则，也是经济管理对会计核算的客观要求。由于企业生产经营过程受各种自然因素和人为因素的影响，因此，尽管建立了完整而严密的凭证审核和账证、账账核对制度，也可能存在账面数额与实存数额发生差异，即账实不符的情况。造成账实不符的原因主要包括以下几个方面：

(1)在收、发财产物资时，由于计量、检验不准而发生了品种、数量上的差错，如应该发出甲材料却发出了乙材料，应发出 10 千克却发出 9 千克。

(2)在财产保管过程中发生自然损耗或升溢，如汽油自然挥发、砂糖受潮增重等。

(3)在财产物资增减变动时漏办了入账手续，如收、发料时没有填制"收料单"或"发料单"。

(4)因管理不善和工作人员失职而发生的财产损失，如材料、产品损坏、霉烂、变质等。

(5)因营私舞弊、贪污盗窃等非法行为而发生的财产物资损失。

(6)因风、水、火等自然灾害或非常事件造成财产毁损。

(7)因未达账项而引起的数额不符等。

可见，实际工作中存在着许多账实不符的情况，为了正确掌握各项财产的真实情况，保证账实相符，必须在账簿记录的基础上运用财产清查方法，查明账实不符的原因及数量，以便明确责任，调整账簿记录，做到账实相符。

(二)财产清查的作用

我国《会计基础工作规范》明确指出会计机构、会计人员应当对实物、款项进行监督，督促建立并严格执行财产清查制度。各单位通过财产清查可以保证会计资料的真实性，挖掘财产物资潜力；保护财产安全与完整；加强往来款项管理，减少坏账损失；建立健全财产物资的收发制度。具体如下：

(1)保证会计资料的真实性。通过财产清查，可以查明各项财产物资的实存数，确定账实是否相符；如不相符，则可查明原因和责任，以便及时调整账面记录，保证账实相符和会计资料真实可靠。

(2)挖掘财产物资的潜力，加速资金周转。通过财产清查，可以查明各种财产物资的储备和利用情况，看其是否存在储备不足或超储积压以及不配套的情况，以便采取措施，对储备不足的设法采购，保证生产需要；对积压及不配套的及时处理，充分挖掘财产物资的潜力，做到物尽其用，加速资金周转。

(3)保护财产物资的安全与完整。通过财产清查，可以查明各项财产的保管情况是否良好，有无因管理不善致使财产遭受损失浪费、发生霉变、丢失或被非法挪用、贪污盗窃的情况，以便改善管理，保护财产的安全与完整。

(4)加强往来款项的管理，减少坏账损失。通过财产清查，检查、核对往来账项，检查各项债权、债务的结算是否遵守财经纪律和结算制度，促使各单位自觉遵守财经纪律，及时结清债权、债务，减少坏账损失的发生。

(5)建立、健全有关财产物资的收发保管制度。通过财产清查，可以查明有关财产在验收、保管、报废等环节存在的问题，特别是因规章制度不够健全而产生的，应有针对性地逐步建立和健全财产物资的收发保管制度，完善岗位责任制，明确责任。

二、财产清查的种类

财产清查可按不同的标准进行分类，主要有按照清查对象和范围的分类、按照清查时间的分类和按照清查的执行单位分类 3 种。

（一）按照清查的对象和范围，分为全面清查和局部清查

1. 全面清查

全面清查是指对一个单位的所有财产进行全面、彻底的盘点和核对。全面清查的对象一般包括：固定资产、材料、在产品、半成品、库存商品、在建工程；库存现金，银行存款，长、短期借款；各种往来款项；在途物资；委托或受托加工物资，保管的材料、商品，租入、租出固定资产；等等。

全面清查内容多、范围广，一般在以下几种情况下需要进行全面清查：一是年终决算前，为确保年度会计报表的真实性，要进行全面清查；二是单位撤销、合并或改变隶属关系以及开展全面的资产评估、清产核资时，要进行全面清查，以摸清家底，准确核定资金，明确责任；三是中外合资、国内联营时，要进行全面清查；四是单位主要领导调离工作时，要进行全面清查。

2. 局部清查

局部清查是根据需要对一部分财产进行的清查，一般在下述情况下进行：一是对流动性大的物资，除了年底清查外，每月还要轮流盘点或重点抽查；二是对各种贵重物资，每月都应清查盘点一次；三是对银行存款和银行借款，每月要同银行核对一次；四是对库存现金，每日终了由出纳员自行清点一次；五是对往来款项，每年至少要与对方核对一次。

（二）按照清查的时间，分为定期清查与不定期清查

1. 定期清查

定期清查是指按规定的时间对一个单位的全部或部分财产所进行的清查。这种清查通常是在月末、季末、年末结账时进行，其目的在于保证会计核算资料的真实、正确。

2. 不定期清查

不定期清查是指事先并不规定清查时间，而是根据需要所做的临时性清查。这种清查从范围上看，可以是全面清查，也可以是局部清查。它主要在以下几种情况下进行：一是更换财产物资和现金保管人员时，要对其保管的财产进行清查，以分清经济责任；二是上级主管部门、财税机关、开户银行以及审计部门要对本单位进行会计检查时，应按要求进行清查；三是发生非常灾害和意外损失时，要对有关财产进行清查，以查明损失情况。

（三）按照清查的执行单位，分为内部清查与外部清查

1. 内部清查

内部清查是指由本单位内部自行组织的财产清查工作，也称为“自查”，主要目的是对本单位的财产进行清查，以保证账实相符。

2. 外部清查

外部清查是指由企业外部的有关部门或人员根据国家法律或制度的规定对企业进行的财产清查，比如由财政机关、审计机关、税务机关、上级主管部门、司法部门、注册会计师等机

关、部门或人员进行清查。外部清查通常涉及更广泛的检查与监督，确保单位财务和资产的合规性与透明度。

第二节 财产清查的方法

一、财产清查前的准备工作

财产清查是一项复杂、细致的工作，只有认真做好组织准备和业务准备工作，才能使其顺利进行。

（一）组织准备

财产清查前，应设立以主管财务工作的企业领导或总会计师为首的财产清查领导小组。清查领导小组的任务是制订详细的清查计划，包括：清查对象、范围、进度以及配备的人员；做好组织、检查和督促工作，及时研究发现的问题；清查结束后，将清查结果及处理意见写成书面报告，交上级和有关部门审批处理。

（二）业务准备

业务准备主要包括以下内容：

（1）会计部门在财产清查前，应将有关账目登记齐全，结出余额，核对清楚，做到账簿记录完整、正确。

（2）财产物资保管部门应将所有业务手续办妥并登记入账，结出各明细账的余额，同时将各种财产物资排列整齐，贴上标签，并准备好必要的计量器具、登记用的表册等。

（3）取得银行存款和往来款项对账单。

二、财产物资的盘存制度

财产物资的盘存制度有永续盘存制和实地盘存制 2 种。

（一）永续盘存制

永续盘存制也叫账面盘存制，是指对各项财产物资的收入或发出情况都必须根据会计凭证在有关账簿中进行连续登记，并随时在账面上结出结存数。前述各章财产物资的收发和结存，都是按照永续盘存制处理的。采用永续盘存制虽然能在账面上及时反映各项财产物资的结存数，但也会发生账实不符的情况，因此，在永续盘存制下，需要进行实地盘点，以便确定实存数，并查明账实是否相符以及账实不符的原因。永续盘存制核算手续严密，能及时反映各项财产物资的收入、发出和结存情况，但核算工作量大，这是企业和单位普遍采用的盘存制度。

现举例说明永续盘存制的应用。

【例 8－1】 某企业 8 月份 A 材料的收、发、存资料如下：

（1）8 月 1 日，结存 600 千克，单价 10 元，金额 6 000 元；

（2）8 月 6 日，购进入库 300 千克，单价 10 元，金额 3 000 元；

（3）8 月 10 日，生产领用 400 千克，单价 10 元，金额 4 000 元；

(4)8月20日,生产领用200千克,单价10元,金额2 000元;

(5)8月25日,购进入库300千克,单价10元,金额3 000元。

根据上述资料,采用永续盘存制,A材料的明细核算在账簿的记录如表8—1所示。

表8—1 原材料明细账

品名:A材料 计量单位:千克

年		凭证		摘要	收入			发出			结存		
月	日	字	号		数量	单价	金额	数量	单价	金额	数量	单价	金额
8	1			期初结存							600	10	6 000
8	6			购入	300	10	3 000				900	10	9 000
8	10			领用				400	10	4 000	500	10	5 000
8	20			领用				200	10	2 000	300	10	3 000
8	25			购入	300	10	3 000				600	10	6 000
8	30			本月发生额及余额	600	10	6 000	600	10	6 000	600	10	6 000

(二)实地盘存制

实地盘存制就是对各种财产物资,平时在账上只登记收入数,不登记减少数,月末根据实地盘点的结存数来倒推财产物资的减少数,再据以登记有关账簿。在实地盘存制下,同样要进行实地盘点,但实地盘点所确定的实存数只是轧记本期发出数的依据。期末倒轧本期发出数的公式为:

本期发出数=期初结存数+本期收入数—期末实存数

实地盘存制核算工作简单,省时省力,但由于它平时不登记发出数,不能随时在账面上反映各种财产物资的结存数,所以难以通过账面记录来加强对财产物资的管理;又由于它以实地盘点所确定的实存数作为唯一依据倒推发出数来记账,所以手续不严密,往往会出现一些漏洞,给不法分子以可乘之机。例如,仓库管理中若有多发少发、物资毁损、丢失等情况,账面均无反映,而全部隐藏在轧出的发出数内,不利于检查监督。总之,实地盘存制是一种不完善的物资管理办法。因此,除非特殊原因,不宜采用实地盘存制。通常情况下,鲜活商品以及品种、规格繁杂且价值较低,尤其是自然损耗大、数量不易准确确定的存货的盘存,可以采用实地盘存制。

现举例说明实地盘存制的应用。

【例8—2】 仍以前例资料为依据,采用实地盘存制,期末经盘点,A材料的结存数量为600千克,则A材料的明细核算在账簿的记录如表8—2所示。

表 8—2 原材料明细账

品名:A 材料 计量单位:千克

年		凭证		摘 要	收 入			发 出			结 存		
月	日	字	号		数量	单价	金额	数量	单价	金额	数量	单价	金额
8	1			期初结存							600	10	6 000
8	6			购入	300	10	3 000						
8	25			购入	300	10	3 000						
8	30			盘点							600	10	6 000
8	30			本月发出				600	10	6 000			
8	30			本月发生额及余额	600	10	6 000	600	10	6 000	600	10	6 000

三、存货发出计价方法

企业的各种存货因购进批量不同、地点不同,会形成不同的购进单价,给发出存货成本及结存存货成本的计算带来不便。这就需要企业选择及确定存货计价方法。若企业某种存货的单价或成本未发生变化和波动,则无论采用何种计价方法,均会得出相同的结果;若存货的单价或成本发生变化和波动,则存货计价方法会对发出及结存存货成本产生影响。在永续盘存制下,常见的存货计价方法有个别计价法、先进先出法、加权平均法、移动加权平均法。

(一)个别计价法

个别计价法也称个别认定法、分批确认法,是以某批存货收入时的实际单位成本作为该批存货发出的实际单位成本,并据以计算发出存货成本的计价方法。即本期发出存货成本和期末结存存货成本均以该批存货购入时的实际成本计算。其计算公式如下:

发出存货价值=发出存货数量×该批存货的实际单位成本

期末存货价值=期末存货数量×该批存货的实际单位成本

个别计价法要求对存货批次有详细记录,以便确认购进批次。因此,采用此种计价方法需按购进批次设置明细账,进行分批次的明细核算。在存货存放时,分批次存放和保管,并设置标签,以便确认发出存货批次和计价。

个别计价法具有有利于物资流动、能正确计算发出存货成本等优点,但存在进货保管及记录烦琐、核算管理费用过高的缺点。个别计价法适用于一般不能替代使用的存货以及为特定项目专门购入或制造的存货,如珠宝、名画等贵重物品。

(二)先进先出法

先进先出法是以先收入的存货先发出为假定前提,发出存货从最先一次收入存货单价开始计算其价值的计价方法。采用此种计价方法,若发出存货涉及几批收入存货,则需分别以几批存货单价和数量按照从前到后的顺序依次来计算发出存货的成本。

在先进先出法下,库存账面结存价值接近市场价值。采用此种方法,在价格不断上涨时期，则先发出存货单价较低的，使发出存货当期成本相对较低，利润相对上升。先进先出法可以随时结转存货发出成本，但较烦琐；如果存货发出业务较多，且存货单价不稳定时，其工作量较大。

现举例说明先进先出法的应用。

【例 8－3】 某企业 8 月份结存 A 材料 300 千克，每千克 A 材料的实际成本为 10 元；8 月 5 日、8 月 9 日、8 月 25 日分别购入 A 材料 200 千克、200 千克和 300 千克，每千克的实际成本分别为 11 元、12 元和 13 元；8 月 7 日和 8 月 15 日分别领用 A 材料 300 千克和 100 千克。

在永续盘存制下，按先进先出法计价核算时，发出和结存材料的成本如表 8－3 所示。

表 8－3　　**原材料明细账**

类别：　　编号：

品名及规格：A 材料　　存放地点：

储备定额：　　计量单位：千克

年		凭证		摘　要	收　入			发　出			结　存		
月	日	字	号		数量	单价	金额	数量	单价	金额	数量	单价	金额
8	1	略	略	期初结存							300	10	3 000
8	5			购入	200	11	2 200				300 200	10 11	3 000 2 200
8	7			领用				300	10	3 000	200	11	2 200
8	9			购入	200	12	2 400				200 200	11 12	2 200 2 400
8	15			领用				100	11	1 100	100 200	11 12	1 100 2 400
8	25			购入	300	13	3 900				100 200 300	11 12 13	1 100 2 400 3 900
8	30			本月发生额 及月末余额	700		8 500	400		4 100	600		7 400

拓展阅读

在新会计准则全面实施前，后进先出法也是存货的计价方法之一。它是根据后购入的商品先领用或发出的假定计价的，即首先发生的成本作为期末存货成本，先买进来的后卖出去。但 2006 年颁布的《企业会计准则第 1 号——存货》取消了后进先出法，一方面原因是与国际趋同，另一方面原因在于后进先出法虽可以以最接近市场的金额计算销售成本，但期末存货的账面价值可能偏离市场市价较大，将更早期形成的成本留在企业存货中，最近形成的价格分配给销售成本，在通货膨胀下，长期累积会低估企业存货的公允价值，降低各期的利润。同时，这种方法也会使企业应交所得税减少，在手工核算的情形下工作量也会增加。

（三）加权平均法

加权平均法也称全月一次加权平均法，是按本期收入存货及期初结存存货成本之和，并以其数量为权数，月末一次计算加权平均单价，据以计算发出存货成本及结存存货成本的计价方法。其计算公式如下：

$$存货加权平均单价=\frac{期初结存存货实际成本+本期收入存货实际成本}{期初结存存货数量+本期收入存货数量}$$

$$期末结存存货实际成本=期末结存存货数量\times加权平均单价$$

$$本期发出存货实际成本=期初结存存货实际成本+本期收入存货实际成本-期末结存存货实际成本$$

采用加权平均法对存货计价，对收入存货按实际成本逐笔记数量、单价和金额；对发出存货平时只记数量，不记单价和金额；月末计算存货加权平均单价，根据加权平均单价对发出存货计价，并计算存货结存金额。在这种方法下，平时在存货明细账中不能反映结存价值，因此，这种计价法不利于存货资金的日常控制，但可以减少存货计价的工作量。存货价值计算比较均衡，所以在会计实务中应用较为广泛。

现举例说明加权平均法的应用。

【例 8—4】 以【例 8—3】资料为依据，按加权平均法计价核算时，发出和结存材料的成本如表 8—4 所示。

表 8—4 **原材料明细账**

类别： 编号：

品名及规格：A 材料 存放地点：

储备定额： 计量单位：千克

年		凭证		摘要	收入			发出			结存		
月	日	字	号		数量	单价	金额	数量	单价	金额	数量	单价	金额
8	1	略	略	期初结存							300	10	3 000
8	5			购入	200	11	2 200				500		
8	7			领用				300			200		
8	9			购入	200	12	2 400				400		
8	15			领用				100			300		
8	25			购入	300	13	3 900				600		
8	30			本月发生额及月末余额	700		8 500	400	11.5	4 600	600	11.5	6 900

$$存货加权平均单价=\frac{3\ 000+8\ 500}{300+700}=11.5(元/千克)$$

(四)移动加权平均法

移动加权平均法是以每次收入存货前的结存数量和该次收入存货数量为权数，计算新的平均单位成本，作为下次发出存货计价基础的一种方法。其计算公式如下：

$$移动加权平均单位成本=\frac{本次收入前结存存货总成本+本次收入存货成本}{本次收入存货前结存数量+本次收入存货数量}$$

$$期末结存存货成本=期末结存存货数量\times 移动加权平均单位成本$$

$$本期发出存货实际成本=期初结存存货实际成本+本期收入存货实际成本-期末结存存货实际成本$$

采用移动加权平均法计价，可以随时结转发出存货成本，随时掌握存货结存数量和金额，有利于从数量和金额两个方面对存货加以控制。但是，这种方法存在移动加权平均单价计算工作量大的不足，因此，只适用于管理上要求随时计算发出存货成本的企业。

现举例说明移动加权平均法的应用。

【例 8—5】 以【例 8—3】资料为依据，按移动加权平均法计价核算时，发出和结存材料的成本如表 8—5 所示。

表 8—5 **原材料明细账**

类别： 编号：

品名及规格：A 材料 存放地点：

储备定额： 计量单位：千克

年		凭证		摘要	收入			发出			结存		
月	日	字	号		数量	单价	金额	数量	单价	金额	数量	单价	金额
8	1	略	略	期初结存							300	10	3 000
8	5			购入	200	11	2 200				500	10.4	5 200
8	7			领用				300	10.4	3 120	200	10.4	2 080
8	9			购入	200	12	2 400				400	11.2	4 480
8	15			领用				100	11.2	1 120	300	11.2	3 360
8	25			购入	300	13	3 900				600	12.1	7 260
8	30			本月发生额及月末余额	700		8 500	400		4 240	600	12.1	7 260

(1)8 月 5 日：

加权平均单价=(3 000+2 200)/(300+200)=10.4(元/千克)

(2)8 月 9 日：

加权平均单价=(2 080+2 400)/(200+200)=11.2(元/千克)

(3)8 月 25 日：

加权平均单价=(3 360+3 900)/(300+300)=12.1(元/千克)

四、财产清查的方法

（一）财产物资的清查方法

由于各项财产物资的存在形态不同，保管使用情况也不一样，因此，清查采用的方法也应有所区别。比较常用的财产物资清查方法有以下几种：

（1）实地盘点法。实地盘点法是指通过逐一清点或用计量器具测量来确定财产物资实存数的方法。这种方法适用范围广，大多数财产物资的清查都可采用这种方法。

（2）技术推算法。技术推算法是指通过量方、计尺来确定财产物资实存数的方法。它适用于大堆存放、体重价廉而且存放有一定规则的财产物资，如煤炭、矿砂等，盘点时可先计算出单位体积重量，然后用单位体积重量乘以总体积，求得全部结存数量。

（3）函证核对法。函证核对法是指通过发函索取账单的方式来确认实有数额的一种方法，一般适用于债权债务、银行存款等的清查工作。

（4）抽样盘存法。抽样盘存法是指对于数量多、重量均匀的实物资产，可以采用抽样盘点的方法来确定财产的实有数额。

以上几种方法无论采用哪一种，都应按计划、有步骤地进行，以免重复或遗漏。在盘点时应先根据“财产目录”的规定，复核财产物资的品名、规格，然后再盘点数量，并通过一定的化学或物理方法来检查其质量。为了明确责任，盘点时，实物保管人员必须在场，并参加盘点。对盘点的结果，应如实填写在“盘存单”上，并由盘点人员和保管人员签章。“盘存单”是记录实物盘点结果的书面证明，也是反映财产物资实有数的重要原始凭证。“盘存单”一般可以填制一式三份，一份由清点人员留存备查，一份由实物经管人保存，另一份交财会部门与账面记录相核对。“盘存单”的一般格式参见表8—6。

表8—6　　　　盘　存　单

单位名称：　　　　盘点时间：

财产类别：　　　　存放地点：　　　　编号：

编　号	名　　称	计量单位	数　量	单　价	金　额	备　注

盘点人签章：　　　　保管人签章：

为了进一步查明账实是否一致，财会部门应根据“盘存单”和账簿记录编制“实存账存对比表”。通过对比，揭示账面结存数与实存数之间的差异，以便据以查明发生差异的原因，调整账簿记录。在实际工作中，为减少工作量，“实存账存对比表”中通常只编列账实不符的物资，对于账实相符的物资并不列入该表。这样的对比表只反映盘盈、盘亏情况，因此也称之为“盘盈盘亏报告表”，其格式参见表8—7。

表 8—7

实存账存对比表

______年______月______日

单位名称：

编号	类别及名称	计量单位	单价	实存		账存		对比结果				备注
				数量	金额	数量	金额	盘盈		盘亏		
								数量	金额	数量	金额	

对于委托外单位加工、保管的材料物资等，可通过函证核对法来查明实存数，并与账存数核对，看其是否相符；如果不符，也应查明原因，适当处理并调整账簿记录。对于受托加工保管的财产物资，也应进行实地盘点，如发现盘盈、盘亏，要分清责任，妥善处理，但不能将其数量列入本单位盘存单，而应单独列示。

（二）货币资金的清查方法

1. 库存现金的清查

库存现金的清查方法是实地盘点，一般是在一天业务开始前或结束后进行突击盘点。盘点时出纳员必须在场，查明实存数后立即与库存现金日记账的结存数进行核对，如果发现盘盈、盘亏，必须当场核实盈亏数额，并进一步查明有无白条抵库、借据或收据抵库、超限额储备以及长、短款等情况。盘点结束后，应根据盘点的结果填制“库存现金盘点报告单”。“库存现金盘点报告单”是重要的原始凭证，它同时具有“盘存单”和“实存账存对比表”的作用，其一般格式参见表 8—8。

表 8—8

库存现金盘点报告单

______年______月______日

单位名称：

实存金额	账存金额	对比结果		备注
		盈	亏	

盘点人签章：　　　　　　　　　　　　出纳员签章：

2. 银行存款的清查

银行存款清查的基本方法是核对账目，即将企业银行存款日记账与银行对账单进行核对。核对前应先详细检查本单位银行存款日记账的正确性和完整性，确认完整无误后再与银行对账单逐笔核对。如果核对相符，说明银行存款账实相符。如果不符，可能是两个原因造成的：一是至少有一方有记账错误；二是有未达账项存在。未达账项是指企业与银行之间由于记账时间不一致而发生的一方已入账、另一方尚未入账的款项。未达账项共有以下4种：

(1)企业已收，银行未收。即企业存入各种款项，企业已经登记入账，作为存款的增加，而银行尚未入账，如企业收到其他单位的购货支票等。

(2)企业已付，银行未付。即企业开出支票或其他付款凭证，企业已登记入账，作为存款的减少，而银行尚未支付或尚未办理转账手续，所以尚未入账。例如，企业开出付款支票，但持票人尚未到银行办理转账手续等。

(3)银行已收，企业未收。即企业委托银行代收的款项和银行应付的存款利息，银行已于收到日和计息以后登记入账，作为企业存款的增加，而企业尚未收到通知，所以尚未入账，如托收货款收账等。

(4)银行已付，企业未付。即委托银行代付的款项，银行已于付款后登记入账，作为企业存款的减少，而企业尚未收到通知，所以尚未入账，如银行代企业支付公用事业费等。

以上四种未达账项中的任何一种都会引起企业与银行账簿记录的余额不一致。其中，(1)、(4)项会使企业账面的存款余额大于银行账面的存款余额，而(2)、(3)项会使企业账面的存款余额小于银行账面的存款余额，所以应在“银行存款余额调节表”中加以调节。

“银行存款余额调节表”是在银行开立存款户的单位为核对双方余额而编制的列有双方未达账项的表格。其编制方法是先将双方的账面余额补上对方已入账而本方尚未入账的未达账项，然后计算出双方调节后的存款余额。可见，找出未达账项并正确划分其所属的类别，是编制“银行存款余额调节表”的关键。

下面举例说明“银行存款余额调节表”的格式和编制方法。

【例8—6】 兴盛股份公司20××年9月银行存款日记账和银行对账单在25日以后的记录如下(假定25日之前的记录都是正确的)：

银行存款日记账的记录：

日期	摘要	金额
25日	开出支票＃126，支付购买办公用品费	300元
	开出支票＃127，支付购入材料价款	39 360元
27日	存入客户交来的购货支票	40 000元
28日	开出支票＃128，支付委托外单位加工费	16 800元
30日	存入客户交来的购货支票	28 000元√
	开出支票＃129，支付机器修理费	376元√
	银行存款日记账结存余额	42 594元

银行对账单的记录：

日 期	摘 要	金 额
27 日	支票＃127	39 360 元
28 日	转账收入	40 000 元
	银行代付电费	3 120 元√
	支票＃126	300 元
29 日	结算存款利息	488 元√
	代公司收进一笔托收的货款	11 880 元√
30 日	支票＃128	16 800 元
	结存余额	24 218 元

经逐笔核对，发现存在五笔未达账项（见金额后打"√"的款项），根据这些未达账项，可调节双方账面余额，编制"银行存款余额调节表"（见表 8—9）。

表 8—9 **银行存款余额调节表**

20××年 9 月 30 日 单位：元

项 目	金 额	项 目	金 额
企业银行存款日记账余额	42 594	银行对账单余额	24 218
加：银行已收，企业未收的账项	12 368	加：企业已收，银行未收的账项	28 000
减：银行已付，企业未付的账项	3 120	减：企业已付，银行未付的账项	376
调节后的存款余额	51 842	调节后的存款余额	51 842

可见，调节后的存款余额都是 51 842 元，这便是企业可以实际动用的款项。由于调节后余额相等，银行存款账实一致，所以无须改动企业银行存款日记账的记录。对于企业未入账的未达账项，只能根据银行将要转来的收付款通知单来登记，不可根据"银行存款余额调节表"来编制会计分录，改动账面记录。如果调节后的存款余额不符，说明有错误，应及时查明原因，予以更正。

（三）往来款项的清查方法

往来款项包括对外单位的结算款项和对本单位内部各个部门和个人的结算款项，清查时应当区别情况，采用不同的方法。

对外单位的往来款项一般可采取寄送对账单的方法加以核对。对账单一般一式两份，一份由对方留存，一份由对方对账并将对账结果注明后退回。单位之间的款项，如有未达账项发生，也可以用编制调节表的方法加以调节。

对于内部各部门的往来款项，可由各部门的财产清查人员、会计人员直接根据账簿记录核对，发现不符，当即查明原因，加以调整。对于与本单位个人间发生的结算款项，可抄列清单与本人核对，或用定期公布的方法加以核对。

以上各种往来款项清查后，应根据清查结果编制“往来款项清查报告单”，其格式参见表8－10。

表 8－10 **往来款项清查报告单**

清查日期： 年 月 日

制表日期： 年 月 日

总分类账户名称__________ 总分类账户结存余额__________

明细分类账户		清查结果		核对不符款项原因分析				备 注
名称	账面结余额	核对相符金额	核对不符金额	未达账项金额	有争执的账项	无法收回（支付）的金额	其他	

清查人员：________ 经管人员：________

第三节 财产清查结果的处理

各单位发现账簿记录与实物、款项不符时，应当按照国家有关规定进行处理。超出会计机构、会计人员职权范围的，应当立即向本单位领导报告，请求查明原因、作出处理。对财产清查中发现的盘盈、盘亏、毁损和变质或超储积压物资等问题，应认真核对数字，按规定的程序报经批准后再进行处理；对于长期不清楚或有争议的债权、债务，还应指定专人查明原因，核准数额上报，限期进行处理。

一、财产清查结果处理的基本步骤

如前所述，各单位在财产清查中所发现的盘盈、盘亏和毁损等情况已分别在“实存账存对比表”“往来款项清查报告单”等原始凭证中得到全面、真实的反映。对于这些情况，各单位无权擅自处理，必须在认真查明原因的情况下，提出符合有关政策、法令和制度规定的处理意见，并按规定的程序报经有关领导部门审批后，严肃认真地予以处理。处理的主要步骤如下：

（一）核准数字（包括金额和数量），查明原因

根据清查情况，编制“实存账存对比表”“往来款项清查报告单”等原始凭证，对各项差异产生的原因进行分析，并针对不同的原因提出处理意见，呈报有关领导和部门批准。对于债权、债务在核对过程中出现的争议问题及时组织清理；对于超储积压物资，也应及时提出处理方案。

（二）调整账簿记录，做到账实相符

在查明原因的基础上，根据有关“实存账存对比表”等原始凭证中列明的财产盘盈、盘亏和毁损的数字，编制记账凭证，并据以登记有关账簿，以使各项财产的账存数与实存数保持

一致。在调整了账面记录，做到账实相符之后，将编制的“实存账存对比表”“往来款项清查报告单”等原始凭证和相关文字说明，按照规定程序报有关领导和部门批准。

（三）经批准，进行账务处理

当有关领导和部门对所呈报的财产清查结果提出处理意见之后，企业单位应严格按照批复意见进行账务处理，编制记账凭证，登记有关账簿，并追回由于责任者个人原因造成的财产损失。

二、财产清查结果的处理

妥善处理好清查结果是财产清查发挥积极作用的关键所在。由于财产清查的主要目的是保证账簿记录的真实性和财产保管使用的合理性，因而财产清查结果的处理也应从这两个方面入手。

（一）调整账簿记录，做到账实相符

为了反映和监督财产清查中查明的各种财产物资的盘盈、盘亏和毁损及其处理情况，应当开设“待处理财产损溢”账户。“待处理财产损溢”账户是一个资产类账户，借方登记发生的待处理财产盘亏、毁损数和已批准处理的财产盘盈数，贷方登记发生的待处理财产盘盈数和已批准处理的财产盘亏、毁损数。其余额方向不定，如为借方余额，表示尚未处理的各种财产物资净损失；如为贷方余额，表示尚未处理的各种财产物资的净溢余。“待处理财产损溢”账户的结构如图 8—1 所示。

借方　　待处理财产损溢　　贷方

借方	贷方
发生额：①发生的待处理财产盘亏、毁损数 ②已批准处理的财产盘盈数	发生额：①发生的待处理财产盘盈数 ②已批准处理的财产盘亏、毁损数
结余额：期末尚未处理的各种财产物资净损失	结余额：期末尚未处理的各种财产物资净溢余

图 8—1 “待处理财产损溢”账户的结构

为了分别反映和监督企业固定资产和流动资产的盈亏情况，该账户下设两个明细分类账户，即“待处理固定资产损溢”和“待处理流动资产损溢”，进行明细核算。

1. 现金盘盈、盘亏的处理

现金清查过程中发现的长款（盘盈）或短款（盘亏），应根据“库存现金盘点报告表”以及有关的批准文件进行批准前和批准后的账务处理。

现金长、短款在批准前应在“现金”和“待处理财产损溢——待处理流动资产损溢”账户核算。当出现现金长款时，增加现金账户的记录，同时记入“待处理财产损溢——待处理流动资产损溢”账户的贷方后，等待批准处理；当出现现金短款时，冲减现金账户的记录，同时记入“待处理财产损溢——待处理流动资产损溢”账户的借方后，等待批准处理。

现金长、短款在批准后应视不同的原因进行不同的处理。一般情况下，对于无法查明原因的现金长款，批准后的处理是增加营业外收入；对于应付其他单位或个人的长款，应通过其他应付款账户核算。对于现金短款，如果是应由责任人或保险公司赔偿的，应通过其他应收款账户核算；如果是由于经营管理不善、非常损失等造成或无法查明原因的，应增加企业的管理费用。

【例 8—7】 某公司在财产清查中，发现库存现金溢余 50 元。经反复核查，未查明原因。

(1)批准处理前

借:库存现金　　50

　贷:待处理财产损溢——待处理流动资产损溢　　50

(2)批准处理后

借:待处理财产损溢——待处理流动资产损溢　　50

　贷:营业外收入　　50

【例 8—8】 某公司在财产清查中，盘亏库存现金 200 元。经查，上述库存现金短缺中 100 元应由出纳员王某赔偿责任，另外 100 元无法查明原因。

(1)批准处理前

借:待处理财产损溢——待处理流动资产损溢　　200

　贷:库存现金　　200

(2)批准处理后

借:其他应收款——王某　　100

　管理费用　　100

　贷:待处理财产损溢——待处理流动资产损溢　　200

(3)收到王某赔偿库存现金 100 元

借:库存现金　　100

　贷:其他应收款——王某　　100

2. 实物财产盘盈、盘亏的处理

企业的实物财产主要包括流动资产和固定资产两个部分。企业在财产清查过程中发现的流动资产盘盈、盘亏，报经批准以前，应先通过“待处理财产损溢”账户核算。对于盘盈的流动资产，一方面增加有关的流动资产账户，另一方面记入“待处理财产损溢——待处理流动资产损溢”账户的贷方；对于盘亏的流动资产，在冲减有关流动资产账户金额的同时，记入“待处理财产损溢——待处理流动资产损溢”账户的借方。报经批准以后，再根据不同的情况进行相应的账务处理。报经有关部门批准后，属于管理不善、收发计量不准确等而产生的定额内损耗，转作管理费用；属于超定额的短缺毁损造成的，应由过失人负责赔偿；属于非常损失造成的，扣除保险赔款和残料变价收入后，列作营业外支出。对于盘盈的流动资产，经批准后冲减管理费用。

【例 8—9】 假定某公司在财产清查中，盘盈甲材料 150 元，属于收发计量上的差错所致，会计处理如下：

(1)盘盈批准前

借:原材料　　150

　贷:待处理财产损溢——待处理流动资产损溢　　150

(2)经主管单位批准后

借:待处理财产损溢——待处理流动资产损溢　　150

　贷:管理费用　　150

或：

借：管理费用 150

贷：待处理财产损溢——待处理流动资产损溢 150

【例8－10】 假定某公司在财产清查中，盘亏乙材料300元，其中属于定额内自然损耗的为250元，属于保管人员失职的损失为50元。

（1）盘亏批准前

借：待处理财产损溢——待处理流动资产损溢 300

贷：原材料 300

（2）经主管单位批准后

借：管理费用 250

其他应收款 50

贷：待处理财产损溢——待处理流动资产损溢 300

对于盘盈的固定资产，在批准处理之前，按同类或类似固定资产的市场价格，借记“固定资产”账户；按固定资产新旧程度合理估计的价值，贷记“累计折旧”账户；按两者之间差额，贷记以前年度损益调整账户；待查明原因经批准后，再将其记入“营业外收入”账户。对于盘亏的固定资产，在批准处理之前，按其账面净值借记“待处理财产损溢——待处理固定资产损溢”账户，按其已提折旧借记“累计折旧”账户，按其账面原始价值贷记“固定资产”账户；经过批准之后，再将其净值记入“营业外支出”账户。

【例8－11】 假定某公司在财产清查中发现机器设备盘亏一台，其原值为5 000元，累计折旧1 000元，会计处理如下：

（1）盘亏批准前

借：待处理财产损溢——待处理固定资产损溢 4 000

累计折旧 1 000

贷：固定资产 5 000

（2）经主管单位批准后

借：营业外支出 4 000

贷：待处理财产损溢——待处理固定资产损溢 4 000

从以上举例可以看出，除固定资产的盘盈外，企业其他财产物资的盘盈、盘亏和损失，无论其原因如何，都需要集中反映在“待处理财产损溢”账户的贷方或借方，等到批准处理意见下来后，再从这个账户转入其他有关账户。因此，“待处理财产损溢”账户不但集中反映了财产清查所发现的差异，而且集中反映了差异的处理情况。上列各笔会计分录在“待处理财产损溢”账户中的反映可以用图8－2表示。

3. 往来款项清查结果的处理

往来款项的清查重点是应收、应付款项。在财产清查过程中发现的确实无法收回的应收账款以及由于债权单位撤销或不存在等原因造成的确实无法支付的应付账款，不通过“待处理财产损溢”账户，而是在报经批准后予以转销。

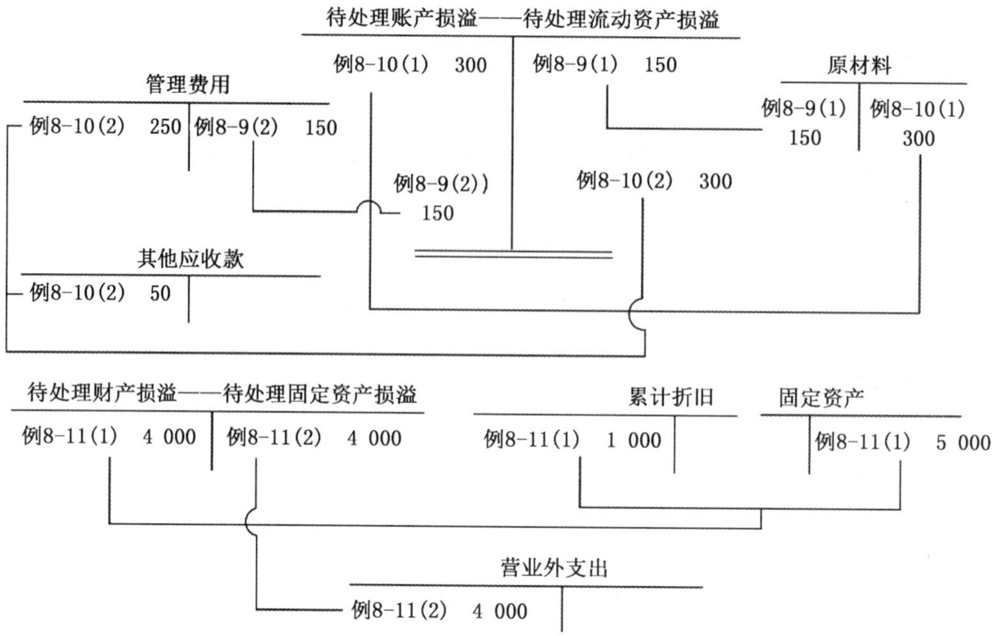

图 8—2 财产清查的账务处理

财产清查中如发现长期应收而无法收回的款项，即坏账损失，不需要通过“待处理财产损溢”账户进行核算，其转销方法通常采用备抵法。① 备抵法是按期估计坏账损失，形成坏账准备，当应收款项确认为坏账时，冲减坏账准备，同时转销应收款项金额的方法。采用备抵法核算坏账损失，企业需设置“坏账准备”账户。企业计提坏账准备时，借记“信用减值损失”账户，贷记“坏账准备”账户；实际发生坏账时借记“坏账准备”账户，贷记“应收账款”等账户。如果确认并转销的坏账以后又收回，则应按收回的金额，借记“应收账款”等账户，贷记“坏账准备”账户，以恢复企业债权、冲回已转销的坏账准备金额；同时，借记“银行存款”账户，贷记“应收账款”等账户，以反映款项收回情况。“坏账准备”账户平时（1—11 月）期末余额可能在借方，也可能在贷方，但其年末余额则一定在贷方。

【例 8—12】 某企业自 2×21 年年末开始计提坏账准备。2×21 年年末应收账款余额为 1 500 000 元，2×22 年 6 月发生坏账 9 000 元，2×22 年年末应收账款余额为 2 100 000 元，2×23 年 1 月份收回上年已转销的坏账 5 000 元，2×23 年年末应收账款余额为 2 600 000 元。该企业各年坏账准备的提取比例均为 5%。备抵法会计分录如下：

(1)2×21 年年末提取坏账准备 75 000 元(1 500 000×5%)：

借：信用减值损失	75 000	
贷：坏账准备		75 000

(2)2×22 年 6 月发生坏账 9 000 元：

① 我国会计法规于 1992 年引入备抵法，以体现谨慎原则的要求；在此之前采用的坏账损失核算方法均为直接转销法。直接转销法是在坏账损失发生时直接注销发生损失的债权，同时通过“管理费用”账户记录实际损失数。

借:坏账准备　　9 000

　　贷:应收账款　　9 000

(3)2×22 年年末补提坏账准备 39 000 元(2 100 000×5%－75 000＋9 000):

借:信用减值损失　　39 000

　　贷:坏账准备　　39 000

(4)2×23 年 1 月收回已转销坏账 5 000 元:

借:应收账款　　5 000

　　贷:坏账准备　　5 000

借:银行存款　　5 000

　　贷:应收账款　　5 000

(5)2×23 年年末补提坏账准备 20 000 元(2 600 000×5%－105 000－5 000)

借:信用减值损失　　20 000

　　贷:坏账准备　　20 000

(二)积极处理积压物资,清理债权和债务

企业必须积极处理多余积压的财产物资,认真清理长期不清的债权和债务,并总结经验教训,建立、健全财产管理制度。

在财产清查中发现的多余和不需要的物资,应在报请有关领导批准后积极处理,除在企业内部设法利用外,应积极组织外调、外销,以充分发挥财产物资应有的效能;对于物资储备不足和半成品不配套的情况,要提请领导和内部有关部门注意改进;对长期不清和有争议的债权、债务,应指定专人负责,查明原因,限期清理。同时,针对清查中发现的问题和缺点,认真总结经验和教训,提出改进工作的措施,建立和健全必要、合理的规章制度,提高经营管理水平。

本章小结

本章在介绍财产清查的概念、作用和种类的基础上,阐述了财产清查的基本方法,包括财产物资的清查方法、货币资金的清查方法及往来款项的清查方法。介绍了存货盘存制度和发出存货的计价,并针对财产清查结果重点介绍了“待处理财产损溢”账户及其应用。通过本章的学习,要求学员掌握银行存款余额调节表的编制、财产清查结果的账务处理;理解财产清查的一般程序,货币资金、实物资产和往来款项的清查方法;了解财产清查的概念、意义与种类。

复习思考题

1. 什么是财产清查? 为什么要进行财产清查?
2. 财产清查有何作用? 如何分类?

3. 试比较永续盘存制和实地盘存制，并说明两者的主要区别。
4. 什么是未达账项？企业与银行之间的未达账项有哪几种类型？应如何调节？
5. 对财产清查中发现的财产盈亏和毁损应如何进行账务处理？
6. 说明“待处理财产损溢”账户的用途和结构。

主要参考文献

1. 朱小平、秦玉熙、袁蓉丽：《基础会计》（第 11 版），中国人民大学出版社 2021 年版。
2. 陈国辉、迟旭升：《基础会计》，东北财政大学出版社 2021 年版。
3. 张蕊：《会计学原理》，中国财政经济出版社 2019 年版。
4. 王明珠：《会计学原理》，中国审计出版社 2021 年版。
5. 刘永泽：《会计学》，东北财经大学出版社 2021 年版。

第九章

财务会计报告

本章内容引言

填制和审核会计凭证及登记账簿均属企业的日常会计核算工作，通过这些工作，已经为经济管理提供了系统的核算资料——账簿记录。然而，账簿记录是分散的，不能集中、概括地反映各会计主体经济业务的全貌。企业的股东、债权人、内部管理者、上级主管部门、政府有关部门以及其他与企业有利害关系的单位和个人，不能直接通过这些分散的账簿记录来了解各会计主体的财务状况、经营成果和现金流量等情况，无法预测其经营前景，做出正确决策。因此，有必要把分散在各种账簿上的核算资料加以整理，按规定的格式定期编制会计报表。会计报表是财务会计报告的核心内容，编制会计报表是会计核算的终点，本章重点研究对经济活动定期进行总括反映的会计报表的编制方法。

本章要点提示

- 会计报表的作用及种类
- 资产负债表的作用及编制方法
- 利润表的作用及编制方法
- 现金流量表的含义及结构
- 所有者权益变动表的含义及结构
- 财务报表的分析

第一节　财务会计报告概述

企业必须按照国家统一的会计制度的规定定期编制财务会计报告。《企业会计准则——基本准则》所称的“财务会计报告”，是指企业对外提供的反映企业某一特定日期的财务状况和某一会计期间的经营成果、现金流量等会计信息的文件。财务会计报告分为年度、半年度、季度和月度财务会计报告。《企业财务会计报告条例》规定年度、半年度财务会计报告包括会计报表、会计报表附注和财务情况说明书。会计报表应包括资产负债表、利润表、现金流量表及相关附表;季度、月度财务会计报告仅指会计报表,会计报表至少包括资产负债表和利润表。财务会计报告的组成情况如图 9—1 所示。

- 财务会计报告
  - 会计报表
    - 资产负债表
    - 利润表
    - 现金流量表
    - 相关附表
  - 会计报表附注
  - 财务情况说明书

图 9—1 年度或半年度财务会计报告的组成

一、会计报表

会计报表是以企业日常的会计核算资料为依据,按照规定的格式、内容和填报要求编制,并对外提供的总括反映企业财务状况、经营成果和现金流量情况的书面报告文件。

(一)会计报表的作用

编制会计报表是会计核算工作最终的、必不可少的环节,是一项重要的会计基础工作。通过编制会计报表,可以将企业分散的账簿记录以会计报表的形式向报表使用者集中反映,使其对企业的经济业务有一个全面的了解,并为其决策服务。会计报表使用者包括投资者、债权人、政府及其有关部门和社会公众等。具体来说,会计报表的作用主要体现在以下几个方面:

(1)有助于投资者、潜在的投资者和债权人做出正确决策。投资者、潜在的投资者和债权人通过会计报表,可以掌握企业的财务状况、经营成果以及现金流量情况,分析企业的偿债能力、盈利能力和营运能力,确定投资风险程度,预测企业的发展前景,从而做出正确的投资决策。

(2)可以反映企业管理层受托责任履行情况,并为之改善经营管理提供依据。会计报表能够全面系统地揭示企业财务状况、经营成果和现金流量等信息,从而可以反映管理层的受托责任及其完成情况。企业管理层也可以通过会计报表,定期总结生产经营活动情况,分析检查财务、成本计划执行情况,不断发现问题,找出差距,确立对策,进一步改善经营管理,不断提高经济效益。

(3)为国家进行宏观经济管理提供信息资料。企业主管部门利用所属企业上报的会计报表,可以掌握并考核各单位的经营管理情况,并通过同类指标的对比分析,发现问题、总结经验,提高本系统的经营管理水平。同时,通过会计报表的逐级汇总和上报,可以为制定和修订各项经济政策、进行国民经济综合平衡等工作提供可靠的依据。财政、税务、审计等部门通过会计报表,可以及时检查各单位财政、信贷及结算纪律的遵守情况,财务、会计法规、制度的执行情况,是否及时、足额地缴纳了税金,其发展方向是否符合国家的产业政策等,以便于国家和政府加强对经济发展的宏观调控。

(二)会计报表的种类

由于各单位的经济性质不同、会计核算内容不一样,所编制的会计报表种类也不尽相同。企业所编制的会计报表按不同的标准可以划分为不同的类别。

1. 按会计报表所反映的经济内容分类

(1)反映企业财务状况的报表。该报表包括:反映企业某一特定日期全部资产、负债及所有者权益的会计报表,如资产负债表;反映企业一定会计期间财务状况变动的会计报表,如现金流量表、所有者权益变动表。

(2)反映企业经营成果的报表。该报表包括:反映企业一定时期内利润形成情况的会计报表,如利润表;反映企业一定时期内利润分配情况的会计报表,如利润分配表。

(3)反映企业成本、费用情况的报表。该报表包括:反映期间费用的会计报表,如管理费用明细表;反映制造费用情况的报表,如制造费用明细表;反映产品生产成本情况的报表,如产品生产成本表。

2. 按会计报表的编制时间分类

按会计报表的编制时间分类,可以分为中期会计报表和年度会计报表。中期会计报表是以短于一个完整会计年度的报告期间为基础编制的会计报表,包括月度报表、季度报表、半年度报表等。

(1)月度报表,是指每月最后一日编制的反映企业一个月的财务状况、经营成果和现金流量的会计报表。

(2)季度报表,是指每季度末编制的反映企业一个季度的财务状况、经营成果和现金流量的会计报表。

(3)半年度报表,是指 6 月末编制的反映企业半年的财务状况、经营成果和现金流量的会计报表。

(4)年度报表,也称年终结算报表,是指每年年末编制的反映企业全年的财务状况、经营成果和现金流量的会计报表。

3. 按会计报表的编制单位分类

(1)单位会计报表,是企业根据自身的账簿记录进行加工而编制的,反映企业自身财务状况、经营成果和现金流量变动情况的会计报表。

(2)汇总会计报表,是由企业主管部门或上级机关根据所属单位报送的报表,并结合本单位财务报表汇总编制的综合性财务报表。

4. 按会计报表包含的会计主体分类

(1)个别会计报表,是由企业在自身会计核算基础上对账簿记录进行加工而编制的报表,它主要用来反映企业自身的财务状况、经营成果和现金流量。

(2)合并会计报表,是以母公司和子公司组成的企业集团为会计主体,根据母公司和所属子公司的会计报表,由母公司编制的综合反映企业集团财务状况、经营成果和现金流量的报表。

5. 按会计报表的服务对象分类

(1)内部会计报表,是指根据企业内部经营管理需要,自行设计、填制,向企业领导和各责任部门提供的会计报表。例如,成本会计报表属于内部会计报表,一般不对外公开。

(2)外部会计报表,是指根据企业会计准则和国家统一的会计制度规定应定期向政府有关部门与企业利益相关者(如投资者、债权人等)提供的会计报表。例如,资产负债表、利润表、现金流量表、所有者权益变动表等。

会计报表的分类可参见图 9－2。

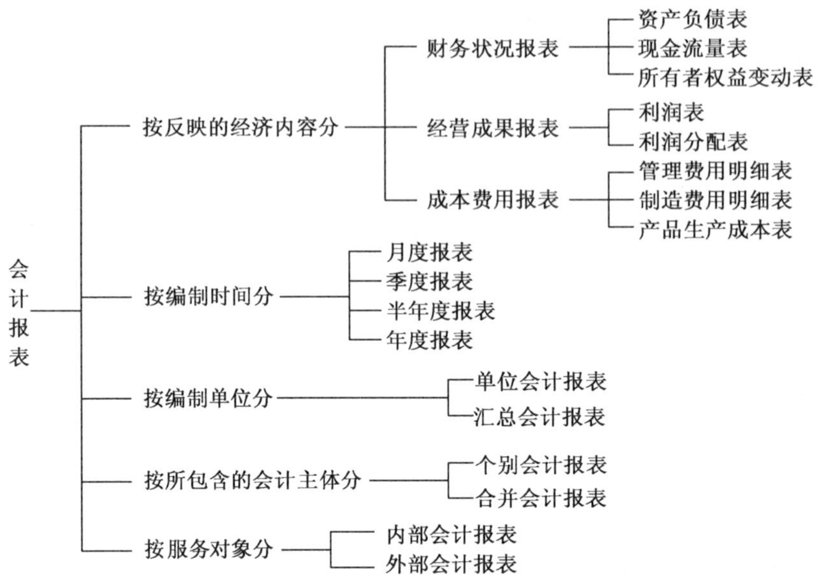

图 9—2　会计报表的分类

(三)会计报表的编制要求

如前所述,会计报表对众多使用者来说具有重要的作用。为了保证会计报表所提供的信息能及时、准确、完整地反映企业的财务状况、经营成果和现金流量情况,满足信息使用者的需求,企业在编制会计报表时,应符合下列基本要求:

1. 数字真实

要使会计报表上的各项指标真实可靠,具有可验证性,必须做到以下几点:

(1)按期结账。要将报告期内所有的经济业务登记入账以后,再结清各账户的本期发生额和期末余额,不能提前结账或先编报表后结账。

(2)认真对账。编报之前,要认真核对各种账簿记录,做到账证、账账、账实相符。特别要注意各项财产物资的实存数与账存数是否一致;如不符,应查明原因,调整账簿记录。

(3)及时审核。会计报表编好后,先要将表上的数字与账簿记录核对相符,然后认真核查报表之间的勾稽关系,看其是否正确。要确保各种报表之间、同一报表各项目之间数字勾稽关系正确无误。

2. 计算准确

会计报表上的指标,必须按企业会计准则及会计制度规定的计算方法填列,不得任意删减、增设数字。企业一经采用某种会计方法,不得轻易变更。会计报表中本期与上期的有关数字必须相互衔接。

3. 内容完整

会计报表必须按规定的种类逐一编报，不得漏编、漏报；每张报表中的全部项目，包括表首项目、表内项目和补充资料项目，必须填列齐全，以提供完整的数据资料。

会计报表项目应当以总额列报，资产项目和负债项目的金额、收入项目和费用项目的金额、直接计入当期利润的利得项目和损失项目的金额不得相互抵销。因为，如果相互抵销，所提供的信息就不完整，信息的可比性和有用性就会大为降低，报表使用者难以据此做出判断。

企业应当在表首部分至少披露下列基本信息：(1)编报企业的名称；(2)资产负债表日或财务报表涵盖的会计期间，资产负债表应当披露资产负债表日，利润表、现金流量表、所有者权益(股东权益)变动表应当披露报表涵盖的会计期间；(3)人民币金额单位；(4)财务报表是合并财务报表的，应当予以标明。

4. 编报及时

会计报表应按规定的期限和程序，及时编制并报送有关部门。会计报表所提供的会计信息具有较强的时效性，特别是在市场经济条件下，每个企业作为一个经济实体，面对激烈的市场竞争，需要根据瞬息万变的市场情况及时做出反应，否则就会处于被动地位。只有按规定及时编制和提供会计报表，才能满足信息使用者的需要，及时掌握企业的财务情况，采取措施，做出正确决策。

根据《企业会计制度》，月度报表应当于月度终了后 6 天内(节假日顺延，下同)对外提供；季度报表应当于季度终了后 15 天内对外提供；半年度报表应当于年度中期结束后 60 天内(相当于两个连续的月份)对外提供；年度报表应当于年度终了后 4 个月内对外提供。

二、会计报表附注

(一)会计报表附注的含义及意义

会计报表附注是对在资产负债表、利润表、现金流量表和所有者权益变动表等报表中列示项目的文字描述或明细资料，以及对未能在这些报表中列示项目的说明等。会计报表附注应当披露财务报表的编制基础，相关信息应当与资产负债表、利润表、现金流量表和所有者权益变动表等报表中列示的项目相互参照。

会计报表附注是为便于报表使用者理解会计报表的内容而对会计报表的编制基础、编制依据、编制方法及主要项目等做的解释，它是对报表正文信息的补充说明，提供与会计报表反映的信息相关的其他财务信息。会计报表附注与资产负债表、利润表、现金流量表、所有者权益变动表等报表具有同等的重要性，是财务报表不可或缺的组成部分。

(二)会计报表附注的内容

根据《企业会计准则第 30 号——财务报表列报》第三十九条的规定，会计报表附注一般应当按照下列顺序至少披露：(1)企业的基本情况，包括企业注册地和组织形式、企业的业务性质和主要经营活动、母公司以及集团最终母公司的名称、财务报告的批准报出者和财务报告批准报出日、营业期限信息等；(2)财务报表的编制基础；(3)遵循企业会计准则的声明；(4)重要会计政策和会计估计；(5)会计政策和会计估计变更以及差错更正的说明；(6)报表重要项目的说明;(7)或有和承诺事项、资产负债表日后非调整事项、关联方关系及其交易等需要说明的事项;(8)有助于财务报表使用者评价企业管理资本的目标、政策及程序的信息等。

(三)财务情况说明书

财务情况说明书是会计报表的说明性文件。《企业财务报告条例》规定,财务情况说明书至少应当对下列情况做出说明:(1)企业生产经营的基本情况;(2)利润实现和分配情况;(3)资金增减和周转情况;(4)对企业财务状况、经营成果和现金流量有重大影响的其他事项。

第二节 资产负债表

一、资产负债表的概念和作用

资产负债表是反映企业在某一特定日期财务状况的会计报表。财务状况是企业一个会计期间经营活动结果在财务上的综合反映,体现企业资金运用(即形成的各项资产)和资金来源(即负债和所有者权益)的状况。因此,资产负债表主要描述在某一特定日期企业资产、负债和所有者权益及其相互关系的信息。

资产负债表是以会计基本等式"资产=负债+所有者权益"为理论依据,按照一定的分类标准和顺序,把企业某一特定日期的资产、负债、所有者权益各项目予以适当排列,并对账簿余额进行高度概括后编制而成的。资产负债表是静态报表,其中的数据为某一时点的数据,反映了企业在该时点所拥有或控制的经济资源、所承担的现时义务和所有者对净资产的要求权。

资产负债表的主要作用包括:

(1)可以反映某一特定日期的资产总额及其结构,表明企业拥有或控制的经济资源及其分布情况,有助于报表使用者分析和评价企业经济资源构成的合理性。

(2)可以反映某一特定日期的负债总额及其结构,表明企业未来需要用多少资产或劳务清偿债务以及清偿时间,有助于报表使用者做出正确的经营决策和投资决策。

(3)可以反映所有者在某一特定日期所拥有的权益,表明企业资本保值、增值情况以及对负债的保障程度,有助于报表使用者分析企业资本结构的合理性和企业所面临的财务风险大小。

(4)可以提供进行财务分析的基本资料。例如,通过对比、分析资产负债表的有关项目可以评价企业的偿债能力;通过对比、分析前后期的资产负债表可以掌握企业财务状况的变化趋势;将资产负债表与利润表结合还可以解释、评价企业的经营能力等。

二、资产负债表的格式

资产负债表有表首和正表两个部分。表首包括报表名称、编制单位名称、报表日期和货币计量单位等几项内容。正表是资产负债表的主体,列示了用以说明企业财务状况的各个项目，它一般有两种格式，即报告式和账户式。

报告式资产负债表是上下结构，即将资产、负债、所有者权益项目采用从上到下的顺序垂直排列于表格之内，上面为资产，中间为负债，下面为所有者权益。报告式资产负债表便于编制比较资产负债表，但资产与负债及所有者权益间的平衡关系不够明显，且篇幅过大，不便于阅读。报告式资产负债表的一般格式如表 9—1 所示。

表 9—1 **资产负债表（报告式）**

编制单位： 年 月 日 单位：

项 目	金 额
资产：	
具体项目（略）	
资产合计	
负债：	
具体项目（略）	
负债合计	
所有者权益（或股东权益）：	
具体项目（略）	
所有者权益（或股东权益）合计	

账户式资产负债表是左右结构，即将报表分为左、右两方，左方列示资产，右方列示负债和所有者权益，左、右双方总额相等。账户式资产负债表着重反映企业的全部资产及其资金来源，有利于报表使用者通过左右两方的对比直观地了解企业的财务状况，我国会计制度规定采用这种格式。账户式资产负债表的基本格式如表 9—2 所示。

表 9—2 **资产负债表（账户式）**

编制单位： 年 月 日 单位：

资 产	负债和所有者权益（或股东权益）
资产：	负债：
具体项目（略）	具体项目（略）
	所有者权益（或股东权益）：
	具体项目（略）
资产总计	负债和所有者权益（或股东权益）总计

资产负债表无论是采用账户式还是报告式，资产总计等于负债和所有者权益总计的等式不会发生变化。根据财务报表列报准则的规定，资产负债表中资产和负债应当按照流动性分为流动资产和非流动资产，流动负债和非流动负债分项列示。其中，流动性通常按资产的变现或耗用时间长短或者负债的偿还时间长短来确定。所有者权益（或股东权益）一般按

照其来源分项列示，包括实收资本（或股本）、资本公积、盈余公积和未分配利润等。我国资产负债表的一般格式如表 9—3 所示。

表 9—3 **资产负债表（简化）** 会企 01 表

编制单位： 年 月 日 单位：

资 产	期末余额	上年年末余额	负债和所有者权益（或股东权益）	期末余额	上年年末余额
流动资产：			流动负债：		
货币资金			短期借款		
交易性金融资产			应付票据		
应收票据			应付账款		
应收账款			预收款项		
预付款项			应付职工薪酬		
其他应收款			应交税费		
存货			其他应付款		
一年内到期的非流动资产			一年内到期的非流动负债		
其他流动资产			其他流动负债		
流动资产合计			流动负债合计		
非流动资产：			非流动负债：		
长期股权投资			长期借款		
固定资产			应付债券		
在建工程			长期应付款		
无形资产			其他非流动负债		
长期待摊费用			非流动负债合计		
其他非流动资产			负债合计		
非流动资产合计			所有者权益（或股东权益）：		
			实收资本（或股本）		
			资本公积		
			盈余公积		
			未分配利润		
			所有者权益（或股东权益）合计		
资产总计			负债和所有者权益（或股东权益）总计		

三、资产负债表的编制方法

(一)资产负债表各项目数字的取得方式

根据财务报表列报准则规定,当期财务报表的列报,至少应当提供所有列报项目上一个可比会计期间的比较数据。这表明企业需要提供比较资产负债表,即报表的各项目需要分为“年初余额”和“期末余额”两栏分别填列。

资产负债表“年初余额”栏内各项数字,应根据上年年末资产负债表“期末余额”栏内所列数字填列。如果企业上年度资产负债表规定的项目名称和数字与本年度不一致,应当对上年年末资产负债表相关项目的名称和数字按照本年度的规定进行调整,填入“年初余额”栏。

资产负债表“期末余额”栏内各项数字主要通过以下几种方式取得:

第一,根据总账科目余额直接填列。资产负债表中的有些项目可以直接根据总分类账户的期末余额填列,如“短期借款”“实收资本(或股本)”等项目。

第二,根据若干个总分类账科目余额分析计算填列,如“货币资金”项目。

第三,根据若干个明细科目余额分析计算填列,如“应付款项”等项目。

第四,根据总账和明细账余额分析计算填列,如“长期借款”项目。

第五,根据科目余额减去其备抵项目后的净额填列,如“固定资产”“长期股权投资”等项目。

第六,综合运用上述填列方法分析填列,如“存货”等项目。

(二)资产负债表各项目的具体填列方法

1.资产项目的填列方法

(1)“货币资金”项目,反映企业期末持有的现金、银行存款和其他货币资金等总额。本项目应根据“库存现金”“银行存款”和“其他货币资金”3个总账科目期末余额的合计数填列。

(2)“交易性金融资产”项目,反映资产负债表日企业分类为以公允价值计量且其变动计入当期损益的金融资产,以及企业持有的直接指定为以公允价值计量且其变动计入当期损益的金融资产的期末账面价值。该项目应根据“交易性金融资产”科目的相关明细科目期末余额分析填列。自资产负债表日起超过一年到期且预期持有超过一年的以公允价值计量且其变动计入当期损益的非流动金融资产的期末账面价值,在“其他非流动金融资产”项目反映。

(3)“应收票据”项目,反映资产负债表日以摊余成本计量的,企业因销售商品、提供服务等收到的商业汇票,包括银行承兑汇票和商业承兑汇票。该项目应根据“应收票据”科目的期末余额,减去“坏账准备”科目中相关坏账准备期末余额后的金额填列。

(4)“应收账款”项目,反映资产负债表日以摊余成本计量的,企业因销售商品、提供服务等经营活动应收取的款项。该项目应根据“应收账款”科目的期末余额,减去“坏账准备”科目中相关坏账准备期末余额后的金额分析填列。

(5)“预付款项”项目,反映企业期末持有的按照购货合同规定预付给供应单位的款项。

本项目应根据“预付账款”和“应付账款”科目所属各明细科目期末借方余额的合计数，减去“坏账准备”科目中有关预付款项计提的坏账准备期末余额后的金额填列。如“预付账款”科目所属明细科目期末有贷方余额的，应在资产负债表“应付账款”项目内填列。

(6)“其他应收款”项目，应根据“应收利息”“应收股利”和“其他应收款”科目的期末余额合计数，减去“坏账准备”科目中相关坏账准备期末余额后的金额填列。

(7)“存货”项目，反映企业期末在库、在途和在加工中的各种存货的可变现净值。本项目应根据“材料采购”“原材料”“低值易耗品”“库存商品”“周转材料”“委托加工物资”“委托代销商品”“生产成本”等科目的期末余额合计，减去“受托代销商品款”“存货跌价准备”科目期末余额后的金额填列。材料采用计划成本核算以及库存商品采用计划成本或售价核算的，还应按加或减“材料成本差异”“商品进销差价”后的金额填列。

(8)“一年内到期的非流动资产”项目，反映企业将于一年内到期的非流动资产项目金额。本项目应根据有关科目的期末余额分析填列。

(9)“其他流动资产”项目，反映企业持有的除上述流动资产外的其他流动资产，本项目应根据有关科目的期末余额分析填列。

(10)“长期股权投资”项目，反映企业持有的对子公司、联营企业和合营企业的长期股权投资。本项目应根据“长期股权投资”科目期末余额，减去“长期股权投资减值准备”科目余额后的金额填列。

(11)“固定资产”项目，反映资产负债表日企业固定资产的期末账面价值和企业尚未清理完毕的固定资产清理净损益。该项目应根据“固定资产”科目的期末余额，减去“累计折旧”和“固定资产减值准备”科目的期末余额后的金额，以及“固定资产清理”科目的期末余额填列。

(12)“在建工程”项目，反映资产负债表日企业尚未达到预定可使用状态的在建工程的期末账面价值和企业为在建工程准备的各种物资的期末账面价值。该项目应根据“在建工程”科目的期末余额，减去“在建工程减值准备”科目的期末余额后的金额，以及“工程物资”科目的期末余额，减去“工程物资减值准备”科目的期末余额后的金额填列。

(13)“无形资产”项目，反映企业持有的各项无形资产成本，包括专利权、非专利技术、商标权、著作权和土地使用权等。本项目应根据“无形资产”科目期末余额，减去“累计摊销”和“无形资产减值准备”科目期末余额后的金额填列。

(14)“长期待摊费用”项目，反映企业已经发生但应由本期和以后各期负担的摊销期限在一年以上的各项费用，如以经营方式租入固定资产发生的改良支出。本项目应根据“长期待摊费用”科目期末余额减去将在资产负债表日后一年内(含一年)摊销的数额后填列。

(15)“其他非流动资产”项目，反映企业除上述非流动资产以外的其他非流动资产。本项目应根据有关科目的期末余额填列。

2.负债项目的填列方法

(1)“短期借款”项目，反映企业向银行或其他金融机构等借入的期限在一年以下(含一年)的各种借款。本项目应根据“短期借款”科目的期末余额填列。

(2)“应付票据”项目，反映资产负债表日以摊余成本计量的企业因购买材料、商品和接受服务等开出、承兑的商业汇票，包括银行承兑汇票和商业承兑汇票。本项目应根据“应付票据”科目的期末余额填列。

(3)“应付账款”项目，反映资产负债表日以摊余成本计量的企业因购买材料、商品和接受服务等经营活动应支付的款项。该项目应根据“应付账款”和“预付账款”科目所属的相关明细科目的期末贷方余额合计数填列。

(4)“预收款项”项目，反映企业按照购货合同规定预收购买单位的款项。本项目应根据“预收款项”和“应收账款”科目所属各明细科目的期末贷方余额合计数填列。如“预收款项”科目所属明细科目期末有借方余额，应在“应收账款”项目内填列。

(5)“应付职工薪酬”项目，反映企业将于资产负债表日后一年内支付的职工薪酬。本项目应根据“应付职工薪酬”科目的明细科目期末余额分析填列。

(6)“应交税费”项目，反映企业按照税法规定期末未交、多交或未抵扣的各项税金。本项目应根据“应交税费”科目的期末贷方余额填列。如“应交税费”科目期末为借方余额，以“－”号填列。

(7)“其他应付款”行项目，应根据“应付利息”“应付股利”和“其他应付款”科目的期末余额合计数填列。

(8)“其他流动负债”项目，反映除上述流动负债以外的其他流动负债。本项目应根据有关科目期末余额填列。

(9)“长期借款”项目，反映企业向银行和其他金融机构借入的期限在一年以上的各项借款。本项目应根据“长期借款”科目期末余额减去资产负债表日后一年内到期部分后的金额填列。

(10)“应付债券”项目，反映企业为筹集长期资金而发行的到期日在资产负债表日后一年以上的债券本金及其利息。本项目应根据“应付债券”科目期末余额减去资产负债表日后一年内到期部分后的金额填列。

(11)“长期应付款”项目，反映资产负债表日企业除长期借款和应付债券以外的其他各种长期应付款项的期末账面价值。本项目应根据“长期应付款”科目的期末余额，减去相关的“未确认融资费用”科目的期末余额后的金额，以及“专项应付款”科目的期末余额填列。

3.所有者权益(或股东权益)项目的填列方法

(1)“实收资本(或股本)”项目，反映企业接受投资者投入企业的实收资本或股本总额。本项目应根据“实收资本(或股本)”科目期末余额填列。

(2)“资本公积”项目，反映企业资本公积的期末余额。本项目应根据“资本公积”科目期末余额填列。

(3)“盈余公积”项目，反映企业从净利润中提取的盈余公积期末金额。本项目应根据“盈余公积”科目期末余额填列。

(4)“未分配利润”项目，反映企业尚未分配的利润。本项目应根据“本年利润”科目和“利润分配”科目的期末余额计算填列。未弥补的亏损在本项目以“－”号填列。

资产负债表的内容比较复杂，所应用的账户也较多，为简化起见，有关账户不一一列举，仅以兴盛股份公司20××年底的账户余额为例来说明资产负债表的编制方法。

【例 9—1】 兴盛公司 20××年 12 月 31 日有关账户的期末余额如表 9—4 所示。

表 9—4 兴盛公司全部总账及有关明细账余额表

20××年 12 月 31 日 单位:元

总账科目	明细科目	借方余额	贷方余额	总账科目	明细科目	借方余额	贷方余额
库存现金		1 000		短期借款			80 000
银行存款		722 200		应付账款			
交易性金融资产		36 000			——A 公司	8 000	
应收账款					——B 公司		800 000
	——甲公司	200 000		预收账款			
	——乙公司		2 000		——A 单位		60 000
预付账款					——B 单位	100 000	
	——甲单位		50 000	其他应付款			52 100
	——乙单位	10 000		应付职工薪酬			227 916
其他应收款		11 000		应交税费			100 000
原材料		670 000		应付股利			70 484
生产成本		400 000		长期借款			120 000
库存商品		158 800		实收资本			5 500 000
长期股权投资		250 000		资本公积			200 000
固定资产		4 716 000		盈余公积			67 785
累计折旧			210 000	利润分配			
无形资产		450 000			——未分配利润		442 715
长期待摊费用		250 000					

根据上述资料,按照各项目的填列方法,可以编制兴盛公司 20××年 12 月 31 日的资产负债表,如表 9—5 所示。

表 9—5 资产负债表 会企 01 表

编制单位:兴盛公司 20××年 12 月 31 日 单位:元

资　产	期末余额	年初余额（略）	负债和所有者权益（或股东权益）	期末余额	年初余额（略）
流动资产:			流动负债:		
货币资金	723 200		短期借款	80 000	
交易性金融资产	36 000		应付票据		
应收票据			应付账款	850 000	
应收账款	300 000		预收款项	62 000	

续表

资　产	期末余额	年初余额（略）	负债和所有者权益（或股东权益）	期末余额	年初余额（略）
预付款项	18 000		应付职工薪酬	227 916	
其他应收款	11 000		应交税费	100 000	
存货	1 228 800		其他应付款	122 584	
一年内到期的非流动资产			一年内到期的非流动负债		
其他流动资产			其他流动负债		
流动资产合计	2 317 000		流动负债合计	1 442 500	
非流动资产：			非流动负债：		
长期股权投资	250 000		长期借款	120 000	
固定资产	4 506 000		应付债券		
在建工程			长期应付款		
无形资产	450 000		其他非流动负债		
长期待摊费用	250 000		非流动负债合计	120 000	
其他非流动资产			负债合计	1 562 500	
非流动资产合计	5 456 000		所有者权益（或股东权益）：		
			实收资本（或股本）	5 500 000	
			资本公积	200 000	
			盈余公积	67 785	
			未分配利润	442 715	
			所有者权益（或股东权益）合计	6 210 500	
资产总计	7 773 000		负债和所有者权益（或股东权益）总计	7 773 000	

第三节　利润表

一、利润表的概念和作用

利润表是反映企业在一定会计期间（如年度、季度、月度）经营成果的会计报表。它是以“收入－费用＝利润”的等式为理论依据，按照一定的标准和顺序，把企业一定时期内的收入、费用和利润项目予以适当排列编制而成。利润表是动态报表，其中的数据为期间数据，反映了企业经营业绩的主要来源和构成。利润表有助于报表使用者判断净利润的质量及其风险，有助于报表使用者预测净利润的持续性，从而做出正确的决策。具体来说，利润表具有以下几个方面的作用：

(1)可以反映企业一定会计期间的收入实现情况,如实现的营业收入、投资收益等。报表使用者可以据此分析企业的销售规模、市场占有额等信息,从而判断企业的发展趋势。

(2)可以反映企业一定会计期间的费用耗费情况,如耗费的营业成本、税金及附加、销售费用、管理费用、财务费用等。报表使用者可以据此确定企业的费用水平,从而判断企业对费用的控制能力。

(3)可以反映企业生产经营活动的成果,即净利润的实现情况。报表使用者通过对营业利润、利润总额及净利润等的分析,可以判断企业资本保值、增值等情况。

(4)可以提供进行财务分析的基本资料。报表使用者通过结合利润表与资产负债表中的相关信息,可以分析企业资金周转情况及获利能力,判断企业未来发展趋势,做出正确决策。

(5)可以作为考核企业管理人员经营绩效的重要依据。利润表中相关数据是评判工作业绩的主要依据,有助于揭露矛盾、找出差距、明确日后的工作重点,从而改善经营管理水平。

二、利润表的格式

利润表由表首和正表两个部分构成。表首包括报表名称、编制单位名称、报表所属期间和货币计量单位等几个部分。除了时间不同外,其他项目的设置与资产负债表基本相同。其中“时期”一项的表达方式可以为“　　年　　月”或“　　年度”。正表反映了形成经营成果的各个项目和计算过程,一般有两种格式,即单步式和多步式。

单步式利润表是先将当期所有的收入列在一起,然后将所有的费用列在一起,两者相减得出当期净损益。简化的单步式利润表格式见表9—6。

表9—6　　**利润表(单步式)**

编制单位:　　______年______月　　单位:

项　目	本月数	本年累计数
一、收入		
营业收入		
其他收益		
投资收益		
公允价值变动收益		
营业外收入		
收入合计		
二、费用、支出		
营业成本		
税金及附加		
销售费用		

续表

项　目	本月数	本年累计数
管理费用		
研发费用		
财务费用		
营业外支出		
所得税费用		
费用、支出合计		
三、净利润		

单步式利润表编制简单，收入、费用归类清楚，但缺点是所提供的资料无法直接揭示企业在报告期内收入与成本、费用的配比关系以及利润的构成情况。

多步式利润表是通过对当期的收入、费用、支出项目按性质加以归类，按利润形成的主要环节列示一些中间性利润指标，分布计算当期损益。简化的多步式利润表可按下列步骤计算：

第一步，以营业收入为基础，减去营业成本、税金及附加、销售费用、管理费用、研发费用、财务费用、资产减值损失、信用减值损失，加上其他收益、投资收益（减去投资损失）、净敞口套期收益（减去净敞口套期损失）、公允价值变动收益（减去公允价值变动损失）和资产处置收益（减去资产处置损失），计算出营业利润。

第二步，以营业利润为基础，加上营业外收入，减去营业外支出，计算出利润总额。

第三步，以利润总额为基础，减去所得税费用，计算出净利润（或净亏损）。

多步式利润表基本上弥补了单步式利润表的局限。它侧重于收入与费用配比的层次性，将营业利润放在首要的地位，遵循了重要性原则；同时它也体现了利润的构成和形成过程，有助于报表使用者理解企业经营成果的来源构成。在我国，利润表一般采用多步式。简化的多步式利润表格式见表9—7。

表9—7　　**利润表（多步式）**

编制单位：　　______年度　　单位：

项　目	本期金额	上期金额
一、营业收入		
减：营业成本		
税金及附加		
销售费用		
管理费用		
财务费用		
资产减值损失		

续表

项　目	本期金额	上期金额
信用减值损失		
加：		
投资收益（损失以“－”号填列）		
公允价值变动收益（损失以“－”号填列）		
资产处置收益（损失以“－”号填列）		
二、营业利润（亏损以“－”号填列）		
加：营业外收入		
减：营业外支出		
三、利润总额（亏损总额以“－”号填列）		
减：所得税费用		
四、净利润（净亏损以“－”号填列）		

相关链接：

根据2014年修订的《企业会计准则第30号——财务报表列报》的规定，多步式利润表还应当披露“其他综合收益各项目分别扣除所得税影响后的净额”和“综合收益总额”等内容。其中，其他综合收益，是指企业根据其他会计准则规定未在当期损益中确认的各项利得和损失；综合收益，是指企业在某一期间除与所有者以其所有者身份进行的交易之外的其他交易或事项所引起的所有者权益变动。因此，多步式利润表的计算步骤还应当包括：

第四步，分析计算未在当期损益中确认的各项利得和损失，扣除相关所得税影响后，计算出其他综合收益的税后净额。

第五步，以净利润为基础，加上其他综合收益的税后净额，计算出综合收益总额。

此外，普通股或潜在普通股已公开交易的企业，以及正处于公开发行普通股或潜在普通股过程中的企业，还应当在利润表中列示每股收益信息。

那么，多步式利润表所反映的经营成果的不同来源及其构成可参见图9—3。

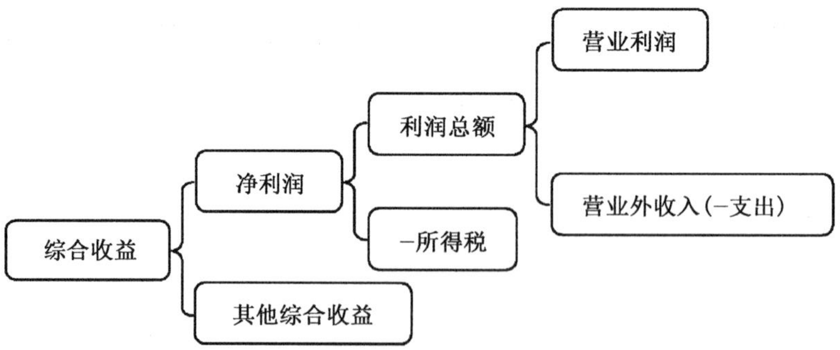

图9—3　经营成果的构成与来源

三、利润表的编制方法

由于财务报表列报准则规定，当期财务报表的列报，至少应当提供所有列报项目上一个可比会计期间的比较数据。也就表明企业需要提供比较利润表，即利润表各项目需要分为“本期金额”和“上期金额”两栏分别填列。

利润表“上期金额”栏内各项数字，按照上期利润表“本期金额”栏内数额填列。如果上年度利润表规定的项目名称和数字与本年度不相一致，应对上年度利润表相关项目的名称和数字按照本年度的规定进行调整，填入“上期金额”栏内。

利润表“本期金额”栏应当根据损益类科目和所有者权益科目当期发生额分析填列。各项目的具体填列方法如下：

(1)“营业收入”项目，反映企业经营主要业务和其他业务所确认的收入总额。本项目应根据“主营业务收入”科目和“其他业务收入”科目的本期发生额分析填列。

(2)“营业成本”项目，反映企业经营主要业务和其他业务所发生的成本总额。本项目应根据“主营业务成本”科目和“其他业务成本”科目的本期发生额分析填列。

(3)“税金及附加”项目，反映企业经营业务所应负担的消费税、城市维护建设税、资源税、土地增值税和教育费附加等。本项目应根据“营业税金及附加”科目的本期发生额分析填列。

(4)“销售费用”项目，反映企业在销售商品过程中发生的包装费、广告费等费用和为销售商品而专设的销售机构的职工薪酬、业务费等经营费用。本项目应根据“销售费用”科目发生额分析填列。

(5)“管理费用”项目，反映企业为组织和管理生产经营发生的管理费用。本项目应根据“管理费用”科目发生额扣除其明细科目“研发费用”的发生额后分析填列。

(6)“财务费用”项目，反映企业筹集生产经营所需资金等而发生的筹资费用。本项目应根据“财务费用”科目发生额分析填列。

(7)“资产减值损失”项目，反映企业发生的各项资产在当期发生的减值损失。本项目应根据“资产减值损失”科目发生额分析填列。

(8)“信用减值损失”项目，反映企业按照《企业会计准则第 22 号——金融工具确认和计量》(2017 年修订)的要求计提的各项金融工具减值准备所形成的预期信用损失。本项目应根据“信用减值损失”科目的发生额分析填列。

(9)“投资收益”项目，反映企业以各种方式对外投资所取得的收益。本项目应根据“投资收益”科目发生额分析填列。如为净损失，则以“－”号填列。

(10)“公允价值变动收益”项目，反映企业按相关会计准则规定应当计入当期损益的资产或负债公允价值变动净收益。本项目应根据“公允价值变动收益”科目发生额分析填列。如为净损失，则以“－”号填列。

(11)“营业利润”项目，反映企业营业活动产生的利润。如为亏损，则以“－”号填列。本项目应根据本表“营业收入”减去“营业成本”“税金及附加”“销售费用”“管理费用”“研发费用”“财务费用”“资产减值损失”“信用减值损失”，加上“其他收益”“投资收益”“净敞口套期收益”“公允价值变动收益”“资产处置收益”计算填列。

(12)“营业外收入”项目，反映企业发生的除营业利润以外的收益，主要包括债务重组利得、与企业日常活动无关的政府补助、盘盈利得、捐赠利得(企业接受股东或股东的子公司直接或间接的捐赠，经济实质属于股东对企业的资本性投入的除外)等。本项目应根据“营业外收入”科目的发生额分析填列。

(13)“营业外支出”项目，反映企业发生的除营业利润以外的支出，主要包括债务重组损失、公益性捐赠支出、非常损失、盘亏损失、非流动资产毁损报废损失等。本项目应根据“营业外支出”科目的发生额分析填列。

(14)“利润总额”项目，反映企业根据会计准则确认的税前利润。本项目应根据本表“营业利润”加上“营业外收入”，减去“营业外支出”计算填列。如为亏损，则以“－”号填列。

(15)“所得税费用”项目，反映企业应从利润总额中扣除的所得税费用。本项目应根据“所得税费用”科目的发生额分析填列。

(16)“净利润”项目，反映企业根据会计准则确认的税后利润。本项目应根据本表“利润总额”项目减去“所得税费用”项目计算填列。如为净亏损，则以“－”号填列。

(17)“其他综合收益的税后净额”项目，反映企业根据其他会计准则规定未在当期损益中确认的各项利得和损失扣除所得税影响后的净额。本项目应根据“其他综合收益”科目本期发生额分析填列。

(18)“综合收益总额”项目，反映企业当期确认(包括在损益中确认和在所有者权益中确认)的综合收益。本项目应根据本表“净利润”项目和“其他综合收益的税后净额”项目的合计数填列。

(19)“基本每股收益”和“稀释每股收益”项目，反映企业根据每股收益准则计算的两种每股收益指标的金额。

【例 9－2】 兴盛公司 20××年损益类科目的发生额如表 9－8 所示。

表 9－8 **各损益类账户的发生额** 单位：元

账户名称	金　额	账户名称	金　额
主营业务收入	4 550 000	财务费用	128 000
主营业务成本	3 150 000	管理费用	314 000
营业税金及附加	364 000	投资收益	10 000
其他业务收入	900 000	营业外收入	50 000
其他业务成本	700 000	营业外支出	40 000
销售费用	288 000	所得税费用	173 580

根据上述资料，编制兴盛公司利润表，如表 9－9 所示。

表 9—9　　利润表　　企 02 表

编制单位：兴盛公司　　20××年度　　单位：元

项　目	本期金额	上期金额（略）
一、营业收入	5 450 000	
减：营业成本	3 850 000	
税金及附加	364 000	
销售费用	288 000	
管理费用	314 000	
研发费用	0	
财务费用	128 000	
资产减值损失	0	
信用减值损失	0	
加：		
投资收益（损失以“－”号填列）	10 000	
公允价值变动收益（损失以“－”号填列）	0	
资产处置收益（损失以“－”号填列）	0	
二、营业利润（亏损以“－”号填列）	516 000	
加：营业外收入	50 000	
减：营业外支出	40 000	
三、利润总额（亏损总额以“－”号填列）	526 000	
减：所得税费用	173 580	
四、净利润（净亏损以“－”号填列）	352 420	
五、其他综合收益的税后净额	0	
六、综合收益总额	352 420	
七、每股收益：		
（一）基本每股收益	（略）	
（二）稀释每股收益	（略）	

第四节　现金流量表

一、现金流量表的概念和作用

现金流量表是反映企业一定会计期间现金和现金等价物流入和流出的报表，是一张动态报表。编制现金流量表的主要目的是为财务报表使用者提供企业一定会计期间内现金和现金等价物流入和流出的信息,弥补资产负债表和利润表提供信息的不足,以便财务报表使用者了解和评价企业获取现金和现金等价物的能力,并据以预测企业未来现金流量。

现金流量表的作用主要体现在以下几个方面:一是有助于评价企业支付能力、偿债能力和周转能力;二是有助于预测企业未来现金流量;三是有助于分析企业收益质量及影响现金净流量的因素。掌握企业经营活动、投资活动和筹资活动的现金流量,可以从现金流量的角度了解净利润的质量,为分析和判断企业的财务前景提供信息。

二、现金流量表的编制基础及分类

现金流量表是以现金及现金等价物为基础,划分为经营活动、投资活动和筹资活动,按照收付实现制原则编制,将权责发生制下的盈利信息调整为收付实现制下的现金流量信息的报表。

现金是指企业库存现金以及可以随时用于支付的存款,主要包括库存现金、银行存款、其他货币资金。不能随时用于支付的存款不属于现金。

现金等价物是指企业持有的期限短、流动性强、易于转换为已知金额现金、价值变动风险很小的投资。其中,期限短、流动性强,强调了变现能力,而易于转换为已知金额的现金、价值变动风险很小,则强调了支付能力的大小。现金等价物虽然不是现金,但其支付能力与现金的差别不大,可视为现金。"期限短"一般是指从购买日起 3 个月内到期。现金等价物通常包括 3 个月内到期的债券投资等。权益性投资变现的金额通常不确定,因而不属于现金等价物。企业应当根据具体情况,确定现金等价物的范围,一经确定不得随意变更。

根据企业业务活动的性质和现金流量的来源,现金流量表准则将企业一定期间产生的现金流量分为以下三类,即经营活动产生的现金流量、投资活动产生的现金流量和筹资活动产生的现金流量。

(一)经营活动产生的现金流量

经营活动是指企业投资活动和筹资活动以外的所有交易和事项。对于工业企业而言,经营活动主要包括销售商品、提供劳务、购买商品、接受劳务、支付税费等。

通常情况下,工业企业经营活动产生的现金流入,主要包括销售商品、提供劳务收到的现金,收到的税费返还,收到其他与经营活动有关的现金。经营活动产生的现金流出,主要包括购买商品、接受劳务支付的现金,支付给职工以及为职工支付的现金,支付的各项税费,支付其他与经营活动有关的现金。通过现金流量表中所反映的经营活动产生的现金流量,可以说明企业经营活动对现金流入和流出净额的影响程度。

(二)投资活动产生的现金流量

投资活动是指企业长期资产的购建和不包括在现金等价物范围内的投资及其处置活动。长期资产是指固定资产、无形资产、在建工程、其他资产等持有期限在一年或一个营业周期以上的资产。这里所讲的投资活动,既包括实物资产投资,也包括金融资产投资。这里之所以将"包括在现金等价物范围内的投资"排除在外,是因为已经将包括在现金等价物范围内的投资视同现金。不同企业由于行业特点不同,对投资活动的认定也存在差异,比如交易性金融资产所产生的现金流量,对于工业企业而言属于投资活动的现金流量,而对于证券公司而言则属于经营活动的现金流量。

通常情况下，工业企业投资活动产生的现金流入，主要包括收回投资收到的现金，取得投资收益收到的现金，处置固定资产、无形资产和其他长期资产收回的现金净额，收到其他与投资活动有关的现金等。投资活动产生的现金流出，主要包括购建固定资产、无形资产和其他长期资产支付的现金，投资支付的现金，支付其他与投资活动有关的现金等。通过现金流量表中所反映的投资活动所产生的现金流量，可以分析企业通过投资获取现金流量的能力，以及投资产生的现金流量对企业现金流量净额的影响程度。

（三）筹资活动产生的现金流量

筹资活动是指导致企业资本及债务规模和构成发生变化的活动。这里所说的“资本”，既包括实收资本（股本），也包括资本溢价（股本溢价）；这里所说的“债务”，指对外举债，包括向银行借款、发行债券以及偿还债务等。通常情况下，应付账款、应付票据等属于经营活动，不属于筹资活动。

通常情况下，工业企业筹资活动产生的现金流入，主要包括吸收投资收到的现金，取得借款收到的现金，收到其他与筹资活动有关的现金等。筹资活动产生的现金流出，主要包括偿还债务支付的现金，分配股利、利润或偿付利息支付的现金，支付其他与筹资活动有关的现金等。通过现金流量表中所反映的筹资活动产生的现金流量，可以分析企业筹资的能力，以及筹资产生的现金流量对企业现金流量净额的影响程度。

需要注意的是，对于企业日常活动之外特殊的、不经常发生的特殊项目，如自然灾害损失、保险赔款、捐赠等，应当根据其性质，分别归并到经营活动、投资活动和筹资活动现金流量类别中单独列报。

三、现金流量表的格式

现金流量表包括表首、正表和补充资料三部分。表首包括报表名称、编制单位名称、报表所属期间和货币计量单位等几项内容。

正表是现金流量表的主体，依据“现金流入量－现金流出量＝现金净流量”的计算公式，按照现金流量的不同分类，分项反映三大活动产生的现金流量，并分项报告企业的现金流入量和现金流出量。正表的具体内容见表 9－10。

表 9－10 **现金流量表** 会企 03 表

编制单位： ______年度 单位：

项　目	本期金额（略）	上期金额（略）
一、经营活动产生的现金流量：		
销售商品、提供劳务收到的现金		
收到的税费返还		
收到其他与经营活动有关的现金		
经营活动现金流入小计		

续表

项　目	本期金额(略)	上期金额(略)
购买商品、接受劳务支付的现金		
支付给职工以及为职工支付的现金		
支付的各项税费		
支付其他与经营活动有关的现金		
经营活动现金流出小计		
经营活动产生的现金流量净额		
二、投资活动产生的现金流量：		
收回投资收到的现金		
取得投资收益收到的现金		
处置固定资产、无形资产和其他长期资产收回的现金净额		
处置子公司及其他营业单位收到的现金净额		
收到其他与投资活动有关的现金		
投资活动现金流入小计		
购建固定资产、无形资产和其他长期资产支付的现金		
投资支付的现金		
取得子公司及其他营业单位支付的现金净额		
支付其他与投资活动有关的现金		
投资活动现金流出小计		
投资活动产生的现金流量净额		
三、筹资活动产生的现金流量：		
吸收投资收到的现金		
取得借款收到的现金		
收到其他与筹资活动有关的现金		
筹资活动现金流入小计		
偿还债务支付的现金		
分配股利、利润或偿付利息支付的现金		
支付其他与筹资活动有关的现金		
筹资活动现金流出小计		
筹资活动产生的现金流量净额		
四、汇率变动对现金及现金等价物的影响		
五、现金及现金等价物净增加额		

续表

项　目	本期金额(略)	上期金额(略)
加:期初现金及现金等价物余额		
六、期末现金及现金等价物余额		

除正表反映的信息外,企业还应在补充资料中披露将净利润调节为经营活动现金流量、不涉及现金收支的重大投资和筹资活动、现金及现金等价物净变动情况等信息。

第五节　所有者权益变动表

一、所有者权益变动表的概念和作用

所有者权益变动表是反映构成所有者权益的各组成部分当期增减变动情况的报表。

所有者权益变动表不仅反映一个会计期间所有者权益总额的增减变动情况,还反映所有者权益各组成部分的当期增减变动情况以及引起变动的原因,有助于报表使用者理解所有者权益期间变动情况。一个会计期间内,引起所有者权益总额发生变化的原因主要包括与所有者的资本交易(反映在资产负债表所有者权益内)和综合收益(反映在利润表内)。与所有者的资本交易,是指企业与所有者以其所有者身份进行的、导致企业所有者权益变动的交易。由于所有者权益变动表全面反映了所有者权益及其组成部分变动的原因,因此是理解资产负债表和利润表勾稽关系的中间报表,有助于报表使用者全面评价企业的财务报表,从而做出相应决策。

二、所有者权益变动表的内容和格式

根据2014年修订的《企业会计准则第30号——财务报表列报》的规定,所有者权益变动表至少应当单独列示反映下列信息的项目,以反映当期所有者权益变动的原因:(1)综合收益总额;(2)会计政策变更和前期差错更正的累积影响金额;(3)所有者投入资本和向所有者分配利润等;(4)按照规定提取的盈余公积;(5)所有者权益各组成部分的期初和期末余额及其调节情况。所有者权益变动表通常按年度列报。

所有者权益变动表一般由表首和正表两部分组成。表首部分列示报表名称、编制单位名称、报表所属期间和货币计量单位等几项内容。

正表是所有者权益变动表的主体部分。由于所有者权益变动表不仅应当反映构成所有者权益的各组成部分当期的增减变动情况,还应对所有者权益变动情况分项单独列示。因此,所有者权益变动表应当以矩阵形式列报:从上往下看,以所有者权益的上年度余额作为起始,分项列示导致所有者权益变动的交易或事项,从而得出本年年末余额;从左往右看,对所有者权益总额及其组成部分分项列示以反映相关交易或事项对所有者权益的影响。

所有者权益变动表的具体格式见表9—11。

表 9—11

所有者权益变动表

会企 04 表

编制单位：　　　　________年度　　　　单位：元

项　目	本年金额(略)							上年金额(略)						
	实收资本(或股本)	资本公积	减：库存股	其他综合收益	盈余公积	未分配利润	所有者权益合计	实收资本(或股本)	资本公积	减：库存股	其他综合收益	盈余公积	未分配利润	所有者权益合计
一、上年年末余额														
加：会计政策变更														
前期差错更正														
二、本年年初余额														
三、本年增减变动金额(减少以“—”号填列)														
(一)综合收益总额														
(二)所有者投入和减少资本														
1. 所有者投入资本														
2. 股份支付计入所有者权益的金额														
3. 其他														
(三)利润分配														
1. 提取盈余公积														
2. 对所有者(或股东)的分配														
3. 其他														
(四)所有者权益内部结转														
1. 资本公积转增资本(或股本)														
2. 盈余公积转增资本(或股本)														
3. 盈余公积弥补亏损														
4. 其他														
四、本年年末余额														

第六节　财务报表分析

一、财务报表分析的意义

企业编制财务报表的目的，就是向财务报表使用者提供有关的会计信息，从而为决策提供依据。但是，财务报表是通过一系列的数据资料全面、概括地反映企业的财务状况、经营成果和现金流量的。对报表使用者来说，这些数据还不能直接为决策服务，而是要求报表使用者根据需要，运用各种专门的分析方法，对数据资料进一步加工、整理、分析和研究，从中取得对决策有用的信息，这一过程就是财务报表分析。因此，财务报表分析是指以企业财务报表资料为主要依据，运用一系列专门的方法和技术，对企业的财务状况、经营成果和现金流量等进行的分析、评价和预测，以便投资者、债权人、管理当局以及其他会计信息使用者做出正确的经济决策。

随着现代企业制度的建立，现代企业管理逐渐走向科学化、企业投资主体趋向多元化，这都要求财务信息使用者进行会计分析，以利于及时、迅速地获取决策所需的会计信息。财务报表分析的具体意义主要表现在以下几个方面：

(1)为经营管理者进行经营决策提供依据和线索。通过财务报表分析，能客观、全面地评价企业的财务状况、经营成果及现金流量变动情况，揭示企业经济活动中存在的问题，为经营管理者了解企业运转是否正常、企业经营前景如何，据以做出是否扩大生产规模以及是否调整企业经营战略等决策提供依据和线索。

(2)为投资者和债权人的决策提供帮助。通过财务报表分析，能测算企业未来的报酬、风险以及偿债能力，为投资者做出是否继续投资的决策、债权人做出是否继续持有企业债权的决策提供帮助。

(3)为完善激励—约束机制提供指引。通过财务报表分析，能评价企业管理者受托经营管理责任及其履行情况，考察经营管理者的业绩，从而为完善经营管理者的激励—约束机制提供指引。

(4)为相关政府部门的经济管理提供依据。税务、财政、审计、统计、工商、物价等经济监管部门需要通过分析企业的财务报表而了解特定企业乃至该企业所属行业及产业的发展状况，从而制定有效的宏观经济调控政策。

二、财务报表分析的内容

不同的会计信息使用者进行财务报表分析的目的不同，分析的侧重点也不同。从一般意义上讲，财务报表分析的内容主要有：

(1)偿债能力分析。偿债能力就是企业偿还到期债务(包括本金和利息)的能力。企业偿债能力分析包括短期偿债能力分析和长期偿债能力分析。短期偿债能力分析主要分析企业债务能否及时偿还。长期偿债能力分析主要分析企业资产对债务本金的支持程度和对债务利息的偿付能力。不仅债权人非常关心企业的偿债能力,管理者和股东出于安全性的考虑,也普遍对其予以关注。

(2)营运能力分析。营运能力就是企业控制的各种资产的管理效率。营运能力分析就是对企业的资产使用效率和周转情况所做的分析,常用一系列周转率来衡量。通常认为,资产周转速度越快,企业资产流动性越好,偿债能力和盈利能力越强,因此,营运能力受到债权人、股东和管理者的较多关注。

(3)盈利能力分析。盈利能力就是企业由于经营活动赚取利润的能力。盈利能力分析主要分析企业营业活动和投资活动产生收益的能力,包括生产经营盈利能力分析、资产盈利能力分析和所有者投资盈利能力分析。利润既是股利收入的来源,也是偿还债务的源泉,更是评价管理者业绩的标准,因此受到普遍关注。

三、财务报表分析的方法

财务报表分析方法是完成财务报表分析目标的重要手段。如何有效进行财务报表分析,现有规范并无明确规定。在会计实务中,有关财务报表的分析方法种类较多,可归纳为比较分析法和因素分析法两类。

(一)比较分析法

财务报表的比较分析法,是对两个或两个以上的可比数据进行对比,从而揭示存在的差异和规律。

比较分析法按比较对象可大致分为:(1)纵向比较(也称趋势分析),即将同一企业不同时期的相关指标进行比较,以分析该指标的发展趋势;(2)横向比较,即将同一时期不同企业的相关指标进行比较,或将企业的相关指标与同时期行业平均水平进行比较;(3)预算差异分析,即将企业相关指标的实际执行结果与初始计划进行比较。

比较分析法按比较内容可大致分为:(1)会计要素的总量比较。总量是指报表项目的总金额,例如总资产、净资产、净利润等。总量比较主要用于时间序列分析,如比较利润的逐年变化趋势,评估其增长潜力。有时也用于同业比较,分析企业的相对规模和竞争地位。(2)结构百分比的比较。分析资产负债表、利润表、现金流量表中各个项目占某个合计数的比重,有助于发现有显著问题的项目,揭示进一步分析的方向。(3)财务比率的比较。财务比率是各会计要素之间的数量关系,体现了它们的内在联系。财务比率是相对数,排除了规模的影响,便于不同企业之间的比较,是最重要的分析比较内容。需要注意的是,财务比率的计算虽然简单,但对其说明和解释却并不容易。

(二)因素分析法

因素分析法,是依据财务指标与其驱动因素之间的关系,从数量上确定各因素对指标影响程度的一种分析方法。

因素分析法可采用以下两种方法:(1)连环替代法。在明确界定因果关系的情况下,按照合理的顺序逐项测算各因素的变动对分析指标所造成的影响。(2)差额计算法。它其实是连环替代法的简化形式,原理与连环替代法相同,区别在于差额计算法可直接利用各影响因素的实际数与基期数的差额,在其他因素不变的假定条件下,计算各因素对分析指标的影响程度。

四、主要的财务比率分析

在上述分析方法中，财务比率分析法最为常用。下面就应用财务比率分析法对企业的偿债能力、营运能力和盈利能力进行简单的分析。

（一）偿债能力分析

企业偿债能力包括短期偿债能力和长期偿债能力两个方面。企业短期偿债能力是指用流动资产偿还流动负债的能力。企业短期偿债能力是衡量企业当前财务能力，特别是流动资产变现能力的重要指标。长期偿债能力指企业对债务的承担能力和对偿还债务的保障能力，受企业资本结构的影响。反映企业偿债能力的指标主要有流动比率、速动比率、资产负债率和产权比率等。

1.流动比率

流动比率是流动资产与流动负债的比值，表示每单位流动负债有多少流动资产可以作为支付保证。其计算公式是：

$$流动比率=\frac{流动资产}{流动负债}$$

上式中，流动资产和流动负债分别取自资产负债表中的流动资产合计项目和流动负债合计项目。

一般而言，流动比率越大，其偿债能力就越强，对债权人也越有保障。但是，该指标也不是越高越好。流动比率过高，一方面可能是由于企业对资金未能有效运用，另一方面也可能是由于存货积压太多。这些原因造成的较高的流动比率，并不是健康的财务状况。通常认为，在制造业企业中，流动比率以不低于 2 为宜，这是因为流动资产中变现能力最差的存货金额约占流动资产总额的一半，剩下的流动性较好的流动资产至少要等于流动负债，才能保证企业最低的短期偿债能力。当然，这种认识仅为经验之谈，缺乏理论证明。最近几十年，随着企业经营方式和金额环境的变化，流动比率有下降的趋势，许多成功企业的流动比率都低于 2。

根据表 9－5 资产负债表的资料，计算兴盛公司 20××年末的流动比率如下：

$$流动比率=\frac{2\ 317\ 000}{1\ 442\ 500}=1.61$$

2.速动比率

速动比率是企业速动资产与流动负债的比率，它是衡量企业在某一时点上运用随时可变现资产偿还到期债务的能力。其计算公式是：

$$速动比率=\frac{速动资产}{流动负债}$$

构成流动资产的各项目，流动性差别较大。其中，货币资金、交易性金融资产和各种应收款项等，可以在较短时间内变现，称为速动资产；另外的流动资产，包括存货、预付款项、一年内到期的非流动资产及其他流动资产等，称为非速动资产。非速动资产的变现金额和时间具有较大的不确定性：(1)存货是流动资产中变现较慢的部分，它通常要经过产品售出和账款收回两个过程才能变为现金，而且还有可能已经毁损报废、尚未处理；存货估价有多种方法，可能与变现金额相距甚远。(2)预付款项只能减少企业未来的现金支出，却不能转变为现金，因此不计入速动资产。(3)一年内到期的非流动资产及其他流动资产的金额有偶然性，不代表正常的变现能力。有时，如果预付款项、一年内到期的非流动资产及其他流动资产在流动资产中比重较小，也可以忽略不计。因此，速动资产可表示为：

$$速动资产=流动资产-存货$$

一般情况下，速动比率为1较为合理，它表明企业的每1元负债都有1元易于变现的资产作为抵偿。同流动比率一样，速动比率过低，说明企业短期偿债能力偏低；但也不是速动比率越高越好，速动比率过高也可能说明企业投资过于保守，拥有过多的货币资产，从而失去一些有利的投资和获利机会。当然，在运用速动比率对企业短期偿债能力进行分析评价时，也应注意不同行业间的差别。例如，大量采用现金销售的零售商店几乎没有应收账款，大大低于1的速动比率也是很正常的。因此，在分析时要参考同行业资料和本企业的历史情况。

根据表9—5资产负债表的资料，计算兴盛公司20××年末的速动比率如下：

$$速动比率=\frac{2\ 317\ 000-1\ 228\ 800-18\ 000}{1\ 442\ 500}=0.74$$

3. 资产负债率

资产负债率，是企业负债总额与资产总额的比率，用于衡量企业负债水平的高低。其计算公式是：

$$资产负债率=\frac{负债总额}{资产总额}\times 100\%$$

上述公式中，负债总额由流动负债和非流动负债构成，资产总额包括企业流动资产和非流动资产。

资产负债率反映长期债权人的债权安全程度，可用于衡量企业信用的物质保障程度。资产负债率越低，说明债权资金的安全程度越高，企业信用的物质保障程度越高；资产负债率越高，说明企业总资产中借入资金所占比重大，企业的经营风险主要由债权人承担，债权资金的安全程度越小。资产负债率的高低也影响着企业的举债能力，资产负债率越低，企业举债越容易。如果资产负债率高到一定程度，就没有人愿意提供贷款了，也就表明企业的举债能力已经用尽。大多数财务结构合理的公司一般将资产负债率维持在50%以下。

根据表9—5资产负债表的资料，计算兴盛公司20××年末的资产负债率如下：

$$资产负债率=\frac{1\ 562\ 500}{7\ 773\ 000}\times 100\%=20.10\%$$

4. 产权比率

产权比率也叫负债所有者权益比率，是负债总额与所有者权益总额的比率，它反映投资者对债权人的保障程度。其计算公式是：

$$产权比率=\frac{负债总额}{所有者权益总额}\times 100\%$$

产权比率越小，说明企业的长期偿债能力越强，投资者对债权人的保障程度越高。产权比率可以反映企业的资本结构状况，产权比率高，是高风险、高报酬的资本结构；产权比率低，是低风险、低报酬的资本结构。一个企业的产权比率是否适度，主要取决于企业的经营管理水平；同时，产权比率必须与其他企业以及行业的平均水平对比，才能评价该指标的高低。

根据表 9—5 资产负债表的资料，计算兴盛公司 20××年末的产权比率如下：

$$产权比率=\frac{1\ 562\ 500}{6\ 210\ 500}\times100\%=25.16\%$$

（二）营运能力分析

企业营运能力反映企业的经营状况及其潜力，对营运能力进行分析，可以了解企业的营运状况及经营管理水平。资金周转状况好，说明企业的经营管理水平高，资金利用效率高；反之，说明资金的利用效率低，需要改进。反映企业营运能力的指标主要有存货周转率和应收账款周转率。

1. 存货周转率

存货周转率是指企业一定时期的主营业务成本与存货平均余额的比率，反映存货的周转速度。用时间表示的存货周转率就是存货周转天数。其计算公式是：

$$存货周转率（次数）=\frac{主营业务成本}{存货平均余额}$$

$$存货周转天数=\frac{计算期天数}{存货周转率}$$

上述公式中，主营业务成本是指企业销售产品或提供劳务的实际成本；存货平均余额是期初存货与期末存货的平均值；计算期天数全年一般按 360 天计算，全季按 90 天计算，全月按 30 天计算。

存货周转率是从存货变现速度的角度来评价企业的销售能力及存货适量程度的。存货周转次数越多，存货周转天数就越短，表明存货周转速度越快，说明企业销售能力越强，营运资金被存货占用的量少；反之，存货周转次数越少，表明存货周转速度越慢，说明企业销售能力弱，存货积压，营运资金被存货占用的量大。由于存货计价方法对存货周转率影响较大，因此，在使用和计算存货周转率时，应注意存货计价方法的口径是否一致。

根据表 9—5、表 9—8 的资料，假设兴盛公司 20××年初的存货为 1 034 000 元，可以计算该公司 20××年的存货周转率为：

$$存货周转率（次数）=\frac{3\ 150\ 000}{(1\ 034\ 000+1\ 228\ 800)\div2}=2.78（次）$$

2. 应收账款周转率

应收账款周转率是指企业在一定时期的赊销净额与应收账款平均余额之间的比率，是反映应收账款周转速度的指标。用时间表示的应收账款周转率是应收账款周转天数。其计算公式是：

$$应收账款周转率（次数）=\frac{赊销净额}{应收账款平均余额}$$

$$应收账款周转天数=\frac{计算期天数}{应收账款周转率}$$

上述公式中，赊销净额＝赊销总额－销售退回与折让、折扣，应收账款平均余额是期初应收账款余额与期末应收账款余额的平均值。

一般来说，应收账款周转次数越多，其周转天数也就越短，说明企业组织收回应收账款的速度快，发生坏账损失的风险小，资产流动性好；反之，应收账款周转次数越少，说明企业组织收回应收账款的速度慢，坏账损失风险大，资产流动性差。但也不可绝对地看待这个指标，应收账款周转速度的高低，不仅取决于销售收入的多少和应收账款占用数额的合理与否，而且还间接取决于账龄分布、企业的信用政策和客户的信用状况。一方面，应收账款周转次数越高，周转天数越少，对企业越有利；但另一方面，应收账款平均收账期太短，则可能说明企业信用政策太紧，销售政策过严，从而不能大胆开拓市场，后果必然是失去客户和减少盈利。因此，企业应根据实际情况，把科学合理的信用政策和加快应收账款周转速度结合起来考虑，统筹安排。

根据表 9－5、表 9－8 的资料，假设兴盛公司 20××年的销售收入中赊销部分占 45%，未发生销售退回与折让、折扣。20××年初应收账款余额为 250 000 元，可以计算该公司 20××年的应收账款周转率为：

$$应收账款周转率(次数)=\frac{4\ 550\ 000\times 45\%}{(250\ 000+300\ 000)\div 2}=7.45(次)$$

（三）盈利能力分析

无论是投资者、债权人还是企业的经营者，都非常重视和关心企业的盈利能力。因为企业盈利水平的高低直接关系到投资者的投资收益水平，关系到长期债权人债权保障程度的大小，关系到经营者的经营业绩和职工的收入待遇。反映企业盈利能力的指标主要有销售毛利率、销售净利率和总资产净利率。

1. 销售毛利率

销售毛利率是销售毛利额与净销售收入的比率。其计算公式是：

$$销售毛利率=\frac{销售毛利额}{净销售收入}\times 100\%$$

上述公式中，销售毛利额是主营业务收入扣除主营业务成本后的余额，是企业用于补偿期间费用和获取利润的重要来源。

销售毛利率越大，说明净销售收入中主营业务成本所占比重越小，毛利额越大，盈利水平越高。

根据表 9－8 的资料，兴盛公司 20××年的销售毛利率计算如下：

$$销售毛利率=\frac{4\ 550\ 000-3\ 150\ 000}{4\ 550\ 000}\times 100\%=30.77\%$$

2. 销售净利率

销售净利率是指企业净利润与净销售收入的比率。其计算公式是：

$$销售净利率=\frac{净利润}{净销售收入}\times 100\%$$

上述公式中,净利润是指企业的税后利润。

销售净利率反映企业实现的净利润水平,该值越高,说明企业获取净利润的能力越强。

根据表9—8、表9—9的资料,兴盛公司20××年的销售净利率计算如下:

$$销售净利率=\frac{352\ 420}{4\ 550\ 000}\times100\%=7.75\%$$

3. 总资产净利率

总资产净利率是指企业一定时期净利润与平均资产总额的比率。其计算公式是:

$$总资产净利率=\frac{净利润}{平均资产总额}\times100\%$$

上述公式中,平均资产总额是期初资产总额与期末资产总额的平均值。

总资产净利率反映企业一定时期的平均资产总额创造净利润的能力,表明企业资产利用的综合效率。该比率越高,表明企业资产的利用效率越高,说明企业资产获利的能力较强。

根据表9—5、表9—9的资料,假设兴盛公司20××年初的资产总额为6 260 000元,可计算该公司20××年的总资产净利率为:

$$总资产净利率=\frac{352\ 420}{(6\ 260\ 000+7\ 773\ 000)\div2}\times100\%=5.02\%$$

本章小结

本章在概述了财务会计报表的概念、作用、种类及编制列报要求的基础上,对资产负债表、利润表、现金流量表和所有者权益变动表的概念、作用、格式以及资产负债表和利润表的编制方法进行了重点阐述,并以企业财务报表信息为主要依据,运用一系列专门的方法和技术,对过去和目前的偿债能力、盈利能力和营运能力等进行分析和评价,旨在为投资者、债权人、管理当局以及其他会计信息使用者的经济决策提供依据。通过本章的学习,要求学员熟练掌握资产负债表和利润表的编制方法;充分理解会计报表的编制要求,并能够对企业的偿债能力、营运能力和盈利能力进行简单的分析评价;了解会计报表的概念与分类。

复习思考题

1. 试述会计报表的作用及编制要求。
2. 试述资产负债表的作用、格式和编制方法。
3. 试述利润表的作用、格式和编制方法。
4. 试述现金流量表的编制基础及分类。
5. 财务报表分析的主要内容有哪些?
6. 如何对企业的偿债能力进行分析?
7. 如何对企业的营运能力进行分析?
8. 如何对企业的盈利能力进行分析?

主要参考文献

1. 财政部会计司:《企业会计准则第 30 号——财务报表列报》,中国财政经济出版社 2014 年版。
2. 陈国辉、迟旭升:《基础会计》(第七版),东北财经大学出版社 2021 年版。
3. 徐经长、孙蔓莉、周华:《会计学(非专业用)》,中国人民大学出版社 2019 年版。
4. 郑春美、许玲玲、马晓平:《会计学基础》,清华大学出版社 2014 年版。
5. 徐晔、余显财:《会计学基础》,格致出版社 2015 年版。
6. 李相志:《基础会计学》,中国财政经济出版社 2009 年版。
7. 徐金仙、胡霞:《基础会计》(第四版),立信会计出版社 2019 年版。
8. 王化成、刘俊彦、荆新:《财务管理学》(第九版),中国人民大学出版社 2021 年版。
9. 王淑萍、王思武:《财务报告分析》(第五版),清华大学出版社 2021 年版。

第十章

会计核算形式

本章内容引言

本书第六章“会计凭证”、第七章“会计账簿”和第九章“财务会计报告”阐述的都是会计实务问题，通过填制和审核会计凭证、登记会计账簿和编制会计报表三种会计核算方法的实际应用，作为会计信息载体的会计凭证、会计账簿和会计报表被紧密联系在一起。由于会计实务中各单位在凭证组织、账簿组织以及记账程序选择上的差异，形成了彼此之间的不同结合方式，即会计核算形式。合理、适当的会计核算形式对于科学组织本单位的会计核算工作具有极其重要的意义：它可以保证会计核算工作的质量，提高会计核算工作的效率，既节省人力、物力和财力，又及时提供会计信息，充分发挥会计在经济管理中的作用。

本章要点提示

- 会计核算形式的含义及其意义与原则
- 记账凭证核算形式的特点和记账程序
- 科目汇总表核算形式的特点和记账程序
- 汇总记账凭证核算形式的特点和记账程序
- 多栏式日记账核算形式的特点和记账程序
- 日记总账核算形式的特点和记账程序

第一节　会计核算形式概述

一、会计核算形式的意义

会计核算形式也称账务处理程序，是指凭证组织、账簿组织、记账程序和记账方式相互结合的形式。凭证组织是指所应用的会计凭证的种类、格式和填制方法，各种会计凭证之间，以及会计凭证与会计账簿之间的联系。账簿组织是指所应用账簿的种类、格式和登记方法，各种账簿之间，以及账簿与报表之间的联系。记账程序是指填制、整理、传递会计凭证，登记账簿，编制会计报表整个过程的系列程序。记账方式是指用手工记账还是用计算机记账。由于各单位的规模大小、业务繁简各不相同，其凭证组织、账簿组织、记账程序和记账方式也有所区别，从而形成了各种不同的会计核算形式。

为了把会计核算工作科学地组织起来，任何单位都应根据会计法规制度的要求，从各自的实际情况和具体条件出发，把凭证、账簿、报表合理地组织起来，设计出适合本单位特点的会计核算形式。合理、适用的会计核算形式可以规范会计核算工作组织，保证会计核算工作的质量，提高会计核算工作的效率，既节省人力、物力和财力，又及时提供会计信息，充分发挥会计在经济管理中的作用。

二、会计核算形式的设计原则

各单位设计会计核算形式时，应充分考虑下列原则，以保证会计核算形式恰当适用：

(1)满足经济管理的需要。会计首先是经济管理的工具，会计核算必须与经济管理的要求密切配合，为经济管理提供必要的核算资料。各单位在设计会计核算形式时，既要考虑国家宏观经济管理的需要，保证贯彻国家统一的会计制度，又要认真研究本单位经济管理上的具体要求，选择适当的凭证组织、账簿组织和记账程序，以便通过会计核算正确、全面、及时地提供经济管理所需要的指标，提高会计工作效率。

(2)在保证会计工作质量的前提下简化核算手续。在会计核算中，有大量的记录、计算、分析工作。只有将凭证、账簿、报表合理结合起来，才能保证会计工作质量；但也不能贪多求全，增加不必要的手续。应在保证会计工作质量的前提下简化核算手续，减少会计资料不必要的传递和重复的转抄，节约核算工作的人力、物力和财力。

三、会计核算形式的种类

会计核算形式设计是会计制度设计的一项重要内容。我国会计工作者根据会计核算工作的长期实践经验，已经设计并采用了以下五种主要的会计核算形式：

(1)记账凭证核算形式；

(2)科目汇总表核算形式；

(3)汇总记账凭证核算形式；

(4)多栏式日记账核算形式；

(5)日记总账核算形式。

以上会计核算形式既有共同之处，也有区别，主要区别表现在登记总账的依据和方法上。下面主要阐述这五种会计核算形式的特点、记账程序及适用性。

第二节 记账凭证核算形式

一、记账凭证核算形式的特点

记账凭证核算形式是最基本的会计核算形式，也是其他会计核算形式的基础。在记账凭证核算形式下，记账凭证既可以采用一种通用的格式，也可以采用收款凭证、付款凭证和转账凭证三种专用的凭证格式。账簿一般需要设置总账、明细账和日记账。总账和日记账一般采用三栏式，明细账的格式可以根据管理的需要分别采用三栏式、数量金额式和多栏式三种。

记账凭证核算形式的主要特点是直接根据记账凭证逐笔登记总账。

二、记账凭证核算形式的记账程序

在记账凭证核算形式下，对经济业务的处理主要按以下程序进行：

(1)根据原始凭证、汇总原始凭证编制各种记账凭证。

(2)根据收款凭证和付款凭证登记库存现金、银行存款日记账。

(3)根据原始凭证、汇总原始凭证并结合记账凭证登记明细账。

(4)根据各种记账凭证逐笔登记总账。

(5)月末，将日记账、明细账的余额与总账有关账户的余额相核对。

(6)月末，根据总账、明细账的记录编制会计报表。

记账凭证核算形式的记账程序如图 10—1 所示。

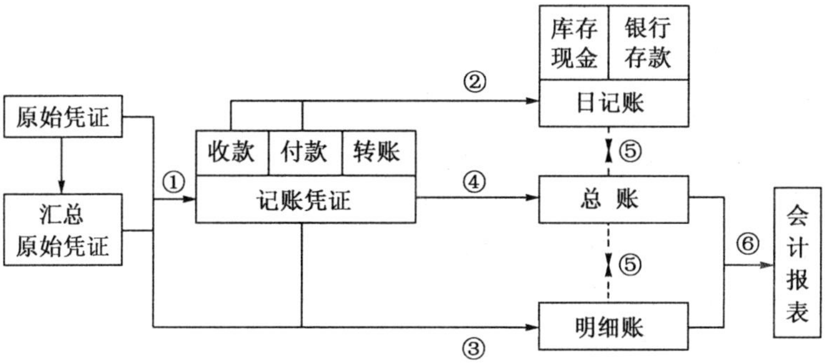

图 10—1　记账凭证核算形式的记账程序

三、记账凭证核算形式的适用性

记账凭证核算形式的优点是简单明了、易于掌握；总账直接根据记账凭证逐笔登记，能详细地记录和反映经济业务的发生和完成情况，清晰地反映账户之间的对应关系。其缺点是登记总账的工作量大，浪费人力、物力。为此，应当尽可能地将同类原始凭证编制成汇总原始凭证，再根据汇总原始凭证编制记账凭证；对于与库存现金、银行存款收付有关的业务，也可根据日记账的记录汇总登记总账。

记账凭证核算形式主要适用于规模较小、业务量少、所用会计凭证不多的单位。

第三节 科目汇总表核算形式

一、科目汇总表核算形式的特点

在科目汇总表核算形式下，记账凭证可以采用收款凭证、付款凭证和转账凭证三种格式，也可以采用通用记账凭证格式；此外，还应设置特种记账凭证——科目汇总表。在这种会计核算形式下，各种记账凭证中的科目对应关系只能是一个借方科目与一个贷方科目相对应，转账凭证还应复写一式两份，以便按科目归类汇总，编制科目汇总表。科目汇总表核算形式下的总账可以采用普通的三栏式格式，不设“对方科目”专栏。日记账和明细账的种类和格式与记账凭证核算形式相同。

科目汇总表核算形式的主要特点是先根据记账凭证编制科目汇总表，然后根据科目汇总表登记总账。

二、科目汇总表核算形式的记账程序

在科目汇总表核算形式下，对经济业务的处理主要按以下程序进行：

(1)根据原始凭证、汇总原始凭证编制记账凭证。

(2)根据收款凭证、付款凭证登记库存现金、银行存款日记账。

(3)根据原始凭证、汇总原始凭证并结合记账凭证登记明细账。

(4)根据各种记账凭证编制科目汇总表。

(5)根据科目汇总表登记总账。

(6)月末，将日记账、明细账的余额与总账有关账户的余额相核对。

(7)月末，根据总账、明细账的记录编制会计报表。

科目汇总表核算形式的记账程序如图 10—2 所示。

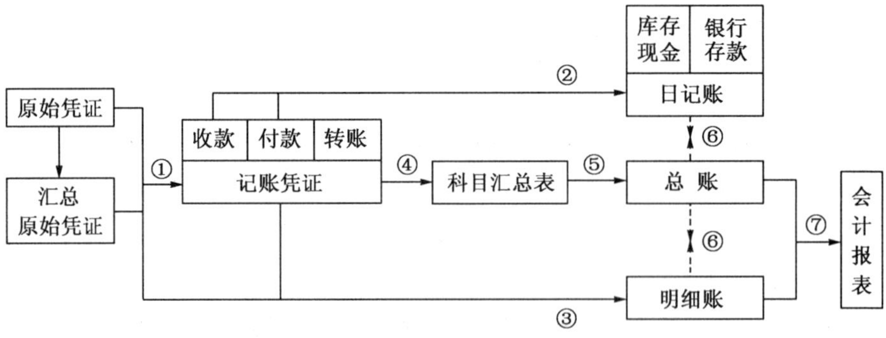

图 10—2 科目汇总表核算形式的记账程序

三、科目汇总表的编制及总账的登记

（一）科目汇总表的格式

科目汇总表又称记账凭证汇总表，是将相同的账户分别按借方、贷方定期汇总编制而成的特种记账凭证。科目汇总表的格式可以根据需要自行设计，常见的格式有两种：格式一见第六章图 6—17，格式二如表 10—1 所示。

表 10—1 **科目汇总表（格式二）**

______年______月

会计科目	账页	自 1 日至 10 日		自 11 日至 20 日		自 21 日至 30 日		本月合计	
		借方	贷方	借方	贷方	借方	贷方	借方	贷方
合计									

（二）科目汇总表的编制及总账的登记

科目汇总表的编制方法是：根据记账凭证按照相同的科目归类，定期汇总填列。对于库存现金与银行存款科目的借方发生额和贷方发生额，也可以直接根据库存现金日记账、银行存款日记账的收入数、支出数填列，而不再根据收款凭证和付款凭证归类汇总填列。

（三）应用举例

【例 10—1】 假定某企业采用科目汇总表核算形式进行会计核算，根据资料一和资料二编制该企业 6 月份的科目汇总表，并据以登记总账。

【资料一】 该企业 20××年 6 月有以下记账凭证（以表 10—2 代替记账凭证）。

表 10—2 **记账凭证**

20××年 6 月 单位：元

序号	日 期	记账凭证		借方科目	贷方科目	金 额
		字	号			
1	6 月 2 日	转	1	在途物资		32 500
				应交税费		4 225
					应付账款	36 725
2	6 月 2 日	转	2	原材料		32 500
					在途物资	32 500
3	6 月 4 日	银收	1	银行存款		16 950
					主营业务收入	15 000
					应交税费	1 950
4	6 月 6 日	银收	2	银行存款		8 445
					应收账款	8 445

续表

序号	日　期	记账凭证		借方科目	贷方科目	金　额
		字	号			
5	6月7日	现付	1	管理费用		65
					库存现金	65
6	6月8日	现付	2	在途物资		50
					库存现金	50
7	6月11日	转	3	在途物资		21 900
				应交税费		2 847
					应付账款	24 747
8	6月13日	银收	3	银行存款		8 000
					短期借款	8 000
9	6月18日	现付	3	其他应收款		80
					库存现金	80
10	6月20日	现付	4	在途物资		40
					库存现金	40
11	6月23日	银收	4	银行存款		13 560
					主营业务收入	12 000
					应交税费	1 560
12	6月25日	银收	5	银行存款		30 000
					应收账款	30 000
13	6月27日	现付	5	应付职工薪酬		18 800
					库存现金	18 800
14	6月28日	现付	6	制造费用		40
					库存现金	40
15	6月29日	转	4	原材料		21 990
					在途物资	21 990

【资料二】 该企业20××年5月31日总账账户的余额如表10－3所示。

表10－3　　账户余额表

20××年5月31日　　单位:元

会计科目	借方金额	会计科目	贷方金额
库存现金	25 000	累计折旧	300 000
银行存款	250 000	短期借款	35 000
应收账款	50 000	应付账款	8 000
应收票据	30 000	应付职工薪酬	125 000

续表

会计科目	借方金额	会计科目	贷方金额
其他应收款	3 000	应交税费	18 000
原材料	90 000	实收资本	1 500 000
生产成本	60 000	资本公积	12 000
库存商品	320 000	本年利润	170 000
固定资产	1 000 000		
利润分配	340 000		
合　计	2 168 000		2 168 000

1. 编制科目汇总表

该企业按旬对记账凭证进行汇总，每月编制一张科目汇总表，并据以登记总账。该企业6月份的科目汇总表如表10—4所示。

表10—4　**科目汇总表**

20××年6月　第6号

会计科目	账页	自1日至10日		自11日至20日		自21日至30日		本月合计	
		借方	贷方	借方	贷方	借方	贷方	借方	贷方
库存现金			115		120		18 840		19 075
银行存款		25 395		8 000		43 560		76 955	
应收账款			8 445				30 000		38 445
应收票据									
其他应收款				80				80	
在途物资		32 550	32 500	21 940			21 990	54 490	54 490
原材料		32 500				21 990		54 490	
生产成本									
制造费用						40		40	
短期借款					8 000				8 000
应付账款			36 725		24 747				61 472
应付职工薪酬						18 800		18 800	
应交税费		4 225	1 950	2 847			1 560	7 072	3 510
主营业务收入			15 000				12 000		27 000
管理费用		65						65	
本年利润									
合　计		94 735	94 735	32 867	32 867	84 390	84 390	211 992	211 992

2. 登记总账

在科目汇总表核算形式下，直接根据科目汇总表登记总账。下面仅以“库存现金”“银行存款”和“在途物资”账户为例来说明总账的登记方法，如表 10—5、表 10—6 和表 10—7 所示，其他账户与此类似。

表 10—5 **总 账**

账户名称：库存现金 单位：元

20××年		凭证字号	摘 要	借 方	贷 方	借或贷	余 额
月	日						
6	1		月初余额			借	25 000
	10	科汇 6	自 1 日至 10 日发生额		115	借	24 885
	20	科汇 6	自 11 日至 20 日发生额		120	借	24 765
	30	科汇 6	自 21 日至 30 日发生额		18 840	借	5 925
			本月合计		19 075	借	5 925

表 10—6 **总 账**

账户名称：银行存款 单位：元

20××年		凭证字号	摘 要	借 方	贷 方	借或贷	余 额
月	日						
6	1		月初余额			借	250 000
	10	科汇 6	自 1 日至 10 日发生额	25 395		借	275 395
	20	科汇 6	自 11 日至 20 日发生额	8 000		借	283 395
	30	科汇 6	自 21 日至 30 日发生额	43 560		借	326 955
			本月合计	76 955		借	326 955

表 10—7 **总 账**

账户名称：在途物资 单位：元

20××年		凭证字号	摘 要	借 方	贷 方	借或贷	余 额
月	日						
6	1		月初余额				
	10	科汇 6	自 1 日至 10 日发生额	32 550	32 500	借	50
	20	科汇 6	自 11 日至 20 日发生额	21 940		借	21 990
	30	科汇 6	自 21 日至 30 日发生额		21 990	平	0
			本月合计	54 490	54 490	平	0

四、科目汇总表核算形式的适用性

科目汇总表核算形式的优点是减少了登记总账的工作量，能起到入账前的试算平衡作用，从而保证了总账登记的正确性。另外，与记账凭证核算形式相比，科目汇总表核算形式的适用面更宽。其主要缺点是不能反映账户间的对应关系，不便于了解经济业务的内容，并且编制科目汇总表的工作量也比较大。

科目汇总表核算形式主要适用于经济业务较多的单位。

第四节　汇总记账凭证核算形式

一、汇总记账凭证核算形式的特点

汇总记账凭证是根据记账凭证按账户对应关系定期汇总编制的一种特种记账凭证，它分为汇总收款凭证、汇总付款凭证和汇总转账凭证三种。在汇总记账凭证核算形式下，记账凭证以采用专用记账凭证为宜，此外还应设置各种汇总记账凭证。汇总记账凭证核算形式的账簿组织与记账凭证核算形式基本相同，只是总账应设有"对方科目"专栏，以反映账户对应关系。

汇总记账凭证核算形式的主要特点是根据记账凭证编制汇总记账凭证，再根据汇总记账凭证登记总账。

二、汇总记账凭证核算形式的记账程序

在汇总记账凭证核算形式下，对经济业务的处理主要按以下程序进行：

(1)根据原始凭证、汇总原始凭证编制各种记账凭证。

(2)根据收款凭证、付款凭证登记库存现金、银行存款日记账。

(3)根据原始凭证、汇总原始凭证，并结合记账凭证登记明细账。

(4)根据各种记账凭证编制各种汇总记账凭证。

(5)根据各种汇总记账凭证登记总账。

(6)月末，将日记账、明细账的余额与总账有关账户的余额相核对。

(7)月末，根据总账、明细账的记录编制会计报表。

汇总记账凭证核算形式的记账程序如图 10—3 所示。

可见，汇总记账凭证核算形式的关键是汇总记账凭证的编制及总账的登记。

三、汇总记账凭证的编制及总账的登记

(一)汇总记账凭证的编制方法

汇总收款凭证根据库存现金、银行存款的收款凭证分别按借方科目设置，并按与其相对应的贷方科目归类汇总，定期填列，每月编制一张。

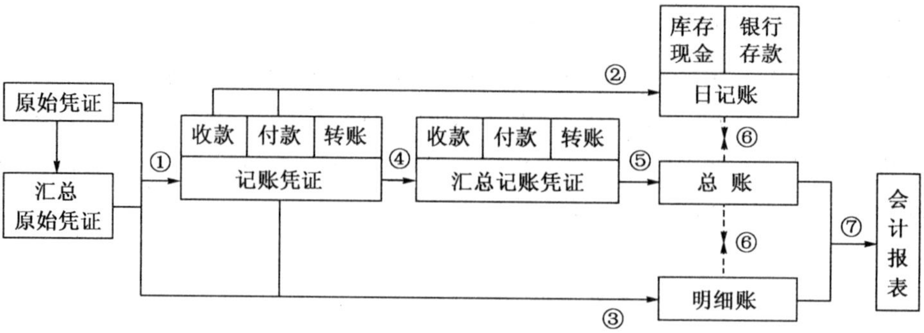

图 10－3 汇总记账凭证核算形式的记账程序

汇总付款凭证根据库存现金、银行存款的付款凭证分别按贷方科目设置，并按与其相对应的借方科目归类汇总，定期填列，每月编制一张。

汇总转账凭证通常按每一贷方科目分别设置，并根据转账凭证按借方科目归类，定期填列，每月编制一张。

以上各种汇总记账凭证均应在月终结算出合计数，据以登记总账。

（二）总账的登记

总账的登记方法是：月终，将汇总收款凭证的合计数记入“库存现金”或“银行存款”总账账户的借方以及有关账户的贷方；将汇总付款凭证的合计数记入“库存现金”或“银行存款”总账账户的贷方以及有关账户的借方；将汇总转账凭证的合计数记入总账有关账户的借方以及设证账户的贷方。

（三）应用举例

汇总记账凭证的格式、编制方法以及总账的登记方法，现用【例 10－2】说明。

【例 10－2】 假设某企业采用汇总记账凭证核算形式进行会计处理，20××年 6 月有以下记账凭证（见【例 10－1】资料一），根据所给的资料编制汇总记账凭证并登记总账。

1. 编制汇总记账凭证

根据以上记账凭证可编制成四张汇总记账凭证，如表 10－8 至表 10－11 所示。

表 10－8 **汇总收款凭证**

借方科目：银行存款 20××年 6 月 第 1 号

单位：元

贷方科目	金额				总账页数	
	1—10 日	11—20 日	21—30 日	合 计	借 方	贷 方
主营业务收入	15 000		12 000	27 000		
应收账款	8 445		30 000	38 445		
短期借款		8 000		8 000		
应交税费	1 950		1 560	3 510		
合 计	25 395	8 000	43 560	76 955		

表 10—9　　汇总付款凭证

贷方科目:库存现金　　20××年 6 月　　第 1 号

单位:元

借方科目	金额				总账页数	
	1—10 日	11—20 日	21—30 日	合计	借方	贷方
在途物资	50	40		90		
管理费用	65			65		
其他应收款		80		80		
应付职工薪酬			18 800	18 800		
制造费用			40	40		
合计	115	120	18 840	19 075		

表 10—10　　汇总转账凭证

贷方科目:在途物资　　20××年 6 月　　第 1 号

单位:元

借方科目	金额				总账页数	
	1—10 日	11—20 日	21—30 日	合计	借方	贷方
原材料	32 500		21 990	54 490		
合计	32 500		21 990	54 490		

表 10—11　　汇总转账凭证

贷方科目:应付账款　　20××年 6 月　　第 2 号

单位:元

借方科目	金额				总账页数	
	1—10 日	11—20 日	21—30 日	合计	借方	贷方
在途物资	32 500	21 900		54 400		
应交税费	4 225	2 847		7 072		
合计	36 725	24 747		61 472		

2. 登记总账

现以“银行存款”汇总收款凭证为例,用图 10—4 说明总账的登记方法。

从汇总记账凭证的编制和总账的登记过程中可以看出,科目汇总表与汇总记账凭证的性质和作用相似,两者都是对记账凭证的汇总,都是登记总账的依据,而且都能减少登记总账的工作量,所不同的是格式及编制方法。科目汇总表只汇总各账户的本期借方、贷方发生额,不能反映账户对应关系;汇总记账凭证按账户对应关系汇总其全月发生额,能及时反映账户对应关系。

应当指出的是,汇总记账凭证是根据各种记账凭证编制的,因此,要求记账凭证的填制便于汇总记账凭证的编制。汇总收款凭证是以借方科目为主,按对应的贷方科目归类汇总编制的,为了适应这种编制要求,收款凭证应按一个借方账户与一个或几个贷方账户相对应

汇总收款凭证

20××年6月

借方科目：银行存款　　第1号

贷方科目	金额		总账页数	
		合计	借方	贷方
主营业务收入		27 000	10	21
应收账款		38 445	10	18
短期借款		8 000	10	5
应交税费		3 510	10	13

总 账

会计科目：银行存款　　第10页

凭证		摘要	借方		贷方	
字	号		金额	对方科目	金额	对方科目
汇收	1		27 000	主营业务收入		
汇收	1	(略)	38 445	应收账款		
汇收	1		8 000	短期借款		
汇收	1		3 510	应交税费		

会计科目：主营业务收入　　第21页

凭证		摘要	借方		贷方	
字	号		金额	对方科目	金额	对方科目
汇收	1	(略)			27 000	银行存款

会计科目：应收账款　　第18页

凭证		摘要	借方		贷方	
字	号		金额	对方科目	金额	对方科目
汇收	1	(略)			38 445	银行存款

会计科目：短期借款　　第5页

凭证		摘要	借方		贷方	
字	号		金额	对方科目	金额	对方科目
汇收	1	(略)			8 000	银行存款

会计科目：应交税费　　第13页

凭证		摘要	借方		贷方	
字	号		金额	对方科目	金额	对方科目
汇收	1	(略)			3 510	银行存款

图 10－4　汇总记账凭证核算形式总账登记示意图

填列。汇总付款凭证是以贷方科目为主，按对应的借方科目归类汇总编制的，为了适应这种编制要求，付款凭证应按一个或几个借方科目与一个贷方科目相对应填列。汇总转账凭证是按贷方科目设置，按对应的借方科目归类汇总编制的，为了与之相适应，转账凭证应按一个或几个借方科目与一个贷方科目相对应填列，而不能按一个借方科目与几个贷方科目相对应填列。

还应指出，如果在月份内某一贷方科目的转账凭证为数不多，或者有些汇总原始凭证已按贷方科目设置，反映一贷多借的科目对应关系，那么，可以不编制汇总转账凭证，直接据以登记总账，以简化核算手续。

四、汇总记账凭证核算形式的适用性

汇总记账凭证核算形式的优点是根据汇总记账凭证登记总账，大大减少了登记总账的工作量，克服了记账凭证核算形式的缺点；在汇总记账凭证和总账上都能反映账户对应关系，便于对经济活动情况进行分析、检查，克服了科目汇总表核算形式的缺点。其主要缺点是汇总转账凭证不是按经济业务的性质归类、汇总，因而不利于日常核算工作的合理分工，并且填制汇总记账凭证的工作量较大。

汇总记账凭证核算形式适用于规模较大、经济业务较多、财会力量较强的单位。

第五节　多栏式日记账核算形式

一、多栏式日记账核算形式的特点

多栏式日记账核算形式需要设置收款凭证、付款凭证和转账凭证，不可采用通用记账凭证。总账需要采用多栏式形式，明细账的设置与记账凭证核算形式下相同。日记账必须采用多栏式的形式，需要设置库存现金收入日记账、库存现金支出日记账、银行存款收入日记账、银行存款支出日记账；如果与库存现金和银行存款对应的账户不多，也可只设置多栏式库存现金日记账和多栏式银行存款日记账。

多栏式日记账核算形式的特点是，设置多栏式日记账，月末根据多栏式日记账和转账凭证（或转账凭证科目汇总表）登记总账。

二、多栏式日记账核算形式的记账程序

在多栏式日记账核算形式下，对经济业务的处理主要按以下程序进行：

(1)根据原始凭证、汇总原始凭证填制各种记账凭证。

(2)根据收款凭证、付款凭证登记多栏式库存现金、银行存款日记账。

(3)根据原始凭证、汇总原始凭证结合记账凭证登记明细账。

(4)月末，根据多栏式日记账及转账凭证（或转账凭证科目汇总表）登记总账。

(5)月末，将各明细账的余额与总账有关账户的余额相核对。

(6)月末，根据总账、明细账的记录编制会计报表。

多栏式日记账核算形式的记账程序如图 10—5 所示。

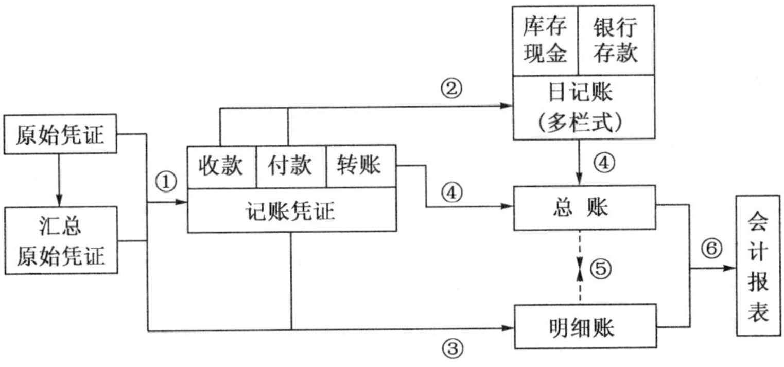

图 10—5　多栏式日记账核算形式的记账程序

三、总账的登记方法

在多栏式日记账核算形式下，总账的登记方法是：将多栏式日记账“收入合计”栏的本月发生额分别记入“库存现金”“银行存款”总账账户的借方，并将“收入”栏下各专栏的对应科

目的本月发生额分别记入总账各有关账户的贷方；将多栏式日记账“支出合计”栏的本月发生额分别记入“库存现金”“银行存款”总账账户的贷方，并将“支出”栏下各专栏的对应科目的本月发生额记入总账各有关账户的借方。库存现金与银行存款之间的相互划转业务的金额，因为分别包括在有关日记账“收入合计”“支出合计”栏的本月发生额内，所以无须根据对应科目登记，以避免重复记账。转账业务则根据转账凭证登记总账，当转账业务较多时，可以先根据转账凭证编制转账凭证科目汇总表，然后根据科目汇总表登记总账。

多栏式日记账的格式及一部分总账的登记方法如图 10—6 所示。

多栏式日记账

年		凭证		摘要	贷方科目					借方科目					结余
月	日	种类	编号		银行存款	其他应收款	主营业务收入		收入合计	银行存款	在途物资	其他应收款		支出合计	
1	31			承前页											3 480
2	1	现付	2001	材料运费							150			150	
	1	现付	2002	采购员预借差旅费								100		100	
	1	银付	2009	提取现金	800				800						
				本日合计	800				800		150	100		250	4 030
	28			本月合计	5 760	210	4 500		18 900	3 500	340	1 500		13 500	8 880

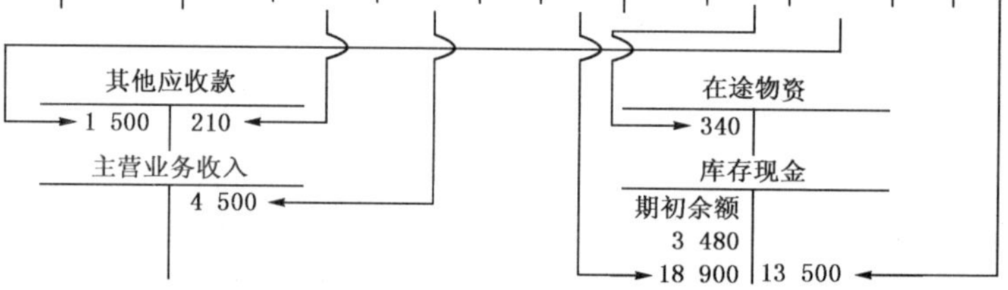

图 10—6　多栏式日记账核算形式总账登记示意图

四、多栏式日记账核算形式的适用性

多栏式日记账核算形式的优点是能大大简化凭证的归类和总账的登记工作。缺点是如果企业经济业务繁杂，多栏式日记账所设专栏势必增多，账页庞大，反而不便于记账、用账。

多栏式日记账核算形式主要适用于会计科目少、收付款业务较多的单位。

第六节　日记总账核算形式

一、日记总账核算形式的特点

日记总账核算形式需要设置收款凭证、付款凭证和转账凭证，日记账应分别设置三栏式库存现金日记账和银行存款日记账，明细账的设置与记账凭证核算形式下相同。此外，还应设置日记总账。日记总账是把日记账和总账结合在一起的联合账簿，它把所有总账科目都集中在一张账页上，对所有经济业务都按其发生的时间顺序进行序时登记，其格式如表 10—12 所示。

表 10－12　　日记总账

年		记账凭证号数	摘　要	发生额	____科目		____科目		……	____科目	
月	日				借方	贷方	借方	贷方		借方	贷方

日记总账核算形式的主要特点是，设置日记总账，所有经济业务都要根据记账凭证直接登记日记总账。

二、日记总账核算形式的记账程序

在日记总账核算形式下，对经济业务的处理主要按以下程序进行：

(1)根据原始凭证、汇总原始凭证编制各种记账凭证。

(2)根据收款凭证、付款凭证登记库存现金、银行存款日记账。

(3)根据原始凭证、汇总原始凭证并结合记账凭证登记明细账。

(4)根据各种记账凭证登记日记总账。

(5)月末，将日记账、明细账的余额与日记总账有关账户的余额相核对。

(6)月末，根据日记总账、明细账的记录编制会计报表。

日记总账核算形式的记账程序如图 10－7 所示。

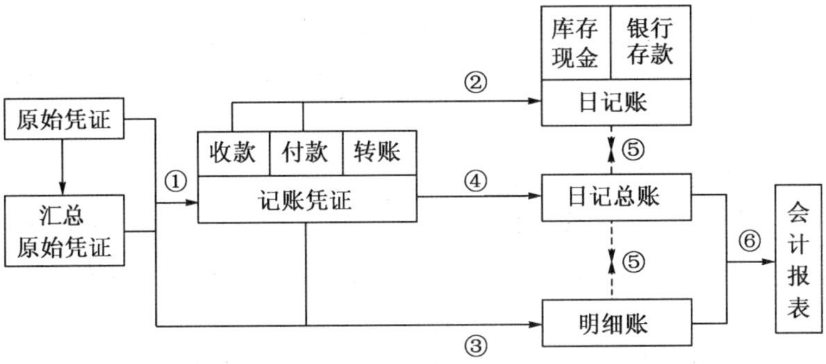

图 10－7　日记总账核算形式的记账程序

三、日记总账的登记方法

日记总账核算形式的关键是日记总账的登记方法。日记总账的登记方法是：根据记账凭证逐日、逐笔登记，除写明业务内容摘要外，每一笔经济业务的借方发生额和贷方发生额分别登记在同一行有关科目的“借方”栏和“贷方”栏内，并将发生额记入“发生额”栏内。对于收付款业务，可根据收付款凭证逐日汇总登记。月终，应结算各科目的发生额合计数，计算出各科目的借方或贷方余额，以便核对。

四、日记总账核算形式的适用性

日记总账核算形式的优点是记账凭证不需要汇总，比较简单易行，可以简化总账的登记手续；由于将全部会计科目分专栏列在一张账页上，可以清晰地反映账户对应关系和经济业务的全貌。但如果运用科目较多，日记总账账页势必过长，则不便于记账分工和用账。

日记总账核算形式适用于规模小、业务简单、使用科目少的企业和单位。

第七节　记账凭证核算形式实例

【资料一】 某企业20××年6月发生下列经济业务：

(1)6月1日，购入新机器一台，价款为25 000元，以银行存款支付。

(2)6月1日，开出支票归还短期借款10 000元。

(3)6月2日，收到东方工厂账款48 000元，存入银行。

(4)6月3日，开出支票，支付上月应交所得税13 270元。

(5)6月5日，从南星工厂购入甲材料300吨，每吨买价为80元，货款24 000元及进项税额3 120元尚未支付，材料已验收入库。

(6)6月5日，开出支票，支付上述甲材料运杂费290元。

(7)6月5日，结转上述材料的实际采购成本。

(8)6月8日，开出支票偿还上月欠永丰工厂的应付账款21 050元。

(9)6月12日，向东方工厂销售B产品700只，每只售价50元，销项税额4 550元，款未收。

(10)6月15日，从银行提取现金500元。

(11)6月17日，用现金支付职工报销医药费454元(在应付职工薪酬中列支)。

(12)6月20日，向东方工厂销售A产品300只，每只售价80元，销项税额3 120元，款项收到，存入银行。

(13)6月23日，开出支票支付车间办公费250元，厂部管理部门办公费464元。

(14)6月25日，以银行存款支付广告费用200元。

(15)6月30日，生产A产品领用甲材料200吨，其平均单位成本81元；制造B产品领用乙材料150吨，其平均单位成本54.18元。

(16)6月30日，开出支票支付生产用动力费，其中A产品应负担586元，B产品应负担453元。

(17)6月30日，结算本月工资，其中A产品生产工人工资3 000元，B产品生产工人工资2 000元，车间管理人员工资1 000元，厂部管理人员工资1 000元。

(18)6月30日，提取现金7 000元，备发工资。

(19)6月30日，以现金7 000元发放工资。

(20)6月30日，按所在地政府规定计提医疗保险费和住房公积金。假定计入“生产成本”下A产品的420元,B产品的280元,计入制造费用的140元,计入管理费用的140元。

(21)6月30日,计提本月固定资产折旧,其中车间用固定资产折旧2 600元,厂部用固定资产折旧624元。

(22)6月30日,结算车间用固定资产维修费1 010元,厂部用固定资产维修费320元。

(23)6月30日,摊销本月应负担的保险费152元。

(24)6月30日,预提本月应负担的利息费用350元。

(25)6月30日,结转本月发生的制造费用,其中A产品3 000元、B产品2 000元。

(26)6月30日,本月生产的A产品590只全部完工,并验收入库,按其实际生产成本31 556元转账。

(27)6月30日,结转本月销售产品的实际生产成本,其中,A产品单位成本58元,B产品单位成本40元。

(28)6月30日,经计算,本月城市维护建设税为2 950元。

(29)6月30日,将本月发生的各项收入和支出转入“本年利润”。

(30)6月30日,按规定计算应交所得税2 442元。

(31)6月30日,按规定提取盈余公积992元。

(32)6月30日,按规定结转应付投资者的利润496元。

【资料二】 该企业20××年5月31日有关账户的余额如表10—13所示。

表10—13 **账户余额表** 单位:元

账户名称	借方余额	账户名称	贷方余额
库存现金	40	累计折旧	40 000
银行存款	76 585	短期借款	20 000
交易性金融资产	5 000	应付账款	21 050
应收账款	48 000	其他应付款	300
其他应收款	600	应交税费	13 270
原材料	16 237	应付股利	7 000
生产成本	8 350	应付职工薪酬	6 700
库存商品	53 544	应付利息	338
预付账款	1 240	长期借款	41 000
长期股权投资	62 000	实收资本	300 000
固定资产	284 000	盈余公积	81 000
利润分配	42 462	本年利润	67 400
合　计	598 058	合　计	598 058

一、编制记账凭证

根据原始凭证(以经济业务代替)编制收款凭证、付款凭证和转账凭证标出“应收账款”“应付账款”“应交税费”“在途物资”“原材料”“生产成本”“库存商品”“利润分配”账户的明细分类账户,如表10—14、表10—15、表10—16、表10—17所示。

表10—14 收款凭证

借方科目:银行存款 单位:元

20××年		凭证号数	摘要	贷方账户		账页	金额	
月	日			一级账户	二级或明细账户		一级账户	二级或明细账户
6	2	银收1	收到东方工厂前欠账款	应收账款			48 000	
					东方工厂			48 000
	20	银收2	出售A产品收到款项	主营业务收入			24 000	
								24 000
				应交税费			3 120	
					应交增值税			3 120

表10—15 付款凭证

贷方账户:库存现金 单位:元

20××年		凭证号数	摘要	借方账户		账页	金额	
月	日			一级账户	二级或明细账户		一级账户	二级或明细账户
6	17	现付1	支付职工报销医药费	应付职工薪酬				454
	30	现付2	发放工资	应付职工薪酬				7 000

表10—16 付款凭证

贷方账户:银行存款 单位:元

20××年		凭证号数	摘要	借方账户		账页	金额	
月	日			一级账户	二级或明细账户		一级账户	二级或明细账户
6	1	银付1	购入新机器一台	固定资产			25 000	
								25 000
	1	银付2	归还短期借款	短期借款			10 000	
	3	银付3	支付上月应交税金	应交税费	应交所得税		13 270	
	5	银付4	支付300吨甲材料运杂费	在途物资			290	
					甲材料			290

续表

20××年		凭证号数	摘 要	借方账户		账页	金 额	
月	日			一级账户	二级或明细账户		一级账户	二级或明细账户
	8	银付 5	偿还欠永丰工厂账款	应付账款			21 050	
					永丰工厂			21 050
	15	银付 6	提现金	库存现金			500	
	23	银付 7	支付办公费	制造费用			250	
				管理费用			464	
	25	银付 8	支付广告费用	销售费用			200	
	30	银付 9	支付生产用动力费	生产成本			1 039	
					A 产品			586
					B 产品			453
	30	银付 10	提现金	库存现金			7 000	

表 10—17 **转账凭证** 单位:元

20××年		凭证号数	摘 要	应记账户		账页	借方金额		贷方金额	
月	日			一级账户	二级或明细账户		一级账户	二级或明细账户	一级账户	二级或明细账户
6	5	转 1	向南星工厂购入甲材料	在途物资	甲材料		24 000	24 000		
				应交税费	应交增值税		3 120	3 120		
				应付账款	南星工厂				27 120	27 120
	5	转 2	结转甲材料成本	原材料	甲材料		24 290	24 290		
				在途物资	甲材料				24 290	24 290
	12	转 3	出售给东方工厂 B 产品	应收账款	东方工厂		39 550	39 550		
				主营业务收入	B 产品				35 000	35 000
				应交税费	应交增值税				4 550	4 550
	30	转 4	生产 A 产品领用甲材料 200 吨	生产成本			24 327			
					A 产品			16 200		
					B 产品			8 127		
			生产 B 产品领用乙材料 150 吨	原材料					24 327	
					甲材料					16 200
					乙材料					8 127
	30	转 5	结算应付工资	生产成本			5 000			
					A 产品			3 000		
					B 产品			2 000		
				制造费用			1 000			
				管理费用			1 000			
				应付职工薪酬						7 000

续表

20××年		凭证号数	摘要	应记账户		账页	借方金额		贷方金额	
月	日			一级账户	二级或明细账户		一级账户	二级或明细账户	一级账户	二级或明细账户
	30	转 6	计提医疗保险和住房公积金	生产成本			700			
					A 产品			420		
					B 产品			280		
				制造费用			140			
				管理费用			140			
				应付职工薪酬						980
	30	转 7	计提固定资产折旧	制造费用			2 600			
				管理费用			624			
				累计折旧					3 224	
	30	转 8	结算固定资产维修费	制造费用			1 010			
				管理费用			320			
				其他应付款					1 330	
	30	转 9	摊销保险费	管理费用			152			
				预付账款					152	
	30	转 10	预提借款利息	财务费用			350			
				应付利息					350	
	30	转 11	结转制造费用	生产成本			5 000			
					A 产品			3 000		
					B 产品			2 000		
				制造费用					5 000	
	30	转 12	结转完工产品成本	库存商品	A 产品		31 556	31 556		
				生产成本	A 产品				31 556	31 556
	30	转 13	结转已销产品的生产成本	主营业务成本			45 400			
				库存商品					45 400	
					A 产品					17 400
					B 产品					28 000
	30	转 14	计算应交销售税金	税金及附加			2 950			
				应交税费	应交城建税				2 950	2 950
	30	转 $15\frac{1}{2}$	结转各项收入	主营业务收入			59 000			
				本年利润					59 000	
	30	转 $15\frac{2}{2}$	结转各项支出	本年利润			51 600			
				主营业务成本					45 400	
				税金及附加					2 950	
				销售费用					200	
				管理费用					2 700	
				财务费用					350	
	30	转 16	计算应交所得税	所得税费用			2 442			
				应交税费	应交所得税				2 442	
	30	转 17	提取盈余公积	利润分配	提取盈余公积		992			
				盈余公积					992	
	30	转 18	向投资者分派利润	利润分配	应付股利		496			
				应付股利					496	

二、登记日记账

根据收、付款凭证逐笔序时登记库存现金日记账和银行存款日记账，如表 10—18、表 10—19 所示。

表 10—18 **库存现金日记账** 单位：元

20××年		凭证号数	摘　要	对方科目	收　入	支　出	结　存
月	日						
6	1		期初余额				40
	15	银付 6	提取现金	银行存款	500		540
	17	现付 1	职工报销医药费	应付职工薪酬		454	86
	30	银付 10	提取现金	银行存款	7 000		7 086
		现付 2	发放工资	应付职工薪酬		7 000	86
			本期发生额及余额		7 500	7 454	86

表 10—19 **银行存款日记账** 单位：元

20××年		凭证号数	摘　要	结算凭证		对方科目	收 入	支 出	结 存
月	日			种类	号数				
6	1		期初余额						76 585
		银付 1	购入新机器一台			固定资产		25 000	51 585
		银付 2	归还短期借款			短期借款		10 000	41 585
	2	银收 1	收到东方工厂前欠账款			应收账款	48 000		89 585
	3	银付 3	支付上月应交税金			应交税费		13 270	76 315
	5	银付 4	支付 300 吨甲材料运费			在途物资		290	76 025
	8	银付 5	偿还永丰工厂账款			应付账款		21 050	54 975
	15	银付 6	提现金			库存现金		500	54 475
	20	银收 2	出售 A 产品货款及销项税额			主营业务收入	24 000		78 475
						应交税费	3 120		81 595
	23	银付 7	支付办公费			制造费用		250	81 345
						管理费用		464	80 881
	25	银付 8	支付广告费			销售费用		200	80 681
	30	银付 9	支付生产用动力费			生产成本		1 039	79 642
		银付 10	提现金			库存现金		7 000	72 642
			本期发生额及余额				75 120	79 063	72 642

三、登记明细账

根据原始凭证及各种记账凭证逐笔登记各种明细分类账，如表 10—20 至表 10—22 所示。为简化起见，此处只列举“原材料”“生产成本”“应收账款”三个账户的明细分类账，其余从略。

表 10—20 **原材料明细账**

材料名称：甲材料 单位：吨

20××年		凭证号数	摘要	收入			支出			结存		
月	日			数量	单价	金额	数量	单价	金额	数量	单价	金额
6	1		期初余额							100	81.1	8 110
	5	转 2	购入	300	80.97	24 290						
	30	转 4	发出				200					
			本期发生额及余额	300		24 290	200	81	16 200	200	81	162 000

材料名称：乙材料 单位：吨

20××年		凭证号数	摘要	收入			支出			结存		
月	日			数量	单价	金额	数量	单价	金额	数量	单价	金额
6	1		期初余额							150	54.18	8 127
	30	转 4	发出				150					
			本期发生额及余额	0	—	0	150	54.18	8 127	0	0	0

表 10—21 **生产成本明细账**

产品名称：A 产品 单位：元

20××年		凭证号数	摘要	借方				
月	日			直接材料	直接人工	其他直接费用	制造费用	合计
6	1		期初余额	6 000	1 400	20	930	8 350
	30	转 4	生产投料	16 200				16 200
		转 5	生产工人工资		3 000			3 000
		转 6	计提医疗保险和住房公积金		420			420
		银付 9	生产用动力费			586		586
		转 11	结转制造费用				3 000	3 000
		转 12	结转完工产品成本	−22 200	−4 820	−606	−3 930	−31 556

产品名称：B 产品 单位：元

20××年		凭证号数	摘要	借方				
月	日			直接材料	直接人工	其他直接费用	制造费用	合计
6	1		期初余额	0	0	0	0	0
	30	转 4	生产投料	8 127				8 127

续表

20××年		凭证号数	摘要	借方				
月	日			直接材料	直接人工	其他直接费用	制造费用	合计
		转 5	生产工人工资		2 000			2 000
		转 6	医疗保险和住房公积金		280			280
		银付 9	生产用动力费			453		453
		转 11	结转制造费用				2 000	2 000
			本期发生额	8 127	2 280	453	2 000	12 860
			期末余额	8 127	2 280	453	2 000	12 860

表 10—22 **应收账款明细账**

户名:东方工厂 单位:元

20××年		凭证号数	摘要	借方	贷方	借/贷	余额
月	日						
6	1		期初余额			借	48 000
	2	银收 1	应收账款		48 000	平	0
	12	转 3	B 产品 700 只货款	39 550		借	39 550
			本期发生额及余额	39 550	48 000	借	39 550

四、登记总账

根据记账凭证逐笔登记总分类账,总分类账的登记结果如表 10—23 至表 10—29 所示。为简化起见,此处只列示“原材料”“库存现金”“银行存款”“生产成本”“制造费用”“管理费用”“应收账款”7 个账户,其余从略。

表 10—23 **原材料**

账户名称:原材料 单位:元

20××年		凭证号数	摘要	借方	贷方	借/贷	余额
月	日						
6	1		期初余额			借	16 237
	5	转 2	购入	24 290		借	40 527
	30	转 4	发出		24 327	借	16 200
			本期发生额及余额	24 290	24 327	借	16 200

表 10—24 **库存现金**

账户名称:库存现金 单位:元

20××年		凭证号数	摘要	借方	贷方	借/贷	余额
月	日						
6	1		期初余额			借	40
	15	银付 6	提现金	500		借	540
	17	现付 1	支付医药费		454	借	86
	30	银付 10	提现金	7 000		借	7 086
		现付 2	发放工资		7 000	借	86
			本期发生额及余额	7 500	7 454	借	86

表 10—25 **银行存款**

账户名称:银行存款 单位:元

20××年		凭证号数	摘要	借方	贷方	借/贷	余额
月	日						
6	1		期初余额			借	76 585
		银付 1	购入新机器		25 000	借	51 585
		银付 2	归还借款		10 000	借	41 585
	2	银收 1	收到东方工厂账款	48 000		借	89 585
	3	银付 3	支付上月税金		13 270	借	76 315
	5	银付 4	支付甲材料运杂费		290	借	76 025
	8	银付 5	偿还永丰工厂账款		21 050	借	54 975
	15	银付 6	提现金		500	借	54 475
	20	银收 2	出售 A 产品货款	27 120		借	81 595
	23	银付 7	支付办公费		714	借	80 881
	25	银付 8	支付广告费		200	借	80 681
	30	银付 9	支付生产用动力费		1 039	借	79 642
		银付 10	提现金		7 000	借	72 642
			本期发生额及余额	76 080	79 063	借	72 642

表 10—26

生产成本

账户名称:生产成本

单位:元

20××年		凭证号数	摘要	借方	贷方	借/贷	余额
月	日						
6	1		期初余额			借	8 350
	30	转 4	生产投料	24 327		借	32 677
		转 5	结算工资	5 000		借	37 677
		转 6	计提医疗保险和住房公积金	700		借	38 377
		银付 9	生产用动力费	1 039		借	39 416
		转 11	结转制造费用	5 000		借	44 416
		转 12	结转完工产品成本		31 556	借	12 860
			本期发生额及余额	36 066	31 556	借	12 860

表 10—27

制造费用

账户名称:制造费用

单位:元

20××年		凭证号数	摘要	借方	贷方	借/贷	余额
月	日						
6	23	银付 7	支付办公费	250		借	250
	30	转 5	结算工资	1 000		借	1 250
		转 6	医疗保险和住房公积金	140		借	1 390
		转 7	计提折旧	2 600		借	3 990
		转 8	结算固定资产维修费	1 010		借	5 000
		转 11	结转制造费用		5 000	平	0
			本期发生额及余额	5 000	5 000	平	0

表 10—28

管理费用

账户名称:管理费用

单位:元

20××年		凭证号数	摘要	借方	贷方	借/贷	余额
月	日						
6	23	银付 7	支付办公费	464		借	464
	30	转 5	结算工资	1 000		借	1 464
		转 6	医疗保险和住房公积金	140		借	1 604
		转 7	计提折旧	624		借	2 228
		转 8	结算固定资产维修费	320		借	2 548
		转 9	摊销保险费	152		借	2 700
		转 15 $\frac{2}{2}$	结转管理费用		2 700	平	0
			本期发生额及余额	2 700	2 700	平	0

表 10—29 **应收账款**

账户名称:应收账款 单位:元

20××年		凭证号数	摘　　要	借　方	贷　方	借/贷	余　额
月	日						
6	1		期初余额			借	48 000
	2	银收 1	收到东方工厂账款		48 000	平	0
	12	转 3	出售 B 产品货款	39 550		借	39 550
			本期发生额及余额	39 550	48 000	借	39 550

五、编制总分类账户本期发生额及余额表

编制总分类账户本期发生额及余额表,将有关账户的记录核对相符,并与日记账、明细账核对相符,如表 10—30 所示。

表 10—30 **总分类账户本期发生额及余额表**

20××年 6 月

单位:元

账户名称	期初余额		本期发生额		期末余额	
	借方	贷方	借方	贷方	借方	贷方
库存现金	40		7 500	7 454	86	
银行存款	76 585		75 120	79 063	72 642	
交易性金融资产	5 000				5 000	
应收账款	48 000		39 550	48 000	39 550	
其他应收款	600				600	
在途物资			24 290	24 290		
原材料	16 237		24 290	24 327	16 200	
库存商品	53 544		31 556	45 400	39 700	
预付账款	1 240			152	1 088	
长期股权投资	62 000				62 000	
固定资产	284 000		25 000		309 000	
累计折旧		40 000		3 224		43 224
短期借款		20 000	10 000			10 000
应付账款		21 050	21 050	27 120		27 120
其他应付款		300		1 330		1 630
应付职工薪酬		6 700	7 454	7 980		7 226
应交税费		13 270	16 390	13 062		9 942
应付股利		7 000		496		7 496
应付利息		338		350		688
长期借款		41 000				41 000

续表

账户名称	期初余额		本期发生额		期末余额	
	借方	贷方	借方	贷方	借方	贷方
实收资本		300 000				300 000
盈余公积		81 000		992		81 992
本年利润		67 400	51 600	59 000		74 800
所得税费用			2 442		2 442	
利润分配	42 462		1 488		43 950	
生产成本	8 350		36 066	31 556	12 860	
制造费用			5 000	5 000		
主营业务收入			59 000	59 000		
主营业务成本			45 400	45 400		
销售费用			200	200		
税金及附加			2 950	2 950		
管理费用			2 700	2 700		
财务费用			350	350		
合　计	598 058	598 058	489 396	489 396	605 118	605 118

六、编制资产负债表和损益表(略)

本章小结

本章在研究会计凭证、会计账簿、会计报表的基础上，阐述了各种凭证和账簿的结合方式问题。主要介绍了记账凭证核算形式、科目汇总表核算形式、汇总记账凭证核算形式、多栏式日记账核算形式和日记总账核算形式的特点、基本程序和适用性。通过本章的学习，要求理解合理设计会计核算形式的意义和原则，明确各种会计核算形式的特点、凭证及账簿组织、记账程序、优缺点与适用范围。学生应掌握几种基本会计核算形式，以便把握会计工作中多种做法的基本原理和基本程序。

复习思考题

1. 什么是会计核算形式？合理、适用的会计核算形式应该符合哪些要求？
2. 说明记账凭证核算形式的特点、记账程序和适用性。
3. 说明汇总记账凭证核算形式的特点、记账程序和适用性。
4. 说明科目汇总表核算形式的特点、记账程序和适用性。

5. 说明多栏式日记账核算形式的特点、记账程序和适用性。

6. 说明日记总账核算形式的特点、记账程序和适用性。

7. 科目汇总表和汇总记账凭证有何异同？

主要参考文献

1. 刘峰、潘琰、林斌:《会计学基础》(第四版)，高等教育出版社 2018 年版。

2. 崔智敏、陈爱玲:《会计学基础》(第六版)，中国人民大学出版社 2018 年版。

3. 李海波、蒋瑛:《新编会计学原理:基础会计》(第十九版)，立信会计出版社 2018 年版。

4. 朱晓平、周华、秦玉熙:《初级会计学》(第九版)，中国人民大学出版社 2019 年版。

5. 陈少华:《会计学原理》(第五版)，厦门大学出版社 2017 年版。

第十一章

会计工作组织

本章内容引言

前述各章主要阐述了会计的基本理论和基本方法，这些理论与方法的应用有赖于会计工作组织。合理设置会计机构，恰当配备会计人员，制定并实施会计法规，设计并执行会计制度是达成会计目标的前提。本章系统介绍会计机构的设置原则、会计人员的层次划分和配备方法、会计法规制度的分类和具体内容、会计档案管理办法。本章内容对学生初步了解会计工作组织的指导意义在于：(1)使其懂得正确组织会计工作的意义；(2)熟悉会计机构设置和会计人员配备的规则；(3)了解会计法规制度的层次和内容，增强法律和职业道德意识；(4)把握会计档案管理方法。

本章要点提示

- 组织会计工作的意义和原则
- 会计机构及其内部组织
- 会计人员职责与权限
- 会计法规制度的层次及内容
- 会计档案管理办法

第一节　组织会计工作的意义和原则

一、组织会计工作的意义

会计工作组织是指各单位根据会计工作的特点，设置会计机构，配备会计工作人员，制定会计制度，保管会计档案，以保证合理、有效地进行会计工作。科学合理地组织会计工作，对于充分发挥会计的作用具有重要的意义。

(一)提高会计工作的质量和效率

会计是一项细致、复杂的综合性经济管理活动，要对各项交易和事项进行反映和监督。通过确认、计量、记录和报告，为投资者、债权人、政府管理部门、内部管理当局提供有关单位财务状况和经营成果的会计信息，使经济决策和经营管理工作更加有效；通过对交易和事项的合理性、合法性和有效性的控制，贯彻落实国家的财经法规制度，保护财产安全。无论是会计反映还是会计监督，均需要借助一系列的程序、方法进行；这些程序和方法紧密相连、环环相扣，每道程序或方法出现失误，都会影响会计信息的质量，从而影响整个会计工作的质量和效率。因此，正确组织会计工作，使之按照事先确定的程序和方法高效、有条不紊地进行，能避免差错，不断提高会计工作的质量和效率。

（二）确保会计工作与其他经济管理工作协调一致

会计工作作为经济管理工作的一个重要组成部分，既有自己的独立特性，又与其他的经济管理工作紧密相连。这种联系一方面表现为它与各企业、机关事业单位外部的财政、税务、银行等部门工作的联系，另一方面又表现为与本单位内部的计划、统计、供应和销售等部门工作的紧密关系。正确组织会计工作既需要其他经济管理工作的支持和配合，又能促进其他经济管理工作。会计工作只有与其他的经济管理工作密切配合、相互协调，才能促进整个经济管理工作的顺利进行。适当设置会计机构，恰当配备会计人员，制定并执行会计制度，可使会计工作与其他经济管理工作密切配合、相互协调，保证会计工作任务的顺利完成。

（三）加强各单位内部的经济责任制

经济管理活动离不开会计，管理的重心是决策，决策的关键是信息，尤其是会计信息。各企业、机关事业单位内部经济责任制是经济管理的重要手段，它通常由经济权利、经济义务、经济指标、经济核算以及责任的确定和制裁构成。会计工作与经济责任制有着千丝万缕的联系，无论是经济责任制中权力的赋予、义务的划分，还是指标核定、经济核算，都需要运用会计信息。科学合理地组织会计工作，及时提供可靠、有用的会计信息，能够促使单位内部有关部门明确各自经济责任，科学筹划资金，合理安排生产，节省开支，增加收益，提高经济管理的水平和经济效益，进而加强各单位内部的经济责任制。

二、组织会计工作的原则

会计工作与其他经济管理活动有着密切的联系，为了增加二者之间的协调性，共同完成经济管理任务，会计工作的组织应当遵循以下几项要求：

（一）遵循国家对会计工作的统一要求

市场经济条件下，会计信息具有相关性，不但要全面反映企业的财务状况、经营成果和现金流量，还应满足外部各类会计信息使用者的需要。一方面，会计信息的范围和内容要与宏观、微观经济管理所需要的会计信息范围和内容相一致；另一方面，会计信息之间要相互联系。为保证会计信息的相关性，国家制定了一系列会计法规制度，如《中华人民共和国会计法》（以下简称《会计法》）、《企业会计准则》。各单位组织会计工作时应当接受国家的统一管理，符合国家有关会计工作的统一要求，遵循“统一领导，分级管理”的原则。只有按照统一要求组织会计工作，才能发挥会计工作在维护社会主义市场经济秩序、加强经济管理、提高经济效益中的作用。

（二）适应本企业单位经营管理的特点

由于各单位的经济管理活动各有特点，规模大小不一、业务繁简不同，管理上对会计信息的具体要求也不相同,因此,会计工作组织要与之相适应。各单位应在遵守会计法规制度的前提下,根据本单位性质、交易和事项特点及经营规模的大小等具体情况,合理设置会计机构、适当配备会计人员并拟定本单位的具体办法或者补充规定。只有根据本单位的特点和内部经营管理的实际需要来组织会计工作,才能使会计真正成为经济管理工作的一个组成部分。

(三)符合精简节约的原则

在组织会计工作时,应在保证工作质量的前提下,尽量节约进行会计工作所耗的时间和所需的费用。所有会计凭证、会计账簿和会计报表的设计,各种手续、程序的规定,会计机构的设置和会计人员的配备等,都要符合精简节约原则,既要把工作做好,又要少耗人力、物力、财力,防止不必要的浪费发生,提高效率。

(四)满足内部会计控制的要求

内部会计控制是单位为了提高会计信息质量,保护资产的安全、完整,确保有关法律法规和规章制度的贯彻执行等而制定和实施的一系列控制方法、措施和程序。根据内部会计控制的要求,应在组织会计工作时进行不相容职务相互分离控制、授权批准控制、会计系统控制、预算控制、财产保全控制、风险控制、内部报告控制、电子信息技术控制等,以规范单位会计行为,保证会计资料真实、完整;堵塞漏洞、消除隐患,防止并及时发现、纠正错误及舞弊行为,保护单位资产的安全、完整。

第二节 会计机构

会计机构是制定和执行会计制度,以及组织、领导和处理会计工作的职能部门。建立和健全会计机构是保证会计工作顺利进行的重要条件。

一、会计工作管理体制

会计工作管理体制是划分管理会计工作职责权限关系的制度,主要包括会计工作主管部门的指定和会计制度制定权限的划分。

会计工作和财务工作都是综合性的经济管理工作,二者之间有着十分密切的关系。在我国实际工作中,通常把处理会计与财务工作的机构合并为一个部门,称为会计(财务)处、科、股等。

会计是一项经济管理活动,基层单位的会计工作在为本单位经营管理和业务活动服务的同时,还要为国家宏观调控服务。因此,会计机构的设置除应满足单位经济管理对会计工作的要求外,还应与国家的会计工作管理体制相适应。《会计法》明确规定:“国务院财政部门主管全国的会计工作,县级以上地方政府财政部门管理本行政区域内的会计工作。”为此,财政部设有会计事务管理专职机构——会计司。这个机构的主要职责是:在财政部的领导下,拟定全国性的会计法令,研究、制定改进会计工作的措施与会计工作规划,颁布会计工作规章制度,组织会计人员的业务培训等。各省、市、自治区的财政厅、局一般也设有相应的会计事务管理办事机构，管理本地区的会计工作。中央和地方的各级业务主管部门一般设置财务会计司、局、处，负责本单位的会计工作。由此可见，我国会计工作在管理体制上具有"统一领导、分级管理"的特点。

二、会计机构的设置原则

各单位应当按照《会计法》和《会计基础工作规范》的规定，设置本单位的会计机构。

《会计法》规定："各单位应当根据会计业务的需要，依法采取下列一种方式组织本单位的会计工作：(1)设置会计机构；(2)在有关机构中设置会计岗位并指定会计主管人员；(3)委托经批准设立从事会计代理记账业务的中介机构代理记账；(4)国务院财政部门规定的其他方式。""国有的和国有资本占控股地位或者主导地位的大、中型企业必须设置总会计师。总会计师的任职资格、任免程序、职责权限由国务院规定。"

各个企业、行政事业单位原则上都要单独设置专职的会计机构，由本单位行政领导人直接领导，称为一级会计机构；规模较小的单位可根据情况设置附属于其他有关机构之下的二级会计机构或在有关机构内配备专职的会计人员，但应指定会计主管人员；没有设置会计机构和会计人员的单位，应当根据《代理记账管理办法》委托会计师事务所或持有代理记账许可证的其他代理记账机构进行代理记账。

三、会计工作的组织形式

作为会计机构应承担哪些工作，与其他职能部门、车间或柜组等二级机构的专职或兼职人员承担的工作多少相关联。在实际工作中，按企业会计机构工作内容多少，将会计工作的组织形式划分为集中核算和非集中核算两种。

集中核算是将一个单位的主要会计核算工作都集中在统一的会计部门进行。单位内部各职能部门和下属单位对自身发生的经济业务只进行原始凭证或原始凭证汇总表的填制，并交送会计部门，而不进行全面、完整的会计核算。会计部门对收到的各职能部门或下属单位上交的原始凭证进行审核，并据以登记有关账簿，编制会计报表。

非集中核算，又称分散核算，在这种核算方法下，会计工作中的部分凭证整理、明细核算及内部报表的编制被分散到企业单位的各个职能部门。会计部门负责总分类核算、外送会计报表的编制与分析工作。

集中核算减少了核算的层次、节约了核算费用，有利于企业对内部各部门的经济活动进行监督，但这种核算方式不利于各部门及时检查本部门经济业务的合理性、合法性。非集中核算便于资金和成本的分级管理，有利于内部各部门及时检查分析经济业务的合理性、合法性，能有效地指导工作，但是非集中核算工作量大，不利于企业会计部门了解企业内部各部门的经济业务状况。

不同的企业单位可以根据自己经营管理的需要来选择集中核算或非集中核算。一般规模较小、业务量较少的企业单位可以选择集中核算，规模较大、业务量较多的企业单位可以选择非集中核算。

四、会计岗位责任制

会计岗位责任制是按照会计工作的内容和人员配备情况，对会计人员的工作岗位进行合理的划分，并规定每个岗位的职权和责任的制度。建立岗位责任制，可以合理使用人力，分清职责，严明纪律，加强会计人员的责任心。

各企业、机关事业单位要从实际情况出发，根据会计业务需要设置会计工作岗位。会计工作岗位可分为会计机构负责人或者会计主管人员、出纳、财产物资核算、工资核算、成本费用核算、财务成果核算、资金核算、往来结算、总账报表、稽核、档案管理等。开展会计电算化和管理会计的单位，可以根据需要设置相应的工作岗位，也可以与其他工作岗位相结合。

从20世纪90年代开始，计算机和网络技术在会计工作中得到广泛的应用，会计信息的收集、分类、加工、储存和输入技术发生重大变化，相应的会计岗位设置及岗位责任发生了重大变化。网络时代的会计工作岗位群可分为系统岗位群、电子数据处理岗位群和综合控制岗位群等。系统岗位群主要负责会计信息系统的开发和维护，需要设置会计系统分析岗位、会计核算程序设计岗位和会计系统维护岗位。电子数据处理岗位群主要负责电算化汇集信息系统的全面使用、管理、发展和规划等工作，可设置基础数据处理岗位和综合数据处理岗位等。综合控制岗位群主要负责会计信息的分析利用、内部监控以及参与企业的有关决策等工作，可以设置审查稽核和财务管理等工作岗位。

会计工作岗位可以一人一岗、一人多岗或一岗多人，但是，出纳人员不得兼管稽核、会计档案保管，以及收入、费用、债权债务账目的登记工作。不同岗位的会计人员在完成本职工作的同时，应当相互配合，共同做好本单位的会计工作。会计人员的工作岗位应有计划地实行轮换，这样，既能使会计人员全面了解和熟悉各项会计工作，又有利于培养多面手，提高会计人员的综合素质，并能够有效防止或杜绝舞弊行为的发生。

会计人员应当具备必要的专业知识和专业技能，熟悉国家有关法律、法规、规章和国家统一会计制度，遵守职业道德。会计人员应当按照国家有关规定参加会计业务的培训。各单位应当合理安排会计人员的培训，保证会计人员每年有一定时间用于学习和参加培训。

五、内部会计监督

单位内部会计监督是以单位内部会计负责人为责任主体，通过建立内部会计监督制度进行的会计监督。《会计法》规定，各单位应当建立、健全本单位内部会计监督制度，并将其纳入本单位内部控制制度。单位内部会计监督制度应当符合下列要求：

(1)记账人员与经济业务事项和会计事项的审批人员、经办人员、财物保管人员的职责权限应当明确，并相互分离、相互制约；

(2)重大对外投资、资产处置、资金调度和其他重要经济业务事项的决策和执行的相互监督、相互制约程序应当明确；

(3)财产清查的范围、期限和组织程序应当明确；

(4)对会计资料定期进行内部审计的办法和程序应当明确；

(5)国务院财政部门规定的其他要求。

单位负责人应当保证会计机构、会计人员依法履行职责，不得授意、指使、强令会计机构、会计人员违法办理会计事项。会计机构、会计人员对违反《会计法》和国家统一的会计制度规定的会计事项，有权拒绝办理或者按照职权予以纠正。

会计机构和会计人员应当根据本单位经营管理的实际需要来确定本单位内部会计监督制度的内容和要求，并根据财经法律、法规、规章，会计法律、法规和国家统一会计制度，地方财政厅(局)和国务院业务主管部门制定的实施办法或者补充规定，各单位内部会计管理制度，各单位内部的预算、财务计划、经济计划、业务计划等，认真履行会计监督职能，保证单位的经营管理活动符合国家法律法规和规章制度的要求，防止舞弊行为的发生。

单位内部会计监督属于狭义的会计监督，广义的会计监督泛指对会计工作的监督和管理。目前我国已建立起"三位一体"的会计监督体系，包括以国家财政部门、审计、税务、人民银行、证券监管、保险监管等部门为主体所进行的政府监督和以注册会计师为主体的社会监督，以及单位内部会计监督。其中，单位内部会计监督是基础，社会监督是补充，政府监督是主导，三者相互配合、密切协作，共同监督单位的会计行为。

第三节　会计人员

会计人员是指根据《会计法》的规定，在国家机关、社会团体、企业、事业单位和其他组织(以下统称单位)中从事会计核算、实行会计监督等会计工作的人员。企业、机关、事业单位等应按照《会计法》和有关会计人员管理的法规制度，结合实际需要配备一定数量的会计人员，并合理划分层次，以充分调动会计人员的积极性，更好地发挥会计的职能作用。

一、会计人员的职责和工作权限

(一)会计人员的职责

会计人员的主要职责表现在及时提供真实可靠的会计信息，贯彻执行国家财经法律，参与单位预测和决策，提高经济效益。根据《会计法》的规定，会计人员的主要职责包括以下几个方面：

1. 进行会计核算

会计人员要依照会计法规制度，对本单位实际发生的交易和事项进行确认、计量、记录和报告。认真填制和审核会计凭证，登记账簿，编制财务会计报告；正确计算收入、费用和财务成果；如实反映单位财务状况和经营成果，及时提供满足各方决策需要的会计信息。

2. 实行会计监督

各单位会计机构、会计人员对本单位实行会计监督。监督的主要内容有：(1)对原始凭证进行审核和监督。对不真实、不合法的原始凭证不予受理；对记载不准确、不完整的原始凭证予以退回，要求经办人员更正、补充；对伪造、变更、故意损毁会计账簿或者账外设账行为，应当制止和纠正。(2)对实物、款项进行监督，督促建立并严格执行财产清查制度。发现账簿记录与实物、款项不符时，应当按照国家有关规定进行处理。(3)对伪造、变造、故意毁灭会计账簿或者账外设账行为予以制止和纠正。(4)对单位财务收支情况以及财务计划、业务计划、经济计划的执行情况进行监督。(5)对违反单位内部会计管理制度的经济活动予以制止和纠正。(6)接受财政、审计、税务等机关的监督,如实提供会计凭证、会计账簿、会计报表和其他会计资料以及有关情况。

3.拟定本单位办理会计事务的具体办法

国家制定的会计法律法规只是对会计工作的一般性规定,各单位应当根据国家颁布的相关会计法规,并结合本单位实际情况,建立健全适合本单位使用的会计事务工作办法,包括会计人员岗位责任制、内部稽核制度、钱账分管制度、分级核算制度、费用开支报销手续办法等。

4.参与制订本单位经济计划和业务计划

会计人员参与经济计划和业务计划的制订,可以在增加收入、节省支出、杜绝浪费、提高效益方面发挥重要作用。另外,经济计划、业务计划也是编制财务计划的重要依据,有利于其编制可行的财务计划。

(二)会计人员的工作权限

为了保证会计人员更好地完成自己的职责,《会计法》在规定会计人员工作职责的同时,也赋予他们一定的权限,主要包括以下几个方面:

(1)会计人员有权要求本单位有关部门及相关人员认真执行已经过批准的计划和预算。严格遵守国家财经法规和相关会计制度。发现违反法律法规的,会计人员有权拒绝付款、拒绝报销或者拒绝执行。对于超出职权范围的,可以拒绝办理,并向有关部门报告。

(2)会计人员有权履行其管理职能,参与本单位编制计划、制定定额、签订合同、参与有关会议等,并可以提出自己的意见和建议。

(3)会计人员有权监督、检查本单位有关部门的收支、资金使用和财产保管、收发、计量、检验等情况。

单位各级领导、上级机关和执法部门要支持会计人员的工作,对会计人员反映的违法违纪行为要认真调查、严肃处理、及时纠正。如果不及时采取措施,领导人和上级机关要负主要责任。

为了正确履行职责和行使权限,会计人员要不断提高自身素质,既熟悉财经制度、精通专业知识,又坚持原则、廉洁奉公、恪守职业道德。

二、会计人员的职业道德

会计职业道德是指会计人员在会计职业活动中应遵循的、体现会计职业特征的、调整会计职业关系的职业行为准则和规范。会计人员在会计工作中应树立良好的职业品质、严谨的工作作风,严守工作纪律,努力提高工作效率和工作质量。

我国《会计基础工作规范》曾规定会计人员应当热爱本职工作,努力钻研业务,使自己的知识和技能适应所从事工作的要求;会计人员应当熟悉财经法律、法规、规章和国家统一会计制度,并结合会计工作进行广泛宣传;会计人员应当按照会计法律、法规和国家统一会计制度规定的程序和要求进行会计工作,保证所提供的会计信息合法、真实、准确、及时、完整;

会计人员办理会计事务应当实事求是、客观公正等六项具体的职业道德标准。为贯彻落实党中央、国务院关于加强社会信用体系建设的决策部署，推进会计诚信体系建设，提高会计人员职业道德水平，根据《会计法》《会计基础工作规范》，财政部研究制定了《会计人员职业道德规范》(财会〔2023〕1号)并于2023年1月12日开始实施。该规范可概括为“三坚三守”。

拓展阅读：会计人员职业道德规范

一、坚持诚信，守法奉公。牢固树立诚信理念，以诚立身、以信立业，严于律己、心存敬畏。学法知法守法，公私分明、克己奉公，树立良好职业形象，维护会计行业声誉。

二、坚持准则，守责敬业。严格执行准则制度，保证会计信息真实完整。勤勉尽责、爱岗敬业，忠于职守、敢于斗争，自觉抵制会计造假行为，维护国家财经纪律和经济秩序。

三、坚持学习，守正创新。始终秉持专业精神，勤于学习、锐意进取，持续提升会计专业能力。不断适应新形势新要求，与时俱进、开拓创新，努力推动会计事业高质量发展。

三、会计人员的专业技术职务

为合理使用会计人员，促进人才合理流动，充分发挥会计人员的积极性和创造性，财政部于1986年制定了《会计专业职务试行条例》，各企业、事业单位可按该条例根据会计工作需要，在规定的限额和批准的编制内设置会计专业技术职务。会计专业技术职务名称定为：高级会计师、会计师、助理会计师、会计员。高级会计师为高级职务，会计师为中级职务，助理会计师、会计员为初级职务。

为深化会计人员职称制度改革，完善符合会计工作职业特点的评价机制，提高会计人员专业能力，更好地服务经济高质量发展，人力资源社会保障部、财政部于2019年1月11日联合印发了《关于深化会计人员职称制度改革的指导意见》(以下简称《指导意见》)。《指导意见》在健全职称层级设置、完善职称评价标准、下放职称评审权限、加强职称评审监督等方面对职称制度改革提出了明确要求。

在完善会计人员职称层级方面，《指导意见》明确改革后的会计人员职称层级分为初级、中级、副高级、正高级。与改革前相比，改革后的会计人员职称层级增设了正高级会计师职称，为会计人员打通了进一步向上晋升和提高的渠道，拓展了会计人员职业发展空间。

在明确会计人员职称评价标准方面，《指导意见》强调会计人员职称评价标准实行国家标准、地区标准和单位标准相结合。其中，人力资源社会保障部、财政部负责制定国家标准；各地区人力资源社会保障部门、财政部门可根据本地区经济社会发展情况制定地区标准。

在下放会计人员职称评审权限方面,《指导意见》明确各省(自治区、直辖市)和国务院有关部门、中央企业可按规定成立高级职称评审委员会,强调逐步将副高级会计职称评审权限下放至符合条件的企事业单位、社会组织等。

在加强会计人员职称评价监督管理方面,《指导意见》要求自主评审单位组建的高级职称评审委员会应当按照管理权限报送省级以上人力资源社会保障部门核准备案,评审结果应当报送人力资源社会保障部门及财政部门备案。

会计人员职称层级分为初级、中级、副高级和正高级,名称依次为助理会计师、会计师、高级会计师和正高级会计师。在评价标准方面,突出评价会计人员职业道德;注重对会计人员能力素质和实际贡献的评价。评价方式综合采用考试、评审、考评结合等多种评价方式,助理会计师、会计师实行全国统一的会计专业技术资格考试;高级会计师采取考试与评审相结合方式,正高级会计师一般采取评审方式。

会计人员职称评价基本标准条件为:遵守《中华人民共和国会计法》和国家统一的会计制度等法律法规;具备良好的职业道德,无严重违反财经纪律的行为;热爱会计工作,具备相应的会计专业知识和业务技能;按照要求参加继续教育。会计人员参加各层级会计人员职称评价,除必须达到上述标准条件外,还应分别具备以下标准条件。

助理会计师:基本掌握会计基础知识和业务技能;能正确理解并执行财经政策、会计法律法规和规章制度;能独立处理一个方面或某个重要岗位的会计工作;具备国家教育部门认可的高中毕业(含高中、中专、职高、技校)以上学历。

会计师:系统掌握会计基础知识和业务技能;掌握并能正确执行财经政策、会计法律法规和规章制度;具有扎实的专业判断和分析能力,能独立负责某领域会计工作;具备博士学位;或具备硕士学位,从事会计工作满一年;或具备第二学士学位或研究生班毕业,从事会计工作满二年;或具备大学本科学历或学士学位,从事会计工作满四年;或具备大学专科学历,从事会计工作满五年。

高级会计师:系统掌握和应用经济与管理理论、财务会计理论与实务;具有较高的政策水平和丰富的会计工作经验,能独立负责某领域或一个单位的财务会计管理工作;工作业绩较为突出,有效提高了会计管理水平或经济效益;有较强的科研能力,取得一定的会计相关理论研究成果,或主持完成会计相关研究课题、调研报告、管理方法或制度创新等。具备博士学位,取得会计师职称后,从事与会计师职责相关工作满二年;或具备硕士学位,或第二学士学位或研究生班毕业,或大学本科学历或学士学位,取得会计师职称后,从事与会计师职责相关工作满五年;或具备大学专科学历,取得会计师职称后,从事与会计师职责相关工作满十年。

正高级会计师:系统掌握和应用经济与管理理论、财务会计理论与实务,把握工作规律;政策水平高,工作经验丰富,能积极参与一个单位的生产经营决策;工作业绩突出,主持完成会计相关领域重大项目,解决重大会计相关疑难问题或关键性业务问题,提高单位管理效率或经济效益;科研能力强,取得重大会计相关理论研究成果,或其他创造性会计相关研究成果,推动会计行业发展;一般应具有大学本科及以上学历或学士以上学位,取得高级会计师职称后,从事与高级会计师职责相关工作满五年。

四、会计人员的法律责任

法律责任是指违反法律规定的行为应当承担的法律后果,也就是对违法者的制裁。会计人员的法律责任是按照“过罚相当”的原则根据违法行为情节轻重设定的。违反会计法规定的行为、财务造假违法行为和授意、指使、强令会计人员进行财务造假的行为将承担各自的法律责任。近年来,康得新、康美药业、瑞幸咖啡、恒大地产等境内外上市公司恶性财务造假行为频发,严重损害公共利益,扰乱了市场秩序,给投资者造成重大损失。为了完善会计制度,加强会计监督,加大法律责任追究力度,遏制财务造假等会计违法行为,我国修订了《会计法》并于 2024 年施行。该法加大了会计违法行为的法律责任追究力度。

(一)违反会计法规定的法律责任

违反会计法规定的行为主要有:不依法设置会计账簿的;私设会计账簿的;未按照规定填制、取得原始凭证或者填制、取得的原始凭证不符合规定的;以未经审核的会计凭证为依据登记会计账簿或者登记会计账簿不符合规定的;随意变更会计处理方法的;向不同的会计资料使用者提供的,财务会计报告编制依据不一致的;未按照规定使用会计记录文字或者记账本位币的;未按照规定保管会计资料,致使会计资料毁损、灭失的;未按照规定建立并实施单位内部会计监督制度,或者拒绝依法实施的监督,或者不如实提供有关会计资料及有关情况的;任用会计人员不符合规定的。

《会计法》第四十条规定,有上述行为之一的,由县级以上人民政府财政部门责令限期改正,给予警告、通报批评,对单位可以并处 20 万元以下的罚款,对其直接负责的主管人员和其他直接责任人员可以处 5 万元以下的罚款;情节严重的,对单位可以并处 20 万元以上 100 万元以下的罚款,对其直接负责的主管人员和其他直接责任人员可以处 5 万元以上 50 万元以下的罚款;属于公职人员的,还应当依法给予处分。

(二)财务造假行为的法律责任

财务造假行为是指即伪造、变造会计凭证、会计账簿,编制虚假财务会计报告,隐匿或者故意销毁依法应当保存的会计凭证、会计账簿、财务会计报告的行为。

《会计法》第四十一条规定,伪造、变造会计凭证、会计账簿,编制虚假财务会计报告,隐匿或者故意销毁依法应当保存的会计凭证、会计账簿、财务会计报告的,由县级以上人民政府财政部门责令限期改正,给予警告、通报批评,没收违法所得,违法所得 20 万元以上的,对单位可以并处违法所得一倍以上十倍以下的罚款,没有违法所得或者违法所得不足 20 万元的,可以并处 20 万元以上 200 万元以下的罚款;对其直接负责的主管人员和其他直接责任人员可以处 10 万元以上 50 万元以下的罚款,情节严重的,可以处 50 万元以上 200 万元以下的罚款;属于公职人员的,还应当依法给予处分;其中的会计人员,五年内不得从事会计工作;构成犯罪的,依法追究刑事责任。

(三)授意、指使、强令会计人员进行财务造假的法律责任

《会计法》第四十二条规定,授意、指使、强令会计机构、会计人员及其他人员伪造、变造会计凭证、会计账簿,编制虚假财务会计报告或者隐匿、故意销毁依法应当保存的会计凭证、会计账簿、财务会计报告的,由县级以上人民政府财政部门给予警告、通报批评,可以并处 20

万元以上100万元以下的罚款;情节严重的,可以并处100万元以上500万元以下的罚款;属于公职人员的,还应当依法给予处分;构成犯罪的,依法追究刑事责任。

五、会计专业技术人员的继续教育

为规范会计专业技术人员继续教育,保障会计专业技术人员合法权益,不断提高会计专业技术人员素质,财政部、人力资源社会保障部联合印发了《会计专业技术人员继续教育规定》(财会〔2018〕10号,以下简称《会计继续教育规定》)。《会计继续教育规定》就会计专业技术人员继续教育的范围、内容、形式、学分要求和教育机构的管理等做出规定。

从范围上看,具有会计专业技术资格的人员应当自取得会计专业技术资格的次年开始参加继续教育,并在规定时间内取得规定学分。不具有会计专业技术资格但从事会计工作的人员应当自从事会计工作的次年开始参加继续教育,并在规定时间内取得规定学分。

从内容与形式上看,《会计继续教育规定》明确会计专业技术人员继续教育内容包括公需科目和专业科目。公需科目包括专业技术人员应当普遍掌握的法律法规、政策理论、职业道德、技术信息等基本知识;专业科目包括会计专业技术人员从事会计工作应当掌握的财务会计、管理会计、财务管理、内部控制与风险管理、会计信息化、会计职业道德、财税金融、会计法律法规等相关专业知识。财政部会同人力资源社会保障部根据会计专业技术人员能力框架,定期发布继续教育公需科目学习指南、专业科目学习指南,对会计专业技术人员继续教育内容进行指导。

针对上述继续教育内容,《会计继续教育规定》规定了灵活的继续教育形式。除参加继续教育管理部门、会计继续教育机构、用人单位组织的继续教育培训外,还包括参加各级财政部门组织的高端会计人才培训、全国会计专业技术资格考试等会计相关考试、会计类专业会议、会计类专科以上学历(学位)教育,以及承担会计类研究课题、发表会计类论文、出版会计类书籍等继续教育形式,使继续教育与会计专业技术人员的岗位实践紧密结合,提高继续教育的针对性与实效性。

《会计继续教育规定》明确会计专业技术人员参加继续教育实行学分制管理,同时根据人力资源社会保障部有关规定,明确会计专业技术人员每年参加继续教育取得的学分不少于90学分,其中,专业科目一般不少于总学分的2/3。会计专业技术人员参加继续教育取得的学分,在全国范围内当年度有效,不得结转以后年度。

第四节 会计法规制度

会计法规制度是指国家制定和颁布实施的各单位组织和从事会计工作时必须遵守的各种会计规范性文件的总称。它是以会计理论为基础,以国家的财经方针和政策为依据所确定的从事会计工作应遵循的各项原则和方法。制定和执行会计法规制度可以贯彻执行党和国家有关财经方针、政策,保证会计目标的达成。

我国的会计法规制度体系由会计法律、会计行政法规、会计规章和内部会计管理制度四部分构成。

一、会计法律

会计法律是调整我国经济生活中会计关系的法律总规范。我国的会计法律是《会计法》。《会计法》由全国人民代表大会常务委员会制定和颁布，是我国会计规范中最高层次的法律规范，是制定其他会计法规的依据，也是指导会计工作的最高准则。现行的《会计法》主要包括总则、会计核算、会计监督、会计机构和人员、法律责任和附则六个部分。《会计法》从内容上看可分为以下几个方面：

(1)明确了《会计法》的宗旨，确立了会计工作的管理体制。《会计法》明确了其宗旨是规范会计行为，保证会计资料真实、完整，加强经济管理和财务管理，提高经济效益，维护社会主义市场经济秩序；同时确立了会计工作的管理体制，即国务院财政部门管理全国的会计工作，县级以上地方各级人民政府的财政部门管理本行政区域内的会计工作。

(2)对会计核算做出特别规定。《会计法》从会计核算基本要求、会计核算内容、会计年度、记账本位币、会计凭证、会计账簿、账目核对、会计处理方法、财务会计报告等方面做出相应规定，并就公司、企业会计核算中会计要素的确认、计量、记录提出基本要求的同时，做出禁止性规定。公司、企业进行会计核算不得随意改变资产、负债、净资产(所有者权益)的确认标准或计量方法，虚列、多列、不列或少列资产、负债、净资产(所有者权益)；不得虚列或隐瞒收入，推迟或者提前确认收入；不得随意改变费用、成本的确认标准或者计量方法，虚列、多列、不列或少列费用、成本；不得随意调整利润的计算、分配方法，编造虚假利润或者隐瞒利润；不得违反国家统一的会计制度规定的其他行为。

(3)确定了“三位一体”的会计监督体系。《会计法》明确各单位应当建立健全本单位内部会计监督制度；按规定须经注册会计师审计的单位应当向受委托的会计师事务所如实提供会计凭证、会计账簿、财务会计报告和其他会计资料；财政部门对各单位会计事项和会计师事务所出具的审计报告的程序和内容实施监督。确立了“三位一体”的会计监督体系，即以单位负责人为责任主体的单位内部的会计监督、以注册会计师为主体的社会监督、以财政部门为主体的国家监督体系。

拓展阅读：《会计法》关于“三位一体”的会计监督

第二十五条　各单位应当建立、健全本单位内部会计监督制度，并将其纳入本单位内部控制制度。单位内部会计监督制度应当符合下列要求：(一)记账人员与经济业务事项和会计事项的审批人员、经办人员、财物保管人员的职责权限应当明确，并相互分离、相互制约；(二)重大对外投资、资产处置、资金调度和其他重要经济业务事项的决策和执行的相互监督、相互制约程序应当明确；(三)财产清查的范围、期限和组织程序应当明确；(四)对会计资料定期进行内部审计的办法和程序应当明确；(五)国务院财政部门规定的其他要求。

第二十九条　有关法律、行政法规规定，须经注册会计师进行审计的单位，应当向受委托的会计师事务所如实提供会计凭证、会计账簿、财务会计报告和其他会计资料以及有关情况。……

第三十条　财政部门对各单位的下列情况实施监督：(一)是否依法设置会计账簿；(二)会计凭证、会计账簿、财务会计报告和其他会计资料是否真实、完整；(三)会计核算是否符合本法和国家统一的会计制度的规定；(四)从事会计工作的人员是否具备专业能力、遵守职业道德。……

(4)确定了会计机构设置和会计人员配备方法。建立健全会计机构，配备数量和素质相当、具备从业资格的会计人员，是各单位做好会计工作、充分发挥会计职能作用的重要保证。《会计法》就会计机构设置和会计人员配备问题，从会计机构的设置、总会计师的设置、会计机构内部稽核制度和内部牵制制度、会计人员从业资格、会计机构负责人任职资格、会计人员业务培训与教育、会计人员工作交接七个方面做出规定。

(5)确立了相关人员的法律责任。为了保证《会计法》规范的有效实施，惩治会计违法行为，《会计法》就违反会计制度规定，伪造、变造会计账证，编制虚假财务会计报告，隐匿或者故意销毁依法应当保存的会计账证、财务报告等违法行为，规定了明确的法律责任。

二、会计行政法规

会计行政法规是调整经济生活中某些方面会计关系的法律规范，它是我国现行会计法规体系的重要组成部分，是由国务院制定颁布或者由国务院有关部门拟定并经国务院批准发布的规范性文件，其法律效力仅次于会计法律。会计行政规范主要包括《企业财务会计报告条例》和《总会计师条例》。

《企业财务会计报告条例》是对会计法中有关财务会计报告的规定的细化，它就企业财务会计报告的构成、编制、对外担保信息、法律责任做出规定；要求企业负责人对本企业财务报告的真实性和完整性负责；强调任何组织和个人不得授意、指使、强令企业编制和对外提供虚假或存在重大遗漏的财务会计报告；规定相关部门和机构必须依法制定编报企业财务会计报告。

总会计师是单位行政领导成员，协助单位主要行政领导工作，直接对单位行政领导负责。

《总会计师条例》就总会计师的设置、职权、任免和奖惩做出规定；确定总会计师的职权和地位，发挥总会计师在加强经济管理、提高经济效益中的作用。

根据《总会计师条例》的规定，总会计师必须是取得会计师任职资格后，主管一个单位或者单位内一个重要方面的财务会计工作时间不少于三年的会计人员。

总会计师的基本职责包括：编制和执行预算、财务收支计划、信贷计划，拟订资金筹措和使用方案、开辟财源，有效地使用资金；进行成本费用预测、计划、控制、核算、分析和考核，督促本单位有关部门降低消耗、节约费用、提高经济效益；建立健全经济核算制度，利用财务会计资料进行经济活动分析；承办单位主要行政领导人交办的其他工作。

三、会计规章

会计规章是主管全国会计工作的财政部就会计工作中某些方面的内容所制定的规范性文件。主要指会计准则,包括企业会计基本准则、具体准则及对应的应用指南。

(一)企业会计基本准则

为了适应我国企业和资本市场发展的实际需要,实现我国企业会计准则与国际财务报告准则的持续趋同,2014 年经财政部部务会议决定,对我国《企业会计准则——基本准则》(以下简称《基本准则》)做相应修改。《基本准则》的作用主要体现在两个方面:一是统驭具体准则的制定,是制定具体准则的基础,确保各具体准则的内在一致性;二是为会计实务中出现的、具体准则尚未规范的新问题提供会计处理依据。《基本准则》中具体规定了以下几个方面的内容:

(1)确立了财务报告目标。《基本准则》明确了我国财务报告目标是向财务报告使用者提供对决策有用的信息,并反映企业管理层受托责任的履行情况。

(2)规定了会计核算的基本前提、核算基础和会计信息质量要求。《基本准则》规定,会计核算应以会计主体、持续经营、会计分期和货币计量为前提;以权责发生制为核算基础,并针对会计信息质量特征提出客观性、相关性、明晰性、可比性、实质重于形式、重要性、谨慎性和及时性要求。

(3)明确划分出六大会计要素及其确认、计量原则。《基本准则》将会计要素划分为资产、负债、所有者权益、收入、费用和利润六项,同时对有关要素建立了相应的确认和计量的原则,规定了会计要素在确认时应满足的条件和计量时可选用的计量属性,包括历史成本、重置成本、可变现净值、现值和公允价值等。

(4)确定了我国的财务报告体系。财务报告包括财务报表和其他应当在财务报告中披露的相关信息和资料。其中,财务报表由报表本身及其附注两部分构成,附注是财务报表的有机组成部分,而报表至少应当包括资产负债表、利润表和现金流量表等报表。资产负债表是反映企业在某一特定日期的财务状况的会计报表,通过如实反映企业的资产、负债和所有者权益金额及其构成,反映企业财务状况;利润表是反映企业在一定会计期间内经营成果的会计报表,通过如实反映企业实现的收入、发生的费用以及应当计入当期利润的利得和损失等金额及其构成,反映企业的盈利能力及其质量;现金流量表是反映企业一定会计期间的现金和现金等价物流入和流出的会计报表,通过如实反映企业各项活动的现金流入、流出情况,反映企业的现金流和资金周转状况。

(二)企业会计具体准则

具体准则是依据《基本准则》制定的,财政部于 2014 年相继公布了为适应我国企业和资本市场发展的实际需要、与国际财务报告准则持续趋同而修订的五项具体准则和新增的三项具体准则,并于 2017 年又新增了一项具体准则。至此,具体准则增加至四十二项。具体准则对我国目前各行业中存在的各类经济业务的会计处理进行了具体规范,主要分为一般业务准则、特殊行业准则和报告准则三类。一般业务准则规范各类企业一般经济业务的确认和计量,包括存货,长期股权投资,会计政策、会计估计变更和会计差错更正,资产负债表日后事项等项目；特殊行业准则规范特殊业务的确认和计量，如石油天然气开采、生物资产、金融工具、原保险合同、再保险合同等；报告准则规范各类企业财务会计报告，如财务报表列报、现金流量表、关联方披露等。四十二项具体准则如表11—1所示。

表11—1 42项具体准则

序号	准则名称	序号	准则名称
第1号	存货	第22号	金融工具确认和计量
第2号	长期股权投资	第23号	金融资产转移
第3号	投资性房地产	第24号	套期会计
第4号	固定资产	第25号	原保险合同
第5号	生物资产	第26号	再保险合同
第6号	无形资产	第27号	石油天然气开采
第7号	非货币性资产	第28号	会计政策、会计估计变更和差错更正
第8号	资产减值	第29号	资产负债表日后事项
第9号	职工薪酬	第30号	财务报表列报
第10号	企业年金基金	第31号	现金流量表
第11号	股份支付	第32号	中期财务报告
第12号	债务重组	第33号	合并财务报表
第13号	或有事项	第34号	每股收益
第14号	收入	第35号	分部报告
第15号	建造合同	第36号	关联方披露
第16号	政府补助	第37号	金融工具列报
第17号	借款费用	第38号	首次执行企业会计准则
第18号	所得税	第39号*	公允价值计量
第19号	外币折算	第40号*	合营安排
第20号	企业合并	第41号*	在其他主体中权益的披露
第21号	租赁	第42号**	持有待售的非流动资产、处置组和终止经营

注：* 为2014年新增的具体准则；** 为2017年新增的具体准则。

（三）企业会计准则应用指南

企业会计准则应用指南是根据《基本准则》和具体准则制定的，用于指导具体准则的实务操作，主要是解决运用具体准则处理经济业务时涉及的会计科目、账户设置、财务报表及格式的设定。

四、内部会计管理制度

内部会计管理制度是指各单位根据国家会计法律、会计行政法规、会计规章的规定，结合单位类型和内部管理需要设计的内部会计管理制度。

内部会计管理制度的设计原则包括：执行法律、法规和国家统一的财务会计制度；体现本单位生产经营、业务管理的特点和要求;全面规范本单位的各项会计工作,夯实会计基础,保证会计工作有序进行;做到科学、合理,便于操作和执行;定期检查,不断完善。

各单位应围绕单位领导人、总会计师对会计工作的领导职责,会计部门及其会计机构负责人、会计主管人员的职责、权限,会计部门与其他职能部门的关系,会计核算的组织形式等,来设计内部会计管理制度。企业单位的内部会计管理制度一般包括会计人员岗位责任制度、账务处理程序制度、内部牵制制度、稽核制度、原始记录管理制度、定额管理制度、计量验收制度、财产清查制度、财务收支审批制度、成本核算制度以及财务会计分析制度。

第五节 会计档案管理

会计档案是对会计事项的历史记录,是会计参与预测和决策的有用信息,也是进行内部会计监督、外部审计和财政监管等的重要证据。为了规范会计档案管理,有效保护和利用会计档案,1984 年财政部、国家档案局联合印发了《会计档案管理办法》,并于 1998 年对该办法进行了第一次修订。为了适应会计档案在内容范围、承载形式、管理手段、利用方式等方面所发生的变化,提高会计档案现代化管理水平,2015 年财政部、国家档案局又修订并发布了新的《会计档案管理办法》(以下简称新《管理办法》),于 2016 年 1 月 1 日起施行。新《管理办法》共三十一条,主要就会计档案的定义和范围、电子会计档案的管理要求、会计档案的销毁程序、会计档案的定期保管期限等做出调整。该办法对推动互联网创新经济的发展,促进形成绿色、低碳的发展方式,推进国家治理能力现代化具有重要的意义。因此,各企业、机关、事业单位在组织会计工作时应高度重视会计档案的管理,要明确会计档案的范围,建立和健全会计档案的整理归档、保管和销毁制度,保证会计档案妥善保管、有序存放、方便查阅,避免毁损、散失和泄密。

一、会计档案及其内容

会计档案是指单位在进行会计核算等过程中接收或形成的,记录和反映单位经济业务事项的,具有保存价值的文字、图表等各种形式的会计资料,包括通过计算机等电子设备形成、传输和存储的电子会计档案。

会计档案包括以下内容:会计凭证,包括原始凭证和记账凭证;会计账簿,包括总账、明细账、日记账、固定资产卡片及其他辅助性账簿;财务会计报告,包括月度、季度、半年度、年度财务会计报告;其他会计资料,包括银行存款余额调节表、银行对账单、纳税申报表、会计档案移交清册、会计档案保管清册、会计档案销毁清册、会计档案鉴定意见书及其他具有保存价值的会计资料。

新《管理办法》还就电子会计档案管理进行了相应的规定。各单位可以利用计算机、网络通信等信息技术手段管理会计档案。

单位内部形成的属于归档范围的电子会计资料在满足一定条件时,可仅以电子形式保存,形成电子会计档案。仅以电子形式保存的电子会计档案须同时满足下列条件:(1)形成的电子会计资料来源真实有效，由计算机等电子设备形成和传输；(2)使用的会计核算系统能够准确、完整、有效地接收和读取电子会计资料，能够输出符合国家标准归档格式的会计凭证、会计账簿、财务会计报表等会计资料，设定了经办、审核、审批等必要的审签程序；(3)使用的电子档案管理系统能够有效接收、管理、利用电子会计档案，符合电子档案的长期保管要求，并建立了电子会计档案与相关联的其他纸质会计档案的检索关系；(4)采取有效措施，防止电子会计档案被篡改；(5)建立电子会计档案备份制度，能够有效防范自然灾害、意外事故和人为破坏的影响；(6)形成的电子会计资料不属于具有永久保存价值或者其他重要保存价值的会计档案。

单位从外部接收的电子会计资料附有符合《中华人民共和国电子签名法》规定的电子签名的，如满足上述条件，也可仅以电子形式归档保存，形成电子会计档案。

二、会计档案的整理及归档

(一)会计档案的整理

会计凭证、会计账簿等日常核算资料以及定期编制的财务会计报告，各单位应针对其特点和管理需要及时加以整理，以便存档保管。具体整理方法如下：

对于记账凭证，应当连同所附的原始凭证或者原始凭证汇总表，按照编号顺序折叠整齐，按期装订成册，并加具封面，注明单位名称、年度、月份和起讫日期、凭证种类、起讫号码，并由装订人在装订线封签外签名或者盖章。对于数量过多的原始凭证，可以单独装订保管，在封面上注明记账凭证日期、编号、种类，同时在记账凭证上注明“附件另订”及原始凭证名称和编号。

年度终了，应将更换下来的各种活页账簿、卡片账簿、备查账簿以及账簿使用登记表装订成册，加上封面，统一编号，由相关人员签章后，与订本账一起保管。至于财务会计报告、会计报表，也应于年终按照时间先后顺序整理，装订成册，加上封面，归档保管。

(二)会计档案的归档

各单位每年形成的会计档案，应当由单位会计机构按照归档要求负责整理立卷、装订成册，编制会计档案保管清册。

当年形成的会计档案，在年度终了后，可暂由会计机构保管一年。因工作需要需推迟移交的，应经单位档案管理机构同意；会计机构保管会计档案最长不超过三年。期满之后，应当由会计机构编制移交清册，移交本单位档案部门统一保管；未设立档案机构的，应当在会计机构内部指定专人保管。出纳人员不得兼管会计档案。移交本单位档案保管部门的会计档案，原则上应当保持原卷册的封装。

电子会计档案移交时应当将电子会计档案及其元数据一并移交，且文件格式应当符合国家档案管理的有关规定。特殊格式的电子会计档案应当与其读取平台一并移交。单位档案管理机构接收电子会计档案时，应当对电子会计档案的准确性、完整性、可用性、安全性进行检测，符合要求的才能予以接收。

各单位应当严格按照相关制度利用会计档案，在进行会计档案查阅、复制、借出时履行登记手续，严禁篡改和损坏。保存的会计档案一般不得对外借出。确因工作需要且根据国家有关规定必须借出的，应当严格按照规定办理相关手续。会计档案借用单位应当妥善保管和利用借入的会计档案，确保借入会计档案的安全完整，并在规定时间内归还。

三、会计档案的保管

各单位保管的会计档案不得借出，如有特殊需要，经本单位负责人批准，可以提供查阅或者复制，并办理登记手续。查阅或者复制会计档案的人员严禁在会计档案上涂画、拆封和抽换。

各单位应当建立健全会计档案查阅、复制登记制度，并根据会计档案的特点，分永久和定期两类妥善保管。永久是指会计档案须永久保存，定期是指会计档案应按规定保存到法定时间。定期保管期限一般分为十年和三十年两种。会计档案的保管期限从会计年度终了后的第一天开始算起。我国企业和其他组织会计档案的保管期限如表 11－2 所示；财政总预算、行政单位、事业单位和税收会计保管期限如表 11－3 所示。

表 11－2　　企业和其他组织会计档案保管期限表

序　号	档案名称	保管期限	备　注
一	会计凭证		
1	原始凭证	30 年	
2	记账凭证	30 年	
二	会计账簿		
3	总账	30 年	
4	明细账	30 年	
5	日记账	30 年	
6	固定资产卡片		固定资产报废清理后保管 5 年
7	其他辅助性账簿	30 年	
三	财务会计报告		
8	月度、季度、半年度财务会计报告	10 年	
9	年度财务会计报告	永久	
四	其他会计资料		
10	银行存款余额调节表	10 年	
11	银行对账单	10 年	
12	纳税申报表	10 年	
13	会计档案移交清册	30 年	
14	会计档案保管清册	永久	
15	会计档案销毁清册	永久	
16	会计档案鉴定意见书	永久	

表 11—3 财政总预算、行政单位、事业单位和税收会计档案保管期限表

序号	档案名称	保管期限			备注
		财政总预算	行政单位事业单位	税收会计	
一	会计凭证				
1	国家金库编送的各种报表及缴库退库凭证	10年		10年	
2	各收入机关编送的报表	10年			
3	行政单位和事业单位的各种会计凭证		30年		包括:原始凭证、记账凭证和传票汇总表
4	财政总预算拨款凭证和其他会计凭证	30年			包括:拨款凭证和其他会计凭证
二	会计账簿				
5	日记账		30年	30年	
6	总账	30年	30年	30年	
7	税收日记账(总账)			30年	
8	明细分类、分户账或登记簿	30年	30年	30年	
9	行政单位和事业单位固定资产卡片				固定资产报废清理后保管5年
三	财务会计报告				
10	政府综合财务报告	永久			下级财政、本级部门和单位报送的保管2年
11	部门财务报告		永久		所属单位报送的保管2年
12	财政总决算	永久			下级财政、本级部门和单位报送的保管2年
13	部门决算		永久		所属单位报送的保管2年
14	税收年报(决算)			永久	
15	国家金库年报(决算)	10年			
16	基本建设拨、贷款年报(决算)	10年			
17	行政单位和事业单位会计月、季度报表		10年		所属单位报送的保管2年
18	税收会计报表			10年	所属税务机关报送的保管2年
四	其他会计资料				
19	银行存款余额调节表	10年	10年		
20	银行对账单	10年	10年	10年	
21	会计档案移交清册	30年	30年	30年	
22	会计档案保管清册	永久	永久	永久	

续表

序号	档案名称	保管期限			备 注
		财政总预算	行政单位事业单位	税收会计	
23	会计档案销毁清册	永久	永久	永久	
24	会计档案鉴定意见书	永久	永久	永久	

注：税务机关的税务经费会计档案保管期限，按行政单位会计档案保管期限规定办理。

四、会计档案的鉴定与销毁

会计档案保管期满后，除了保管期满但未结清的债权债务原始凭证和涉及其他未了事项的原始凭证不得销毁以外，其他会计档案需要鉴定与销毁的，可以按照以下程序进行：

(1)鉴定销毁环节。鉴定销毁工作是档案销毁的前提和基础。各单位档案机构和会计机构应当定期对已到保管期限的会计档案进行鉴定，并形成会计档案鉴定意见书。经鉴定，仍需继续保存的会计档案，应当重新划定保管期限；对保管期满，确无保存价值的会计档案，可以进入销毁环节。

(2)编制销毁清册。会计档案销毁清册是销毁会计档案的记录，一般包括会计档案的名称、卷号、册数、起止年度、档案编号、应保管年限、已保管年限、销毁日期和有关人员的签章等。签章通常包括单位负责人、档案管理机构负责人、会计机构负责人、经办人等。

(3)监销。监销是保证销毁工作按照规定程序和要求进行的一项制度安排。会计档案销毁属于单位的内部管理事务，各单位档案管理机构负责组织会计档案销毁工作，并与会计管理机构共同派员监销。监销人在会计档案销毁前，应当按照会计档案销毁清册所列内容进行清点核对；在会计档案销毁后，应当首先在会计档案销毁清册上签名或盖章。

对于不能销毁的已到期原始凭证，应当单独抽出立卷，保管到未了事项完结时为止。同时，对单独抽出立卷的会计档案，应当在会计档案销毁清册和会计档案保管清册中列明。

正在项目建设期间的建设单位，其保管期满的会计档案不得销毁。

本章小结

正确组织会计工作对提高会计工作质量和效率、强化会计人员的责任意识、确保会计工作与其他经济管理工作协调一致具有重要意义；各单位组织会计工作必须考虑国家对会计工作的统一要求，适应本单位经营管理的特点，符合精简节约原则。会计机构设置必须在明确会计工作管理体制的前提下，依据会计法规制度，在充分考虑会计工作组织形式、岗位责任制度和内部监督的基础上设置。会计人员的配备需要在明确会计人员职责权限的基础上，充分考虑其专业技术职务并使之恪守职业道德，增强法律责任意识。会计法规制度是从事会计工作应遵守的原则和方法，其层次性、强制性在组织会计工作中发挥着重要作用。会计档案管理是会计工作的重要组成部分，明确其内容及归档和保管范围并正确管理是会计人员的责任。

通过本章学习，学生应增强法律责任意识，强化恪守职业道德的信念，熟悉会计工作环境要素，熟悉组织会计工作原则和方法，了解正确组织会计工作对达成会计目标的重要意义。

复习思考题

1. 试述我国会计人员管理体制及会计机构设置原则。
2. 会计工作的组织形式有哪些？
3. 内部会计监督的依据有哪些？
4. 会计人员的职责和权限分别有哪些？
5. 会计人员专业技术职务有哪些？任职条件分别是什么？
6. 总会计师的基本职责和权限有哪些？
7. 简述我国现行会计法规制度体系的内容。
8. 简述我国新会计准则的层次和内容构成。
9. 简述我国会计档案的内容。
10. 如何理解“职业道德——最基本的会计原理”？

主要参考文献

1. 全国人民代表大会常务委员会：《中华人民共和国会计法》，2024 年修正。
2. 中华人民共和国财政部：《企业会计准则 2019 年版》，立信会计出版社 2024 年版。
3. 人力资源社会保障部、财政部：《关于深化会计人员职称制度改革的指导意见》（人社部发〔2019〕8 号）。
4. 朱小平、周华、秦玉熙：《初级会计学》（第九版），中国人民大学出版社 2019 年版。
5. 陈少华：《会计学原理》（第五版），厦门大学出版社 2017 年版。
6. 中华人民共和国财政部：《会计基础工作规范》，2019 年修改。
7. 财政部、人力资源社会保障部：《会计专业技术人员继续教育规定》，2018 年制定。
8. 陈国辉、迟旭升：《基础会计》（第 7 版），东北财经大学出版社 2021 年版。
9. 李瑞生：《基础会计学》，中国财政经济出版社 2012 年版。
10. 中华人民共和国财政部、国家档案局：《会计档案管理办法》，2015 年修订。
11. 新会计法系列解读之六——加大法律责任追究力度 为防范遏制会计违法行为提供有力法治保障，http://kjs.mof.gov.cn/zhengcejiedu/202408/t20240823_3942337.htm。

国家级特色专业
国家一流本科专业建设
会计学教学用书

基础会计学习题集

主　编 ◎ 吴国萍
副主编 ◎ 胡静波　苗　淼　阮　磊

Basic Accounting Exercises

上海财经大学出版社
SHANGHAI UNIVERSITY OF FINANCE & ECONOMICS PRESS

前 言

Foreword

本习题集是国家级特色专业、国家一流本科专业建设·会计学教学用书《基础会计学》的配套用书。“基础会计学”是会计学专业的入门课，也是经济管理其他各专业的必修课。该课程的主要内容是会计的基本理论、基本方法和基本技能。为了使学生深刻理解会计的基本理论，熟练掌握设置账户、复式记账、填制和审核凭证、登记账簿、成本计算、财产清查和编制会计报表的基本方法和基本技能，从而为学习后续课程奠定基础，本习题集根据《基础会计学》教材体系，按章编写了单项选择题、多项选择题、判断题、计算题和业务处理题等类型题目。为方便查阅，习题集各章答案生成的二维码附于习题集各章习题之首，可自行扫码下载。为了便于学生进行综合训练，书中还列示了模拟试卷。

本习题集由东北师范大学经济与管理学院吴国萍担任主编，胡静波、苗森和阮磊担任副主编。具体分工如下：第一、第五、第六、第十章，吴国萍；第二、第七章，阮磊；第三、第四章，苗森；第八、第九章和模拟试卷，胡静波；第十一章，魏延鹏；整合与校对：东北师范大学经济与管理学院博士研究生闫禹彤。

由于编者水平所限，书中不妥之处在所难免，恳请读者批评指正。

编者

2024 年 12 月

目 录

Contents

第一章

总　论

本章习题答案

一、单项选择题（在每小题给定的四个备选答案中选出一个正确答案，并将其序号填入题干后的括号内）

1. 会计的基本职能是（　　）。

A. 反映与监督　　B. 反映与分析

C. 控制与监督　　D. 反映与核算

2. 会计的一般对象可概括为（　　）。

A. 生产领域的资金运动　　B. 企业的各项经济活动

C. 社会再生产过程中的资金运动　　D. 预算资金运动

3. 会计核算的基本前提也称（　　）。

A. 会计制度　　B. 会计假设

C. 会计准则　　D. 会计要素

4. 为会计核算划定了空间范围的会计假设是（　　）。

A. 持续经营假设　　B. 会计主体假设

C. 会计分期假设　　D. 货币计量假设

5. 能将会计核算对象区分为本期与非本期的会计假设是（　　）。

A. 会计主体假设　　B. 持续经营假设

C. 会计分期假设　　D. 货币计量假设

6. 在反映企业的交易或事项时，不应高估资产或收益、低估负债或费用，遵循的是（　　）。

A. 谨慎性　　B. 权责发生制

C. 重要性　　D. 实质重于形式

7. 下列计量标准中，具有综合性的是（　　）。

A. 劳动量度　　B. 货币量度

C. 实物量度　　D. 其他量度

8. 下列各项中，符合会计核算客观性要求的是（　　）。

A. 会计核算应由专人负责　　B. 及时进行会计核算

C. 合理进行会计核算　　D. 以交易或事项为依据进行核算

9. 企业期末对应收账款计提坏账准备体现的会计信息质量要求是(　　)。

A. 实质性　　B. 及时性

C. 重要性　　D. 谨慎性

10. 企业按季支付、按月计提短期借款利息,是为了体现(　　)。

A. 权责发生制　　B. 相关性

C. 重要性　　D. 可比性

11. 对会计对象反映的内容要无遗漏地反映在会计资料里,体现了会计反映职能的(　　)。

A. 重要性　　B. 完整性

C. 连续性　　D. 系统性

12. 以下不属于会计信息质量要求的是(　　)。

A. 谨慎性　　B. 权责发生制

C. 重要性　　D. 实质重于形式

13. 会计工作的最基本内容是(　　)。

A. 会计核算　　B. 会计预测

C. 会计决策　　D. 会计控制

14. 下列不属于会计核算基本方法的是(　　)。

A. 设置账户　　B. 填制和审核凭证

C. 报表分析　　D. 财产清查

15. 下列计量属性中,企业通常会采用来对会计要素进行计量的是(　　)。

A. 现值　　B. 历史成本

C. 公允价值　　D. 可变现净值

二、多项选择题(在每小题给定的五个备选答案中,至少有两个是正确的,请将正确答案的序号填入题干后的括号内)

1. 会计从数量方面反映经济活动,可以采用三种量度,即(　　)。

A. 货币量度　　B. 时间量度

C. 实物量度　　D. 劳动量度

E. 空间量度

2. 会计反映职能的一般特性是(　　)。

A. 完整性　　B. 系统性

C. 连续性　　D. 及时性

E. 强制性

3. 会计的作用可概括为(　　)。

A. 增强投资者、债权人投资决策的有效性

B. 提高政府部门的宏观经济管理水平

C. 加强内部管理

D. 提高经济效益
E. 为决策提供科学方法

4. 在工业企业中，经营资金的主要变化方式有（ ）。
A. 货币资金转化为储备资金
B. 储备资金转化为成品资金
C. 生产资金转化为成品资金
D. 成品资金转化为货币资金
E. 储备资金转化为生产资金

5. 会计核算的基本前提有（ ）。
A. 会计主体
B. 持续经营
C. 会计分期
D. 货币计量
E. 权责发生制

6. 下列表述中，正确的有（ ）。
A. 法人可以作为会计主体
B. 会计主体可以是独立法人，也可以是非独立法人
C. 会计主体可以是单一企业，也可以是企业集团
D. 会计主体就是企业内部的某一部门
E. 会计主体可以是不进行独立核算的企业

7. 下列原则中，属于会计信息质量要求的有（ ）。
A. 客观性
B. 相关性
C. 重要性
D. 谨慎性
E. 实质重于形式

8. 关于可比性要求，下列说法中正确的有（ ）。
A. 企业提供的会计信息应与信息使用者的决策需要相关
B. 企业提供的会计信息应当清晰明了
C. 不同企业相同或相似的交易或者事项，应当采用一致的会计政策
D. 同一企业不同时期的交易或者事项，应当采用一致的会计政策
E. 企业应及时对发生的交易或事项进行反映

9. 下列做法中，体现谨慎性要求的有（ ）。
A. 固定资产折旧采用加速折旧法
B. 应收账款计提坏账准备
C. 对存货发出采用加权平均法核算
D. 发出材料采取先进先出法核算
E. 对存货采取计划成本法核算

10. 根据应收应付制，应计入本期收入或费用的业务有（ ）。
A. 预收货款 20 000 元
B. 销售产品，价款 100 000 元，款未收到
C. 销售产品，价款 3 000 元，款已于上月预收
D. 预付下年报刊订阅费 600 元

E. 支付以前曾预提的短期借款利息 800 元

11. 在会计核算中，确认收入与费用收支期和归属期的方法有(　　)。

A. 收付实现制　　B. 权责发生制

C. 永续盘存制　　D. 实地盘存制

E. 实质重于形式

12. 会计计量属性包括(　　)。

A. 历史成本　　B. 重置成本

C. 可变现净值　　D. 现值

E. 公允价值

13. 按照收付实现制，下列收入中应计入本期的有(　　)。

A. 预收销货款　　B. 收到前欠销货款

C. 现销收入　　D. 赊销商品，下期收款

E. 前期收到的本期货款

14. 下列方法中，属于会计核算方法的有(　　)。

A. 设置账户　　B. 复式记账

C. 填制和审核凭证　　D. 成本计算

E. 会计报表分析

15. 会计核算方法体系的核心是(　　)。

A. 设置账户　　B. 财产清查

C. 登记账簿　　D. 编制会计报表

E. 复式记账

三、判断题(判断下列说法是否正确，如果正确，在题后的括号内画"√"；如果错误，在括号内画"×")

1. 马克思所说的"过程控制"，一般理解为核算；而"观念总结"，一般理解为监督。(　　)
2. 会计是对再生产过程中的经济活动进行反映与监督的一种管理活动。(　　)
3. 会计反映是会计监督的基础，会计监督是会计反映的保障。(　　)
4. 会计的一般对象可概括为再生产过程中的资金运动。(　　)
5. 法律主体一定是会计主体，会计主体也一定是法律主体。(　　)
6. 会计计量单位只有一种，即货币计量。(　　)
7.《企业会计准则》规定，会计核算必须以人民币为记账本位币。(　　)
8. 可比性只要求不同企业同一时期的会计信息口径一致、相互可比。(　　)
9. 企业应当按照交易或事项的经济实质进行会计确认、计量和报告。(　　)
10. 谨慎性原则要求尽可能选择不高估资产或收益、低估负债或费用的处理方法。(　　)
11. 权责发生制是以"现收现付"为标准来确认本期收入和费用的方法。(　　)

12. 对影响企业经营决策的重要经济业务分别核算体现了重要性要求。 ( )
13. 当物价大幅变动时，企业仍按历史成本对资产的账面价值进行计量。 ( )
14. 会计分析方法和会计检查方法是会计的最基本方法。 ( )
15. 企业必须采用借贷记账法进行记账。 ( )

四、计算题

1. 分别按权责发生制和收付实现制确定本月的费用，并计算各自的费用总额，它们是否相等？为什么？

(1)本月支付并应负担的费用 3 500 元。

(2)本月负担以前月份已预付的费用 800 元。

(3)预付应由下月负担的费用 150 元。

(4)应由本月负担但须下月支付的费用 200 元。

(5)支付上月已负担的费用 550 元。

2.【资料】 某厂 20××年第一季度发生下列有关业务：

(1)1—3 月份各销售产品 10 000 元，3 月末一次收到 30 000 元货款，存入银行。

(2)按照配比原则，每 10 000 元产品的销售成本为 8 000 元，在销售收入实现时结转。

(3)第一季度的短期借款利息为 3 000 元，3 月下旬以银行存款支付。

(4)3 月份以银行存款支付第二季度厂部管理部门的房屋租金 2 100 元。

【要求】

分别按权责发生制与收付实现制确定本期收入和费用(含成本)，并对比收支，计算盈亏(直接在表 1—1 中填列)。

表 1—1

项 目	权责发生制				收付实现制			
	1 月份	2 月份	3 月份	合 计	1 月份	2 月份	3 月份	合 计
收入								
费用								
利润								

3. 根据下列经济业务内容分别按权责发生制和收付实现制计算企业本月(7 月份)的收入和费用(直接在表 1—2 中填列)。资料如下：

(1)本月从甲公司预收其准备购货的价款 90 000 元，约定 3 个月后交货。

(2)本月销售 A 产品一批，价款 50 000 元，与购买方约定下月收款。

(3)摊销应由本月负担的企业开办费 25 000 元。

(4)本月企业使用短期借款应计利息 1 000 元，与银行约定 3 个月后支付。

(5)本月收回长江公司上月拖欠的购货款 40 000 元，已存入银行。

(6)本月销售 A 产品一批，价款 35 000 元，已收，并存入银行。

(7)用银行存款支付本月广告费用 15 000 元。

(8)本月向原已预付货款的乙公司提供一批 A 产品，价款 60 000 元。

表 1—2 计量单位：元

业务号	权责发生制		收付实现制	
	收 入	费 用	收 入	费 用
(1)				
(2)				
(3)				
(4)				
(5)				
(6)				
(7)				
(8)				
合 计				

第二章

会计科目与账户

本章习题答案

一、单项选择题(在每小题给定的四个备选答案中选出一个正确答案,并将其序号填入题干后的括号内)

1. 有关会计科目和账户,下列说法中错误的是(　　)。

A. 账户是根据会计科目开设的,会计科目是账户的名称

B. 会计科目是对会计要素具体内容进行分类核算的项目

C. 会计科目是经济业务发生前设置的,账户是经济业务发生后开设的

D. 会计科目和账户均有一定的结构,可以记录经济业务

2. 下列引起资产和负债同时减少的经济业务是(　　)。

A. 将库存现金存入银行　　B. 赊购材料一批,货款未付

C. 用银行存款偿还短期借款　　D. 将资本公积转增为资本

3. 下列项目中属于流动资产的是(　　)。

A. 预付账款　　B. 预收账款

C. 应付账款　　D. 长期待摊费用

4. 会计基本等式是(　　)。

A. 收入－费用＝利润　　B. 资产＝所有者权益

C. 资产－负债＝所有者权益　　D. 资产＝负债

5. 企业将资本公积转增为资本将引起的变化是(　　)。

A. 资产和权益有关项目同时增加　　B. 资产和权益有关项目同时减少

C. 资产内部项目一增一减　　D. 权益项目一增一减

6. 企业所拥有的资产从财产权利归属来看,一部分属于投资者,另一部分属于(　　)。

A. 债权人　　B. 企业职工

C. 债务人　　D. 企业法人

7. 一个企业的资产总额与权益总额(　　)。

A. 必然相等　　B. 有时相等

C. 不会相等　　D. 只有在期末时相等

8. 企业用银行存款交纳税金对会计基本等式的影响是(　　)。

A. 会破坏会计等式所体现的平衡关系

B. 使双方总额等量增加，平衡不被破坏

C. 使双方总额等量减少，平衡不被破坏

D. 不但不破坏平衡关系，而且双方总额也不发生变化

9. 某企业 9 月末资产总额为 90 万元，10 月份收回应收账款 20 万元存入银行，以银行存款归还银行借款 10 万元。10 月末该企业的资产总额为（　　）。

A. 80 万元　　B. 100 万元

C. 120 万元　　D. 60 万元

10. 一项资产增加、一项负债增加的经济业务发生后，会使资产与权益原来的总额（　　）。

A. 发生等额同增的变动　　B. 发生等额同减的变动

C. 不发生变动　　D. 发生不等额的变动

11. 企业费用的发生可能表现为（　　）。

A. 资产增加　　B. 资产减少

C. 负债减少　　D. 所有者权益增加

12. 本期期末余额转入下期，就是下期的（　　）。

A. 期初余额　　B. 本期增加额

C. 本期减少额　　D. 期末余额

13. 下列经济业务中，会引起资产和所有者权益同时增加的是（　　）。

A. 从银行提取现金　　B. 购入材料，货款未付

C. 收到外商投入资本金　　D. 用银行存款购入固定资产

14. 某企业资产总额为 95 万元，发生下列三笔经济业务：(1)向银行借款 15 万元，存入银行；(2)用银行存款偿还应付账款 6 万元；(3)收回应收账款 3 万元，存入银行。则其权益总计为（　　）万元。

A. 107　　B. 104

C. 117　　D. 112

15. 下列引起资产和负债同时增加的经济业务是（　　）。

A. 用银行存款购买电视机一台　　B. 以现金支付前欠货款

C. 收回应收账款，存入银行　　D. 购买材料一批，货款尚未支付

16. 债权人和投资人对企业资产都拥有要求权，这种要求权统称为（　　）。

A. 股权　　B. 债权

C. 权益　　D. 所有者权益

17. 下列会计科目中属于成本类科目的是（　　）。

A. 财务费用　　B. 管理费用

C. 销售费用　　D. 制造费用

18. 用银行存款偿还应付账款，会引起（　　）。

A. 负债总额不变　　B. 费用增加

C. 资产总额不变　　D. 所有者权益总额不变

19. 下列项目中不属于非流动资产的是(　　)。

A. 固定资产　　B. 长期待摊费用

C. 无形资产　　D. 存货

20. 账户中各项金额的关系可用(　　)表示。

A. 本期期末余额＝期初余额＋本期增加额－本期减少额

B. 本期期末余额＋本期增加额＝期初余额＋本期减少额

C. 本期期末余额＝期初余额＋本期增加额

D. 本期期末余额＝期初余额－本期减少额

二、多项选择题(在每小题给定的五个备选答案中，至少有两个是正确的，请将正确答案的序号填入题干后的括号内)

1. 任何账户都分为左右两方，究竟哪方记增加、哪方记减少，取决于(　　)。

A. 账户的名称　　B. 记账方法

C. 账户性质　　D. 账户的结构

E. 以上都是

2. 下列会计平衡公式中正确的有(　　)。

A. 资产＝负债＋所有者权益　　B. 资产＝权益

C. 资产＝所有者权益　　D. 资产＝负债＋所有者权益＋利润

E. 资产＝负债＋所有者权益＋(收入－费用)

3. 下列经济业务中，同时涉及“资产＝负债＋所有者权益”会计恒等式两边的经济业务有(　　)。

A. 从银行提取现金　　B. 用银行存款支付欠款

C. 收回外单位欠款　　D. 购入材料，货款未付

E. 收到投资者投入资本

4. 费用的增加，会使(　　)。

A. 资产减少　　B. 负债增加

C. 收入增加　　D. 所有者权益增加

E. 所有者权益减少

5. 下列经济业务发生，会使资产项目之间此增彼减的有(　　)。

A. 把现金存入银行　　B. 购进材料尚未付款

C. 从银行提取现金　　D. 用盈余公积转增资本

E. 以银行存款支付应付工资

6. 所有者权益与负债有着本质上的不同，即(　　)。

A. 两者性质不同　　B. 两者偿还期不同

C. 两者享受的权利不同　　D. 两者风险程度不同

E. 两者对企业资产要求权的先后顺序不同

7. 企业的收入具体表现为一定期间(　　)。

A. 现金的流入　　B. 企业其他资产的增多
C. 企业负债的减少　　D. 存款的流入
E. 企业负债的增加

8. 下列说法中，正确的有(　　)。
A. 本期的期末余额即为下期的期初余额
B. 如果账户在左方记录增加额，则在右方记录减少额
C. 账户的余额一般与记录增加额在同一方向
D. 会计科目仅仅是对会计要素进行具体分类的项目名称
E. 每个账户都有一个科学而简括的名称，用于说明账户所记录的经济业务

9. 以会计恒等式作为理论依据的会计核算方法有(　　)。
A. 设置会计科目与账户　　B. 复式记账
C. 登记账簿　　D. 编制资产负债表
E. 填制和审核会计凭证

10. 下列项目中属于长期负债的有(　　)。
A. 长期借款　　B. 应付票据
C. 应付债券　　D. 长期应付款
E. 应付股利

11. 企业留存收益包括(　　)。
A. 资本公积　　B. 盈余公积
C. 本年利润　　D. 未分配利润
E. 实收资本

12. 在会计工作中，账户的格式设计一般包括(　　)。
A. 账户的名称　　B. 日期
C. 摘要　　D. 凭证字号
E. 增加和减少的金额及余额

13. 关于会计账户，下列说法中正确的有(　　)。
A. 是对会计要素进行分类核算的工具
B. 要根据规定的会计科目在账簿中开设的
C. 以会计科目作为它的名称
D. 它的设置与会计科目的级次有关
E. 与会计科目既有区别，又有联系

14. 利润是企业一定期间的经营成果，包括(　　)。
A. 营业利润　　B. 利润总额
C. 净利润　　D. 所得税费用
E. 产成品

15. 设置会计科目时应遵循的原则是(　　)。
A. 满足经济管理需要　　B. 统一性和灵活性相结合

C. 相对稳定性　　　　D. 与账户保持一致

E. 符合会计对象特征

16. 期间费用包括（　　）。

A. 制造费用　　　　B. 管理费用

C. 销售费用　　　　D. 所得税费用

E. 财务费用

三、判断题（判断下列说法是否正确，如果正确，在题后的括号内画“√”；如果错误，在括号内画“×”）

1. 收入的增加可以视同所有者权益的增加，费用的增加可以视同所有者权益的减少，因此，收入类账户和费用类账户的结构与所有者权益类账户保持一致。（　　）

2. 企业的任何经济业务，会计等式“资产＝负债＋所有者权益”的左、右两方金额永远不变，故等式永远平衡。（　　）

3. 经济业务发生导致一种资产项目减少，另一种负债及所有者权益项目等额减少，表明在资产负债表中双方合计金额等额增加。（　　）

4. 为满足会计核算质量的要求，会计科目的设置可由企业自主设置，越多越好。（　　）

5. 会计基本等式反映企业资金运动的静态，如果考虑收入、费用等动态要素，则资产与权益总额的平衡关系必然被破坏。（　　）

6. 企业在生产经营过程中，只有让资产总额大于权益总额，才能获得利润。（　　）

7. 费用往往表现为货币资金流出，但并非所有货币资金的流出都是费用。（　　）

8. 某一财产物资要成为企业的资产，其所有权必须属于企业。如果企业未拥有所有权，那么这一财产不能作为企业的资产。（　　）

9. 所有账户都是依据会计科目开设的。（　　）

10. 所有账户都分为左、右两方，左边是增加方，右方是减少方。（　　）

四、计算题

1. 假设某企业资金总额 200 万元，本期发生下列经济业务：

(1)收到投资者投入全新固定资产一台 20 万元，银行存款 15 万元；

(2)收回应收账款 2 万元，存入银行；

(3)用银行存款归还短期借款 10 万元；

(4)用银行借入 5 万元，直接偿还购货款；

(5)假定联营单位抽回投资 12 万元，以银行存款支付。

【要求】 计算经济业务发生后的资金总额。

2.【资料】 某企业月末各项目金额如下：

(1)银行里的存款 160 000 元。

(2)投资者投入资本 7 000 000 元。

(3)向银行借入 2 年期的借款 900 000 元。

(4)库存的现金 1 000 元。
(5)向银行借入半年期的借款 700 000 元。
(6)仓库里存放的原材料 601 500 元。
(7)应付外单位货款 240 000 元。
(8)机器设备价值 2 000 000 元。
(9)房屋及建筑物价值 380 000 元。
(10)仓库里存放的商品 187 000 元。
(11)应收外单位货款 200 000 元。
(12)以前年度尚未分配的利润 760 000 元。
(13)正在加工中的产品 70 500 元。
(14)对外长期股权投资 6 000 000 元。

【要求】

1. 判断上列资料中各项目的类别(资产、负债、所有者权益),并将各项目金额填入表 2—1。

2. 计算表内资产总额、负债总额、所有者权益总额,并检验是否符合会计基本等式。

表 2—1 单位:元

业　务	项　目	金　额		
		资　产	负　债	所有者权益
合　计				

3.【资料】 吉春公司 20××年 12 月 31 日的资产负债表部分项目金额如表 2—2 所示。

表 2—2 吉春公司资产负债表

20××年 12 月 31 日 单位:万元

资　产	年初数	年末数	负债及所有者权益	年初数	年末数
货币资金	225	335	应付账款	70	D
应收账款	A	410	应交税费	30	20
存　货	205	B	长期负债	300	200
固定资产	650	630	实收资本	1 000	1 000
			未分配利润	E	195
总　计	1 500	C	总　计	F	1 675

【要求】 计算表 2—2 中 A～F 的数字。

第三章

复式记账

本章习题答案

一、单项选择题（在每小题给定的四个备选答案中选出一个正确答案，并将其序号填入题干后的括号内）

1. 对于所发生的每项经济业务，需要在两个或两个以上账户中进行登记的记账方法是（　　）。

A. 单式记账法　　B. 借贷记账法

C. 增减记账法　　D. 复式记账法

2. 下列不属于单式记账法基本特征的是（　　）。

A. 需要设置完整的账户体系

B. 不需要对所有的经济业务进行反映和记录

C. 账户之间的记录没有直接联系

D. 账户之间的记录无法进行相互核对

3. 复式记账法的基本原则是（　　）。

A. 每笔业务登记在一个账户中

B. 每笔业务登记在两个或两个以上的账户中

C. 只登记经济事项的借方

D. 只登记经济事项的贷方

4. 复式记账法的最大特点是（　　）。

A. 每笔经济业务在两个或两个以上的账户中登记相等的金额

B. 每笔经济业务只在一个账户中登记

C. 只登记收款业务

D. 只登记付款业务

5. 复式记账法中，每一项经济业务都会涉及两个方面的变化，通常是（　　）。

A. 收入和支出　　B. 借方和贷方

C. 资产和负债　　D. 所有者权益和成本

6. 发生额试算平衡的理论依据是（　　）。

A. 会计恒等式　　B. 借贷记账法的记账规则

C. 账户对应关系　　D. 经济业务的类型

7. 复式记账法最主要的作用是(　　)。

A. 防止错误　　B. 核对账目

C. 提供多重信息　　D. 同时反映经济业务的两方面

8. 资产类账户的本期增加额和期末余额登记在账户的(　　)。

A. 借方　　B. 贷方

C. 借方和贷方　　D. 贷方和借方

9. (　　)是我国法定记账方法,适用于企业、政府及非营利性组织。

A. 单式记账法　　B. 借贷记账法

C. 增减记账法　　D. 收付记账法

10. 复式记账的理论依据是(　　)。

A. 资产和权益的平衡关系　　B. 借贷记账法的记账规则

C. 经济业务的类型　　D. 账户对应关系

11. 某企业月初的资产总额为 400 万元,所有者权益总额为 350 万元;本月向银行借款 50 万元,用于购买大型设备。假定未发生其他业务,月末企业的负债总额为(　　)万元。

A. 400　　B. 250

C. 300　　D. 100

12. “应付账款”账户的期末余额等于(　　)。

A. 期初余额－本期借方发生额＋本期贷方发生额

B. 期初余额＋本期借方发生额－本期贷方发生额

C. 期初余额－本期借方发生额－本期贷方发生额

D. 期初余额＋本期借方发生额＋本期贷方发生额

13. 借记“存货”账户,贷记“银行存款”账户的业务属于(　　)。

A. 资产内部的变化　　B. 负债内部的变化

C. 权益内部的变化　　D. 所有者权益内部的变化

14. 企业收到货款,借记“银行存款”账户,贷记“应收账款”账户,反映了(　　)。

A. 资产的增加与负债的增加

B. 资产的增加与资产的减少

C. 资产的减少与负债的增加

D. 负债的减少与所有者权益的增加

15. 在借贷记账法中,以下账户的期末余额通常在贷方的是(　　)。

A. 现金　　B. 固定资产

C. 应付账款　　D. 应收账款

16. 下列业务中,会导致企业负债和资产同时减少的经济业务是(　　)。

A. 偿还银行借款　　B. 收到客户预付款

C. 以银行存款购入固定资产　　D. 用银行存款支付管理部门打印费

17. 企业因出售商品而产生的应收账款增加,应贷记的账户是(　　)。

A. “银行存款”　　B. “应收账款”

C.“主营业务收入” D.“主营业务成本”

18. 某企业期初“应付账款”账户的贷方余额为 15 000 元，本期贷方发生额为 10 000 元，借方发生额为 8 000 元，则期末应付账款的余额为（ ）元。

A. 17 000 B. 5 000

C. 13 000 D. 23 000

19. 购入机器设备并签发了一张期限为 3 个月的商业汇票时，会计分录为（ ）。

A. 借记“固定资产”，贷记“应付账款”

B. 借记“固定资产”，贷记“应付票据”

C. 借记“固定资产”，贷记“银行存款”

D. 借记“固定资产”，贷记“短期借款”

20. 借记资产类账户、贷记负债类账户的经济业务是（ ）。

A. 偿还银行借款 B. 从银行支取现金

C. 投资者追加资本投入 D. 企业购买原材料，款项未付

二、多项选择题（在每小题给定的五个备选答案中，至少有两个是正确的，请将正确答案的序号填入题干后的括号内）

1. 借贷记账法下，账户借方登记（ ）。

A. 资产的增加 B. 负债的减少

C. 所有者权益的减少 D. 收入的增加

E. 成本费用的增加

2. 下列账户中，期末结转后一般无余额的有（ ）。

A. 销售费用 B. 生产成本

C. 应收账款 D. 应付账款

E. 主营业务收入

3. 会计分录的内容包括（ ）。

A. 经济业务内容摘要 B. 应借应贷方向

C. 经济业务发生额 D. 账户名称

E. 账户余额

4. 下列关于单式记账法的说法中，正确的有（ ）。

A. 没有一套完整的账户体系

B. 不需要对每项经济业务进行双重反映

C. 账户之间的记录没有直接的联系

D. 账户之间没有平衡的概念，但可以进行试算平衡

E. 只需在一个账户中登记经济业务

5. 以下关于复式记账法的说法中，正确的有（ ）。

A. 在两个或两个以上账户中登记经济业务

B. 有完整的账户体系

C. 对每项经济业务都以相等的金额进行分类登记
D. 对每项经济业务都进行反映和记录
E. 包括借贷记账法和单式记账法

6. 投资人向企业投入一台设备，应记入(　　)账户。
A. “原材料”　　B. “固定资产”
C. “在途物资”　　D. “实收资本”
E. “主营业务收入”

7. 账户能够提供的金额指标包括(　　)。
A. 期初余额　　B. 本期增加发生额
C. 本期减少发生额　　D. 期末余额
E. 期中余额

8. 企业用银行存款偿付短期借款，引起会计要素变化的有(　　)。
A. 资产减少　　B. 资产增加
C. 负债减少　　D. 负债增加
E. 所有者权益减少

9. 以下关于复合分录的说法中，正确的有(　　)。
A. 由两个或两个以上账户组成的分录　　B. “一借多贷”分录
C. “多借一贷”分录　　D. “多借多贷”分录
E. 由多个简单会计分录组成

10. 成本类账户的结构是(　　)。
A. 借方记增加　　B. 借方记减少
C. 贷方记增加　　D. 贷方记减少
E. 如有期末余额，必定为借方余额

11. 下列经济业务中，不会引起会计等式两边同时发生增减变动的有(　　)。
A. 从银行提取现金　　B. 购进材料未付款
C. 销售商品收到现金　　D. 从银行借款转存银行
E. 盈余公积转增资本金

12. 下列关于复式记账法的说法中，正确的有(　　)。
A. 能够进行试算平衡　　B. 简化账簿的登记工作
C. 便于检查账户记录的正确性　　D. 能够如实反映经济业务的来龙去脉
E. 只有工商业企业采用复式记账法中的借贷记账法进行会计核算

13. 下列错误中，不能通过试算平衡表排除的有(　　)。
A. 应借应贷账户中的借贷方向颠倒
B. 借贷双方金额同时多记
C. 借贷双方金额同时少记
D. 某项经济业务尚未入账
E. 一项业务与另一项业务错记金额相互抵销

14. 借贷记账法的试算平衡公式有(　　)。

A. 全部账户本期借方发生额合计＝全部账户本期贷方发生额合计

B. 全部账户的借方期初余额合计＝全部账户的贷方期初余额合计

C. 全部账户的借方期末余额合计＝全部账户的贷方期末余额合计

D. 借方期末余额＝借方期初余额＋本期借方发生额－本期贷方发生额

E. 总分类账户借方余额合计＝所属明细分类账户借方余额合计

15. 借贷记账法下,“借”、“贷”作为记账符号(　　)。

A. 在账户结构上可以表示两个对立的部分

B. 在金额增减变化上,可以表示增加或减少

C. 借方登记增加额

D. 贷方登记减少额

E. 与企业借贷业务有关

三、判断题(判断下列说法是否正确,如果正确,在题后的括号内画“√”;如果错误,在括号内画“×”)

1. 账户的增减变动实质上体现了该账户所反映的会计要素内容的增减变动。(　　)

2. 复式记账法只能用于大企业,小企业适合单式记账法。(　　)

3. 借贷记账法中的“借”和“贷”是记账符号,不能直接理解为增减的含义,具体含义取决于账户性质。(　　)

4. 会计分录可以是“一借一贷”,也可以是“一借多贷”或“多借一贷”。(　　)

5. 如果试算平衡表借贷双方不平衡,则表示一定有记录或计算错误。(　　)

6. 在借贷记账法下,所有者权益类账户的增加记入借方,减少记入贷方。(　　)

7. 试算平衡表能够帮助检查记账是否正确,但借贷平衡不能保证没有其他错误。(　　)

8. 资产类账户通常有借方余额,而负债类账户通常有贷方余额。(　　)

9. 试算平衡表中的借贷两方合计数相等,说明企业所有业务的账目都正确无误。(　　)

10. 单式记账法是只登记一个账户,复式记账法是登记两个账户。(　　)

11. 单式记账法比复式记账法更简单,但无法反映经济业务的全貌和资金的来龙去脉。(　　)

12. 在借贷记账法下,费用类账户的增加通常记入借方,减少记入贷方。(　　)

13. 一笔业务在相关账户中将借贷方向记反,可以通过试算平衡发现。(　　)

14. 一个复合会计分录,可以分解为几个简单会计分录。(　　)

15. 收入类账户和费用类账户的借贷方向正好相反。(　　)

四、业务处理题

【资料1】 某企业20×4年12月31日总分类账户的期末余额如表3－1所示。

表 3—1 **总分类账户的期末余额表** 单位:元

资 产	金 额	负债及所有者权益	金 额
银行存款	150 000	短期借款	600 000
应收账款	300 000	应付账款	200 000
原材料	400 000	预收账款	100 000
库存商品	500 000	实收资本	1 600 000
生产成本	200 000	资本公积	400 000
固定资产	1 500 000	盈余公积	150 000
合 计	3 050 000	合 计	3 050 000

【资料 2】 20×5 年 1 月,该企业发生下列经济业务(假定不考虑增值税):

(1)购买原材料一批,货款 20 000 元,原材料已验收入库,货款尚未支付。

(2)向银行借入短期借款 150 000 元,直接归还应付账款。

(3)收到投资人追加投资 300 000 元,存入银行。

(4)购买一套无需安装的新设备,价格为 250 000 元,用银行存款支付。

(5)以银行存款偿还上月所欠部分货款 15 000 元。

(6)经批准,将资本公积转增资本 200 000 元。

(7)投资人收回部分投资 30 000 元,已通过银行支付。

(8)收到客户偿还上月所欠货款 5 000 元。

【要求】

1. 根据上述经济业务,编制相应会计分录。

2. 开设各账户的 T 型账,分别登记其期初余额、本期发生额,计算其期末余额。

3. 根据全部账户的期初余额、本期发生额和期末余额,编制“发生额及余额试算平衡表”。

第四章

账户和复式记账法的应用

本章习题答案

一、单项选择题（在每小题给定的四个备选答案中选出一个正确答案，并将其序号填入题干后的括号内）

1. 有限责任公司增资扩股时，新投资者缴纳的出资额大于按约定比例计算的其在注册资本中所占份额部分，应贷记的账户是（　　）。

A. 实收资本　　B. 资本公积

C. 股本　　D. 盈余公积

2. 下列各项中，在“在途物资”账户的贷方核算的是（　　）。

A. 已验收入库物资应结转的实际成本

B. 购入材料的买价

C. 已验收入库物资应结转的计划成本

D. 购入材料的采购成本

3. 某企业为一般纳税人，购入一台生产用机器设备，买价为 30 000 元，增值税为 3 900 元，安装费为 2 000 元，运费为 500 元，应记入“固定资产”账户的原始价值为（　　）元。

A. 33 900　　B. 36 400

C. 35 000　　D. 32 500

4. 某企业为一般纳税人，外购一批原材料，实际支付价款为 6 000 元，增值税进项税额为 780 元，同时发生运费 100 元，入库前的挑选整理费 60 元，合理损耗 20 元，则原材料的实际成本为（　　）。

A. 6 160 元　　B. 6 180 元

C. 6 000 元　　D. 6 780 元

5. 企业支付当期短期借款利息时，应借记的账户是（　　）。

A. “财务费用”　　B. “管理费用”

C. “营业外支出”　　D. “其他业务成本”

6. 下列关于企业在采购过程中发生的增值税会计处理，正确的是（　　）。

A. 直接计入成本

B. 作为税金附加处理

C. 记入“应交税费——应交增值税（进项税额）”科目

D. 计入营业外支出

7. 企业以银行存款支付广告费的会计处理应为(　　)。

A. 借记“管理费用”,贷记“银行存款”

B. 借记“销售费用”,贷记“银行存款”

C. 借记“主营业务成本”,贷记“现金”

D. 借记“其他业务成本”,贷记“应付账款”

8. 下列收入中,属于工业企业“其他业务收入”的是(　　)。

A. 出售原材料收入　　B. 产品销售收入

C. 罚款收入　　D. 政府补助收入

9. 企业确认产成品销售收入时,应记入的会计科目是(　　)。

A. 管理费用　　B. 主营业务收入

C. 其他业务收入　　D. 财务费用

10. 企业应收的各种罚款,应当记入(　　)账户。

A. “应收账款”　　B. “其他应收款”

C. “预收账款”　　D. “应收票据”

11. 企业生产车间使用的机器设备发生的折旧费应记入(　　)科目。

A. 管理费用　　B. 制造费用

C. 财务费用　　D. 营业外支出

12. 下列应记入“管理费用”账户的是(　　)。

A. 生产车间工人的工资　　B. 生产车间机器设备的折旧

C. 企业管理人员的工资　　D. 车间管理人员的工资

13. 下列各项,期末不应结转入“本年利润”账户的是(　　)。

A. “主营业务收入”账户　　B. “营业外支出”账户

C. “管理费用”账户　　D. “制造费用”账户

14. 下列科目中,属于“期间费用”的是(　　)。

A. 管理费用　　B. 制造费用

C. 固定资产　　D. 库存商品

15. 下列费用中,不构成产品成本,而应直接计入当期损益的是(　　)。

A. 直接材料费　　B. 直接人工费

C. 管理费用　　D. 制造费用

16. 下列账户中,同“主营业务收入”账户能够发生对应关系的是(　　)。

A. 主营业务成本　　B. 销售费用

C. 税金及附加　　D. 本年利润

17. 下列项目中,不记入“税金及附加”的是(　　)。

A. 增值税　　B. 城市维护建设税

C. 教育费附加　　D. 消费税

18. 企业确认的所得税,应记入的借方账户是(　　)。

A.“应交税费” B.“税金及附加”
C.“所得税费用” D.“财务费用”

19. 企业结转已销售产品的成本时,应( )。
A. 借记“主营业务收入”账户 B. 借记“销售费用”账户
C. 借记“库存商品”账户 D. 借记“主营业务成本”账户

20. 下列会导致企业固定资产净值减少的经济业务是( )。
A. 购买办公设备 B. 支付生产车间工人工资
C. 支付设备维修费用 D. 计提车间使用设备的折旧

二、多项选择题(在每小题给定的五个备选答案中,至少有两个是正确的,请将正确答案的序号填入题干后的括号内)

1. 根据权责发生制的原则,下列项目中应确认为本期收入的有( )。
A. 上期赊销,本期收款
B. 本期签订销售合同,货款尚未收到
C. 本期销售并交付货物,下期收款
D. 上期预收账款,本期交付商品
E. 本期销售,已收到货款

2. 企业支付与当期相关的费用,下列项目中应计入本期成本或费用的有( )。
A. 支付本期的管理人员工资
B. 本期预提的固定资产折旧费用
C. 本期支付上期发生的水电费
D. 本期支付下期发生的办公用品费用
E. 本期计提的修理费

3. 会计人员误将当月发生的增值税进项税额计入材料采购成本,其结果有( )。
A. 月末资产增加 B. 月末资产减少
C. 月末负债增加 D. 月末负债减少
E. 月末利润增加

4. 下列各项中,应计入企业(一般纳税人)外购材料采购成本的有( )。
A. 材料的买价 B. 增值税进项税额
C. 运输途中的合理损耗 D. 入库后的仓储费
E. 入库前的挑选整理费

5. 下列各项中,属于企业生产过程的经济业务内容的是( )。
A. 原材料耗费 B. 固定资产耗费
C. 支付职工薪酬 D. 完工产品成本计算
E. 从银行借款

6. 下列项目中,可能与“原材料”账户有对应关系的有( )。
A. 生产成本 B. 应付账款

C. 预付账款　　D. 主营业务成本
E. 其他业务成本

7. 企业进行完工产品结转时，应记入的账户有（　　）。
A. "生产成本"账户　　B. "制造费用"账户
C. "原材料"账户　　D. "库存商品"账户
E. "应付职工薪酬"账户

8. 企业向预缴货款的客户提供商品时，应记入的账户有（　　）。
A. "主营业务收入"账户　　B. "其他业务收入"账户
C. "应交税费"账户　　D. "预收账款"账户
E. "税金及附加"账户

9. 下列账户中，可能与"实收资本"账户有借贷对应关系的有（　　）。
A. "盈余公积"账户　　B. "资本公积"账户
C. "银行存款"账户　　D. "固定资产"账户
E. "本年利润"账户

10. 下列业务内容中，属于工业企业其他业务的有（　　）。
A. 销售产品　　B. 销售积压材料
C. 出租固定资产　　D. 出租包装物
E. 出租无形资产

11. 下列项目中，会计处理方式正确的有（　　）。
A. 支付下年度的房租，记入"预付账款"账户
B. 支付短期借款利息，记入"财务费用"账户
C. 计提固定资产折旧，记入"制造费用"账户
D. 购买原材料并支付增值税，增值税部分记入"应交税费"账户
E. 预付设备采购款，记入"固定资产"账户

12. 下列属于应收票据核算范围的有（　　）。
A. 商业承兑汇票　　B. 银行承兑汇票
C. 银行汇票　　D. 银行本票
E. 支票

13. 会计期末，下列账户的发生额应转入"本年利润"账户贷方的有（　　）。
A. "主营业务收入"账户　　B. "其他业务收入"账户
C. "主营业务成本"账户　　D. "其他业务成本"账户
E. "营业外收入"账户

14. "所得税费用"账户通常与（　　）发生对应关系。
A. "应交税费"账户　　B. "银行存款"账户
C. "利润分配"账户　　D. "应付账款"账户
E. "本年利润"账户

15. 企业进行利润分配以后，下列账户中应当有余额的有（　　）。

A.“利润分配”账户　　B.“本年利润”账户
C.“应付股利”账户　　D.“盈余公积”账户
E.“其他收益”账户

三、判断题(判断下列说法是否正确,如果正确,在题后的括号内画“√”;如果错误,在括号内画“×”)

1. 一般纳税人企业购入材料的采购成本应包括买价、运费、装卸费等,但不包括可以抵扣的增值税进项税额。(　　)
2. 外购需要安装的固定资产,安装完毕后应将购买支出和安装成本转入“固定资产”账户。(　　)
3. 累计折旧属于资产类账户,其账户结构与一般的资产类账户完全相同。(　　)
4. 财务费用是企业为筹集资金等所发生的各项费用。(　　)
5. 制造费用是生产成本的组成部分,并最终归集到产品成本中。(　　)
6. “本年利润”账户的贷方余额表示企业的当期实现的利润,借方余额表示当期发生的亏损。(　　)
7. “税金及附加”账户核算的内容包括增值税、消费税和教育费附加等。(　　)
8. 年度终了时,“本年利润”账户应转入“利润分配”账户,且期末无余额。(　　)
9. 企业财务费用只包括企业的借款利息支出,其他与财务管理无关的费用不计入其中。(　　)
10. “短期借款”账户反映企业从金融机构取得短期借款本金和利息。(　　)
11. “在途物资”账户的余额一般在借方,反映尚未运达企业,或虽已运达但尚未办理验收入库手续的在途材料的实际成本。(　　)
12. “制造费用”账户期末如有余额,表示企业期末在产品成本。(　　)
13. 企业应支付的各种款项,都应在“应付账款”账户核算。(　　)
14. 成本计算对象是指企业生产的产品品种。(　　)
15. 产品成本计算期必须与会计期间保持一致。(　　)

四、计算题

1. 某企业购入一台生产设备,价款为 150 000 元,增值税 19 500 元,运输费及装卸费合计为 1 200 元,保险费 800 元,设备购入时支付定金 2 000 元。设备运抵后,企业为该设备进行安装,安装过程中耗用了自有材料 800 元,支付工人工资 900 元,另外从银行账户支付给外部安装公司安装费用 1 500 元。安装完成后,设备验收合格并投入使用。会计部门随后对设备办理了固定资产入账手续。

【要求】 根据会计基本原则及相关规定,计算该设备在安装完工并投入使用后,企业确认的固定资产入账价值。

2. 某企业于 20×4 年 10 月购进 A、B、C 三种材料,已全部验收入库,有关成本资料如表 4—1 所示。

表 4—1 材料采购成本信息

材料名称	重量(千克)	单价(元/千克)	买价(元)	运杂费(元)
A	1 000	9	9 000	
B	2 000	10	20 000	2 700
C	1 500	16	24 000	
合　计	4 500	—	53 000	2 700

【要求】

(1)按重量计算 A、B、C 三种材料应分摊的运杂费。

(2)编制材料采购成本计算表,其格式如表 4—2 所示。

表 4—2 材料采购成本计算表

编制单位:××企业　　20××年 10 月　　单位:元

成本项目	A 种材料		B 种材料		C 种材料	
	总成本(1 000 千克)	单位成本	总成本(2 000 千克)	单位成本	总成本(1 500 千克)	单位成本
1. 买价						
2. 采购费用						
材料采购成本						

3. 某企业生产甲、乙两种产品,20×4 年 10 月有关甲、乙两种产品的生产资料如表 4—3 所示。

表 4—3 甲、乙两种产品 10 月份生产费用发生情况　　单位:元

在产品名称	直接材料	直接人工	制造费用
甲产品	130 000	85 000	78 000
乙产品	48 000	15 000	

甲、乙产两种品月初均无在产品,且月末全部完工,其中,甲产品完工 500 件,乙产品完工 300 件。

【要求】

(1)以直接人工费为标准分配制造费用。

(2)计算甲、乙两种产品的完工总成本和单位成本,编制完工产品生产成本计算,其格式如表 4—4 所示。

表 4—4 **完工产成品生产成本计算表** 单位:元

成本项目	甲产品(500 件)		乙产品(300 件)	
	总成本	单位成本(元/件)	总成本	单位成本(元/件)
直接材料				
直接人工				
制造费用				
合计				

4. 某企业 20×4 年有关损益类账户发生额如表 4—5 所示(假定公司所得税率为 25%,无应税调整事项)。

表 4—5 **20×4 年企业有关损益类账户发生额** 单位:元

账户名称	本年借方发生额	本年贷方发生额
主营业务成本	400 000	
其他业务成本	20 000	
税金及附加	10 000	
管理费用	50 000	
销售费用	30 000	
财务费用	10 000	
营业外支出	8 000	
主营业务收入		800 000
其他业务收入		30 000
营业外收入		5 000

【要求】

根据上述资料,计算该公司的营业利润、利润总额及净利润。

五、业务处理题

1. 练习筹资业务的核算

【要求】 根据下列经济业务,编制相应会计分录:

(1)收到 A 公司投入货币资金 900 000 元,已存入公司银行存款账户。

(2)收到投资者王某投入的专利权一项,经协商确认价值为 80 000 元。

(3)从银行取得半年期的周转借款 50 000 元,利率为 4%,款项已存入公司账户。

(4)收到 B 公司投入的原材料一批,价值为 20 000 元,增值税 2 600 元,材料已验收入库。

(5)支付本月银行借款利息 300 元。

(6)归还银行借款本金 60 000 元,支付利息 3 000 元(利息均已预提)。

(7)将资本公司 500 000 元转为实收资本。

(8)收到 C 公司投入全新生产设备一台,价值 50 000 元,增值税 6 500 元,设备已投入使用。

2.练习生产准备业务的核算

【要求】 根据下列经济业务,编制相应会计分录:

(1)购入需安装的机器设备一台,价值 80 000 元,增值税 10 400 元,运输费 300 元,款项均已通过银行转账支付。(假定不考虑运输费的增值税)

(2)上述机器设备投入安装,安装耗用材料 1 000 元,以现金支付安装费用 3 000 元。

(3)上述机器设备安装完毕后,经验收合格投入使用。

(4)购入材料一批,价款为 20 000 元,增值税 2 600 元,材料尚未运达企业,款项尚未支付。

(5)上述外购材料验收入库,并以现金支付上述材料采购的运杂费 500 元。

(6)开出一张银行承兑汇票支付前欠材料货款 22 600 元。

(7)根据合同规定向 M 公司预付材料购买价款 50 000 元。

(8)收到 M 公司发来的以预付款购买的材料,价款为 48 000 元,增值税为 6 240 元,材料已验收入库,余款未付。

3.练习生产过程的业务核算

【要求】 根据下列经济业务,编制相应会计分录:

(1)生产 A 产品领用甲材料 50 000 元、乙材料 9 000 元;生产 B 产品领用甲材料 40 000 元、乙材料 10 000 元。

(2)以银行转账支付生产车间办公费 700 元。

(3)生产车间领用甲材料 5 000 元,用于生产设备维修。

(4)计提本月车间固定资产折旧 5 000 元。

(5)计算本月应付职工工资,其中 A 产品生产工人工资 20 000 元,B 产品生产工人工资 10 000 元,车间管理人员工资 8 000 元,厂部管理人员工资 10 000 元。

(6)以现金 800 元支付本月车间生产设备租金。

(7)将本月发生的制造费用按生产工人工资比例分配转入生产成本。

(8)本月生产的 A 产品和 B 产品全部完工验收入库,无期初在产品,计算并结转完工产品的实际生产成本。

4.练习销售过程的业务核算

【要求】 根据下列经济业务,编制相应会计分录:

(1)收到 K 公司前欠货款 80 000 元。

(2)销售给 G 公司 A 产品一批,价款为 80 000 元,增值税 10 400 元,款项尚未收到。

(3)销售给 K 公司 B 产品一批,价款为 100 000 元,增值税 13 000 元,收到 K 公司开出的商业承兑汇票一张。

(4)以银行存款支付销售 A 产品的运费 1 000 元。

(5)计算本月应缴纳的已售产品的消费税 3 000 元。

(6)收到 G 公司购买 A 产品的预付款 45 000 元,款项已存入银行。

(7)向 G 公司发出 A 产品,价款为 40 000 元,增值税为 5 200 元,余款已通过银行转账收回。

(8)出售材料一批,价款为 8 000 元,增值税为 1 040 元,款项已存入银行。

(9)结转本月已售产品生产成本,其中 A 产品的成本为 80 000 元,B 产品的成本为 60 000 元。

(10)结转本月已售材料成本 5 000 元。

5. 练习财务成果形成和分配业务核算

【要求】 根据下列经济业务,编制相应会计分录:

(1)行政管理人员张某因公出差,预借差旅费 5 000 元,以现金支付。

(2)收到客户支付的合同违约罚款 60 000 元,存入银行。

(3)张某出差归来,报销差旅费 4 200 元,余款退回现金。

(4)计提本月行政管理部门固定资产折旧 5 000 元。

(5)对外捐款 100 000 元,款项通过银行转账支付。

(6)将本期发生的各项收入结转“本年利润”账户,其中主营业务收入 500 000 元,其他业务收入 120 000 元,营业外收入 60 000 元。

(7)将本期发生的各项费用结转“本年利润”账户,其中主营业务成本 260 000 元,其他业务成本 75 000 元,税金及附加 12 000 元,管理费用 60 000 元,销售费用 30 000 元,财务费用 20 000 元,营业外支出 100 000 元。

(8)计算并结转当期所得税费用(假定所得税率为 25%,不考虑应税调整项目)。

(9)按净利润的 10%提取法定盈余公积。

(10)决定向投资者分配利润 20 000 元。

(11)结转本期实现的净利润。

(12)结转“利润分配”各明细账户发生额。

6. 工业企业主要经济业务核算的综合练习

【要求】 根据下列经济业务,编制相应会计分录:

(1)收到 A 公司归还的前欠购货款 86 000 元,存入银行。

(2)从 M 公司购入材料 300 000 元,增值税进项税额 39 000 元,货款尚未支付,材料已验收入库。

(3)发出材料 50 000 元,其中车间生产产品领用 35 000 元,车间一般性消耗领用 10 000 元,管理部门领用 5 000 元。

(4)从银行取得一笔 100 000 元短期借款。

(5)销售产品一批,价值 96 000 元,销项税额 12 480 元,款项已收到并存入银行。

(6)管理部门人员李某出差归来,报销差旅费 8 500 元,并退回现金 500 元。

(7)收到投资者投入的一项专利技术,经协商确认其价值为 500 000 元。

(8)购入一台需要安装的生产设备,价值 150 000 元,增值税销项税额为 19 500 元,款项已通过银行转账支付。

(9)上述生产设备投入安装，发生安装费用 8 000 元，支付安装工人工资 2 00 元，款项以通过银行转账支付。

(10)上述生产设备安装完毕，经验收合格交付使用，结转其实际成本 158 200 元。

(11)支付本月短期借款利息 5 000 元。

(12)计提本月固定资产折旧，其中车间生产设备折旧 12 000 元，管理部门固定资产折旧 3 000 元，对外出租生产设备折旧 500 元。

(13)开出一张面值为 339 000 元的商业汇票，用于支付前欠购货款。

(14)以现金 500 元，支付销售产品的运杂费。

(15)计提本月职工工资，其中生产工人工资 36 000 元，车间管理人员公司 10 000 元，行政管理部门人员工资 15 000 元。

(16)收到本月出租设备的租金 5 000 元，增值税销项税额 650 元，款项以存入银行。

(17)通过银行转账，支付行政性罚款 600 元。

(18)以银行存款 50 000 元缴纳企业所得税。

(19)通过银行存款支付职工工资 61 000 元。

(20)将本月发生的制造费用 60 000 元，分配计入产品生产成本。

(21)结转本月完工入库产品生产成本 128 000 元。

(22)结转本月已售产品的生产成本 96 000 元。

(23)计算本月应缴城建税和教育费附加 3 600 元。

(24)月末，将有关收入类账户的贷方发生额结转入“本年利润”账户，其中主营业务收入 96 000 元、其他业务收入 5 000 元、营业外收入 3 000 元。

(25)月末，将有关费用类账户的贷方发生额结转入“本年利润”账户，其中主营业务成本 50 000 元、其他业务成本 800 元、税金及附加 4 000 元、管理费用 80 000 元、财务费用 1 000 元、销售费用 1 000、营业外支出 600 元。

(26)将本月实现的净利润 45 000 元结转入“利润分配”账户。

(27)计提盈余公积 60 000 元。

(28)根据批准的利润分配方案，决定向所有者分配利润 500 000 元。

第五章

账户的分类

本章习题答案

一、单项选择题(在每小题给定的四个备选答案中选出一个正确答案,并将其序号填入题干后的括号内)

1.“累计折旧”账户按照经济内容分类属于(　　)。

A. 资产类账户　　B. 负债类账户

C. 成本类账户　　D. 损益类账户

2.“预收账款”账户按照经济内容分类属于(　　)。

A. 资产类账户　　B. 负债类账户

C. 成本类账户　　D. 所有者权益类账户

3. 下列账户中,按经济内容分类既属于资产类账户,又属于成本类账户的是(　　)。

A. 制造费用　　B. 在途物资

C. 管理费用　　D. 固定资产

4. 下列账户中,按照经济内容分类不属于损益类账户的是(　　)。

A. 销售费用　　B. 财务费用

C. 制造费用　　D. 管理费用

5.“银行存款”账户按照用途结构分类属于(　　)。

A. 盘存账户　　B. 资产类账户

C. 结算账户　　D. 调整账户

6. 下列账户中,按照用途结构分类属于集合分配账户的是(　　)。

A. 生产成本　　B. 制造费用

C. 管理费用　　D. 财务费用

7. 下列账户中,按照用途结构分类属于资产结算账户的是(　　)。

A. 预付账款　　B. 应付账款

C. 预收账款　　D. 其他往来

8. 下列账户中,按照用途结构分类属于资产备抵账户的是(　　)。

A. 固定资产　　B. 应收账款

C. 累计折旧　　D. 材料成本差异

9. 下列账户中,按照用途结构分类属于资产负债结算账户的是(　　)。

A. 应付职工薪酬　　B. 短期借款
C. 其他应收款　　D. 其他往来

10. "原材料"账户的备抵附加账户是(　　)。
A. 生产成本　　B. 固定资产
C. 材料成本差异　　D. 材料采购

11. "待处理财产损溢"账户是(　　)。
A. 调整账户　　B. 盘存账户
C. 结算账户　　D. 暂记账户

12. 下列账户中,按照用途结构分类属于跨期摊提账户的是(　　)。
A. 固定资产清理　　B. 长期待摊费用
C. 待处理财产损溢　　D. 预收账款

13. "本年利润"账户在按用途结构的分类中,属于(　　)。
A. 财务成果账户　　B. 调整账户
C. 计价对比账户　　D. 暂记账户

14. 下列账户中,按照用途结构分类不属于所有者投资账户的是(　　)。
A. 实收资本　　B. 资本公积
C. 本年利润　　D. 盈余公积

15. "预付账款"账户按照用途结构分类属于(　　)。
A. 资产类账户　　B. 资产结算账户
C. 负债结算账户　　D. 负债类账户

16. 关于集合分配账户,下列表述错误的是(　　)。
A. 借方登记发生数　　B. 余额在借方
C. 贷方登记分配数　　D. 一般无余额

17. 下列账户中,按照用途结构分类属于成本计算账户的是(　　)。
A. 生产成本　　B. 制造费用
C. 库存商品　　D. 原材料

18. 下列账户中,按照用途结构分类不属于损益计算账户的是(　　)。
A. 主营业务收入　　B. 财务费用
C. 其他业务收入　　D. 本年利润

19. 下列账户中,既属于成本计算账户,又属于盘存账户的是(　　)。
A. 制造费用　　B. 生产成本
C. 库存商品　　D. 原材料

20. 其他往来账户贷方余额表示(　　)。
A. 尚未收回的债权　　B. 尚未偿还的债务
C. 尚未收回的债权净额　　D. 尚未偿还的债务净额

二、多项选择题（在每小题给定的五个备选答案中，至少有两个是正确的，请将正确答案的序号填入题干后的括号内）

1. 下列账户中，不属于负债结算账户的有（　　）。

A. 应收账款　　B. 应付账款

C. 预付账款　　D. 预收账款

E. 其他应收款

2. 下列账户中，属于资产类账户的有（　　）。

A. 库存现金　　B. 预付账款

C. 应付账款　　D. 长期待摊费用

E. 应付利息

3. 下列账户中，不属于负债类账户的有（　　）。

A. 预收账款　　B. 应付利息

C. 应收账款　　D. 预付账款

E. 短期借款

4. 下列账户中，属于所有者权益类账户的有（　　）。

A. 投资收益　　B. 资本公积

C. 应交税费　　D. 管理费用

E. 利润分配

5. 下列账户中，属于成本类账户的有（　　）。

A. 应付账款　　B. 长期待摊费用

C. 生产成本　　D. 制造费用

E. 销售费用

6. 下列账户中，不属于损益类账户的有（　　）。

A. 主营业务收入　　B. 销售费用

C. 长期待摊费用　　D. 财务费用

E. 制造费用

7. “生产成本”账户按照经济内容分类，可同时列入的两个类别是（　　）。

A. 资产类账户　　B. 负债类账户

C. 成本类账户　　D. 损益类账户

E. 所有者权益类账户

8. 下列账户中属于被调整账户的有（　　）。

A. “固定资产”账户　　B. “原材料”账户

C. “材料采购”账户　　D. “本年利润”账户

E. “应收账款”账户

9. 下列账户中，属于盘存账户的有（　　）。

A. 材料采购　　B. 原材料

C. 累计折旧　　D. 银行存款

E. 生产成本

10. 结算账户按照具体用途和结构,可分为(　　)。

A. 资产结算账户　B. 附加账户

C. 负债结算账户　D. 备抵账户

E. 资产负债结算账户

11. 资产结算账户的结构是(　　)。

A. 借方登记债权增加数　B. 余额在借方

C. 贷方登记债权减少数　D. 余额在贷方

E. 借方登记债务减少数

12. 下列账户中,属于负债结算账户的有(　　)。

A. 短期借款　B. 长期借款

C. 应收账款　D. 预收账款

E. 预付账款

13. 下列账户在其按用途结构的分类账属于费用账户的有(　　)。

A. 制造费用　B. 管理费用

C. 财务费用　D. 待摊费用

E. 生产成本

14. 调整账户按调整方式不同,可分为(　　)。

A. 备抵账户　B. 资产结算账户

C. 附加账户　D. 负债结算账户

E. 备抵附加账户

15. 下列账户中,属于暂记账户的有(　　)。

A. 待处理财产损溢　B. 长期待摊费用

C. 固定资产清理　D. 固定资产

E. 应付利息

16. 下列账户中,属于所有者投资账户的有(　　)。

A. 实收资本　B. 资本公积

C. 盈余公积　D. 本年利润

E. 未分配利润

17. 调整账户的特点有(　　)。

A. 与被调整账户反映的经济内容相同

B. 它不能脱离被调整账户而独立存在

C. 调整账户都是资产账户

D. 调整方式是用调整数字增加或减少原始数字

E. 它可以脱离被调整账户而独立存在

18. "长期待摊费用"账户按不同标志可能属于(　　)。

A. 资产类账户　B. 费用类账户

C. 成本计算账户　　　　D. 集合分配账户
E. 跨期摊提账户

三、判断题(判断下列说法是否正确,如果正确,在题后的括号内画"√";如果错误,在括号内画"×")

1. 账户的经济内容决定了账户的用途和结构,所以账户首先按经济内容分类。(　　)
2. "其他往来"账户是债权债务结算账户,借方登记债权的增加、债务的减少。(　　)
3. 结算账户都带有"应收"、"应付"和"应交"字样,否则一定不是结算账户。(　　)
4. "生产成本"和"制造费用"均反映企业生产过程中发生的应计入产品成本的费用,二者同属于成本计算账户。(　　)
5. "累计折旧"账户是"固定资产"账户附加调整账户。(　　)
6. 被调整账户的余额与附加账户的余额一定在相同的方向。(　　)
7. 盘存账户的借方登记增加数,贷方登记减少数,余额在贷方。(　　)
8. "预付账款"账户和"应付账款"账户都属于负债结算账户。(　　)
9. 债权债务结算账户的借方登记债务的增加、债权的减少。(　　)
10. 盈利企业的"利润分配"账户是"本年利润"账户的备抵账户 。(　　)
11. "材料成本差异"账户的借方余额表示超支数。(　　)
12. "待处理财产损溢"和"固定资产清理"都属于暂记账户。(　　)
13. "生产成本"账户按用途结构分类,既是成本计算账户,又是盘存账户。(　　)
14. "本年利润"账户和"利润分配"账户在按用途结构的分类中属于同一个类别。(　　)
15. "长期待摊费用"账户既是资产账户,又是跨期摊提账户。(　　)

四、填充题

【要求】 将表5—1中的账户分别按经济内容和用途结构进行分类,并将所属类别填入对应的栏目。

表5—1

账户名称	按经济内容分类	按用途结构分类
原材料		
预付账款		
长期待摊费用		
累计折旧		
预收账款		
实收资本		
利润分配		

续表

账户名称	按经济内容分类	按用途结构分类
主营业务收入		
盈余公积		
生产成本		
制造费用		
在途物资		
财务费用		
税金及附加		
本年利润		
所得税费用		
待处理财产损溢		
其他往来		
材料成本差异		
库存商品		

五、业务处理题

1. 练习结算业务的核算

【资料】 假设某工业企业单独设置“预收账款”和“预付账款”账户，适用的增值税率17%。20××年1月份发生下列结算业务：

(1)以银行存款80 000元预付A公司原材料款。

(2)预收B公司货款300 000元，存入银行。

(3)向A公司购进原材料，价款70 000元，冲销原预付款以外的部分，用银行存款支付。

(4)用银行存款400 000元预付A公司原材料款。

(5)向B公司发出曾预收货款的产品一批，价款200 000元。

(6)收到A公司发来的曾预付款的原材料30 000元。

【要求】

(1)编制会计分录，并登记“预收账款”、“预付账款”和“应交税费——应交增值税”总分类账户(以“T”型账代替)并结账。

(2)假设该工业企业不单独设置“预收账款”和“预付账款”账户，再编制相应的会计分录，并说明此时应收账款和应付账款在账户按经济内容及用途结构的分类中分属于哪一类别。

2. 练习“跨期摊提”业务的核算

【资料】 某工业企业20××年第一季度发生下列经济业务：

(1)1月1日以银行存款支付经营租入固定资产(生产用)大修理费240 000元，修理间隔期为2年。

(2)1 月末摊销本月负担的经营租入固定资产大修理费。

(3)1 月末预提本月负担的短期借款利息 6 000 元。

(4)2 月末摊销本月负担的经营租入固定资产修理费。

(5)2 月末预提本月负担的短期借款利息 6 000 元。

(6)3 月末摊销本月负担的经营租入固定资产大修理费。

(7)3 月末以银行存款支付第一季度短期借款利息 18 500 元。

【要求】 根据上述经济业务编制该企业第一季度的会计分录,并说明我国会计实务中为什么会出现跨期摊提业务。

3. 练习调整业务的核算

【资料】 某工业企业 20××年 12 月发生下列经济业务:

(1)企业以银行存款 80 000 元购入不需要安装的新设备一台,并交付使用。

(2)计提本月固定资产折旧 6 000 元,其中,车间用固定资产折旧 4 000 元,厂部用固定资产折旧 2 000 元。

(3)收到某公司作为投资投入的新设备一台,投资双方确认的价值为 250 000 元。

(4)厂部用旧房屋一栋,原价 2 800 000 元,已提折旧 2 700 000 元,已转入清理(净值记入"固定资产清理"账户)。

(5)将下列各项收支转入"本年利润"账户。

主营业务收入	1 130 000	税金及附加	56 500
营业外收入	42 000	管理费用	11 350
主营业务成本	923 150	营业外支出	28 000
销售费用	1 000		
财务费用	8 000		

(6)假定本期无纳税调整项目,按 25%的所得税率计算并结转所得税费用。

(7)按净利润的 10%提取法定盈余公积。

(8)经董事会研究决定向投资者分配现金股利 20 000 元。

【要求】

(1)根据以上业务,编制会计分录。

(2)说明有了"固定资产"账户为什么要设置"累计折旧"账户。这两个账户是什么关系?在按经济内容和用途结构分类中分属于哪类账户?

(3)说明有了"本年利润"账户为什么要设置"利润分配"账户。这两个账户是什么关系?在按经济内容和用途结构分类中分属于哪类账户?

第六章

会计凭证

本章习题答案

一、**单项选择题**（在每小题给定的四个备选答案中选出一个正确答案，并将其序号填入题干后的括号内）

1. 记账凭证分为单式记账凭证和复式记账凭证的依据是（　　）。

A. 填制程序和用途　　B. 填制手续

C. 填制方式　　D. 凭证来源

2. 只反映一项经济业务或同时反映若干项同类经济业务，填制手续一次完成的凭证是（　　）。

A. 累计凭证　　B. 汇总凭证

C. 一次凭证　　D. 单式记账凭证

3. “限额领料单”是一张（　　）。

A. 一次凭证　　B. 累计凭证

C. 外来凭证　　D. 汇总凭证

4. 从银行提取现金一般只编制（　　）。

A. 现金收款凭证　　B. 现金付款凭证

C. 银行存款收款凭证　　D. 银行存款付款凭证

5. 下列单据中不作为记账依据的是（　　）。

A. 收料单　　B. 银行付款通知单

C. 实存账存对比单　　D. 银行存款余额调节表

6. 下列经济业务应编制转账凭证的是（　　）。

A. 收回应收账款存入银行　　B. 支付购买材料价款

C. 生产车间领用材料　　D. 开出支票发放工资

7. 将会计凭证划分为原始凭证和记账凭证的依据是（　　）。

A. 凭证的填制时间　　B. 凭证的取得来源

C. 凭证的填制程序和用途　　D. 凭证反映的经济内容

8. 各单位的记账凭证是（　　）填制的。

A. 会计人员　　B. 采购人员

C. 会计主管人员　　D. 出纳人员

9.“制造费用分配表”属于原始凭证中的(　　)。
A. 累计凭证　　B. 汇总原始凭证
C. 记账编制凭证　　D. 一次凭证

10. 借记“银行存款”,贷记“库存现金”的会计分录,一般在(　　)中。
A. 现金收款凭证　　B. 现金付款凭证
C. 银行存款收款凭证　　D. 银行存款付款凭证

11. 用银行存款缴纳税金,应编制的专用记账凭证是(　　)。
A. 收款凭证　　B. 付款凭证
C. 转账凭证　　D. 以上均可

12. 开出现金支票,支付购买材料价款,应编制的记账凭证是(　　)。
A. 现金付款凭证　　B. 银行存款付款凭证
C. 转账凭证　　D. 现金收款凭证

二、多项选择题(在每小题给定的五个备选答案中,至少有两个是正确的,请将正确答案的序号填入题干后的括号内)

1. 下列单据中属于原始凭证的有(　　)。
A. 发料单　　B. 盘存单
C. 银行付款通知单　　D. 生产通知单
E. 购料合同

2. 某企业发出材料一批用于生产产品,此项业务应填制的会计凭证有(　　)。
A. 收款凭证　　B. 发料单
C. 转账凭证　　D. 付款凭证
E. 记账编制凭证

3. 收款凭证左上角的“借方科目”可能填写的科目有(　　)。
A. 应付账款　　B. 银行存款
C. 库存现金　　D. 应交税金
E. 在途物资

4. 专用记账凭证按其所记经济内容是否与库存现金、银行存款收付有关可分为(　　)。
A. 收款凭证　　B. 付款凭证
C. 转账凭证　　D. 复式记账凭证
E. 单式记账凭证

5. 原始凭证填制的一般要求有(　　)。
A. 手续完备　　B. 记录真实
C. 内容完整　　D. 书写规范
E. 编制及时

6. 原始凭证的审核内容有(　　)。
A. 合法性　　B. 统一性

C. 正确性　　D. 完整性
E. 及时性

7. 以下关于原始凭证的说法中，正确的有（　　）。
A. 是经办业务人员填制的
B. 是会计人员填制的
C. 能证明经济业务的发生或完成情况
D. 是记账的原始依据
E. 原始凭证中有会计分录

8. 以下关于记账凭证的说法中，正确的有（　　）。
A. 是会计人员填制的　　B. 是记账的直接依据
C. 有会计分录　　D. 与所附原始凭证内容相同
E. 具有法律效力

9. 下列原始凭证中可能由会计人员编制的有（　　）。
A. 收料单　　B. 限额领料单
C. 发料凭证汇总表　　D. 发货票
E. 制造费用分配表

10. "科目汇总表"是一张（　　）。
A. 汇总原始凭证　　B. 记账编制凭证
C. 记账凭证　　D. 分类汇总凭证
E. 全部汇总凭证

11. 下列经济业务中需要填制转账凭证的有（　　）。
A. 借入短期借款，存入本单位结算户
B. 材料验收入库，结转已入库材料成本
C. 车间领用一般消耗性材料
D. 计提固定资产折旧
E. 销售产品一批，货款未收

12. 关于原始凭证和记账凭证的关系，下列说法中错误的有（　　）。
A. 记账凭证是依据审核无误的原始凭证编制的
B. 原始凭证上有会计分录
C. 原始凭证由经办业务的人员填制，记账凭证由会计人员填制
D. 记账凭证具有法律效力
E. 原始凭证和记账凭证所反映的经济业务内容相同

三、判断题（判断下列说法是否正确，如果正确，在题后的括号内画"√"；如果错误，在括号内画"×"）

1. 原始凭证是经办业务的人员填制的，能证明经济业务发生或完成情况的凭证。（　　）

2.外来原始凭证都是一次凭证。 (　　)

3.从银行提取现金一般只填制现金收款凭证。 (　　)

4.记账凭证是会计人员根据审核后的原始凭证填制的。 (　　)

5.转账凭证只登记现金银行存款间的相互划转业务。 (　　)

6.收款凭证按贷方科目设置凭证,付款凭证则按借方科目设置。 (　　)

7.单式记账凭证便于按科目汇总。 (　　)

8.累计凭证的填制手续是一次完成的,目的是简化填制手续。 (　　)

9.根据账簿记录编制的原始凭证叫汇总原始凭证。 (　　)

10.在编制记账凭证时,原始凭证就是记账凭证的附件。 (　　)

四、业务处理题

1.【资料】 假设吉春公司10月份发生下列经济业务:

(1)2日,企业收到国家投资5 000 000元,款项已存入银行。

(2)6日,企业收到某公司作为投资投入的新设备一台,投资双方确认的价值为200 000元,设备已办理交接验收手续(假设该设备不涉及增值税)。

(3)8日,企业接受某投资者投入的非专利技术,双方协商作价100 000元。

(4)10日,企业取得6个月期银行借款80 000元,款项已存入银行。

(5)12日,企业购入不需安装的生产设备一台,价款为70 000元,增值税额9 100元,价税合计79 100元,已用银行存款付讫。

(6)15日,企业从本地购入乙材料5 000千克,每千克10元,计50 000元,增值税进项税额6 500元。材料已验收入库,货款以银行存款支付。

(7)16日,企业从异地购入甲材料100吨,每吨600元,价款60 000元,增值税进项税额7 800元。材料已验收入库,货款未付。

(8)16日,期末结转已验收入库的两种材料的实际采购成本总额110 000元。

(9)16日,企业本期生产产品耗用原材料合计55 500元,其中,生产甲产品耗用50 000元,车间一般耗用4 500元,厂部一般耗用1 000元。

(10)17日,企业结算本期应付职工薪酬合计为34 000元,其中,甲产品生产工人薪酬21 000元,车间管理人员薪酬5 000元,厂部管理人员薪酬8 000元。

(11)17日,假定企业根据所在地政府规定计提医疗保险和住房公积金4 680元,其中,直接生产工人的2 940元,生产车间管理人员的700元,厂部管理人员的1 040元。

(12)18日,企业计提本期生产车间的固定资产折旧3 000元,厂部的固定资产折旧4 800元。

(13)14日,企业只生产A产品一种产品,期末分配结转本期发生的制造费用为13 200元。

(14)15日,企业本期生产A产品100件,期末全部完工,结转完工入库产品的实际成本为87 140元。

(15)16日,企业销售A产品一批,价款为100 000元,增值税销项税额为13 000元,款项已存入银行。

(16)17 日，企业销售 A 产品一批，价款为 50 000 元，增值税销项税额为 6 500 元，销货发票已经开出，但款项尚未收回。

(17)18 日，期末结转已销甲产品的实际生产成本 88 000 元。

(18)19 日，假定期末计算出应交城市维护建设税 1 730 元。

(19)18 日，企业销售丙材料，价款为 10 000 元，增值税销项税额为 1 300 元，款项已存入银行。

(20)19 日，结转已销售材料的实际成本 7 500 元。

(21)20 日，企业以银行存款支付广告费 870 元。

(22)21 日，签发现金支票 3 000 元，预付企业管理人员李某差旅费。

(23)21 日，企业管理人员李某出差返回，凭据报销差旅费 1 700 元，余款以现金退回。

(24)22 日，计提本期应付短期借款利息 1 500 元。

(25)23 日，将本期各收入账户的期末贷方余额合计 160 000 元转入"本年利润"账户。其中，主营业务收入 150 000 元，其他业务收入 10 000 元。

(26)25 日，将本期各个费用账户的期末借方余额 105 800 元转入"本年利润"账户。其中，主营业务成本 78 000 元，税金及附加 1 730 元，其他业务成本 7 500 元，销售费用 870 元，管理费用 16 200 元，财务费用 1 500 元。

(27)26 日，经计算本期应交所得税 13 550 元。

(28)27 日，将本期发生的所得税 13 550 元转入"本年利润"账户。

(29)28 日，按净利润的 10%提取法定盈余公积 4 065 元。

【要求】

1. 根据第 1、第 2、第 5、第 21 和第 23 项业务，在所附的空白记账凭证中分别编制现金收款凭证、现金付款凭证、银行存款收款凭证、银行存款付款凭证和相关的转账凭证。

2. 编制其他经济业务的记账凭证（以会计分录代替），并指明其记账凭证的种类及编号。

附件 1 收款凭证

收款凭证

借方科目________ 年 月 日 字第 号

摘 要	贷方总账科目	明细科目	借或贷	金额									
				千	百	十	万	千	百	十	元	角	分
合 计													

附单据 张

财务主管 记账 出纳 审核 制单

收款凭证

借方科目________　　　　年　月　日　　　　字第　　号

摘　要	贷方总账科目	明细科目	借或贷	金　额									
				千	百	十	万	千	百	十	元	角	分
合　计													

附单据　张

财务主管　　　记账　　　出纳　　　审核　　　制单

附件2 付款凭证

付款凭证

贷方科目________　　　　年　月　日　　　　字第　　号

摘　要	借方总账科目	明细科目	借或贷	金　额									
				千	百	十	万	千	百	十	元	角	分
合　计													

附单据　张

财务主管　　　记账　　　出纳　　　审核　　　制单

付款凭证

贷方科目________　　　　年　月　日　　　　字第　　号

摘　要	借方总账科目	明细科目	借或贷	金　额									
				千	百	十	万	千	百	十	元	角	分
合　计													

附单据　张

财务主管　　　记账　　　出纳　　　审核　　　制单

附件 3 转账凭证

转 账 凭 证

年 月 日　　　　　　　　字第　　号

摘　要	总账科目	明细科目	✓	借方金额	✓	借方金额
合　计						

附单据　张

财务主管　　　　记账　　　　审核　　　　制单

转 账 凭 证

年 月 日　　　　　　　　字第　　号

摘　要	总账科目	明细科目	✓	借方金额	✓	借方金额
合　计						

附单据　张

财务主管　　　　记账　　　　审核　　　　制单

第七章

会计账簿

本章习题答案

一、单项选择题(在每小题给定的四个备选答案中选出一个正确答案,并将其序号填入题干后的括号内)

1. 用来记录某一特定经济业务发生情况的序时账簿是(　　)。

A. 普通日记账　　B. 明细分类账
C. 专栏日记账　　D. 特种日记账

2. 总账必须采用(　　)。

A. 订本式　　B. 三栏式
C. 数量金额式　　D. 多栏式

3. 目前实际工作中使用的现金日记账和银行存款日记账属于(　　)。

A. 特种日记账　　B. 普通日记账
C. 多栏日记账　　D. 分类账簿

4. 对于经营性租赁固定资产登记的账簿是(　　)。

A. 总分类账簿　　B. 备查账簿
C. 日记账簿　　D. 明细分类账簿

5. 库存商品明细账一般采用(　　)。

A. 订本式　　B. 三栏式
C. 多栏式　　D. 数量金额式

6. 对于从银行提取现金的业务,登记现金日记账的根据是(　　)。

A. 银行存款收款凭证　　B. 银行存款付款凭证
C. 库存现金收款凭证　　D. 库存现金付款凭证

7. 下列账簿中,不需要每年更新的是(　　)。

A. 库存现金日记账　　B. 银行存款日记账
C. 活页账　　D. 卡片账

8. 将现金存入银行,登记银行存款日记账的依据是(　　)。

A. 库存现金付款凭证　　B. 银行存款付款凭证
C. 库存现金收款凭证　　D. 银行存款收款凭证

9. 账簿记录出现跳行,正确的处理是(　　)。

A. 用蓝色墨水划线注销

B. 用红色墨水划线注销

C. 用蓝色墨水划线，注明“此行空白”

D. 用红色墨水划线，注明“此行空白”，并由记账人员签章

10. 记账后，如果发现记账凭证上应借、应贷的会计科目并无错误，但所填金额小于应填金额，可采用的更正方法是(　　)。

A. 划线更正法　　B. 红字更正法

C. 补充更正法　　D. 蓝字更正法

11. 记账后，如果发现记账凭证上应借、应贷的会计科目错误，可采用的更正方法是(　　)。

A. 划线更正法　　B. 红字更正法

C. 补充更正法　　D. 平行登记法

12. 记账后，如果发现记账凭证上应借、应贷的会计科目并无错误，但所填金额大于应填金额，可采用的更正方法是(　　)。

A. 划线更正法　　B. 红字更正法

C. 补充更正法　　D. 平行登记法

13. “应收账款”明细账应采用(　　)。

A. 三栏式　　B. 多栏式

C. 数量金额式　　D. 二栏式

14. 账簿分为序时账、分类账和备查账的依据是(　　)。

A. 账簿的用途　　B. 账簿的结构

C. 账簿的外表形式　　D. 账簿的性质

15. 下列不作为登记现金日记账依据的凭证是(　　)。

A. 银行存款付款凭证　　B. 现金付款凭证

C. 银行存款收款凭证　　D. 现金收款凭证

二、多项选择题(在每小题给定的五个备选答案中，至少有两个是正确的，请将正确答案的序号填入题干后的括号内)

1. 设置和登记账簿的意义在于(　　)。

A. 提供系统而完整的会计信息　　B. 便于会计分析

C. 便于会计检查　　D. 为编制会计报表提供会计资料

E. 提供系统的会计信息

2. 按照账簿外表形式的不同，可以分为(　　)。

A. 总分类账簿　　B. 明细分类账簿

C. 订本式账簿　　D. 活页式账簿

E. 卡片式账簿

3. 数量金额式明细账适用于(　　)。

A. 原材料明细账　　B. 应收账款明细账
C. 库存商品明细账　　D. 管理费用明细账
E. 生产成本明细账

4. 下列明细账可以采用多栏式账簿的有(　　)。
A. 制造费用　　B. 管理费用
C. 销售费用　　D. 原材料
E. 库存商品

5. 下列可以采用划线更正法更正的错误有(　　)。
A. 结账前发现记账凭证无误,但账簿记录中数字登记有误
B. 结账前发现记账凭证金额有误,并已登记入账
C. 结账时发现记账凭证的金额有误,尚未登记入账,而原始凭证无误
D. 结账前发现记账凭证科目错误,并已登记入账
E. 结账前发现记账凭证无误,但账簿记录中文字登记有误

6. 下列可以登记银行存款日记账的有(　　)。
A. 银行存款收款凭证　　B. 银行存款付款凭证
C. 库存现金收款凭证　　D. 库存现金付款凭证
E. 转账凭证

7. 明细账的登记依据有(　　)。
A. 原始凭证　　B. 汇总原始凭证
C. 记账凭证　　D. 汇总记账凭证
E. 科目汇总表

8. 对账的内容有(　　)。
A. 账证核对　　B. 账账核对
C. 账实核对　　D. 账表核对
E. 表表核对

三、判断题(判断下列说法是否正确,如果正确,在题后的括号内画"√";如果错误,在括号内画"×")

1. 现金和银行存款日记账是会计人员根据审核后的收付款凭证登记的。　(　　)
2. 现金和银行存款日记账必须采用订本式账簿。　(　　)
3. 在整个账簿体系中,日记账和分类账是主要账簿,备查账为辅助账簿。　(　　)
4. 日记账可以用来连续记录全部经济业务的完成情况,但不能反映某一类经济业务的完成情况。　(　　)
5. 总账必须每年更换。　(　　)
6. 对账是账簿记录之间的核对。　(　　)
7. 账簿是一个外在形式,账户是账簿的实质内容。　(　　)

8. 普通日记账是对单位的全部经济业务，按照发生的时间顺序汇总登记的账簿。
（　　）

四、计算题

【资料】 某厂 5 月份“原材料”总账月初余额 7 000 元，本月借方发生额 6 000 元，该总账设有两个明细账，“原材料——甲材料”明细账月末余额 2 000 元，“原材料——乙材料”明细账月初余额 2 000 元，贷方发生额 3 000 元，月末余额 1 000 元。

【要求】

1. 计算“原材料”总账的月末余额和贷方发生额。
2. 计算“原材料——乙材料”明细账借方发生额。
3. 计算“原材料——甲材料”明细账月初余额、借方发生额和贷方发生额。

五、业务处理题

1.【资料】 成华公司财务人员对账时，发现单位在会计处理中的部分账务处理如下：

①向生化公司购买材料，用银行存款预付价款 40 000 元，编制的会计分录为：

借：应付账款　　40 000
　　贷：银行存款　　40 000

②开出转账支票付在建固定资产的工程款 60 000 元，编制的会计分录为：

借：固定资产　　60 000
　　贷：库存现金　　60 000

③用现金支付职工困难补助 7 000 元，编制的会计分录为：

借：管理费用　　7 000
　　贷：库存现金　　7 000

④计提车间固定资产折旧 5 400 元，编制的会计分录为：

借：制造费用　　54 000
　　贷：累计折旧　　54 000

⑤用现金发放职工工资 60 000 元，编制的会计分录为：

借：应付职工薪酬　　6 000
　　贷：库存现金　　6 000

【要求】 根据上述资料，按要求完成下列各题：

(1)根据上述账务处理情况①做出更正错账的会计分录。
(2)根据上述账务处理情况②做出更正错账的会计分录。
(3)根据上述账务处理情况③做出更正错账的会计分录。
(4)根据上述账务处理情况④做出更正错账的会计分录。
(5)根据上述账务处理情况⑤做出更正错账的会计分录。

2.【资料】 旺达公司本月发生下列经济业务：

(1)用银行存款支付行政管理部门的办公费 300 元。

借:管理费用 300

贷:银行存款 300

(2)用现金支付离退休人员的工资 900 元。

借:管理费用 900

贷:库存现金 900

(3)计提本月行政管理部门使用的固定资产折旧 320 元。

借:管理费用 320

贷:累计折旧 320

(4)月末,结转本月发生的管理费用 1 520 元。

借:本年利润 1 520

贷:管理费用 1 520

【要求】 根据上述业务编制记账凭证,并登记管理费用总账和明细账(画出完整的账户结构)。

第八章

财产清查

本章习题答案

一、单项选择题（在每小题给定的四个备选答案中选出一个正确答案，并将其序号填入题干后的括号内）

1. 现金清查的方法是（　　）。

A. 抽样盘点法　　B. 技术测算法

C. 实地盘点法　　D. 与银行对账单核对

2. “实存账存对比表”是调整账面记录的（　　）。

A. 原始凭证　　B. 记账凭证

C. 转账凭证　　D. 累计凭证

3. 对于大量、成堆、难以清点的财产物资，应采用的清查方法是（　　）。

A. 技术推算盘点法　　B. 查询核对法

C. 实地盘点法　　D. 抽样盘点法

4. “待处理财产损溢”账户的借方余额表示（　　）。

A. 尚待处理的盘盈数　　B. 已处理的盘盈数

C. 尚待处理的盘亏和毁损数　　D. 已处理的盘亏和毁损数

5. 采用实地盘存制，平时账簿记录中不能反映的是（　　）。

A. 财产物资的盘盈数额　　B. 财产物资的减少数额

C. 财产物资的购进业务　　D. 财产物资的增加和减少数额

6. 对于盘亏的固定资产，按规定程序批准后，应按其净值借记的账户是（　　）。

A. “营业外支出”　　B. “以前年度损益调整”

C. “待处理财产损溢”　　D. “固定资产清理”

7. 永续盘存制的优点是（　　）。

A. 有利于加强存货的日常管理

B. 简化了存货的日常核算工作

C. 在品种规格多的企业，存货明细核算的工作量小

D. 省去了记录存货发出的经济业务

8. 企业盘盈的固定资产，未经批准前，需要通过（　　）账户进行核算。

A. “待处理财产损溢”　　B. “以前年度损益调整”

C.“营业外收入” D.“其他业务收入”

9. 对于现金的清查,应将其结果及时填列( )。

A. 盘存单 B. 实存账存对比表

C. 对账单 D. 现金盘点报告表

10. 盘盈固定资产的入账价值应当采用( )。

A. 原始价值 B. 重置价值

C. 历史成本 D. 重置价值减估计价值损耗

11. 对未达账项进行账务处理的时间是( )。

A. 编制银行存款余额调节表时 B. 待相关原始凭证到达时

C. 收到银行存款对账单时 D. 查明未达账项时

12. 由于管理不善、收发计量不准确等而产生的定额内损耗,造成的流动资产损失,应转作( )。

A. 管理费用 B. 生产成本

C. 营业外支出 D. 其他应收款

13. 若某期末企业银行存款日记账余额是 40 000 元,银行送来的对账单是 42 425 元,经对未达账项调节后的余额为 43 925 元,则企业在银行的实有存款是( )元。

A. 40 000 B. 43 925

C. 42 425 D. 3 925

14.“待处理财产损溢”账户的期末余额( )。

A. 可能在借方,也可能在贷方 B. 一般无余额

C. 一定在借方 D. 一定在贷方

15. 采用备抵法时,企业对于无法收回的应收账款应借记的会计科目是( )。

A. 营业外支出 B. 财务费用

C. 坏账准备 D. 待处理财产损溢

16. 限额领料单属于( )。

A. 一次凭证 B. 外来凭证

C. 汇总原始凭证 D. 累计凭证

17. 下列属于原始凭证的是( )。

A. 限额领料单 B. 银行存款余额调节表

C. 收款凭证 D. 转账凭证

二、多项选择题(在每小题给定的五个备选答案中,至少有两个是正确的,请将正确答案的序号填入题干后的括号内)

1. 财产物资的盘存制度有( )。

A. 权责发生制 B. 收付实现制

C. 永续盘存制 D. 实地盘存制

E. 函证核对法

2. 以下项目中应采用询证核对法的有（　　）。
A. 原材料
B. 银行存款
C. 应收账款
D. 实收资本
E. 长期待摊费用
3. 采用实地盘点法清查的财产物资有（　　）。
A. 存货
B. 库存现金
C. 银行存款
D. 应收应付款项
E. 实收资本
4. 使企业银行存款日记账余额小于银行对账单余额的未达账项有（　　）。
A. 银行先收款记账而企业未收款未记的款项
B. 企业先收款记账而银行未收款未记的款项
C. 企业先付款记账而银行未付款未记的款项
D. 银行先付款记账而企业未付款未记的款项
E. 银行和企业同时收款的款项
5. 财产清查按照对象和范围，可分为（　　）。
A. 定期清查
B. 不定期清查
C. 全面清查
D. 局部清查
E. 抽样清查
6. 定期清查的时间一般是（　　）。
A. 月末
B. 季末
C. 企业合并时
D. 年末
E. 企业、单位撤销时
7. 对于盘亏的财产物资，经批准后进行账务处理，可能涉及的借方账户有（　　）。
A. “待处理财产损溢”
B. “以前年度损益调整”
C. “管理费用”
D. “营业外支出”
E. “坏账准备”
8. 下列关于全面清查的说法中，正确的有（　　）。
A. 全面清查是对所有的财产进行全面盘点和核对
B. 对于各种贵重物资，应当每月盘点一次
C. 在清产核资时，为了准确核定资产，需要进行全面清查
D. 对于银行存款、借款，每月应当与银行核对一次
E. 对于库存现金，每日终了应当由出纳员清点核对
9. 在财产清查中，核对账目的方法适用于（　　）。
A. 现金的清查
B. 往来账项的清查
C. 银行存款的清查
D. 其他应收款的清查
E. 存货的清查
10. 借记“待处理财产损溢”账户，贷记有关账户，所反映的经济业务可能有（　　）。

A. 发现的盘盈
B. 发现的盘亏
C. 批准处理的盘亏或发现的盘盈
D. 批准处理的盘盈或发现的盘亏
E. 批准处理的盘亏或发现的盘亏

11. 编制“银行存款余额调节表”时，调节后的余额计算的方法是应以银行对账单余额（　　）。

A. 加银行未入账的收入款项
B. 加企业未入账的收入款项
C. 减企业未入账的支出款项
D. 减银行未入账的支出款项
E. 加银行未入账的支出款项

12. 财产清查的处理步骤为（　　）。

A. 核对数字，查明原因
B. 调整账簿，做到账实相符
C. 调整凭证，做到账实相符
D. 进行批准后的账务处理
E. 调节账簿，做到账证相符

13. 企业进行不定期清查的情况有（　　）。

A. 更换财产和现金保管人员时
B. 发生自然灾害和意外损失时
C. 会计主体发生改变或隶属关系变动时
D. 企业关停并转、清产核资、破产清算时
E. 财税部门对本单位进行会计检查时

三、判断题（判断下列说法是否正确，如果正确，在题后的括号内画“√”；如果错误，在括号内画“×”）

1. 财产清查时，如发现账存数小于实存数，即为盘亏。（　　）
2. 造成账实不符的原因，是工作上的差错。（　　）
3. 年终决算之前要进行全面清查，这属于定期清查。（　　）
4. 往来款项的清查采用实地盘点法。（　　）
5. 财产清查按照清查的执行单位不同，可分为全面清查和局部清查。（　　）
6. 对坏账损失的转销，不需要通过“待处理财产损溢”账户进行核算。（　　）
7. 核对账目法适用于短期借款的清查。（　　）
8. 坏账损失是指企业无法支付的应付款项。（　　）
9. 采用永续盘存制时，财产清查的主要目的是为了保证账证相符。（　　）
10. 对于现金的清查，一般采用实地盘点法。（　　）
11. 未达账项只存在于企业与银行之间。（　　）
12. 对库存商品的清查一般采用核对账项法，对银行存款的清查应采用实地盘点法。（　　）
13. 财产清查的盘存制度有永续盘存制和实地盘存制。（　　）
14. 更换财产物资和现金保管人时要进行全面清查，这属于不定期清查。（　　）
15. 在财产清查中，不定期清查的适用范围包括上级机关、财政、审计、银行对企业进行

会计检查。（ ）

四、计算题

1. 练习发出存货成本计算方法

【资料】 A公司本月期初存货300千克，单价为20元；2日，购进存货200千克，单价为21元；8日，发出存货400千克；12日，购进存货500千克，单价为22元；17日，发出存货300千克；23日，购进存货100千克，单价为23元；26日，发出存货300千克。

【要求】 在永续盘存制下，分别按先进先出法、加权平均法和移动加权平均法计算本月发出存货成本和月末结存存货成本。

2. 练习银行存款余额调节表的编制(一)

【资料】 某企业20××年6月30日企业银行存款日记账的余额为25 000元，银行对账单的余额为30 500元，经核对发现有下列未达账项：

(1)银行计算企业的存款利息为1 000元，已入企业存款账，但企业尚未入账。

(2)银行代收货款4 000元，收款通知尚未到达企业，企业尚未入账。

(3)企业6月30日存入银行转账支票一张，计1 500元，银行尚未入账。

(4)银行代扣电费500元，银行已入账，账单尚未送到企业，企业尚未入账。

(5)企业6月30日已开出转账支票2 500元，银行尚未入账。

【要求】 根据上述资料，编制“银行存款余额调节表”。

3. 练习银行存款余额调节表的编制(二)

【资料】 某企业20××年9月30日的银行存款日记账账面余额为582 700元，银行对账单上企业存款余额为592 700元，经逐笔核对，发现有以下未达账项：

(1)9月26日，企业送存购货单位签发的转账支票17 000元，企业已登账，银行尚未登记入账。

(2)9月27日，企业开出转账支票2 000元，持票人尚未到银行办理转账，银行尚未登账。

(3)9月28日，企业委托银行代收款项5 500元，银行已收款入账，但企业未接到银行的收款通知，因而未登记入账。

(4)9月29日，银行代企业支付差旅费500元，企业尚未接到银行的付款通知，故未登记入账。

【要求】 根据以上有关内容，编制“银行存款余额调节表”，并分析调节后是否需要编制有关会计分录。

五、业务处理题

1. 练习库存现金清查结果的会计处理

【资料】 某企业在库存现金清查中发现长款190元。经反复核查，其中150元应支付给业务员小张，另外40元未查明原因。

【要求】 根据以上有关内容，编制相关会计分录。

2. 练习对账、错账更正及银行存款余额调节表的编制

【资料】 某企业20××年5月最后3天银行存款日记账与银行对账单的记录如下(假定以前的记录是相符的)：

(1)银行存款日记账的记录：

日　期	摘　　要	金　额(元)
5月29日	开出转账支票＃128付购料款	20 000
5月29日	开出转账支票＃129付运杂费	1 000
5月29日	存入销货款转账支票一张	23 400
5月30日	银行代付购料款	9 000
5月31日	开出转账支票＃130付机器设备修理费	25
5月31日	收销货款转账支票	15 000
	月末余额	33 375

(2)银行对账单的记录：

日　期	摘　　要	金　额(元)
5月29日	转账收销货款	23 400
5月30日	支付＃128转账支票	20 000
	支付＃129转账支票	100
5月30日	代付水电费	2 300
5月31日	存款利息	320
5月31日	代收销货款	6 000
	月末余额	32 320

(3)经核对，发现该企业的账面记录有以下两笔错误：

①5月29日，开出转账支票＃129付运杂费系100元，错记为1 000元。

②5月31日，开出＃130转账支票付机器设备修理费应为250元，错记为25元。

上述两笔错误均属记账凭证金额错误所致。

【要求】

(1)编制更正的会计分录，计算银行存款日记账更正后的余额。

(2)查明未达账项后，编制“银行存款余额调节表”。

3. 练习财产物资清查结果的会计处理

【资料】

(1)X企业20××年在财产清查中发现盘盈机器设备一台，估计原值为20万元，已计提折旧额为5万元。

(2)Y企业在20××年在财产清查中发现盘亏A材料200吨，每吨单价为100元。经查明，属于定额内合理损耗的共计2 000元；属于由过失责任人赔偿的共计7 500元；其余属于自然灾害造成的损失，但由保险公司赔偿5 000元。该企业增值税率13%。

(3)Z企业20××年在财产清查中发现盘亏机器设备一台，账面原值为18万元，已计提折旧额为 10 万元。

(4)W 企业 20××年在财产清查中发现盘盈 B 材料 4 500 吨。经查明是由于计量上的错误造成的，按计划成本每吨 3 元入账。

【要求】

(1)对 X 企业盘盈的固定资产进行账务处理。

(2)对 Y 企业盘亏的 A 材料进行批准前和批准后的账务处理。

(3)对 Z 企业盘亏的固定资产进行批准前和批准后的账务处理。

(4)对 W 企业盘盈的 B 材料进行批准前和批准后的账务处理。

4. 练习坏账损失的核算

【资料】 某企业 20×1 年年末开始计提坏账准备，20×1 年年末应收账款余额 8 000 元，20×2 年 2 月发生坏账损失 200 元。20×2 年年末应收账款余额 6 000 元，20×3 年 5 月收回已转销的坏账 60 元，20×3 年年末应收账款余额为 4 000 元，假设各年坏账准备计提比例为 3%。

【要求】根据以上内容计算各年的坏账准备补提或冲销数额并进行相应的账务处理。

5. 财产清查结果会计处理综合练习

【资料一】 某公司年终进行财产清查时，发现下列情况：

(1)盘亏机器一台，其原价为 15 000 元，累计折旧为 5 000 元。

(2)甲材料盘亏 100 千克，单价为 60 元，其中 50 千克属定额内自然损耗，另 50 千克系因管理不善而丢失。

(3)乙材料盘盈 2 千克，单价为 40 元，属计量不准造成的溢余。

(4)查明应收账款为 1 500 元，应付账款为 1 000 元，均已无法收回或支付。

【资料二】 上述情况报请有关领导审核批准后做如下处理：

(1)盘亏机器列为营业外支出。

(2)材料收发计量上的差错、定额内自然损耗和无法收回的应收账款均记入“管理费用”账户。

(3)丢失的材料责成保管员赔偿。

(4)无法支付的应付账款列作营业外收入。

【要求】

(1)根据清查结果，编制审批前的会计分录。

(2)根据批准处理意见，编制审批后的会计分录。

(3)登记“待处理财产损溢”账户。

第九章

财务会计报告

本章习题答案

一、单项选择题(在每小题给定的四个备选答案中选出一个正确答案,并将其序号填入题干后的括号内)

1. 会计报表分为静态报表和动态报表,下列各种报表中属于静态报表的是(　　)。

A. 资产负债表　　B. 利润表

C. 所有者权益变动表　　D. 现金流量表

2. 企业的净利润是指会计利润(　　)。

A. 扣除已交所得税后的利润　　B. 扣除销售税金后的利润

C. 扣除所得税费用后的差额　　D. 扣除应交利润后的差额

3. 资产负债表的右方反映(　　)。

A. 资产　　B. 负债

C. 所有者权益　　D. 权益

4. 在资产负债表中,根据总分类账户的期末余额直接填列的项目是(　　)。

A. 实收资本　　B. 货币资金

C. 存货　　D. 未分配利润

5. 下列资产负债表项目中,应根据多个总账账户期末余额相加填列的是(　　)。

A. 货币资金　　B. 短期借款

C. 固定资产　　D. 无形资产

6. 某企业“应收账款”明细账借方余额合计为 5 000 元,贷方余额合计为 6 700 元;“预收账款”明细账贷方余额合计为 3 200 元,借方余额合计为 5 500 元;“坏账准备”账户中有关应收账款计提的坏账准备期末余额为 800 元。则资产负债表的“应收账款”项目应是(　　)元。

A. 10 500　　B. 9 700

C. 9 900　　D. 9 100

7. 会计报表编制的依据是(　　)。

A. 原始凭证　　B. 记账凭证

C. 账簿记录　　D. 汇总记账凭证

8. 不能通过资产负债表了解的会计信息是(　　)。

A. 企业固定资产的净值

B. 企业资金的来源渠道和构成

C. 企业掌握的经济资源及分布情况

D. 企业在一定时期内现金流入、流出的信息

9. 下列选项中,不是现金等价物的特点的是(　　)。

A. 期限短　　B. 价值变动风险小

C. 易于转换为不确定金额现金　　D. 流动性强

10. 企业主管部门或上级机关根据所属单位报送的报表,结合本单位会计报表汇总编制的综合性财务报表,称为(　　)。

A. 单位会计报表　　B. 个别会计报表

C. 汇总会计报表　　D. 合并会计报表

11. 能够体现企业控制的各种资产管理效率的是(　　)。

A. 偿债能力　　B. 营运能力

C. 盈利能力　　D. 综合能力

12. 在会计报表分析中,资产负债率用于衡量企业的(　　)。

A. 资产水平　　B. 负债水平

C. 权益水平　　D. 营运水平

13. (　　)不属于描述企业盈利能力的比率。

A. 销售毛利率　　B. 总资产净利率

C. 销售净利率　　D. 应收账款周转率

14. 应收账款周转率与(　　)无关。

A. 赊销净额　　B. 应收账款平均余额

C. 应收账款周转次数　　D. 销售毛利

15. (　　)是衡量企业在某一时点上运用随时可变现资产偿还到期债务的能力。

A. 资产负债率　　B. 流动比率

C. 速动比率　　D. 产权比率

二、多项选择题(在每小题给定的五个备选答案中,至少有两个是正确的,请将正确答案的序号填入题干后的括号内)

1. 按包含的会计主体分类,会计报表可分为(　　)。

A. 单位会计报表　　B. 汇总会计报表

C. 个别会计报表　　D. 合并会计报表

E. 外部会计报表

2. 企业在编制会计报表时,应符合的要求有(　　)。

A. 数字真实　　B. 计算准确

C. 内容完整　　D. 编报及时

E. 按期结账

3. 资产负债表的正表部分的格式有(　　)。

A. 报告式　B. 账户式

C. 单步式　D. 多步式

E. 混合式

4. 在利润表中,应列入“税金及附加”项目中的税金有(　　)。

A. 消费税　B. 城市维护建设费

C. 资源税　D. 教育费附加

E. 土地增值税

5. 利润表提供的信息包括(　　)。

A. 实现的营业收入　B. 利润或亏损总额

C. 发生的营业成本　D. 企业的财务状况

E. 其他业务利润

6. 企业的下列报表中,不属于外送会计报表的有(　　)。

A. 资产负债表　B. 制造成本表

C. 利润表　D. 管理费用明细表

E. 现金流量表

7. 在资产负债表中,下列根据多个明细账账户余额计算填列的项目有(　　)。

A. 应收票据及应收账款　B. 预付账款

C. 货币资金　D. 存货

E. 短期借款

8. 在编制资产负债表时,下列根据总账账户的借方余额直接填列的项目有(　　)。

A. 固定资产原值　B. 应收票据及应收账款

C. 坏账准备　D. 短期借款

E. 存货

9. 下列项目中,不属于资产负债表中的流动资产项目的有(　　)。

A. 预收账款　B. 货币资金

C. 应收票据及应收账款　D. 长期待摊费用

E. 预付款项

10. 会计报表包括(　　)。

A. 资产负债表　B. 利润表

C. 会计报表附注　D. 所有者权益变动表

E. 现金流量表

11. 下列指标中,用来评价企业偿债能力的有(　　)。

A. 资产负债率　B. 速动比率

C. 流动比率　D. 产权比率

E. 总资产净利率

12. 下列指标中,用来评价企业营运能力的有(　　)。

A. 流动比率　　B. 应收账款周转率
C. 存货周转率　　D. 速动比率
E. 产权比率

13. 下列指标中，不能用来评价企业盈利能力的有(　　)。
A. 速动比率　　B. 总资产净利率
C. 存货周转率　　D. 应收账款周转率
E. 销售净利率

14. 在资产负债表中，按若干个总分类账户余额汇总填列的项目有(　　)。
A. 实收资本　　B. 货币资金
C. 存货　　D. 短期借款
E. 应付职工薪酬

15. 财务会计报告按报送的时间，分为(　　)。
A. 年报　　B. 季报
C. 半年报　　D. 月报
E. 旬报

三、判断题(判断下列说法是否正确，如果正确，在题后的括号内画"√"；如果错误，在括号内画"×")

1. 资产负债表反映企业某一特定时期的财务状况，主要根据有关账户的发生额填列。(　　)
2. 资产负债表是反映企业一定会计期间财务状况变动的会计报表。(　　)
3. 按编制单位分类，会计报表可分为单位会计报表和汇总会计报表。(　　)
4. 账户式资产负债表的缺点是格式篇幅过大，不便于阅读。(　　)
5. 资产负债表资产项目是按流动性由强到弱依次排列的。(　　)
6. 资产负债表中"长期待摊费用"项目应根据总账和明细账余额分析计算填列。(　　)
7. 利润表是反映企业在一定会计期间的经营成果的会计报表。(　　)
8. 会计报表应当根据经过审核的会计账簿记录和有关资料编制。(　　)
9. 利润表是一张动态报表，主要应根据有关账户的发生额填列。(　　)
10. 在会计报表基本分析方法中，比率分析法是最常用的。(　　)
11. 企业长期偿债能力是衡量企业流动资产变现能力的重要指标。(　　)
12. 一般而言，流动比率越大，企业的偿债能力就越强，所以，该指标越高越好。(　　)
13. 速动资产不包括存货、预付款项与一年内到期的非流动资产这三个项目。(　　)
14. 资产负债率越高，债权资金的安全程度就越高，企业信用的物质保障程度也越高。(　　)
15. 存货周转率和应收账款周转率是反映企业营运能力的主要指标。(　　)

四、计算题

1.【资料】 某企业20××年4月30日有关科目余额见表9—1。

表9—1 **科目余额表** 单位:元

科目名称	借方余额	贷方余额
应收账款	60 000	
应付账款		15 000
坏账准备		800
预收账款		2 000
预付账款	37 000	
原材料	39 000	
生产成本	55 000	
库存商品	65 000	
材料成本差异		4 000
利润分配	183 500	
本年利润		235 000

【要求】

(1)计算资产负债表中"应收账款"项目的净额。

(2)计算资产负债表中"存货"项目的数额。

(3)计算资产负债表中"未分配利润"项目的数额。

2.【资料】 A股份公司20××年12月31日的全部账户余额如表9—2所示。

表9—2 **A股份公司全部总账及有关明细账余额表**

20××年12月31日 单位:元

总账科目	明细科目	借方余额	贷方余额	总账科目	明细科目	借方余额	贷方余额
库存现金		20 000		短期借款			800 000
银行存款		300 000		应付账款			
交易性金融资产		280 000			——A公司	100 000	
应收账款					——B公司		300 000
	——甲公司	500 000		预收账款			
	——乙公司		40 000		——A单位		80 000
预付账款					——B单位	60 000	
	——甲单位		6 000	其他应付款			280 000
	——乙单位	100 000		应付职工薪酬			694 000
其他应收款		240 000		应交税费			200 000

续表

总账科目	明细科目	借方余额	贷方余额	总账科目	明细科目	借方余额	贷方余额
原材料		540 000		应付股利			400 000
生产成本		160 000		长期借款			280 000
库存商品		400 000		实收资本			4 600 000
长期股权投资		540 000		资本公积			100 000
固定资产		9 120 000		盈余公积			380 585
累计折旧			760 000	利润分配			
无形资产		670 730			——未分配利润		4 190 145
长期待摊费用		80 000					

该公司20××年初的资产总额为10 380 600元，所有者权益为8 070 600元，20××年度实现净利润1 040 400元。

【要求】

(1)根据上述资料，编制该公司20××年12月31日的资产负债表。

(2)根据上述资料，计算该公司下列财务指标(保留两位小数)：

①20××年的总资产净利率；

②20××年的资产负债率；

③20××年的产权比率；

④20××年的流动比率；

⑤20××年的速动比率。

3.【资料】 假设B股份公司20××年1—12月有关收入、费用类科目的发生额及上年利润表的有关数字如表9—3所示。

表9—3 B股份公司20××年1—12月有关收入、费用类科目的发生额及上年利润表的有关数字

单位：元

账户名称	上年利润表数字	本年1—12月累计发生额
主营业务收入	620 000	860 000
主营业务成本	350 000	480 000
营业税金及附加	20 000	25 000
其他业务收入	24 000	50 000
其他业务成本	16 000	25 000
管理费用	47 000	49 000
销售费用	20 000	30 000
财务费用	12 000	14 000

续表

账户名称	上年利润表数字	本年1—12月累计发生额
投资收益	10 000	20 000
营业外收入	2 000	1 000
营业外支出	10 000	8 000
所得税费用	59 700	123 600

【要求】

(1)根据上述资料,编制该公司20××年度的利润表。

(2)根据上述资料,计算该公司下列财务指标(保留两位小数):

①20××年的销售毛利率;

②20××年的销售净利率。

五、业务处理题

【资料】 某一般纳税企业适用的增值税率为13%,20××年8月发生下列经济业务:

(1)企业销售甲产品2 000件,每件售价100元,货款已通过银行收讫。

(2)企业销售乙产品1 000件,每件售价50元,货款未收到。

(3)结转已售甲、乙产品的生产成本。其中,甲产品生产成本170 000元,乙产品生产成本40 000元。

(4)以银行存款支付本月销售费用1 500元,其中,甲产品1 000元,乙产品500元。

(5)根据规定计算应交城市维护建设税17 500元。

(6)报销业务员小李差旅费350元。

(7)以现金2 000元支付厂部办公费。

(8)企业收到乙产品货款50 000元,并存入银行。

(9)没收某单位逾期未退回的包装物押金5 000元。

(10)年初,用银行存款支付车间今明两年的材料仓库租赁费4 800元。

(11)摊销应由本月负担的预付材料仓库租赁费。

(12)根据以上经济业务,结转本期主营业务收入、其他业务收入。

(13)根据以上经济业务,结转本月主营业务成本、销售费用、营业税金及附加、管理费用。

(14)根据本期实现的利润总额,按25%的税率计算应交所得税。

(15)以银行存款上缴城市维护建设税和所得税。

【要求】

1.根据本期发生的经济业务,编制会计分录。

2.编制本期利润表(见表9—4)。

3.计算本月的销售毛利率和销售净利率。

表 9—4　　　　利润表

编制单位：××公司　　　　20××年 8 月　　　　单位：元

项　目	本期金额	上期金额(略)
一、营业收入		
减：营业成本		
税金及附加		
销售费用		
管理费用		
财务费用		
加：其他收益		
投资收益(损失以“—”号填列)		
信用减值损失(损失以“—”号填列)		
资产减值损失(损失以“—”号填列)		
资产处置收益(损失以“—”号填列)		
二、营业利润(亏损以“—”号填列)		
加：营业外收入		
减：营业外支出		
三、利润总额(亏损总额以“—”号填列)		
减：所得税费用		
四、净利润(净亏损以“—”号填列)		

第十章

会计核算形式

本章习题答案

一、单项选择题（在每小题给定的四个备选答案中选出一个正确答案，并将其序号填入题干后的括号内）

1. 各种会计核算形式之间的主要区别是（　　）。

A. 记账方法不同　　B. 记账程序不同

C. 凭证及账簿组织不同　　D. 登记总账的依据和方法不同

2. 下列各项中属于最基本的核算形式的是（　　）。

A. 记账凭证核算形式　　B. 科目汇总表核算形式

C. 汇总记账凭证核算形式　　D. 多栏式日记账核算形式

3. 直接根据记账凭证逐笔登记总账的会计核算形式是（　　）。

A. 科目汇总表核算形式　　B. 记账凭证核算形式

C. 汇总记账凭证核算形式　　D. 多栏式日记账核算形式

4. 规模小、业务量少、所用会计凭证不多的企业和单位可以采用（　　）。

A. 科目汇总表核算形式　　B. 汇总记账凭证核算形式

C. 记账凭证核算形式　　D. 多栏式日记账核算形式

5. 科目汇总表核算形式登记总账的直接依据是（　　）。

A. 记账凭证　　B. 记账凭证汇总表

C. 明细账　　D. 汇总记账凭证

6. 科目汇总表核算形式的主要缺点是不能反映出（　　）。

A. 账户之间的对应关系　　B. 每一账户的借方发生额

C. 每一账户的贷方发生额　　D. 入账前的试算平衡

7. 汇总收款凭证的借方科目可能是（　　）。

A. 应收账款或预收账款　　B. 应付账款或预付账款

C. 待摊费用或预提费用　　D. 库存现金或银行存款

8. 在汇总记账凭证核算形式中，汇总转账凭证通常按每一（　　）分别设置。

A. 借方和贷方科目　　B. 借方或贷方科目

C. 借方科目　　D. 贷方科目

9. 科目汇总表与汇总记账凭证的性质和作用相似，两者都属于（　　）。

A. 原始凭证　　B. 特种记账

C. 汇总的原始凭证　　D. 转账凭证

10. 汇总记账凭证核算形式的适用范围是(　　)。

A. 规模较小、业务较少的企业和单位

B. 规模较小、业务较多的企业和单位

C. 规模较大、业务较多的企业和单位

D. 规模较大、业务较少的企业和单位

11. 汇总记账凭证核算形式的主要缺点是(　　)。

A. 填制汇总记账凭证的工作量大　　B. 不利于日常核算工作的合理分工

C. 体现不了账户之间的对应关系　　D. 明细账与总账无法核对

12. 对于多栏式日记账核算形式，以下说法中不正确的是(　　)。

A. 需要设置收款凭证、付款凭证和转账凭证

B. 可以采用通用记账凭证

C. 优点是能大大简化凭证的归类和总账的登记工作

D. 特点是月末根据多栏式日记账和转账凭证登记总账

13. 将全部科目都集中设置在一张账页上，以记账凭证为依据，对发生的经济业务进行序时逐笔登记的账簿是(　　)。

A. 日记总账　　B. 特种日记账

C. 多栏式日记账　　D. 明细账

14. 记账凭证核算形式和日记总账核算形式的主要区别在于(　　)。

A. 登记分类账的依据不同　　B. 登记明细账的依据不同

C. 登记总账的依据和方法不同　　D. 登记总账和明细账的依据不同

15. 会计核算形式主要解决的是会计核算工作的(　　)。

A. 职责分工问题　　B. 技术组织方式问题

C. 信息质量问题　　D. 记账程序问题

二、多项选择题(在每小题给定的五个备选答案中，至少有两个是正确的，请将正确答案的序号填入题干后的括号内)

1. 会计核算形式也称账务处理程序，是指(　　)的相互结合。

A. 凭证组织　　B. 账簿组织

C. 凭证种类　　D. 记账程序

E. 记账方式

2. 合理、适用的会计核算形式可以(　　)。

A. 规范会计核算工作组织　　B. 保证会计核算工作质量

C. 提高会计核算工作效率　　D. 及时提供会计信息

E. 不需要登记总账

3. 以下关于记账凭证核算形式的说法中，不正确的有(　　)。

A. 是最基本的会计核算形式

B. 记账凭证只能采用收款凭证、付款凭证和转账凭证三种专用的凭证格式

C. 登记总账的工作量大，浪费人力、物力，且不能反映账户之间的对应关系

D. 简单、明了，易于掌握

E. 主要适用于规模较小、业务量少、所用会计凭证不多的企业和单位

4. 在各种会计核算形式下，登记明细账的依据可能是（　　）。

A. 原始凭证　　B. 汇总原始凭证

C. 记账凭证　　D. 汇总记账凭证

E. 科目汇总表

5. 下列会计核算形式中，需通过对记账凭证进行汇总编制特种记账凭证，进而减少登记总账工作量的有（　　）。

A. 记账凭证核算形式　　B. 科目汇总表核算形式

C. 汇总记账凭证核算形式　　D. 多栏式日记账核算形式

E. 日记总账核算形式

6. 在汇总记账凭证核算形式中，汇总转账凭证上的科目对应关系有（　　）。

A. 一个贷方科目与一个借方科目对应

B. 一个贷方科目与多个借方科目对应

C. 一个借方科目与两个贷方科目对应

D. 一个借方科目与多个贷方科目对应

E. 多个贷方科目与多个借方科目对应

7. 科目汇总表能够（　　）。

A. 起到入账前的试算平衡作用　　B. 反映各科目的借、贷本期发生额

C. 反映账户间的对应关系　　D. 反映各科目的期末余额

E. 减少登记总账的工作量

8. 在采用汇总记账凭证核算形式时，编制记账凭证的一般要求有（　　）。

A. 收款凭证为一借多贷　　B. 付款凭证为多借一贷

C. 转账凭证为多借一贷　　D. 转账凭证为一借多贷

E. 收、付、转凭证都必须为一借一贷

9. 采用多栏式日记账核算形式，登记总账的依据可以是（　　）。

A. 多栏式库存现金日记账　　B. 多栏式银行存款日记账

C. 转账凭证　　D. 转账凭证科目汇总表

E. 汇总转账凭证

10. 以下关于日记总账核算形式的说法中，正确的有（　　）。

A. 需要设置收款凭证、付款凭证和转账凭证

B. 主要特点是设置日记总账，所有经济业务都要根据记账凭证直接登记日记总账

C. 日记总账是把日记账和总账结合在一起的联合账簿

D. 记账凭证不需要汇总，比较简单易行，可以简化总账的登记手续

E. 适用于规模小、业务简单、使用科目少的企业或单位

11. 规模大、业务多、使用会计科目多的单位，应采用的会计核算形式有(　　)。

A. 记账凭证核算形式　　B. 科目汇总表核算形式

C. 汇总记账凭证核算形式　　D. 多栏式日记账核算形式

E. 日记总账核算形式

12. 以记账凭证为依据，按科目贷方设置，将借方科目归类汇总的凭证编制法有(　　)。

A. 汇总收款凭证编制法　　B. 汇总付款凭证编制法

C. 汇总转账凭证编制法　　D. 科目汇总表编制法

E. 汇总原始凭证编制法

13. 以下关于科目汇总表与汇总记账凭证的说法中，不正确的有(　　)。

A. 两者都是对记账凭证的汇总

B. 两者都是登记总账的依据

C. 两者都能减少登记总账的工作量

D. 科目汇总表能及时反映账户的对应关系

E. 汇总记账凭证不能反映账户的对应关系

14. 在汇总记账凭证核算形式下，应设置的凭证及账簿有(　　)。

A. 收、付款凭证　　B. 汇总的收、付款凭证

C. 转账凭证及汇总转账凭证　　D. 科目汇总表

E. 库存现金、银行存款日记账

15. 在各种会计核算形式中，其账务处理程序相同的有(　　)。

A. 根据原始凭证编制原始凭证汇总表

B. 根据原始凭证或汇总原始凭证填制各种记账凭证

C. 根据原始凭证、汇总原始凭证结合记账凭证登记明细账

D. 根据记账凭证逐笔登记总账

E. 根据总账、明细账的记录编制会计报表

三、判断题(判断下列说法是否正确，如果正确，在题后的括号内画“√”；如果错误，在括号内画“×”)

1. 记账凭证核算形式是最基本的核算形式，也是其他会计核算形式的基础。(　　)

2. 各种会计核算形式的主要区别表现在登记记账凭证的依据和方法上。(　　)

3. 在记账凭证核算形式下，总账可以根据记账凭证逐笔登记，也可以定期汇总登记。(　　)

4. 科目汇总表汇总了有关科目的借方、贷方发生额和余额。(　　)

5. 由于汇总记账凭证核算形式大大减少了登记总账的工作量，因而适用于一切单位。(　　)

6. 在各种会计核算形式中，原始凭证都不能直接用来登记总账和明细账。(　　)

7. 汇总记账凭证核算形式的特点是定期编制汇总记账凭证，然后再据以登记明细账。（　　）

8. 汇总付款凭证是以库存现金、银行存款科目的贷方分别设置，按其对应的借方科目进行汇总的。（　　）

9. 各单位可以结合本单位的业务特点，自行设计或者选用科学合理的会计核算形式。（　　）

10. 科目汇总表与汇总记账凭证的性质和作用相似。（　　）

11. 科目汇总表按账户对应关系汇总其全月发生额。（　　）

12. 多栏式记账核算形式只需要设置收款和付款凭证，不可以采用通用记账凭证。（　　）

13. 科目汇总表根据记账凭证按照相同的科目归类，定期汇总。（　　）

14. 总账的格式可以根据管理的需要自行设计。（　　）

15. 收款凭证应该按照一个借方账户与一个或几个贷方账户相对应填列。（　　）

四、业务处理题

1. 兴华工厂采用记账凭证核算形式，有关资料如下。

【资料 1】　兴华工厂 20××年 1 月初各账户余额如表 10－1 所示。

表 10－1　　**兴华工厂 1 月初各账户余额**　　单位：元

账　户	借方余额	账　户	贷方余额
库存现金	600	短期借款	160 000
银行存款	192 000	应付账款	92 000
应收账款	94 000	应交税费	31 000
原材料	320 000	长期借款	91 000
生产成本	297 000	累计折旧	1 031 300
库存商品	161 000	实收资本	4 069 000
其他应收款	500	盈余公积	700 000
固定资产	5 179 200	资本公积	70 000
合　计	6 244 300	合　计	6 244 300

【资料 2】　该厂 1 月份发生下列经济业务：

(1)2 日，向光明公司购入材料 5 000 元，已验收入库，进项税额 650 元及货款未付。

(2)3 日，以银行存款支付本月应交增值税 4 000 元。

(3)3 日，以现金预付车间职工张明探亲旅费 2 000 元。

(4)3 日，以银行存款支付车间生产用电费 4 500 元。

(5)3 日，从银行提取现金 1 500 元。

(6)4 日，以现金 150 元购买厂部办公用品。

(7)4 日,以银行存款支付前欠益民公司货款 20 000 元。

(8)5 日,生产车间制造产品领用 4 500 元,一般耗用领用材料 1 000 元。

(9)8 日,向工商银行借入短期借款 50 000 元,存入银行。

(10)8 日,售给嘉丰公司产品 100 件,每件售价 350 元,货款及销项税额 4 550 元尚未收到。

(11)10 日,用银行存款购入不需安装的设备一台,价值为 30 000 元,当即交付生产车间使用。

(12)12 日,以银行存款支付电话费 800 元。

(13)13 日,售给上海电器公司产品 300 件,每件售价 350 元,销项税额 13 650 元,款项均已收存银行。

(14)14 日,用银行存款发放职工工资 40 000 元。

(15)18 日,采购员王平出差回来,报销差旅费 450 元,原预支 500 元,现交来现金 50 元。

(16)20 日,向益民公司购入材料 15 000 元,已验收入库,进项税额 1 950 元,款项当即以银行存款支付。

(17)20 日,以银行存款 5 000 元支付前欠光明公司的材料款。

(18)25 日,以银行存款 1 200 元支付照明用电费,其中,公司管理部门照明耗用 800 元,车间照明耗用 400 元。

(19)26 日,售给海达公司产品 100 件,每件售价 350 元,销项税额 4 550 元,款项均未收到。

(20)28 日,收到嘉丰公司所欠货款 40 950 元,存入银行。

(21)31 日,将本月工资转账,其中,生产工人工资 30 000 元,车间管理人员工资 3 000 元,厂部管理人员工资 7 000 元。

(22)31 日,按工资总额的 10%和 8%分别计提医疗保险费、住房公积金,拟缴纳给当地社会保险经办机构和住房公积金管理机构;按工资总额的 2%计提工会经费。

(23)31 日,按规定计提本月固定资产折旧 15 000 元,其中,车间固定资产折旧为 12 000 元,厂部用固定资产折旧为 3 000 元。

(24)31 日,预提本月应负担的短期借款利息 1 000 元。

(25)31 日,本月对经营租入的生产用固定资产进行大修,用银行存款支付修理费 24 000 元,分 24 个月摊销。摊销本月 1 000 元。

(26)31 日,结转本月制造费用。

(27)31 日,结转本月已完工的 480 件产品的实际生产成本 100 800 元。

(28)31 日,结转本月 500 件已销产品的销售成本 107 500 元。

(29)31 日,结转本月城市维护建设税 3 500 元。

(30)31 日,结转本月各损益账户。

(31)31 日,按 25%的所得税率计算本月所得税费用。

(32)31 日,将所得税结转到"本年利润"账户。

【要求】

(1)开设“三栏式”总分类账户,登记期初余额。

(2)填制各种记账凭证,按经济业务发生的先后顺序登记总账(用“丁”字账代替),并结出本期发生额及期末余额。

(3)编制总分类账户本期发生额及余额表(表10—2)。

(4)编制资产负债表(表10—3)和利润表(表10—4)。

表10—2　**总分类账户本期发生额及余额表**　单位:元

账户名称	期初余额		本期发生额		期末余额	
	借方	贷方	借方	贷方	借方	贷方
库存现金	600					
银行存款	192 000					
应收账款	94 000					
其他应收款	500					
原材料	320 000					
库存商品	161 000					
预付账款						
固定资产	5 179 200					
累计折旧		1 031 300				
长期待摊费用						
短期借款		160 000				
应付账款		92 000				
应付职工薪酬						
应交税费		31 000				
应付利息						
长期借款		91 000				
实收资本		4 069 000				
盈余公积		700 000				
资本公积		70 000				
本年利润						
所得税费用						
生产成本	297 000					
制造费用						
主营业务收入						

续表

账户名称	期初余额		本期发生额		期末余额	
	借方	贷方	借方	贷方	借方	贷方
主营业务成本						
税金及附加						
管理费用						
财务费用						
合　计	6 244 300	6 244 300				

表 10—3 **资产负债表**

会企 01 表

编制单位：兴华工厂

20××年 1 月 31 日 单位：元

资　产	期末余额	年初余额	负债和所有者权益（或股东权益）	期末余额	年初余额
流动资产：			流动负债：		
货币资金			短期借款		
交易性金融资产			交易性金融负债		
应收票据			应付票据		
应收账款			应付账款		
预付款项			预收款项		
应收利息			应付职工薪酬		
应收股利			应交税费		
其他应收款			其他应付款		
存货			持有待售负债		
持有待售资产			其他流动负债		
其他流动资产			流动负债合计		
流动资产合计					
非流动资产：			非流动负债：		
债券投资			长期借款		
其他债券投资			应付债券		
长期应收款			长期应付款		
长期股权投资			其他非流动负债		
其他权益工具投资			非流动负债合计		
固定资产			负债合计		

续表

资 产	期末余额	年初余额	负债和所有者权益（或股东权益）	期末余额	年初余额
在建工程			所有者权益：		
固定资产清理			实收资本（或股本）		
无形资产			资本公积		
长期待摊费用			盈余公积		
其他非流动资产			未分配利润		
非流动资产合计			所有者权益（或股东权益）合计		
资产总计			负债和所有者权益（或股东权益）总计		

表 10—4 **利润表**

编制单位：兴华工厂 20××年 1 月 单位：元

项 目	上年数	本年累计数
一、营业收入		
减：营业成本		
税金及附加		
销售费用		
管理费用		
研发费用		
财务费用		
资产减值损失		
信用减值损失		
加：其他收益		
投资收益（损失以“—”号填列）		
净敞口套期收益（损失以“—”号填列）		
资产处置收益（损失以“—”号填列）		
公允价值变动收益		
二、营业利润		
加：营业外收入		
减：营业外支出		
其中：非流动资产处置损失		
三、利润总额		
减：所得税费用		
四、净利润		

2.光明公司采用科目汇总表核算形式,有关资料如下:

【资料】 光明公司20××年6月初材料明细表如表10—5所示。

表10—5 **材料明细表** 单位:元

材料名称	计量单位	数量	单价	金额
甲材料	千克	1 500	400	600 000
乙材料	千克	2 000	150	300 000

【资料】 光明公司6月份发生下列经济业务:

(1)1日,向建设银行借入短期借款50 000元,存入银行。

(2)2日,购进甲材料100千克,单价400元,材料验收入库,进项税额5 200元及货款由银行存款支付。

(3)5日,购进乙材料400千克,单价150元,材料验收入库,进项税额7 800元及货款未付。

(4)6日,管理人员李华出差借支差旅费1 200元,以现金支付。

(5)15日,仓库发出材料,发料汇总表如表10—6所示。

表10—6 **材料计算单** 单位:千克,元

项　目	甲材料		乙材料		合　计	
	数量	金额	数量	金额	数量	金额
制造产品耗用	120	48 000	450	67 500		115 500
A产品	70	28 000	250	30 000		58 000
B产品	50	20 000	200	37 500		57 500
行政管理部门耗用	10	4 000				4 000
合　计	130	52 000	450	67 500		119 500

(6)16日,用银行存款支付行政管理部门日常的零星开支2 000元。

(7)17日,用银行存款支付房租12 000元(前已预提)。

(8)20日,从银行提取现金50 000元,以备发放工资。

(9)20日,用现金50 000元发放工资。

(10)25日,用银行存款8 000元支付水电费,其中,A产品耗用4 000元,B产品耗用2 500元,车间管理耗用1 500元。

(11)25日,销售A产品100件,货款180 000元及销项税额23 400元存入银行。

(12)26日,销售B产品200件,货款100 000元,销项税额13 000元,收回60 000元存入银行,其余部分尚未收回。

(13)28日,用银行存款支付销售费用3 000元。

(14)29日,管理人员李华出差归来,报销差旅费1 500元,差额以现金补付。

(15)30日,分配本月工资,其中,A产品生产工人工资30 000元,B产品生产工人工资

15 000 元,行政管理人员工资 5 000 元。

(16)30 日,分别按以上各类人员工资总额的 10%、8%和 2%计提医疗保险费、住房公积金和工会经费。

(17)30 日,计提固定资产折旧,其中,A 产品负担 3 000 元,B 产品负担 2 000 元,行政管理部门负担 1 000 元。

(18)30 日,结转本月制造费用,A 产品负担 7 000 元,B 产品负担 4 500 元。

(19)30 日,结转本月完工产品成本,其中,A 产品完工 180 件,总成本 216 000 元;B 产品完工 300 件,总成本 120 000 元。

(20)30 日,计算本月应缴纳城建税 28 000 元。

(21)30 日,结转本月的销售成本,其中,A 产品的销售成本 120 000 元,B 产品的销售成本 80 000 元。

(22)30 日,预提本月应负担的短期借款利息 1 000 元。

(23)30 日,摊销本月应负担的开办费 200 元。

(24)30 日,结转本月各损益账户。

(25)30 日,按 25%的所得税率计算本月所得税费用。

(26)30 日,将所得税结转到“本年利润”账户。

(27)30 日,经计算,本月提取的盈余公积为 500 元。

(28)30 日,经计算,本月应分给投资人的利润为 1 000 元。

【要求】

(1)根据以上经济业务,编制会计分录。

(2)登记库存现金、银行存款日记账。

(3)登记明细账。

(4)编制科目汇总表(表 10—7)。

表 10—7 **科目汇总表**

20××年 6 月 单位:元

账户名称	本期发生额	
	借 方	贷 方
库存现金		
银行存款		
应收账款		
其他应收款		
预付账款		
原材料		
库存商品		
生产成本		

续表

账户名称	本期发生额	
	借　方	贷　方
固定资产		
累计折旧		
短期借款		
应付账款		
应交税费		
应付股利		
其他应付款		
应付利息		
实收资本		
盈余公积		
本年利润		
利润分配		
财务费用		
管理费用		
销售费用		
应付职工薪酬		
生产成本		
制造费用		
主营业务收入		
主营业务成本		
税金及附加		
所得税费用		
合　计		

3.练习汇总记账凭证的编制。

【资料】 本章第七节所填制的记账凭证。

【要求】 根据收款凭证、付款凭证、转账凭证分别填制汇总收款凭证、汇总付款凭证、汇总转账凭证。

4.练习科目汇总表的编制。

【资料】 本章第七节所填制的记账凭证。

【要求】 根据所填制的记账凭证编制科目汇总表，每10天填列一次。

第十一章

会计工作组织

本章习题答案

一、单项选择题(在每小题给定的四个备选答案中选出一个正确答案,并将其序号填入题干后的括号内)。

1. 全国会计工作的主管部门是(　　)。

A. 全国人大　　B. 国务院

C. 财政部　　D. 中国会计学会

2. 我国的会计工作管理体制是(　　)。

A. 分级领导,分级管理　　B. 统一领导,分级管理

C. 统一领导,统一管理　　D. 由单位行政领导管理

3. 不具备会计机构设置条件的单位应当(　　)。

A. 设置二级会计机构　　B. 单独设置一级会计机构

C. 在其他有关机构中配备会计人员　　D. 委托中介机构代理记账

4. 下列关于集中核算组织形式的说法中,不正确的是(　　)。

A. 单位内部各职能部门对自身发生的经济业务只进行原始凭证的填制

B. 厂(公司)级会计部门对原始凭证进行全面、完整的会计核算

C. 车间级会计部门对某些经济业务进行明细分类核算

D. 厂(公司)级会计部门登记有关账簿,并编制会计报表

5. 在组织会计工作的过程中,各单位可以根据本单位自身的特点来组织会计工作,这是满足了会计工作组织过程中的(　　)。

A. 政策性要求　　B. 适用性要求

C. 效率性要求　　D. 系统性要求

6. 下列工作岗位中,出纳人员可以兼任的是(　　)。

A. 稽核　　B. 会计档案的保管

C. 收入、费用的登记　　D. 编制银行存款余额调节表

7. 下列关于会计人员岗位责任制的说法中,不正确的是(　　)。

A. 出纳登记库存现金和银行存款日记账,应当做到日清日结

B. 会计人员分工可以一人一岗、一人多岗或一岗多人

C. 会计人员的工作岗位应当有计划地实行轮换制

D. 出纳人员可以兼任债权债务的登记工作

8. 会计人员职称评价时，可以不具备的条件是（　　）。

A. 具备会计专业知识和业务技能　　B. 熟悉会计相关法律、法规

C. 具备良好的职业道德　　D. 取得会计从业资格

9. 下列各项中，体现会计法与会计准则关系的是（　　）。

A. 从属于　　B. 受监督于

C. 统驭　　D. 受控制于

10. 下列有关会计职业道德的说法中，不正确的是（　　）。

A. 会计人员应当保守本单位的商业秘密

B. 会计人员不可以自行决定会计核算工作

C. 会计人员应当遵守法律法规，但对其提供的会计信息的真假不承担法律责任

D. 会计诚信体现了对会计师道德准则的期望和要求

11. 会计人员对不真实、不合法的原始凭证应（　　）。

A. 不予受理　　B. 予以退回

C. 更正补充　　D. 无权自行处理

12. 下列关于总会计师的说法中，正确的是（　　）。

A. 总会计师是单位行政领导成员，但它不是一个行政职位

B. 总会计师可以是取得助理会计师任职资格的会计人员

C. 总会计师有考核财务负责人或主管人员业务工作的权限

D. 总会计师可以由本单位行政领导任免

13. 以下不是会计人员专业技术职务称谓的是（　　）。

A. 总会计师　　B. 高级会计师

C. 会计师　　D. 助理会计师

14. 以未经审核的会计凭证为依据登记会计账簿的，对其直接负责人应给予的处罚是（　　）。

A. 五万元以下的罚款，属于公职人员的还应依法给予处分

B. 三千元以上、五万元以下的罚款或撤职

C. 五千元以上、十万元以下的罚款并追究刑事责任

D. 属于会计人员的，由县级以上人民政府财政部门吊销其会计从业资格证书

15. 档案部门接受保管的会计档案需要拆封整理时，正确的做法是（　　）。

A. 由原装封人员拆封整理

B. 由原财务部门拆封整理

C. 由档案部门拆封整理

D. 由档案部门会同财务部门和原经办人员共同拆封整理

16. 关于事业单位会计档案的保存期限，下列选项中错误的是（　　）。

A. 10 年　　B. 15 年

C. 30 年　　D. 永久

17. 会计人员办理交接时，不可以负责监交工作的人员是（　　）。

A. 会计主管　　B. 单位负责人

C. 出纳　　D. 上级主管部门委派人员

18. 下列法规中，体现我国会计人员“三坚三守”规范化要求的是（　　）。

A.《中华人民共和国会计法》　　B.《会计人员职业道德规范》

C.《会计人员继续教育规定》　　D.《会计基础工作规范》

二、多项选择题（在每小题给定的五个备选答案中，至少有两个是正确的，请将正确答案的序号填入题干后的括号内）

1. 我国企业会计法规体系的三个层次是（　　）。

A. 会计法　　B. 会计行政法规

C. 会计假设　　D. 会计规章

E. 会计原则

2. 会计机构设置应考虑的因素有（　　）。

A. 单位规模的大小　　B. 经济业务和财务收支的繁简

C. 经营管理的要求　　D. 领导意图

E. 财务状况

3. 以财政部为主体的国家监督体系中，实施国家监督的政府机构包括（　　）。

A. 财政机关　　B. 审计机关

C. 税务机关　　D. 工商行政机关

E. 会计师事务所

4. 单位内部会计监督制度应符合的要求有（　　）。

A. 记账与审批相分离　　B. 审批与经办相制约

C. 财产清查事项范围明确　　D. 定期开展内部审计

E. 定期请注册会计师审计

5. 在非集中核算形式下，厂（公司）级以下会计部门的核算内容包括（　　）。

A. 填制原始凭证　　B. 进行总分类核算

C. 进行明细分类核算　　D. 编制内部报表

E. 编制对外报表

6. 会计人员有权履行其管理职能，具体包括（　　）。

A. 编制计划　　B. 制定定额

C. 签订合同　　D. 参与有关会议

E. 参与经营决策

7. 会计工作组织主要包括（　　）。

A. 会计机构的设置　　B. 会计人员的配备

C. 内部审计规则的拟定　　D. 会计档案的管理

E. 会计法规制度的制定与执行

8. 无论实行集中核算还是非集中核算，都应由厂级会计部门集中办理的经济业务有（　　）。

A. 银行存款往来结算　　B. 物资购销结算

C. 债权债务结算　　D. 对外现金收付结算

E. 填制原始凭证

9. 合理地组织企业会计工作，可以（　　）。

A. 提高会计工作的质量

B. 提高会计工作的效率

C. 确保会计工作与其他经济管理工作协调一致

D. 加强企业内部经济责任制

E. 节省开支，增加收益

10. 出纳人员不得兼任（　　）。

A. 会计档案保管　　B. 收入账登记

C. 稽核　　D. 银行对账单编制

E. 债权债务登记

11. 以下关于电子会计档案管理的说法中，正确的有（　　）。

A. 移交时应将电子会计档案及其元数据一并移交

B. 接收部门应对准确性、完整性、可用性、安全性进行检测

C. 需同时移交打印的纸质文件

D. 特殊格式的还应移交读取平台

E. 文件格式要符合国家档案管理规定

12. 会计人员的主要职责有（　　）。

A. 进行会计核算

B. 实行会计监督

C. 拟定本单位办理会计事务的具体办法

D. 举办单位管理人员财会知识的培训

E. 编制业务计划及财务预算

13. 下列属于会计人员专业技术职务（职称）的称谓有（　　）。

A. 高级会计师　　B. 会计师

C. 注册会计师　　D. 助理会计师

E. 正高级会计师

14. 下列有关会计人员岗位责任制的说法中，正确的有（　　）。

A. 会计主管人员应当编制本单位的财务成本费用计划

B. 出纳人员应严禁现金坐支等违反财经法律的行为

C. 往来结算岗位要严格管理和记录购销业务的相关条款

D. 稽核岗位要复核会计凭证、账目和报表

E. 会计人员的工作岗位应当有计划地进行轮换

15. 企业会计档案的保管期限有（　　）。

A. 5 年　　B. 10 年

C. 15 年　　D. 30 年

E. 永久

16. 总会计师的权限包括（　　）。

A. 对违法违纪问题的纠正权

B. 建立健全单位经济核算的组织指挥权

C. 对单位重大财务收支的审批权

D. 对本单位生产经营问题的决策权

E. 对材料采购的审批权

17. 下列说法中正确的有（　　）。

A. 会计职业道德是规范会计行为的基础

B. 会计职业道德是调整会计职业活动利益关系的手段

C. 诚实守信要求会计人员执业谨慎、信誉至上，不弄虚作假

D. 会计诚信是会计师行业对社会应当承担的责任与义务

E. 单位负责人对本单位的会计工作和会计资料的真实性、完整性负责

18. 所谓“三位一体”的会计监督体系，具体包括（　　）。

A. 以单位负责人为责任主体的单位内部会计监督

B. 以单位内部审计部门为责任主体的内部会计监督

C. 以注册会计师为主体的社会监督

D. 以注册会计师为主体的国家监督会计

E. 以财政部门为主体的国家监督

19. 会计档案包括的内容有（　　）。

A. 会计凭证　　B. 会计账簿

C. 财务会计报告　　D. 其他会计资料

E. 业务合同

20. 单位内部形成的属于归档范围的电子会计资料需满足的条件包括（　　）。

A. 资料来源真实有效

B. 用会计核算系统能完整、准确地读取

C. 使用的管理系统能接收、管理和利用

D. 采取措施后可防止被篡改

E. 电子会计资料属于具有永久保存价值的会计档案

三、判断题（判断下列说法是否正确，如果正确，在题后的括号内画“√”；如果错误，在括号内画“×”）

1. 会计法律是由国家权力机关和行政机关制定的各种规范性文件的总称。（　　）

2. 从广义上讲，会计工作组织包括与组织会计工作有关的一切事物。（　　）

3. 对于不具备设置会计机构条件的单位，应由代理记账业务的机构来完成会计工作。（　　）

4. 对于集中核算和分散核算，一个企业既可以同时采用，也可以分别采用。（　　）

5. 本科毕业担任助理会计师职务 2 年，有资格担任会计师。（　　）

6.《会计法》是由全国人民代表大会及其常务委员会发布的规范性文件。（　　）

7. 企业单位采用非集中核算，财会部门掌握的资料比较完整。（　　）

8. 会计人员对于违反《会计法》和国家统一会计制度规定的会计事项，有权拒绝办理或者按照职权予以纠正。（　　）

9. 国有企业必须设置总会计师。（　　）

10. 出纳人员可以兼任稽核、会计档案保管和债权债务账目的登记工作。（　　）

11. 会计职业道德是一种强制性规范。（　　）

12. 会计人员有权对不真实、不合法的原始凭证予以退回，并要求更正和补充；对记载不准确、不完整的原始凭证，不予受理。（　　）

13. 各单位保存的会计档案可以随意借出，不需要经相关人员同意。（　　）

14. 单位可以聘请没有会计从业资格证书的人员担任会计岗位工作。（　　）

15. 对于保管期满但未结清债权债务的原始凭证，不得销毁，应单独抽出另行立卷。（　　）

《基础会计学》模拟试卷一

一、单项选择题(每小题 1 分,共 10 分)

要求:在每小题给定的四个备选答案中选出一个正确答案,并将其序号填入题干后的括号内。

1. 下列选项中属于会计的基本职能的是(　　)。

A. 控制与监督　　B. 反映与监督

C. 反应与核算　　D. 反映与分析

2. 下列等式中属于静态会计等式的是(　　)。

A. 收入－费用＝利润

B. 资产＝负债＋所有者权益＋利润

C. 资产＝负债＋所有者权益＋(收入－费用)

D. 资产＝负债＋所有者权益

3. 对应收账款在会计期末提取坏账准备金这一做法体现的原则是(　　)。

A. 配比原则　　B. 重要性原则

C. 谨慎性原则　　D. 可靠性原则

4. 在借贷结账法下,负债类账户的期末余额一般在(　　)。

A. 借方　　B. 贷方

C. 增加方　　D. 减少方

5. 下列交易或事项中,能引起“资本公积”账户借方发生变动的是(　　)。

A. 资本公积转增资本　　B. 向某灾区捐款

C. 向投资者分派股利　　D. 溢价发行股票

6. 下列费用中,不构成产品成本,而应直接计入当期损益的是(　　)。

A. 直接材料费　　B. 直接人工费

C. 期间费用　　D. 制造费用

7. 生产车间发生的制造费用经过分配之后,一般应计入(　　)。

A. 生产成本　　B. 本年利润

C. 库存商品　　D. 主营业务成本

8. 将记账凭证分为收款凭证、付款凭证、转账凭证的依据是(　　)。

A. 凭证填制的手续　　B. 凭证的来源

C. 凭证所反映的经济业务内容　　D. 所包括的会计科目是否单一

9. 下列选项中,必须逐日逐笔登记的账簿是(　　)。

A. 明细账　　B. 总账

C. 备查账　　D. 日记账

10. 采用实地盘存制，平时账簿记录中不能反映(　　)。

A. 财产物资的购进业务　　B. 财产物资的减少数额

C. 财产物资的增加和减少数额　　D. 财产物资的盘盈数额

二、多项选择题(每小题2分，共10分)

要求：在每小题给定的五个备选答案中，至少有两个是正确的，请将正确答案的序号填入题干后的括号内。

1. 下列选项中能引起会计等式左右两边会计要素变动的经济业务有(　　)。

A. 收到某单位前欠货款20 000元，存入银行

B. 以银行存款偿还银行借款

C. 购买材料8 000元，以银行存款支付货款

D. 以银行存款偿还前欠货款10万元

E. 收到某单位投入机器一台，价值80万元

2. 会计计量的主要属性有(　　)。

A. 历史成本　　B. 公允价值

C. 可变现净值　　D. 现值

E. 重置成本

3. 下列税费应在"税金及附加"账户借方登记的内容有(　　)。

A. 增值税　　B. 消费税

C. 城市建设维护税　　D. 教育费附加

E. 所得税

4. 总账和明细账之间的登记应该做到(　　)。

A. 登记的原始依据相同　　B. 登记的方向相同

C. 登记的金额相同　　D. 登记的人员相同

E. 登记的时点相同

5. 下列选项中，属于企业所有者权益组成部分的有(　　)。

A. 实收资本　　B. 资本公积

C. 盈余公积　　D. 应付股利

E. 未分配利润

三、判断题(每小题2分，共10分)

要求：判断下列说法是否正确，如果正确，在题后的括号内画"√"；如果错误，在括号内画"×"。

1. 可比性原则是指会计处理方法在不同企业以及同一企业不同会计期间应当一致，不得随意变更。(　　)

2. 某制造业企业年初未分配利润200万元，本年实现净利润1 000万元，提取法定盈余公积金100万元，提取任意盈余公积金50万元，则该企业年末可供投资人分配的利润为850

万元。（　　）

3. 累计凭证是指在一定时期内连续记载若干项同类经济业务，填制手续分次完成的凭证。（　　）

4. 总分类账可采用三栏式账页，而明细分类账则应根据其经济业务的特点采用不同格式的账页。（　　）

5. 采用先进先出法，在物价上涨时，会过低估计企业的当期利润和存货价值；反之，会高估企业存货价值和档期利润。（　　）

四、简答题（每小题 5 分，共 10 分）

1. 什么是会计等式？其一般表达式有哪些？

2. 会计信息质量特征要求包括哪些？

五、计算题（每小题 10 分，共 20 分）

1. 某企业 2023 年 12 月份发生的部分经济业务如下：

(1)本月制造费用总额 50 400 元，其中，甲产品生产工时 4 000 小时，乙产品生产工时 2 300 小时，按生产工时比例分配制造费用。

(2)本月甲、乙两种产品耗用的材料及人工费如下：

成本项目	甲产品(6 000 件)	乙产品(4 000 件)
直接材料	84 000 元	26 000 元
直接人工	28 000 元	9 000 元

甲、乙两种产品全部完工入库（假设甲、乙两种产品期初、期末均无在产品）。

【要求】 计算甲、乙两种产品的总成本及单位成本。

2. 宏发公司 2023 年 5 月 31 日银行存款日记账的余额为 186 900 元，银行对账单余额为 175 700 元，经逐笔核对后，发现未达账项如下：

(1)企业收到转账支票一张 46 500 元，企业已入账，银行尚未入账；

(2)银行代扣本企业电话费 12 800 元，银行已入账，企业尚未入账；

(3)企业开出转账支票购买材料 14 600 元，企业已入账，银行尚未入账；

(4)某商场汇入本企业购货款 33 500 元，银行已入账，企业尚未入账。

【要求】 根据上述资料，编制“银行存款余额调节表”。

银行存款余额调节表

2023 年 5 月 31 日　　单位：元

项　目	金　额	项　目	金　额
企业银行存款日记账余额		银行对账单余额	
加：		加：	
减：		减：	
调节后的存款余额		调节后的存款余额	

六、业务题(每小题 2 分,共 40 分)

东方公司 2023 年 12 月发生下列经济业务:

(1)向银行借入为期 1 个月的借款 200 000 元,已存入开户银行。

(2)收到投资人投资的款项 40 000 元,存入开户银行。

(3)从西方公司购入甲材料 30 吨,不含税价款为每吨 1 000 元,增值税税率为 13%,材料尚在运输途中,货款未付。

(4)购入生产设备 1 台,价税合计 67 800 元,增值税税率 13%,运杂费 800 元(不考虑增值税),均已用银行存款支付,设备购回即投入使用。

(5)用银行存款支付上月应交税费 1 500 元。

(6)车间领用材料 5 000 元,用于 A 产品生产的为 2 500 元,用于 B 产品生产的为 2 000 元,用于车间一般耗用的为 500 元。

(7)从开户银行提取现金 36 000 元。

(8)用现金发放上月员工工资 35 000 元。

(9)企业销售 A 产品不含税价款 15 000 元,增值税税率 13%,收到商业汇票一张。

(10)企业销售 B 产品不含税价款 100 000 元,增值税税率 13%,收到转账支票一张,已办完银行进账手续。

(11)用银行存款支付销售产品的广告宣传费 2 000 元。

(12)开出现金支票 1 000 元,用于购买厂部办公用品。

(13)接到银行通知,南方工厂前欠本公司的货款 23 200 元已收到。

(14)计提本月固定资产折旧,其中,车间计提 11 100 元,厂部计提 2 900 元。

(15)销售 A 产品的不含税价款为 15 000 元(见第 9 笔经济业务),该产品为应征消费税产品,按 5%计提消费税。

(16)分配本月工资费用 34 500 元,其中,A 产品生产工人工资 13 000 元,B 产品生产工人工资 12 000 元,车间管理人员 4 500 元,厂部管理人员 5 000 元。

(17)计提应由本月负担的银行借款利息 1 200 元。

(18)结转本月已销产品成本 90 000 元,其中,A 产品 12 000 元,B 产品 78 000 元。

(19)月末,将本月实现的产品销售收入 115 000 元,发生的产品销售成本 90 000 元,产品销售费用 2 000 元,产品消费税金 750 元,管理费用 3 900 元,财务费用 1 200 元,结转至“本年利润”账户。

(20)东方公司本月实现利润总额 17 150 元,按 25%的税率计提所得税费用。

【要求】 根据上述经济业务编制会计分录。

《基础会计学》模拟试卷二

一、单项选择题(每小题 1 分,共 10 分)

要求:在每小题给定的四个备选答案中选出一个正确答案,并将其序号填入题干后的括号内。

1. 会计的属性是指会计的性质,其双重属性包括(　　)。

A. 社会性与综合性　　B. 综合性与系统性

C. 系统性与技术性　　D. 技术性与社会性

2. 下列各项中属于流动负债的是(　　)。

A. 预付账款　　B. 预收账款

C. 应收账款　　D. 长期借款

3. 企业 4 月初支付第二季度房租 1 200 元,4 月末将其中 400 元计入本月费用,这符合(　　)。

A. 权责发生制原则　　B. 历史成本计价原则

C. 收付实现制原则　　D. 配比原则

4. 借贷记账法试算平衡的依据是(　　)。

A. 资金运动变化规律　　B. 会计等式平衡原理

C. 会计账户基本结构　　D. 平行登记基本原理

5. 企业所有者权益中的盈余公积和未分配利润一般称为(　　)。

A. 实收资本　　B. 资本公积

C. 留存收益　　D. 所有者权益

6. 原始凭证和记账凭证的相同点是(　　)。

A. 反映经济业务的内容相同　　B. 编制时间相同

C. 所起作用相同　　D. 经济责任的当事人相同

7. 下列选项中不适用于三栏式账页的是(　　)。

A. 总账　　B. 应付账款明细账

C. 库存现金日记账　　D. 原材料明细账

8. 对债权债务的清查应采用的方法是(　　)。

A. 询证核对法　　B. 实地盘点法

C. 技术推算法　　D. 抽样盘存法

9. 按照会计报表反映的经济内容分类,资产负债表属于(　　)。

A. 对外报表　　B. 月报表

C. 财务状况报表　　D. 经营成果报表

10. 企业发生的下列业务中，应作为管理费用处理的是(　　)。

A. 生产车间设备折旧费　　B. 发生的业务招待费

C. 专设销售机构固定资产折旧费　　D. 固定资产盘亏净损失

二、多项选择题(每小题2分，共10分)

要求：在每小题给定的五个备选答案中，至少有两个是正确的，请将正确答案的序号填入题干后的括号内。

1. 下列经济业务中，只会引起会计等式右边会计要素发生增减变动的业务有(　　)。

A. 以银行存款偿还前欠货款　　B. 将资本公积转增资本

C. 向银行借款，存入银行　　D. 投资者追加对本企业的投资

E. 某企业将本企业所欠货款转做投入资本

2. 对于制造业企业而言，下列内容应通过"制造费用"账户进行核算的有(　　)。

A. 生产车间管理人员的薪酬　　B. 生产车间生产工人的薪酬

C. 生产车间固定资产折旧费　　D. 行政管理部门固定资产折旧费

E. 生产车间一般性消耗的材料费

3. 转账凭证属于(　　)。

A. 记账凭证　　B. 专用记账凭证

C. 会计凭证　　D. 复式记账凭证

E. 通用记账凭证

4. 会计上允许使用的更正错误的方法有(　　)。

A. 划线更正法　　B. 红字更正法

C. 补充登记法　　D. 用涂改液修正

E. 刮擦挖补

5. "实存账存对比表"是(　　)。

A. 财产清查的重要报表　　B. 会计账簿的重要组成部分

C. 调整账簿的原始凭证　　D. 资产负债表的附表之一

E. 分析盈亏原因，明确经济责任的重要依据

三、判断题(每小题2分，共10分)

要求：判断下列说法是否正确，如果正确，在题后的括号内画"√"；如果错误，在括号内画"×"。

1. 与所有者权益相比，债权人无权参与企业的生产经营、管理和收益分配，而所有者则正好相反。(　　)

2. 会计核算必须以实际发生的经济业务及证明经济业务发生的合法性凭证为依据，表

明会计核算应当遵循可靠性原则。 （ ）

3. 企业当期实现的净利润提取了法定盈余公积和任意盈余公积之后的差额即为企业的未分配利润。 （ ）

4. 平行登记是指经济业务发生后，根据会计凭证，一方面要登记有关的总分类账，另一方面要登记该总分类账所属的各明细分类账。 （ ）

5. 采用加权平均法，平时无法从账上提供发出和结存存货的单价及金额，因而不利于加强对存货的管理。所以，它只是理论上的一种方法，一般不为企业所采用。 （ ）

四、简答题（每小题 5 分，共 10 分）

1. 什么是会计要素？会计要素的内容主要包括哪些？

2. 什么是会计假设？基本的会计假设包括哪几个方面？

五、计算题（每小题 10 分，共 20 分）

1. 华夏公司有下列各项资料：

2023 年度实现收入	480 000 元
2023 年 12 月 31 日负债总额	500 000 元
2023 年度所有者追加投资	80 000 元
2023 年度所有者撤回投资	240 000 元
2023 年 1 月 1 日所有者权益	540 000 元
2023 年 12 月 31 日所有者权益	700 000 元

【要求】

(1)计算 2023 年 12 月 31 日的资产总额。

(2)计算 2023 年度的实现利润。

(3)计算 2023 年度的费用总额。

2. 启程公司 2023 年 5 月 31 日银行存款日记账的余额为 691 600 元，银行对账单余额为 681 600 元，经逐笔核对后，发现未达账项如下：

(1)5 月 26 日，企业开出转账支票 3 000 元，持票人尚未到银行办理转账，银行尚未登记入账；

(2)5 月 28 日，企业委托银行代收款项 4 000 元，银行已收款入账，但企业未接到银行的收款通知，因而未登记入账；

(3)5 月 29 日，企业送存购货单位签发的转账支票 15 000 元，企业已登记入账，银行尚未登记入账；

(4)5 月 30 日，银行代企业支付水电费 2 000 元，企业尚未接到银行的付款通知，故未登记入账。

【要求】根据上述资料，编制“银行存款余额调节表”。

银行存款余额调节表

2023 年 5 月 31 日　　　　单位：元

项　目	金　额	项　目	金　额
企业银行存款日记账余额		银行对账单余额	
加：		加：	
减：		减：	
调节后的存款余额		调节后的存款余额	

六、业务题（每小题 2 分，共 40 分）

东方公司 2023 年 12 月发生下列经济业务：

(1)从银行取得临时借款 500 000 元存入银行。

(2)接受投资人投入的设备一台，原价 100 000 元，评估作价 80 000 元投入使用。

(3)用银行存款 24 000 元预付明年的房租。

(4)企业销售 A 产品总价款 282 500 元(含税)，税率 13%，已收款。

(5)供应单位发来甲材料 38 000 元，增值税进项税额为 6 460 元，款已预付。材料验收入库。

(6)生产 A 产品领用甲材料 3 600 元，乙材料 2 400 元。

(7)车间办公费 800 元，用现金支付。

(8)用银行存款 1 000 元支付销售 A 产品广告费。

(9)企业销售 B 产品价款 50 000 元，增值税销项税额为 8 500 元，款项暂未收到。

(10)按 5%税率计算 B 产品的消费税。

(11)企业购买一台车床，买价 240 000 元，增值税 40 800 元，运杂费 1 000 元，款项暂未支付，设备交付使用。

(12)开出现金支票购买车间办公用品 780 元。

(13)提取本月折旧，其中，车间 8 100 元，厂部 3 200 元。

(14)计提由本月负担的银行借款利息 980 元。

(15)用银行存款 34 000 元支付上年分配给投资人的利润。

(16)分配工资费用，其中，A 产品工人工资 12 000 元，B 产品工人工资 10 000 元，车间管理人员工资 8 000 元。

(17)经批准将资本公积金 60 000 元转增资本。

(18)本月发生制造费用 20 000 元，按生产工时(A 产品 6 000 个、B 产品 4 000 个)分配计入 A、B 产品成本。

(19)用银行存款 5 400 元支付捐赠支出。

(20)将本月实现的产品销售收入 300 000 元，发生的产品销售成本 138 000 元，产品销售费用 1 000 元，产品销售税金 2 500 元，管理费用 7 500 元，财务费用 980 元，营业外支出 5 400 元转入本年利润。

【要求】 根据上述经济业务编制会计分录。